Anonymous

Das Decret über die Erhaltung und Verwaltung der Güter des Clerus

Vom 6. November 1813

Anonymous

Das Decret über die Erhaltung und Verwaltung der Güter des Clerus
Vom 6. November 1813

ISBN/EAN: 9783337817916

Hergestellt in Europa, USA, Kanada, Australien, Japan

Cover: Foto ©ninafisch / pixelio.de

Weitere Bücher finden Sie auf **www.hansebooks.com**

Das Decret

über die

Erhaltung und Verwaltung der Güter des Clerus

vom 6. November 1813.

Uebersetzt und unter Berücksichtigung der darauf bezüglichen preußischen Gesetze, so wie der ähnlichen Verhältnisse auf der rechten Rheinseite,

erläutert von

Carl de Syo,
Königlich preußischem Landgerichtsrathe in Aachen.

Köln, 1863.
Verlag der M. DuMont-Schauberg'schen Buchhandlung.

Druck von M. DuMont-Schauberg.

Vorrede.

Die wichtigsten, das kirchliche Verwaltungsrecht in der preußischen Rheinprovinz betreffenden französischen Decrete sind das Decret vom 30. December 1809 über die Kirchen-Fabriken und das Decret vom 6. November 1813 über die Erhaltung und Verwaltung der Güter des Clerus. Nachdem das Erstere, von mir erläutert, bereits im Drucke erschienen und im Allgemeinen eine günstige Beurtheilung gefunden hat, glaubte ich mit der Herausgabe meiner Bemerkungen zu dem Decrete vom 6. November 1813 nicht mehr zögern zu sollen, und so folgt denn im Gegenwärtigen auch dieses Decret, übersetzt und in ähnlicher Weise bearbeitet, wie das Decret vom 30. December 1809. Damit die Bearbeitung desselben auch für die rechte Rheinseite von praktischem Nutzen sei, ist auf die daselbst für die betreffenden Materien geltenden gesetzlichen Bestimmungen Rücksicht genommen worden. Insbesondere haben auch außer der für die rechte Rheinseite erlassenen Allerhöchsten Cabinets-Ordre vom 3. Juli 1843 das Decret vom 17. November 1811 über die Kosten der Vertretung der Geistlichen, die Bullen de salute animarum, provida solersque und Sanctitas sua eine nähere

Erörterung in den hier zur Sprache gekommenen Materien gefunden, so wie denn auch die Entscheidungen der Gerichtshöfe in einzelnen Fragen nicht außer Acht gelassen worden sind. In dieser Weise wird das gegenwärtige Werk in den deutschen Ländern, in welchen das Decret gilt, von wesentlichem Nutzen sein.

Aachen, den 10. Juni 1863.

Der Verfasser.

Summarischer Inhalt
des Decretes vom 6. November 1813.

Erster Titel.
Von den Pfarrgütern.
Erste Abtheilung.
Von der Verwaltung der Inhaber der Pfarreien.

                                            Seite.

Art. 1–15 7–97

Zweite Abtheilung.
Von der Verwaltung der Pfarrgüter während der Erledigung der Pfarre.

Art. 16–28 98–162

Zweiter Titel.
Von den bischöflichen Tafelgütern.

Art. 29–48 162–205

Dritter Titel.
Von den Gütern der Kathedral- und Collegiat-Capitel.

Art. 49–61 205–244

Vierter Titel.
Von den Gütern der Seminarien.

Art. 62–80 245–271

Transitorische Bestimmungen.

Art. 81–85 271–272

Berichtigung.

Seite 53 Zeile 7 von unten lies §. 3, i, statt: §. 31.

Kaiserliches Decret,

vom 6. November 1813, betreffend die Erhaltung und Verwaltung der Güter, welche der Clerus in mehreren Theilen des Reiches besitzt.

Publicirt in Nr. 536 des Bulletin des lois, serie 4 Nr. 9860.

Anmerkung. Das Decret vom 6. November 1813 fällt in die letzte Zeit der Herrschaft über deutsche Länder, und hat man wegen der Occupation dieser letzteren durch deutsche Truppen die gehörig erfolgte Publication dieses Decretes in jenen Ländern verschiedentlich in jüngster Zeit bezweifelt, so daß man dadurch die Anwendbarkeit desselben in Frage gestellt hat. Es ist daher nothwendig, festzustellen, ob und in welchen jetzt wieder zu Deutschland gehörigen, dem früheren französischen Kaiserreiche einverleibt gewesenen Ländern dasselbe Geltung hat. Es kommen hierbei in Betracht:

1) Das Departement der Saar mit dem Hauptorte Trier. Der jetzige preußische Regierungs=Bezirk Trier umfaßt den größten Theil desselben, einzelne Gemeinden desselben sind aber den preußischen Regierungs=Bezirken Aachen und Coblenz zugetheilt worden. Außerdem gehörten dazu das jetzige großherzoglich oldenburgische Fürstenthum Birkenfeld und die landgräflich hessen=homburgische Herrschaft Meisenheim.

2) Das Departement der Roer mit dem Hauptorte Aachen. Die hiervon an Deutschland zurückgekommenen Theile sind in den preußischen Regierungs=Bezirken Aachen, Köln und Düsseldorf gelegen.

3) Das Departement von Rhein und Mosel mit dem Hauptorte Coblenz. Die hierzu gehörigen Bezirke liegen zum größten Theile im jetzigen Regierungs=Bezirke Coblenz und theilweise im Regierungsbezirke Köln.

4) Das Departement des Donnersberges mit dem Hauptorte Mainz, den linksrheinischen Theil des Großherzogthums Hessen und Rheinbaiern enthaltend.

5) Der auf dem linken Ufer der Lauter gelegene Theil des Departements des Niederrheines, Anfangs mit dem Hauptorte Landau, in der letzten Zeit mit dem Hauptorte Weißenburg. Derselbe gehört jetzt zu Rheinbaiern.

6) Das Departement der Mosel mit dem Hauptorte Metz. Die an Deutschland zurückgekommenen Theile desselben liegen im jetzigen preußischen Regierungs-Bezirke Trier.

7) Das Departement der Ourthe mit dem Hauptorte Lüttich, wovon einzelne Theile in den preußischen Regierungs-Bezirken Aachen und Trier gelegen sind.

8) Das Departement der Wälder mit dem Hauptorte Luxemburg. Die von Frankreich getrennten Theile desselben gehören, in so fern sie zu Deutschland gekommen sind, theils zum jetzigen Großherzogthume Luxemburg, theils zum preußischen Regierungs-Bezirke Trier.

9) Das Departement der Niedermaas mit dem Hauptorte Maestricht. Einzelne Theile desselben liegen in dem preußischen Regierungs-Bezirke Aachen, so wie in dem nunmehr zum deutschen Bundesgebiete gehörigen niederländischen Herzogthume Limburg.

Für die Publication der Gesetze war im französischen Kaiserreiche der Art. 1 des Code civil maßgebend, nach welchem die vom Staats-Oberhaupte vorgenommene Promulgation eines Gesetzes als bekannt angesehen wird im Departement der Residenz einen Tag nach dem der Promulgation, in den übrigen Departementen nach Ablauf derselben Zeit vermehrt um so viele Tage, so viel mal 10 Myriameter (20 Stunden) der Hauptort des Departements von der Stadt entfernt ist, wo die Promulgation vorgenommen wurde. Dagegen gilt der erwähnte Art. 1 des Code civil bezüglich der Publication der Kaiserlichen Decrete nicht. Das Staatsraths-Gutachten vom 25. Prairial Jahres XIII (14. Juni 1805) besagt dies ausdrücklich, da in demselben hervorgehoben wird, daß die Kaiserlichen Decrete mit geringerer Publicität als die Gesetze vorbereitet und erlassen würden, so daß man eine gleiche Bekanntschaft, wie mit den Gesetzen, nicht vermuthen könne, daß vielmehr zu ihrer Anwendbarkeit eine wirkliche Bekanntschaft mit denselben vorhanden sein müsse. Diese wirkliche Bekanntschaft ist aber nicht eine solche, welche für jeden einzelnen Ort speciell nachgewiesen werden muß, vielmehr findet auch hinsichtlich ihrer eine gesetzliche Vermuthung Statt, da es in dem erwähnten Staatsraths-Gutachten heißt, daß die im Gesetz-Bülletin eingetragenen Decrete von dem Tage an verbindliche Kraft hätten, an welchem dasselbe in dem Hauptorte des Departements ausgegeben worden sei. Das besagte Staatsraths-Gutachten bezieht sich in dieser Hinsicht auf den Art. 12 des Gesetzes vom 12 Vendemiaire Jahres IV, nach welchem dieser Tag durch ein Register constatirt wird, in welchem die Verwalter eines jeden Departements die Ankunft einer jeden Nummer des Bülletins bescheinigen. Für die einzelnen Theile eines jeden Departements ist daher der Tag der Ankunft der einzelnen Nummer des Bülletins im Hauptorte, wie er im Register bescheinigt wird, entscheidend, und es kommt daher nicht darauf an, ob die unteren Beamten auch die Ankunft derselben in den einzelnen Nebenorten bescheinigen.

Was nun insbesondere die Publication des Decretes vom 6. November 1813 anbelangt, so ist zunächst der Zeitpunct von Wichtigkeit, wo die deutschen Truppen den Rhein überschritten haben, nämlich die ersten Tage des Monats Januar 1814, und da das Vorrücken derselben nur successive Statt fand, so ist es natürlich, daß die Ankunft der letzten Nummern der 4. Serie des Bulletin des lois in den Hauptorten der einzelnen Departemente auch verschieden erfolgt ist. Das Decret vom 6. November 1813 befindet sich nun in der Nummer 536 jener Serie eingetragen. Nach Serini, chronologische Zusammenstellung der in den deutschen Rheinlanden publicirten älteren französischen Gesetze, Mannheim 1848, S. 32 ist für die vier rheinischen Departemente, nämlich das der Saar, der Roer, des Donnersberges und von Rhein und Mosel die Nummer 544 der 4. Serie des Bulletin des lois allgemein als die letzte Nummer anzusehen, welche in den deutschen Ländern publicirt worden ist; Gräff, rheinpreußische Rechtsquellen, Trier 1846, Band 1, S. 948, constatirt dagegen, daß im Departement der Saar, also in Trier, die Nummer 549 der gedachten Serie des Gesetz-Bülletins die letzte gewesen, welche an die öffentlichen Behörden ausgetheilt worden ist. In Coblenz, dem Hauptorte des Rhein= und Mosel=Departements ist die Nummer 536 jener Serie, in welcher sich das gegenwärtige Decret befindet, am 25. November 1813 einregistrirt worden. Als letzte wurde die Nummer 544 in das dazu bestimmte Register eingetragen, und es steht daher fest, daß das gegenwärtige Decret im Rhein= und Mosel=Departement gültig publicirt worden ist, und daher dort Gesetzeskraft hat. Im Roer=Departement ist sogar die zweite Nummer des Jahres 1814 an die öffentlichen Behörden vertheilt worden, wie dies ein Exemplar in der Bibliothek des Königl. Landgerichtes zu Aachen nachweis't, in welcher sich auch die sämmtlichen Nummern der 4. Serie bis zu Nummer 549 vorfinden. Das betreffende Register ist bei der Königlichen Regierung zu Aachen nicht aufzufinden gewesen, in der Bibliothek derselben findet sich aber als letzte angekommene Nummer die Nummer 541; die Nummer 536 findet sich ebenfalls daselbst, und so kann es wohl nicht füglich bezweifelt werden, daß die Publication des gegenwärtigen Decretes auch im Roer=Departement in gesetzlicher Weise Statt gefunden hat. Jeder Zweifel wird aber dadurch beseitigt, daß an den Präfecten zu Aachen ein Circular= schreiben des Cultus=Ministers vom 4. December 1813 angekommen ist, welches eine Instruction zur Ausführung des gegenwärtigen Decretes enthält, also die Ankunft desselben schon voraussetzt. Die specielle Angabe von Serini, welcher Richter des Königl. bairischen Kreisgerichtes zu Zweibrücken ist, bezieht sich daher wohl zunächst auf das Departement des Donnersberges, was auch mit der Periode des Rheinüberganges durch die deutschen Truppen übereinstimmt. So viel geht aber aus diesem Allem hervor, daß jedenfalls die Nummer 536 des Gesetz=Bülletins, in welcher sich das Decret vom 6. November 1813 befindet, vor der Occupation des linken Rheinufers durch die deutschen Truppen in den Hauptorten der vier rheinischen Departemente angekommen ist und dieses daher in denselben Gesetzeskraft und Geltung hat. Es haben aber auch die höchsten gerichtlichen und Verwaltungs=Behörden für die preußische Rheinprovinz die Anwendbarkeit des Decretes vom 6. November 1813 constant und bis in die neueste Zeit anerkannt, und nur die irrige Ansicht, daß die Kaiserlichen Decrete auch in jedem einzelnen Orte eines jeden Departements zu ihrer Anwendbarkeit angekommen sein müßten, hat den oben erwähnten Zweifel in einer ungerechtfertigten Weise in der jüngsten Zeit wieder hervorgerufen. Insbesondere ist für die preußische Rheinprovinz die Anwendbarkeit jenes Decretes in den preußischen Ministerial-Rescripten vom 7. Februar 1828, 16. August 1858 und 26. April 1859 von den Cultus-Ministern von Altenstein, von Raumer und von Bethmann-Hollweg anerkannt worden, und ist nach dem Rescripte des letzteren vom 26. April 1859 auch der preußische Justiz-Minister dieser Ansicht beigetreten. In gleicher Weise haben sich die Gerichte für die Anwendbarkeit jenes Decretes in der preußischen Rheinprovinz ausgesprochen und zwar:

1) Das Königl. Landgericht zu Trier, der rheinische Appellations-Gerichtshof zu Köln und der rheinische Cassationshof zu Berlin durch ihre Urtheile in dem Rechtsstreite der katholischen Kirchen-Fabrik zu Bleialf gegen die Civilgemeinde Bleialf, welche im ehemaligen Departement der Saar liegt. Man vergl. Archiv für Civil- und Criminalrecht in den preußischen Rheinprovinzen, Band 37, Abth. 1, S. 166 und Band 42, Abth. 2, S. 23.

2) Das Königl. Landgericht zu Coblenz und der rheinische Appellations-Gerichtshof zu Köln in dem Rechtsstreite der im ehemaligen Departemente von Rhein und Mosel bestehenden Kirchen-Fabrik zu Maischoß gegen Heinemann und Consorten. Man vergl. das erwähnte Archiv, Band 40, Abth. 1, S. 195.

3) Der rheinische Appellations-Gerichtshof zu Köln durch Urtheil vom 18. März 1846 in Sachen der im ehemaligen Rhein- und Mosel-Departemente gelegenen Kirche zu Wallhausen gegen Engel. Man vergl. rhein. Archiv, Band 40, Abth. 1, S. 59—61.

4) Das Königl. Landgericht zu Düsseldorf und der rheinische Appellations-Gerichtshof zu Köln in Sachen der Kirchen-Fabrik zu Hackenbroich gegen die im ehemaligen Departement der Roer gelegene Civilgemeinde Hackenbroich. Man vergl. Hüffer, die Verpflichtung der Civilgemeinden zum Baue und zur Ausbesserung der Pfarrhäuser. Münster 1859, S. 97—104 u. S. 73—83.

5) Das Königl. Landgericht zu Köln in der Proceßsache der katholischen Pfarrkirche zu Glesch gegen die im ehemaligen Roer-Departemente gelegene Specialgemeinde Glesch. Man vergl. Hüffer, das rheinpreußische Gesetz vom 14. März 1845. Münster 1860, S. 118—133.

In Luxemburg, dem Hauptorte des ehemaligen Departements der Wälder, ist ausweise des bei der dortigen Regierung beruhenden Registers die Nummer 551 der 4. Serie des Bulletin des lois die letzte gewesen, welche dort angekommen ist. Die Nummer 536 jener Serie war dort bereits am 24. November 1813 angekommen, und hat das Decret vom 6. November 1813 daher dort Gesetzeskraft.

Ausweise des bei der ehemaligen Präfectur des Departements der Ourthe zu Lüttich geführten Registers ist die Nummer 536 der 4. Serie des Bulletin des lois in Lüttich, dem Hauptorte dieses Departements am 23. November 1813 angekommen und vertheilt worden. Es wird dies auch dadurch bestätigt, daß dem ersten Instanzgerichte zu Malmedy, welches zum ehemaligen Departement der Ourthe gehörte, die **Bulletins des lois** bis zur Nummer 549 zugesendet worden sind. Das Decret vom 6. November 1813 ist daher auch in diesem Departemente gehörig publicirt worden.

Da der Hauptort des Departements des Niederrheines, Weißenburg, französisch geblieben ist, so kann es keinem Zweifel unterliegen, daß jenes Decret in den dazu gehörigen, damals noch nicht von Frankreich getrennten Theilen desselben volle Geltung hat.

Dasselbe gilt von dem Departemente der Mosel, dessen Hauptort Metz war.

Das Departement der Niedermaas ist erst später von den deutschen Truppen besetzt worden, nachdem die vier rheinischen Departemente bereits von denselben occupirt waren, und so könnte schon diesen Umständen nach kein Zweifel darüber obwalten, daß das Decret auch dort gehörig publicirt worden ist und Gesetzeskraft hat. Nach dem im Archive der Provincial=Regierung zu Maestricht befindlichen Register ist aber auch die Nummer 536 des Gesetz=Bülletins dort am 24. November 1813 eingetragen worden und daher in jenem Departement rechtsgültig publicirt. Die letzte dort eingetragene Nummer des **Bulletin des lois** ist auch hier die Nummer 549.

Affre in seinem Traité de l'administration temporelle des paroisses sagt zwar in Bezug auf die Gesetzeskraft des gegenwärtigen Decretes, daß dieselbe nichts weniger als sicher sei, und stützt seine Ansicht auf die Behauptung, daß dasselbe einzig und allein für die Verwaltung der Güter des Clerus in den mit Frankreich vereinigten Provinzen erlassen worden und daher auf das alte Frankreich nicht anwendbar sei; außerdem behauptet er aber auch, daß es nur eine Verfügung der Verwaltung sei. Er bezweifelt daher im Allgemeinen seine Anwendbarkeit auf Frankreich und ist hierbei offenbar von dem Gesichtspuncte ausgegangen, daß man unterstellen müsse, der Clerus im alten Frankreich habe zur Zeit des Erlasses desselben kein Vermögen besessen, und deßhalb könne es auch hier nicht zur Anwendung kommen, daß es aber in den von Frankreich erworbenen Provinzen Anwendung finden müsse, weil in diesen der Clerus schon zu jener Zeit Vermögen besessen habe. Diese Unterstellung Affre's ist aber wohl nicht ganz richtig, da zu jener Zeit durch einzelne Kaiserliche Decrete Schenkungen und Stiftungen zu Gunsten des Clerus auch im alten Frankreich genehmigt waren, und daher der Clerus auch dort in einzelnen Theilen des Reiches Vermögen besaß und da durch das Decret vom 15. Ventose Jahres XIII den Metropolitan= und Kathedral=Capiteln, also einem Theile des Clerus die früheren Güter und Renten derselben, in so fern sie noch nicht veräußert waren, zurückgegeben worden sind. Wenn aber auch die factischen Verhältnisse, wie Affre sie unterstellt, richtig wären, so könnten sie doch keine Veranlassung geben, gesetzliche Verfügungen, welche ganz allgemein wegen solcher Verhältnisse erlassen worden sind, nur auf diejenigen Gegenden und zwar für immer zu beschränken, in welchen dieselben zur Zeit des Erlasses bestanden und ihre Wirk=

samkeit von anderen Gegenden auszuschließen, in denen damals, also momentan, dieselben Verhältnisse noch nicht vorhanden waren, wo sie sich aber später gleichfalls gebildet haben. Hätte der Gesetzgeber dies gewollt, so hätte er es ausdrücklich sagen und namentlich die Provinzen speciell bezeichnen müssen, auf welche die Wirkung des Decretes zu beschränken sei. Das hat er aber nicht gethan, das Decret kündigt sich nicht als nur für die mit Frankreich vereinigten Provinzen erlassen an, und von dem vorstehenden Gesichtspuncte ausgehend haben denn auch die französischen Gerichtshöfe, wie dies Affre in seinem Traité de la propriété des biens ecclésiastiques S. 75 anerkennt, die Anwendbarkeit dieses Decretes auf das alte Frankreich angenommen. Noch irriger ist die Ansicht Affre's, daß das gegenwärtige Decret nur als eine Verfügung der Verwaltung zu betrachten sei. Die Kaiserlichen Decrete haben Gesetzeskraft, sobald die zu ihrer Publication erforderlichen Formalitäten erfüllt sind, und diese sind erfüllt, sobald die Nummern des Bulletin des lois, in welchem sie enthalten sind, im Hauptorte des Departements in das hierfür bestimmte Register eingetragen worden sind. Gewöhnlich werden aber zu solchen Decreten noch Ministerial-Instructionen zur Ausführung derselben von den betreffenden Ressort-Ministern erlassen, wie denn auch eine solche nach den obigen Angaben an den Präfecten des Roer-Departements bezüglich des gegenwärtigen Decretes unter dem 4. December 1813 erlassen worden ist. Diese Ministerial-Instructionen sind nun wirklich nur Verfügungen der Verwaltung, sie können aber an der Gesetzeskraft der Decrete nichts ändern, sie auch nicht bedingen. Offenbar hat Affre diese Instructionen mit den Decreten selbst verwechselt, es sei denn, daß er annimmt, die Decrete seien nur anwendbar, wenn zugleich Instructionen zur Ausführung derselben erlassen würden, was aber jedenfalls irrig ist, da ja auch Decrete erlassen werden können, die so klar sind, daß sie einer näheren Instruction zu ihrer Ausführung nicht bedürfen. Unter keinen Umständen können dieselben die einmal durch die Erfüllung der gesetzlichen Formalitäten erworbene Gesetzeskraft eines Decretes wieder aufheben.

In Deutschland findet das gegenwärtige Decret noch Anwendung in der Erzdiöcese Köln, den Diöcesen Trier, Münster, Mainz und Speyer und im apostolischen Vicariate von Luxemburg.

Napoleon 2c. 2c.

Indem Wir für die Erhaltung und Verwaltung der Grundgüter, welche der Clerus in mehreren Theilen Unseres Kaiserreiches besitzt, Vorsorge treffen wollen,

Haben Wir nach Anhörung Unseres Staatsrathes verfügt und verfügen, was folgt:

Erster Titel.
Von den Pfarrgütern.

I. Abschnitt.
Von der Verwaltung der Inhaber der Pfarreien.

Art. 1.

In allen Pfarreien, deren Pfarrer oder Hülfspfarrer unter diesem Titel Grundgüter oder Renten besitzen, ist die bei jeder Pfarrei eingerichtete Fabrik verbunden, auf die Erhaltung der gedachten Güter zu wachen.

Zu Art. 1.

Die französische National-Versammlung hatte durch ihr Decret vom 2. bis 4. November 1789 alle kirchlichen Güter, tous les biens ecclésiastiques, zur Disposition der Nation gestellt. Bei diesem großartigen Raube an fremdem Eigenthume suchte sie sich indessen wenigstens durch einen Schein von Billigkeit von denjenigen zu unterscheiden, welche im Widerstreite mit dem Gesetze und dem Rechte des Anderen diesem sein Eigenthum mit Gewalt entreißen. Sie verpflichtete nämlich dafür die Nation, auf eine passende Weise für die Cultus-kosten und den Unterhalt der Diener der Religion zu sorgen, und bestimmte, daß jedem Pfarrer Wohnung mit Garten nebst einem Einkommen von mindestens 1200 Frs. zugesichert werde. Durch ein Decret vom 17.—24. März 1790 hatte sie den Verkauf der Domainen- und kirchlichen Güter bis zu einem Betrage von 400 Millionen Franken verordnet und dadurch kundgegeben, daß sie die Nation als die Eigenthümerin dieser Güter ansah. In Gemäßheit des Decretes derselben vom 20.—22. April 1790 waren die durch das Decret vom 2.—4. November 1789 zur Disposition der Nation gestellten Güter der Verwaltung des Staates übergeben worden, nur sollten nach Art. 2 des April-Decretes die Pfarrer auf dem Lande die zu ihren Beneficien gehörenden Güter provisorisch weiter verwalten, dagegen den Ertrag derselben auf ihr Gehalt anrechnen. Allein diese den Landpfarrern provisorisch belassene Verwaltung der Güter ihrer Beneficien konnte bei der allgemeinen Confiscation aller kirchlichen Güter selbstredend nicht den Zweck haben, diesen das Eigenthum derselben zu reserviren. Auch sollte nach Art. 5 jenes Decretes eine ausreichende Summe zur Bestreitung der Cultuskosten der katholischen Religion und des Unterhaltes ihrer Diener auf den Staatshaushalts-Etat in Ausgabe gebracht werden. Selbst in dem Decrete der National-Versammlung sur la constitution civile du clergé et la fixation de son traitement vom 12.—24. Juli 1790 wurde noch daran festgehalten, daß der Staat für jene Vermögensentziehung die Religionsdiener zu besolden und ihnen eine passende Wohnung zu beschaffen habe, und nachdem in demselben die leitenden Grundsätze über die zukünftige Einrichtung der Diöcesen und Pfarreien festgestellt worden waren, wurden die Gehälter der Religionsdiener firirt, wobei als Minimum des Gehaltes eines Pfarrers die Summe von 1200 Francs angenommen wurde. Zweifelhaft war es nun eines Theiles, welche Güter man unter biens ecclésiastiques verstand, und andern Theiles, welche kirchlichen Güter in Gemäßheit des Decretes vom 17. bis 24. März 1790 zum Verkaufe gebracht werden sollten. Es war nämlich kein Unterschied gemacht worden zwischen den Gütern, welche zum Klostervermögen, Stiftungsvermögen, Fabrikvermögen und Dotationsvermögen gehörten, und da man nach dem Decrete vom 12.—24. Juli 1790 noch Diöcesen und Pfarreien anerkannte, so mochte es bedenklich erscheinen, ohne Unterschied alles kirchliche Vermögen jetzt schon zum Verkaufe zu bringen. Deßhalb bestimmte das Decret der National-Versammlung vom 28. October bis 5. November 1790 rücksichtlich der kirchlichen Güter, daß alle Güter des Clerus und alle Güter der Diöcesan-Seminarien verkauft werden sollten; dagegen vertagte die National-Versammlung ihren Beschluß über alles dasjenige, was die Fabrikgüter und die Güter der in den Pfarrkirchen gemachten Stiftungen, so wie die Güter mehrerer Wohlthätigkeitsanstalten betraf. Die Pfarr-Dotationsgüter waren daher in den beschlossenen Verkauf einbegriffen. So wie aber die Revolution im Kampfe gegen das Bestehende fortschritt, ging man auch in dieser Hinsicht weiter; durch das Decret der National-Versammlung vom 10.—18. Februar 1791 wurde zunächst der Verkauf der Grundgüter der in den Pfarrkirchen gemachten Stiftungen verordnet, dabei aber noch bestimmt, daß den Geistlichen, welche bisher den Genuß derselben hatten, der Netto-Ertrag derselben mit vier vom Hundert verzinst werden solle; in gleicher Weise wurde unter denselben Bedingungen durch das Decret derselben Versammlung vom 19. August bis 3. September 1792 der Verkauf aller Grundgüter der Fabriken beschlossen. Hiernach hatte also die Kirche kein Grundvermögen mehr, die Religionsdiener waren daher wegen ihres Unterhaltes und die Pfarreien wegen ihrer Cultuskosten auf das Staatsgehalt und die versprochenen vierprocentigen Zinsen des Netto-Ertrages der Stiftungs- und Fabrikgüter angewiesen. Nachdem das Königthum gefallen, stand die Kirche der Revolutions-Herrschaft gegenüber ohne allen Schutz da. Es offenbarte sich dies zunächst in dem Decrete vom 13. Brumaire Jahres II, durch welches alles Fabrikvermögen, sowohl bewegliches als unbewegliches, unter welchem Titel es auch bestand, als National-Eigenthum erklärt wurde. Nachdem nun so die Kirche alles und jedes Vermögens beraubt worden, lag im weiteren Verlaufe der Revolution nach diesen vorbereitenden Gewaltmaßregeln der Schritt zur Vernichtung der äußeren Existenz der Kirche im Gesetze vom 3. Ventose Jahres III sehr nahe. Dasselbe verfügte in Art. 2: „La république n'en salarie aucun culte," die Republik zahlt für keinen Cultus etwas; die Gehälter der Pfarrer, die vierprocentigen Zinsen des Netto-Ertrages der verkauften Stiftungs- und Fabrikgüter wurden weiter nicht gezahlt. So blieben die Verhältnisse im alten

Frankreich bis zum Abschlusse des Concordates mit dem heiligen Stuhle im Jahre 1801.

War man im alten Frankreich nur allmählich und im Verlaufe von stark fünf Jahren zu diesem Resultate gekommen, so erreichte man dasselbe in den neu eroberten Ländern, wenn auch in ähnlicher Weise und mit einzelnen Modificationen, doch weit rascher. Man publicirte nämlich die französischen Revolutions-Gesetze in denselben nur successive, aber in kurzen Zwischenräumen und meistentheils nur in Auszügen.

Die neun belgischen Departemente der Dyle, der Schelde, der Lys, von Jemappe, der Wälder, der Sambre und Maas, der Ourthe, der Niedermaas und der beiden Nethen, welche durch das Gesetz vom 9. Vendémiaire Jahres IV gebildet wurden, nahmen erst vom 16. Frimaire Jahres V an Theil an der allgemeinen Gesetzgebung Frankreichs. Für diese verfügte bezüglich des kirchlichen Vermögens vorerst der Beschluß der Volks-Repräsentanten vom 22. Vendémiaire Jahres IV, daß die Besitzer kirchlicher Güter, biens ecclésiastiques, dieselben weder verkaufen, veräußern, vertauschen, noch hypothekarisch belasten dürften. Am 15. Fructidor Jahres IV folgte schon das Gesetz, welches die religiösen Orden in denselben aufhob und verordnete, daß nach Publication der französischen Gesetze über die Verwaltung und den Verkauf der Nationalgüter dieselben auf die Güter jener Orden angewendet werden sollten. Schon am 17. Fructidor desselben Jahres, also 2 Tage später, wurde das Vollziehungs-Directorium beauftragt, für die Verwaltung und den Verkauf derselben Sorge zu tragen. Handelte es sich bis dahin bloß um die Klostergüter, so ging man schon am 5. Brumaire Jahres VI etwas weiter. Ein Beschluß des Vollziehungs-Directoriums von diesem Tage verfügte die Beschlagnahme der Güter, Pfarrhäuser und Kirchen der nicht bedienten Pfarreien, so wie derjenigen, deren Pfarrer den vorgeschriebenen Eid nicht leisteten, und fünf Monate später, am 17. Ventose Jahres VI wurde durch Beschluß des Vollziehungs-Directoriums die Publication der Art. 1 und 2 des Decretes der National-Versammlung vom 28. Oct. bis 5. Nov. 1790 verordnet, nach welchem die Güter des Clerus als National-Eigenthum erklärt und der Verkauf derselben Statt finden sollte. Mit dieser Publications-Verordnung wurde zugleich verfügt, daß die Bestimmungen der gedachten Artikel in den neun belgischen Departementen in Vollzug gesetzt werden sollten. Indessen lautete der Beschluß auch dahin, daß jene Artikel in Bezug auf die Pfarrgüter im Allgemeinen nicht vollzogen werden sollten, daß vielmehr dies nur der Fall sein solle, wenn die Pfarrei entweder durch die Verweigerung der Ableistung des vorgeschriebenen Eides Seitens der bisherigen Pfarrer, oder durch deren Deportation oder aus einer anderen Ursache vacant oder nicht bedient werde. Mit Rücksicht auf diese Verhältnisse wurde ein nicht unerheblicher Theil des Pfarrvermögens vor der Veräußerung geschützt. Ein Staatsraths-Gutachten vom 23. December 1806 spricht sich zwar dahin aus, daß die Pfarrer und Hülfspfarrer an gewissen Orten nur ausnahmsweise ermächtigt worden seien, im Besitze ihrer früheren Dotationsgüter zu bleiben oder sich in den Besitz derselben zu setzen; allein das Staatsraths-Gutachten vom 26. Juli 1808 constatirt, daß, wenn auch einige Güter des belgischen Secular-Clerus veräußert worden seien, derselbe nichts desto weniger nicht ohne Hülfsmittel geblieben, wie dies bei dem Clerus des übrigen Theiles des Kaiserreiches der Fall sei, und daß es daher rücksichtlich der zu gewährenden Staatsgehälter angemessen erscheine, festzustellen, welche Güter dem Clerus verblieben seien, um zu ermessen, in wie fern den einzelnen Pfarrern das Staatsgehalt zu gewähren sei.

Der Consularbeschluß vom 22. Fructidor Jahres VIII verfügte in Art. 1, daß vom 1. Vendemiaire Jahres IX ab die vier rheinischen Departemente der Roer, der Saar, des Donnersberges und von Rhein und Mosel den anderen Departementen assimilirt und in Folge dessen die Gesetze und Verordnungen der Republik in denselben nach und nach in Vollzug gesetzt werden sollten. Durch das Gesetz vom 18. Ventose Jahres IX wurden dieselben als ein integrirender Theil des französischen Reiches erklärt und von diesem Zeitpunkte an nahmen auch sie an der allgemeinen Gesetzgebung Frankreichs Theil. Es heißt zwar im Art. 3 desselben, daß die Gesetze und Verordnungen der Republik auf diese Departemente nur von dem Zeitpunkte ab Anwendung fänden, wo die Staatsregierung dies für passend erachte, und zu diesem Zwecke eigene Beschlüsse erlasse. Es bezieht sich dieser Artikel aber nur auf die früheren Gesetze und Verordnungen, wie dies aus den bei Serini a. a. O. S. 29 abgedruckten Schreiben des Justiz-Ministers vom 16. Pluviose Jahres IX und des Finanz-Ministers vom sechsten Ergänzungstage des Jahres IX hervorgeht. In dem Schreiben des Justiz-Ministers heißt es nämlich: „Je vous préviens, citoyens, que l'intention des consuls de la république est, que vous considériez comme une règle générale, que les lois et arrêts rendus postérieurement à la réunion des départemens de la rive gauche du Rhin doivent être communs à ces départemens comme au reste de la république." Die vor dem 18. Ventose Jahres IX für Frankreich erlassenen Gesetze und Beschlüsse hatten daher in diesen Departementen keine Anwendung, wenn sie nicht besonders für dieselben publicirt wurden. Was nun das kirchliche Vermögen in denselben anbelangt, so ist es bei der verschiedenen Fassung der Verordnungen und Beschlüsse der französischen Regierungs-Organe nothwendig, des Inhaltes derselben zu erwähnen, um zu ersehen, in wie fern das eigentliche Pfarrvermögen und in welchem Maße davon betroffen wurde. Zunächst wurden nun durch den Art. 4 des Beschlusses des Vollziehungs-Directoriums vom 28. Floreal Jahres IV alle Zehnten, Zinsen und Renten, welche die Bischöfe, Capitel, Pfarrer, Abteien, Klöster und Corporationen bezogen, als National-Einkünfte erklärt, und durch den Art. 6 desselben die General-Directoren der Länder zwischen Maas und Rhein und Rhein und Mosel angewiesen, Maßnahmen zu treffen, daß alle kirchlichen Güter, welche bisher von den Bischöfen, Aebten, Stiftsherren, Pfarrern, Klostergeistlichen und sonstigen Beneficiaten benutzt wurden, unter ihre Verwaltung gestellt würden. In einer Proclamation des

Regierungs-Commissars vom 20. Prairial Jahres IV wurden sodann die Bewohner des Bezirkes der General-Direction zu Coblenz davon in Kenntniß gesetzt, daß die französische Regierung die Beschlagnahme der kirchlichen Güter verfügt habe, und die gedachten Bewohner bei freier Ausübung ihrer Religion an die im Beschlusse vom 28. Floreal Jahres IV näher bezeichneten Personen und Corporationen nichts mehr zu bezahlen hätten. In ähnlicher Weise wurden durch den Regierungs-Beschluß vom 14. Fructidor Jahres IV unter Bezugnahme auf den Art. 6 des Beschlusses vom 28. Floreal Jahres IV die gedachten Güter im Bezirke der General-Direction zu Aachen unter deren Verwaltung gestellt. An die Stelle der General-Directionen trat nach dem Beschlusse des Generals Hoche vom 28. Ventose Jahres V die Intermediair-Commission zu Bonn, für deren Bezirk der General Hoche durch Verfügung vom 20. Germinal Jahres V verordnete, daß alle Güter des Clerus, alle seine Einkünfte, sowohl rückständige, als laufende der Verwaltung des Bürgers Durbach übergeben seien. Der Intermediair-Commission war durch den Art. 7 der gedachten Verfügung des Generals Hoche die General-Verwaltung anvertraut. Wenn sie nun über die Verwaltungs-Befugnisse hinaus am 30. Floreal Jahres V den Beschluß faßte, daß unter dem Namen „Domainen" alle Mobilien und Immobilien zu verstehen seien, welche der Republik durch das Recht der Eroberung, droit de conquête, erworben worden seien, und daß dazu auch alle Güter des Regular- und Secular-Clerus, der Fabriken, Bruderschaften und Stiftungen gehörten, so bedurfte dies einer Remedur, welche auch bereits durch Beschluß des Generals Hoche vom 16. Prairial Jahres V erfolgte. Derselbe verfügte nämlich unter Entbindung des Bürgers Durbach von der Verwaltung in Art. 5 dieses Beschlusses: „Le clergé est rétabli dans la jouissance de tout ce, qui lui appartient en propre ou à titre d'usufruit (les forêts, mines et usines exceptées)." Der Clerus wurde also dadurch wieder in den Genuß des ihm zugehörigen Eigenthums und der ihm etwa zustehenden Nießbrauchsrechte eingesetzt. Hiervon waren jedoch die Waldungen, Berg- und Hüttenwerke ausgenommen. Damit aber kein Zweifel über die Personen obwalte, welchen der Genuß ihres Eigenthums und ihrer Nießbrauchsrechte zurückgegeben worden sei, erklärte er in Art. 4 jenes Beschlusses, daß man unter Clerus alle geistlichen Individuen und Körperschaften verstehe. Es bezog sich dieser Beschluß aber nur auf die Güter des in den vier rheinischen Departementen befindlichen Clerus, für welchen der General Hoche nur diesen Beschluß gefaßt hatte. Deßhalb wurden denn auch durch einen Beschluß des Regierungs-Commissars vom 26. Ventose Jahres VI alle Güter, welche sich in den vier rheinischen Departementen befanden, und dem ehemaligen französischen Clerus, dem Clerus der belgischen Departemente und dem des rechten Rheinufers gehörten, als National-Eigenthum erklärt. Bei der Rückgabe des Genusses des Eigenthums und des Nießbrauches unterstellte man, daß derselbe zur Subsistenz des Clerus nothwendig sei, weßhalb der Regierungs-Commissar Rudler durch Beschluß vom 7. Germinal Jahres VI verfügte, daß alle Güter der geistlichen Corporationen, Fabriken, Pfarreien und Beneficien, welche nicht cultivirt würden, wie die sequestrirten Güter auf Kosten der Republik verwaltet werden sollten. Es waren also auch diese Güter noch nicht von einer eigentlichen Confiscation betroffen worden. Dagegen ging schon ein Beschluß des Regierungs=Commissars vom 19. Ventose Jahres VII weiter, indem durch denselben die Güter aller einfachen Beneficien, so wie derjenigen, welche durch den Tod oder die Entlassung oder Entfernung der Beneficiaten vacant geworden, in so fern als National=Eigenthum erklärt wurden, als sie sich nicht auf die unmittelbare Ausübung des Gottesdienstes bezogen. Wenn nun durch den Beschluß des Regierungs=Commissars vom 23. Germinal Jahres IX alle Güter des Clerus im ehemaligen Jülicher Lande, welche seit dem Einrücken der Armee der Republik in andere Hände übergegangen waren, sequestrirt wurden, so geht daraus eben hervor, daß man einstweilen zwar den Clerus in den vier rheinischen Departementen in dem Besitze und Genusse seiner Güter belassen, Veräußerungen derselben aber gegen den Willen der Staatsregierung nicht gestatten wollte. Nach allem diesem steht fest, daß bis zum Jahre IX der Republik die kirchlichen Güter in den vier rheinischen Departementen zwar mit Beschlag belegt, aber nicht confiscirt worden waren, mit Ausnahme jedoch der durch die Beschlüsse vom 26. Ventose Jahres VI und 19. Ventose Jahres VII betroffenen Güter, welche als National=Eigenthum erklärt worden waren. Es wird dies auch durch den Consularbeschluß vom 20. Prairial Jahres X bestätigt, wodurch die eigentliche Confiscation erst ausgesprochen wurde, von welchem unten näher die Rede sein wird.

In Folge des zwischen dem Oberhaupte der katholischen Kirche und Frankreich am 15. Juli 1801 abgeschlossenen Concordates mußten die kirchlichen Verhältnisse für den ganzen Umfang des französischen Reiches vollständig und neu geregelt werden. Hierbei war es natürlich, daß man für den ganzen Staat gleichförmige Zustände herbeizuführen suchte. Selbstredend hätten nun diese neuen Verhältnisse auf der Basis des Concordates und im Geiste desselben geschaffen werden müssen; allein schon die mannigfaltigen Reclamationen des h. Stuhles bezüglich der Ausführung des Concordates liefern den Beweis, daß die französischen Machthaber sich dabei nicht genau an die Bestimmungen desselben anschließen wollten. Bei der anerkannten Nothwendigkeit, gleichförmige kirchliche Verhältnisse im ganzen Staate herbeizuführen, hätte man sich nur an die Bestimmungen des Art. 13 des Concordates halten sollen, in welchen der Papst für sich und seine Nachfolger erklärte, daß er die Erwerber der veräußerten kirchlichen Güter in keiner Weise beunruhigen wolle, diese vielmehr in ihrem Eigenthume und den damit verbundenen Rechten und Einkünften verbleiben sollten. Allein man stellte sich von Seiten des Staates bei der Interpretation dieses Artikels auf einen Standpunct, der keineswegs von wohlwollenden Absichten gegen die Kirche zeugte. Zunächst subsumirte man unter die Kategorie der Erwerber veräußerter kirchlicher Güter auch den Staat, der doch nicht in Folge einer Veräußerung in den Besitz der damals noch bei ihm vorhandenen kirch=

lichen Güter gekommen war. Wollte man aber auch annehmen, daß man, da factisch im alten Frankreich und in den neun belgischen Departementen zur Zeit des Abschlusses des Concordates das kirchliche Vermögen in denselben durch Confiscation Staatseigenthum geworden war, an diesem Verhältnisse nicht rütteln wollte, so war doch unter keinen Umständen eine neue Confiscation durch den erwähnten Art. 13 des Concordates gestattet oder gar gerechtfertigt. Und dennoch ging man zu einer solchen über und beging an der Kirche ein neues Unrecht. Während man auf der einen Seite auf Grund des Concordates einen Theil des noch im Besitze des Staates vorhandenen kirchlichen Vermögens, nämlich die zur Ausübung des Gottesdienstes erforderlichen Kirchen zurückgab und sie in den vier rheinischen Departementen nicht einzog, während man gleichfalls auf Grund des Concordates für die Bischöfe und Pfarrer Gehälter zu Lasten des Staates festsetzte, nahm man, um die Gleichstellung in allen Provinzen des Staates zu bewirken, in den vier rheinischen Departementen durch den Consularbeschluß vom 20. Prairial Jahres X das gesammte andere kirchliche Vermögen zu Gunsten des Staates weg. Der Art. 13 des Concordates beweis't es deutlich, daß die Gestattung einer derartigen Handlung nicht in der Absicht des Oberhauptes der katholischen Kirche lag, da der Papst in demselben constatirte, daß er nur des Friedens wegen gewisse Personen, nämlich die Erwerber der vom Staate verkauften kirchlichen Güter weiter nicht beunruhigen wolle; aber unmöglich konnte darin die Anerkennung einer Berechtigung des Staates gefunden werden, nun auch mit weiteren Confiscationen gegen die Kirche vorzugehen. Die Thatsache der Confiscation liegt indessen vor. Hierdurch war die französische Kirche vollends mittellos geworden, sie wurde aber auch außerdem noch durch andere Verfügungen in vermögensrechtlicher Beziehung vollständig in ein Abhängigkeits-Verhältniß zum Staate gebracht. Abgesehen nämlich davon, daß die Bischöfe und Pfarrer von dem Staate ihre Gehälter bezogen, weisen die Art. 73 und 74 des Gesetzes vom 18. Germinal X es nur zu klar nach, wie man die Bestimmungen des Concordates zur Begründung und Feststellung jenes Abhängigkeits-Verhältnisses interpretirte. Es hatte die französische Regierung durch den Art. 15 des Concordates die Verpflichtung übernommen, Maßnahmen zu treffen, daß die Katholiken Stiftungen zu Gunsten der Kirchen treffen könnten. Und wie wurden diese Maßnahmen getroffen? Nach den Art. 73 und 74 des Gesetzes vom 18. Germinal Jahres X dürfen Stiftungen zum Unterhalte der Diener der Kirche und für die Ausübung des Gottesdienstes nur in Staatsrenten erfolgen, der Erwerb von Grundgütern zu diesen Zwecken wurde ausdrücklich untersagt. Bei dem dürftigen Staatsgehalte der Geistlichen suchte man zwar ihre Stellung dadurch zu sichern, daß man durch den Beschluß vom 18. Nivose Jahres XI das ganze Gehalt derselben als unverkümmerbar erklärte und dadurch jede Beschlagnahme desselben verbot, außerdem auch durch den Beschluß vom 18. Germinal Jahres XI die Gemeinden ermächtigte, Zuschüsse zu den Gehältern der Pfarrer, Vicarien und Hülfspfarrer zu gewähren und für das Meublement der Pfarrhäuser zu sorgen. Das Nähere in dieser

14   Decret vom 6. November 1813. Art. 1.

Beziehung sehe man bei de Svo, das die Kirchen-Fabriken betreffende Decret vom 30. December 1809, zweite Auflage, zu Art. 4 Nr. 1 in fino. Allein man war in dieser Hinsicht von Seiten der Gemeinden nicht gar zu willfährig; in manchen Gegenden machten die Gemeinden an das Pfarr-Dotations-Vermögen Ansprüche, und fanden es unbillig, daß der Staat seinerseits dasselbe einzog, ihnen dagegen eine neue Last auferlegte, was denn zur Folge hatte, daß unter diesen Verhältnissen in den vier rheinischen Departementen viele Pfarrer im Besitze und Genusse ihres Dotationsvermögens verblieben. Der Regierungsbeschluß vom 7. Thermidor Jahres XI hatte das Einkommen der Geistlichen dadurch gebessert, daß die Fabrikgüter der Kirche zurückgegeben wurden, und daß nach dem Ministerial-Beschlusse vom 25. Frimaire Jahres XII auch die Messen- und Anniversarien-Stiftungen dazu gehören sollten. Auch war man durch den Thermidor-Beschluß von dem Verbote abgegangen, daß für die Ausübung des Gottesdienstes der Erwerb von Grundgütern durch die Kirche erfolgen könne, da man ja vielfach Grundgüter durch den gedachten Beschluß zurückgab. Für die Beseitigung der oben erwähnten Differenzen lag denn auch nun bei der jetzt milderen Anschauungsweise der Ausweg nahe, und zwar darin, daß man in den einzelnen Fällen das Pfarr-Dotationsvermögen nicht einzog. Zunächst verfügte ein Kaiserliches Decret vom 5. Nivose Jahres XIII, daß die Pfarrer und Hülfspfarrer der Diöcese Trier im Genusse derjenigen Güter gehandhabt werden sollten, welche unter dem Namen „bouveraux" bekannt seien, und zwar sollten sie in dem Genusse bleiben, wie sie ihn bisher gehabt hätten. Das Einkommen dieser bouveraux, welche Güter sind, deren Besitzer verpflichtet sind, die Heerdochsen für die Gemeinden zu stellen und zu unterhalten, soll aber nach jenem Decrete auf das Gehalt der betreffenden Pfarrer und Hülfspfarrer in Anrechnung gebracht werden. In ähnlicher Weise wurden die Pfarrer und Hülfspfarrer der ehemaligen Diöcese Aachen durch ein Kaiserliches Decret vom 7. März 1806 in dem Genusse derjenigen noch nicht veräußerten Güter geschützt, welche früher zu ihrer Dotation gehört hatten. Dieselben Bestimmungen wurden hinsichtlich ihrer getroffen, welche für die bouveraux maßgebend waren. Die Pfarrer und Hülfspfarrer sollten sie nämlich in derselben Art und Weise benutzen, wie sie dieselben bisher benutzt hatten, nur sollte ihr Einkommen auf das Gehalt der betreffenden Pfarrer und Hülfspfarrer in Anrechnung kommen.

Die Bestimmungen des gegenwärtigen Decretes haben nun nicht bloß die Verwaltung der Grundgüter des Clerus, welche er in Gemäßheit der beiden besonderen Decrete vom 5. Nivose Jahres XIII, 7. März 1806 und des Beschlusses vom 17. Ventose Jahres VI besitzt und welche er später mit landesherrlicher Genehmigung erworben hat, zum Gegenstande, sondern auch die der Capitalien und Mobilargegenstände, welche einen Theil der Dotation desselben bilden, wie dies aus den einzelnen Bestimmungen dieses Decretes hervorgeht.

Durch den vorstehenden Art. 1 ist den einzelnen Kirchen-Fabriken die Pflicht auferlegt worden, darauf zu wachen, daß die Grundgüter und Renten des Pfarrvermögens erhalten werden; dagegen steht ihnen nicht das Recht der Benutzung

Decret vom 6. November 1813. Art. 2.   15

und Verwaltung zu, es ist dies vielmehr dem Pfarrer oder Pfarrinhaber gegeben. Die Kirchen-Fabriken können daher einseitig dem Pfarrer oder Pfarrinhaber den Genuß der Dotationsgüter nicht entziehen, darüber ohne seine Zuziehung nicht verfügen und denselben einem Anderen nicht abtreten. In diesem Sinne entschied auch der rheinische Appellations-Gerichtshof zu Köln durch Urtheil vom 18. März 1846 in Sachen der Kirchen-Fabrik zu Wallhausen gegen Engel. Man vergl. Rhein. Archiv, Band 40, Abth. 1, S. 58—61. Es liegt in diesem Verhältnisse auch nichts Abnormes; in dem Decrete vom 30. December 1809 findet sich eine ähnliche Bestimmung, wie die des Art. 1 des gegenwärtigen Decretes. Nach Art. 37 Nr. 4 desselben ist es nämlich als eine Last der Kirchen-Fabriken erklärt, auf die Unterhaltung der Pfarrhäuser zu wachen, ohne daß denselben das Recht zusteht, über diese Häuser in irgend einer Art auch nur nutzungsweise zu verfügen. So wie durch das Decret von 1809 die Kirchen-Fabriken beauftragt sind, Sorge dafür zu tragen, daß bezüglich der Pfarrhäuser die Civilgemeinde wegen der Hauptreparaturen, und der Pfarrer beziehungsweise dessen Erben wegen der Locatioreparaturen und etwaiger Verschlimmerungen ihren Verpflichtungen nachkommen, so ist denselben durch den Art. 1 des gegenwärtigen Decretes die Pflicht auferlegt, darauf zu achten, daß der Pfarrer oder Pfarrinhaber bezüglich der Dotationsgüter seine Obliegenheiten nicht vernachläßige. Sie sind daher verpflichtet, gegen den Pfarrer, wenn er seine ihm in dieser Hinsicht zustehenden Befugnisse überschreitet, selbst im Wege der gerichtlichen Klage anzugehen und ihn zur Erfüllung seiner Verpflichtungen zu zwingen. Sie haben aber auch außerdem die Pflicht, den Bestand des Pfarr-Dotationsvermögens gegen die Angriffe dritter Personen zu schützen und die geeigneten Maßregeln zu ergreifen, daß sowohl die zu demselben gehörigen Gebäulichkeiten nach Maßgabe der in dieser Hinsicht bestehenden gesetzlichen Vorschriften in gutem Zustande erhalten, als die Capitalien desselben gehörig sicher gestellt werden.

Art. 2.

In eine der Fabrik zugehörige Kiste oder einen Schrank mit drei Schlüsseln sollen alle auf diese Güter Bezug habenden Papiere, Titel und Documente hinterlegt werden.

Diese Hinterlegung soll in den auf die Publication des gegenwärtigen Decretes folgenden sechs Monaten bewirkt werden. Gleichwohl sollen die bei den Kanzleien der Bisthümer und Erzbisthümer hinterlegten Titel in die Archive der betreffenden Präfecturen gegen Empfangs-Bescheinigung und Ertheilung einer authentischen Abschrift, welche von den Präfecturen dem Bisthume zu überliefern ist, gebracht werden.

Zu Art. 2.

Im vorstehenden Art. 2 ist nicht gesagt, daß die das Pfarr=Dotationsvermögen betreffenden Papiere, Titel und Documente in demselben Schranke aufbewahrt werden sollen, in welchem nach Art. 54 des Decretes vom 30. December 1809 alle auf die Einkünfte und Angelegenheiten der Fabrik bezüglichen Papiere, Titel und Urkunden aufbewahrt werden; aber eben so wenig ist darin gesagt, daß dies nicht geschehen und die Aufbewahrung dieser Actenstücke in einem anderen Schranke Statt finden solle. Bei kleinen Pfarreien wird ein einziger Schrank für beide Arten von Papieren, Titeln und Documenten zur Aufbewahrung hinreichen, in welchem dann getrennte Behälter für dieselben anzubringen sind, damit keine Unordnung entsteht. Für die größeren Pfarreien kann es aber bei der allmählich anwachsenden Zahl der Papiere nothwendig werden, daß zwei verschiedene Schränke angeschafft werden, so daß in dem einen die auf die Kirchen=Fabrik und in dem anderen die auf das Pfarr=Dotationsvermögen Bezug habenden Papiere, Titel und Documente aufbewahrt werden. Auch der letztere muß dann nach Art. 2 des gegenwärtigen Decretes mit drei Schlüsseln versehen sein, welchen drei verschiedenartig eingerichtete Schlösser entsprechen, weil sonst der Zweck des Gesetzes, die Erschwerung und Controlirung der Wegnahme der Papiere, nicht erreicht würde. Wer die drei Schlüssel besitzen soll, ist im gegenwärtigen Decrete nicht gesagt; es wird aber, da der Schrank ein Schrank der Kirchen=Fabrik sein soll, die Bestimmung des Art. 50 des Decretes vom 30. December 1809 hier maßgebend sein müssen, nach welcher sich ein Schlüssel in den Händen des Pfarrers, der andere in denen des Schatzmeisters und der dritte in denen des Präsidenten der Kirchmeisterstube befinden soll.

Unter Bezugnahme auf die **decreta synodalia Maximiliani Henrici** tit. 12 cap. 2, das Edict des Pfalzgrafen Karl Theodor vom 10. September 1744 die Verwahrung der Kirchenbriefschaften betreffend, die Art. 50—57 des Decretes vom 30. December 1809 und die Art. 2—5 des Decretes vom 6. November 1813 hatte schon ein Rundschreiben des erzbischöflichen Generalvicariates zu Köln vom 16. Mai 1827 an die sämmtlichen Kirchenvorstände der Erzbiöcese Köln gerichtet, dieselben angewiesen, sämmtliche sowohl zum Vermögen der Kirchen=Fabrik als der Pfarre gehörigen Urkunden und wesentlichen Papiere in einem mit drei verschiedenen Schlössern versehenen Kirchenarchive aufzubewahren, wovon die Schlüssel unter drei Mitglieder des Kirchenvorstandes vertheilt werden sollten. Als ein Mißbrauch wird es in demselben erklärt, daß sich häufig die Papiere der Kirchen=Fabrik in den Händen des einen oder des anderen Mitgliedes des Kirchenvorstandes, jene der Pfarre und Vicarieen in den Händen des Pfarrers und der betreffenden Pfründner beruhten. Es ist dieses Rundschreiben auch für den landräthlichen Kreis Essen maßgebend, in welchem das allgemeine preußische Landrecht gilt, welches Th. II, Tit. 11, §. 625 die Verfügung getroffen hat, daß die Kirchenvorsteher die Kirchenpapiere in der Art unter einem gemeinschaftlichen Beschlusse halten sollten, daß keiner von ihnen einseitig darüber verfügen könne. Ein weiteres Rundschreiben desselben General=Vicariates vom 6. December 1839 an die Landdechanten der Erzdiöcese empfiehlt die Einrichtung des Kirchen= und Pfarrarchivs einem beigefügten Plane gemäß, nach welchem das Pfarrarchiv von dem Kirchenarchiv getrennt, jedoch wie dieses dreifach zu verschließen ist. Es besteht daher für die ganze Erzdiöcese Köln die Vorschrift, daß das Kirchenarchiv und das Pfarrarchiv mit drei verschiedenen Schlössern versehen und verschlossen werden muß. Für die Pfarreien auf der rechten Rheinseite ist aber die Bestimmung des Art. 50 des Decretes vom 30. December 1809 nicht maßgebend, nach welchem nur der Pfarrer, der Schatz= meister und der Präsident der Kirchmeisterstube zu dem Besitze eines der drei Schlüssel berechtigt sind; denn das Rundschreiben vom 16. Mai 1827 spricht nur von der Vertheilung derselben unter drei Mitglieder des Kirchenvorstandes, ohne dieselben näher zu bezeichnen. Auf der rechten Rheinseite besteht auch außer dem Kirchenrathe eine eigentliche Kirchmeisterstube nicht, eine solche wurde auch durch die oberhirtliche Verfügung vom 31. Januar 1849, wodurch eine neue Organisation der Kirchenräthe auf der rechten Rheinseite angeordnet wurde, nicht geschaffen. Man wird aber auch hier in Berücksichtigung der am meisten bei der Bearbeitung der kirchlichen Angelegenheiten betheiligten Personen die Ver= theilung der Schlüssel in der Art vorzunehmen haben, daß der Pfarrer, der Präsident des Kirchenrathes und der Schatzmeister einen Schlüssel erhält. Da nach der oberhirtlichen Verfügung vom 31. Januar 1849 der Pfarrer auch Präsident des Kirchenrathes sein kann, so wird in einem solchen Falle der dritte Schlüssel einem anderen vom Kirchenrathe selbst zu designirenden Mitgliede desselben zu übergeben sein.

Während im ersten Theile des Art. 2 im Allgemeinen die Verfügung ge= troffen worden ist, wie und wo die das Pfarr=Dotationsvermögen betreffenden Papiere, Titel und Documente aufbewahrt werden sollen, und die darin enthal= tene Vorschrift für die Zukunft maßgebend ist, so daß die von jenem Zeitpuncte an in den Besitz der Kirchen=Fabrik kommenden, auf jenes Vermögen bezüglichen Actenstücke sofort in den der Kirchen=Fabrik zugehörigen Schrank hinterlegt wer= den müssen, werden im zweiten Theile des Artikels Bestimmungen getroffen, die rein transitorischer Natur sind und sich nur auf die bei der Publication des gegenwärtigen Decretes schon vorhandenen, jenes Vermögen betreffenden Papiere, Titel und Documente beziehen. In dieser Hinsicht wird nun unterschieden zwischen solchen auf das Pfarrvermögen Bezug habenden Actenstücken, welche bei den einzelnen Pfarreien, und solchen, welche bei den Kanzleien der Bisthümer und Erzbisthümer hinterlegt waren. Die Hinterlegung der ersteren mußte nach Vorschrift des Art. 2 binnen sechs Monaten nach der Publication des gegen= wärtigen Decretes in dem der Kirchen=Fabrik zugehörigen Schranke erfolgen. Dagegen mußten die letzteren den Bestimmungen des Art. 2 gemäß von den gedachten Kanzleien gegen Empfangs=Bescheinigung und Ertheilung einer authen= tischen Abschrift an die Präfecturen abgegeben werden.

Unter der zu ertheilenden authentischen Abschrift ist hier eine solche zu ver= stehen, welche von den Präfecten beglaubigt ist. Die Präfecturen waren näm=

sich durch die verordnete Ablieferung jener Titel an sie die amtlichen Depositare dieser Urkunden geworden, und in dieser Eigenschaft ist ihr erster Beamter berechtigt, von den bei ihnen beruhenden Urkunden beglaubigte Abschriften zu ertheilen.

Hierbei entsteht nun die Frage, ob die an die Präfecturen in dieser Weise abgegebenen Titel und Papiere nunmehr nach dem Erlasse der preußischen Verfassungs-Urkunde nicht an die Kanzleien der Bisthümer und Erzbisthümer zurückgegeben werden müssen. Es wird nicht bestritten werden können, daß jene Titel vor ihrer Ablieferung an die Präfecturen Eigenthum derjenigen Bisthümer und Erzbisthümer waren, in deren Kanzleien sie beruhten. Die Verfügung, daß sie an die Präfecturen abgeliefert werden sollten, hatte wohl offenbar darin ihren Grund, daß der Staat, wenn er auch die rechtliche Existenz der Kirche anerkannte und für den Unterhalt ihrer Diener durch Gewährung des Gehaltes sorgte, dennoch die Obervormundschaft über die Verwaltung des Vermögens derselben für sich in Anspruch nahm, sie von sich abhängig erhalten wollte und sie sogar zwang, ihre Gelder bei ihm, nämlich in Staatsrenten, anzulegen. Dieses Abhängigkeits-Verhältniß und diese Bevormundung sind nun aber durch die preußische Verfassungs-Urkunde beseitigt worden, der Zweck der Abgabe jener Titel an die Präfecturen ist weggefallen, und so ist denn auch kein Grund mehr vorhanden, jene Titel ihren früheren Eigenthümern noch fernerhin vorzuenthalten. Man wird auch nicht einwenden können, daß diese Titel jetzt noch bei den Regierungen verbleiben müßten, weil es für dieselben von Wichtigkeit sei, zu wissen, welchen Umfang das nach dem Staatsraths-Gutachten vom 26. Juli 1808 und den Decreten vom 5. Nivose XIII und 7. März 1806 von den Pfarrern besessene Pfarr-Dotationsvermögen habe, um zu ermessen, welche Zuschüsse der Staat nach Abzug der Einkünfte desselben an die einzelnen Pfarrer zu gewähren habe. Denn die desfallsigen Ermittelungen sind von den Präfecten allein nach Vorschrift des gedachten Staatsraths-Gutachtens und der erwähnten beiden Decrete vorgenommen worden, die in dieser Beziehung aufgenommenen Verhandlungen sind nie Eigenthum der Bisthümer und Erzbisthümer gewesen, sondern stets im Besitze der Präfecturen geblieben. Von einer Rückgabe derselben an die bischöflichen und erzbischöflichen Kanzleien kann daher keine Rede sein; dagegen werden dieselben wohl berechtigt sein, Abschriften von denselben zu begehren, da die Bischöfe eine genaue Kenntniß von dem Einkommen der einzelnen Pfarreien haben müssen.

Art. 3.

Es sollen ebenfalls in diese Kiste oder diesen Schrank die Rechnungen, Register, Hauptregister (Hauptbücher) und Inventarien, wie dies im Art. 54 der Verordnung über die Fabriken bestimmt ist, hinterlegt werden.

Zu Art. 3.

Im vorstehenden Art. 3 ist Bezug genommen auf den Art. 54 des Decretes vom 30. December 1809. Nach demselben sollen alle auf die Einkünfte und Angelegenheiten der Kirchen=Fabrik Bezug habenden Papiere, Titel und Urkunden, besonders die Rechnungen nebst ihren Belägen, die Protocollbücher mit Ausnahme des laufenden Registers, das Hauptregister der Titel und die Inventarien, so wie die periodischen Aufstellungen in den Kirchenschrank niedergelegt werden. Der Art. 3 spricht dagegen nur von den Rechnungen, Registern, dem Hauptregister und den Inventarien, welche nach Anweisung des gedachten Art. 54 zu hinterlegen sind. Diese Verschiedenheit beruht eines Theiles darin, daß einige der im Art. 54 aufgeführten Bücher und Actenstücke, wie das Protocollbuch und das vom Präsidenten der Kirchen=Fabrik zu führende Journal, sowohl die Angelegenheiten der Kirchen=Fabrik, als die des Pfarr=Dotationsvermögens enthalten, und für deren Aufbewahrung schon durch die Vorschrift des Art. 54 des Decretes vom 30. December 1809 Sorge getragen worden ist, im gegenwärtigen Decrete daher in dieser Hinsicht eine Vorschrift nicht erforderlich war, anderen Theiles darin, daß einige der im Art. 54 aufgeführten Actenstücke bei der Verwaltung des Pfarr=Dotationsvermögens nicht vorkommen, wie die periodischen Aufstellungen, und daher auch hier nicht erwähnt werden konnten. Um eine Verdunkelung des Pfarr=Dotationsvermögens und eine Vermischung desselben mit dem Fabrikvermögen zu vermeiden, ist es nothwendig, daß für das Pfarr=Dotationsvermögen ein eigenes Hauptregister besteht, in welches, wie bezüglich des Fabrikvermögens, die Stiftungs=Urkunden und alle Eigenthumstitel, so wie die Pacht= und Miethverträge eingetragen werden. Daß auch die Pacht= und Miethverträge in dasselbe eingetragen werden, ist erforderlich, da eines Theiles die Kirchen=Fabrik darauf zu wachen hat, daß von dem Pfarrer oder Pfarrinhaber nicht Pacht= und Miethverträge abgeschlossen werden, welche den desfallsigen gesetzlichen Bestimmungen zuwiderlaufen und das Pfarr=Dotationsvermögen beeinträchtigen, und anderen Theiles nach den Art. 25 und 28 des gegenwärtigen Decretes der Schatzmeister in den dort angegebenen Fällen das Pfarr=Dotationsvermögen zu verwalten hat und daher sofort genaue Kenntniß von der Höhe des Einkommens desselben nehmen muß. Was die Rechnungen anbelangt, so können darunter nicht diejenigen verstanden werden, welche der Pfarrer oder Pfarrinhaber als Nießbraucher mit den Pächtern, Miethern und Schuldnern wegen der Zahlung des Pacht= oder Miethpreises und der Zinsen für sich führt, da diese eine Privat=Angelegenheit zwischen ihm und seinen Schuldnern betreffen, sondern es sind damit nur diejenigen gemeint, bei welchen die Kirchen=Fabrik, weil sie auf die Erhaltung des Pfarr=Dotationsvermögens zu wachen verpflichtet ist, ein Interesse hat; es kommen hierbei also zunächst in Betracht diejenigen Rechnungen, welche auf die Hauptreparaturen an den zum Pfarr=Dotationsvermögen gehörigen Gebäulichkeiten sich beziehen, weiter die Rechnungen über Einnahme und Anlage der zu demselben gehörigen Stiftungs=Capitalien, und dann diejenigen Rechnungen, welche der Schatzmeister

2*

bei Erledigung der Pfarre über die Verwaltung des Pfarr=Dotationsvermögens zu legen hat. Man könnte hinsichtlich der Inventarien, von welchen hier die Rede ist, aus den Bestimmungen der Art. 18 und 20 des gegenwärtigen Decretes folgern, daß ein besonderes Inventar über die Papiere, Titel und Register und ein anderes über die zum Pfarr=Dotationsvermögen gehörigen Mobiliargegenstände und Ackergeräthe nicht vorhanden zu sein brauchten, vielmehr für beide Arten von Vermögensstücken nur ein Inventar hinreiche, da die erwähnten Art. 18 und 20 nur von einem Inventar für beide sprechen. Diese Folgerung wäre aber eine irrige; denn der Art. 5 des gegenwärtigen Decretes schreibt die Anfertigung der Inventarien nach Anleitung des Art. 55 des Decretes vom 30. December 1809 vor, nach welchem zwei verschiedene Inventarien für diese Gegenstände angefertigt werden müssen, und wenn in den Art. 18 und 20 von einer Vergleichung der vorhandenen Titel und Mobilien mit dem früheren Inventar die Rede ist, so bezieht sich diese Vergleichung auf jedes der betreffenden Inventarien. Selbstredend sind die bei Erlaß des gegenwärtigen Decretes vorhandenen oder später aufgenommenen Inventarien von der Verfügung des Art. 3 betroffen.

Art. 4.

Kein Actenstück darf von diesem Hinterlegungsorte anders, als auf ein motivirtes, von dem Pfarrinhaber unterzeichnetes Gutachten weggenommen werden.

Zu Art. 4.

Bezüglich der Herausnahme von Actenstücken, welche das Pfarr=Dotationsvermögen betreffen, aus dem Kirchenfabrik=Schranke spricht der Gesetzgeber im gegenwärtigen Decrete nur davon, daß der Pfarrinhaber sich über dieselbe gutachtlich äußern solle. Es kann aber nicht zweifelhaft sein, daß in dieser Beziehung auch die Vorschriften des Art. 57 des Decretes vom 30. December 1809 beobachtet werden müssen; denn die Herausnahme findet aus dem eigens zur Aufbewahrung dieser Actenstücke bestimmten, der Kirchen=Fabrik zugehörigen Schranke Statt, aus welchem nach dem erwähnten Art. 57 Titel und Actenstücke nur unter Beobachtung der in demselben angeführten Vorschriften herausgenommen werden dürfen. Der Empfänger hat daher eine Empfangs=Bescheinigung auszustellen, in welcher nicht bloß von dem Beschlusse der Kirchmeisterstube, der zur Herausnahme ermächtigt, sondern auch von dem Gutachten des Pfarrinhabers Meldung geschieht; denn die Kirchmeisterstube kann nach Art. 4 nur zur Herausnahme ermächtigen, wenn der Pfarrinhaber mit seinem Gutachten gehört worden ist. Eben so muß nach Art. 57 in derselben die Eigenschaft des Empfängers und der Grund der Herausnahme angegeben werden. Wird das Actenstück zum Zwecke eines Processes herausgenommen, so muß in der Empfangs=Bescheinigung auch das Gericht, bei welchem die Sache verhandelt werden soll, und der Name des dieselbe betreibenden Anwaltes bezeichnet werden. Diese Empfangs-Bescheinigung, so wie die Quittung bei der Rückgabe müssen nach dem erwähnten Art. 57 in das Hauptregister oder in das Register der Titel, also das betreffende Inventar eingetragen werden. In welches derselben allein, oder ob in beide die Eintragung erfolgen muß, hängt davon ab, ob das herausgenommene Actenstück auch im Hauptregister eingetragen ist oder nicht. Im ersten Falle muß die Eintragung in beiden Registern, im zweiten Falle nur in dem Inventar über die Titel und Papiere erfolgen. Man vergleiche in dieser Beziehung de Syo, das die Kirchen-Fabriken betreffende Decret vom 30. December 1809, zu Art. 57.

Dabei entsteht nun die Frage, ob der Pfarrinhaber sein motivirtes Gutachten schriftlich und besonders der Kirchmeisterstube vorlegen muß, oder ob er auch, da er Mitglied der Kirchmeisterstube ist, sein Gutachten zum Protocolle derselben geben kann, wenn er dasselbe vor der Beschlußfassung unterzeichnet. Ein Grund, das letztere zu verbieten, ist nicht vorhanden. Dieses Gutachten ist zwar auch ein das Pfarr-Dotationsvermögen betreffendes Actenstück und muß daher nach Art. 2 des gegenwärtigen Decretes in dem Kirchenfabrik-Schranke aufbewahrt werden. Da die Protocollbücher aber ebenfalls in demselben aufbewahrt werden, so findet, wenn das Gutachten in dieselbe eingetragen ist, durch die Aufbewahrung der Protocollbücher auch die vorschriftsmäßige Aufbewahrung des Gutachtens Statt. Dagegen dürfte diese Art der Uebergabe des Gutachtens nicht zweckmäßig sein, weil dasselbe oft umfangreich ist, und durch die Eintragung eines umfangreichen Gutachtens in das Protocollbuch die der Kirchmeisterstube zur Erledigung ihrer Geschäfte nothwendige Zeit oft ungebührlich in Anspruch genommen würde.

Für den auf der rechten Rheinseite gelegenen Theil der Erzbiöcese Köln sind die Bestimmungen des an die sämmtlichen Kirchenvorstände der Erzbiöcese gerichteten Rundschreibens des erzbischöflichen General-Vicariates zu Köln vom 16. Mai 1827 maßgebend, nach welchen kein wesentliches Actenstück aus dem Kirchen-Archive herausgenommen werden darf, als nur gegen einen Revers desjenigen, welchem der Gebrauch eines solchen Actenstückes unumgänglich nothwendig ist. Da hier eine Kirchmeisterstube nicht vorhanden ist, so hat der Kirchenrath darüber zu entscheiden, ob der Fall der Nothwendigkeit des Gebrauches vorhanden ist und die Herausnahme gestattet werden kann. An diesen muß der beßfallsige Antrag gestellt werden, weil er auf die pünctliche Beobachtung jener Vorschriften zu wachen verpflichtet ist. Es versteht sich von selbst, daß der gedachte Revers an die Stelle des herausgenommenen Actenstückes ins Kirchen-Archiv gelegt und dort aufbewahrt werden muß.

Art. 5.

Zur Inventarisation der Titel, Register und Papiere, zu ihren Vergleichungen und zur Anlage eines Hauptregisters soll nach Anleitung der Art. 55 und 56 derselben Verordnung geschritten werden.

Zu Art. 5.

Von den im vorstehenden Art. 5 bezogenen Art. 55 und 56 des Decretes vom 30. December 1809 bezieht sich der Art. 56 auf die Anlage des Hauptregisters oder Hauptbuches, der Art. 55 auf die Anfertigung der Inventarien. Durch die Bezugnahme auf diese beiden Artikel constatirt der Gesetzgeber seinen Willen, daß das Hauptbuch und die Inventarien für das Pfarr-Dotationsvermögen in derselben Weise angelegt werden sollen, wie dieselben in Gemäßheit dieser Artikel bezüglich des Kirchenfabrik-Vermögens schon angelegt waren.

Da das Hauptbuch das eigentliche Urkundenbuch ist, welches den Ursprung der erheblichen Vermögensobjecte des Pfarr-Dotationsvermögens documentiren soll, so müssen in dasselbe alle jenes Vermögen betreffenden Stiftungs-Urkunden, Eigenthumstitel, so wie die Pacht- und Miethverträge abschriftlich eingetragen werden. Dadurch, daß jedes eingetragene Actenstück als mit dem Originale übereinstimmend von dem Präsidenten der Kirchmeisterstube und dem Pfarrer oder Hülfspfarrer beglaubigt werden soll, hat der Gesetzgeber dem Verluste derselben so viel wie möglich vorbeugen wollen, da der Verlust und das Verderben eines Hauptbuches weniger zu befürchten ist, als die eines einzelnen Actenstückes, wenn man erwägt, daß diese letzteren oft zum Gebrauche aus dem gesetzlichen Gewahrsam genommen werden können. Unter den Stiftungs-Urkunden sind nun nicht bloß diejenigen Urkunden zu verstehen, durch welche der Pfarre Vermögen zur Dotation derselben zugewendet wird, sondern auch diejenigen Urkunden, wodurch die Pfarre staatlich und kirchlich anerkannt wird, also auch die Erections-Urkunden; denn diese Urkunden sind nicht minder wichtig, als diejenigen, welche eine Vermögenszuwendung documentiren, da mit ihnen das eigentliche Rechtsleben der Pfarre beginnt. Eben so sind in dasselbe diejenigen Urkunden einzutragen, wodurch der Charakter der Pfarre oder deren Umfang verändert wird; wenn also eine bisherige Hülfspfarre zu einer Hauptpfarre erhoben wird, oder wenn ein Theil derselben von ihr abgezweigt, und aus demselben eine eigene Pfarre gebildet wird, so sind die desfallsigen Urkunden in das Hauptbuch einzutragen. Nicht minder müssen in dasselbe diejenigen Urkunden eingetragen werden, wodurch in der Pfarre nach Anleitung des Decretes vom 30. September 1807 Capellen und Annexkirchen errichtet werden, dadurch dieselben wesentliche Beziehungen zu der Pfarre verändert oder festgestellt werden. Dagegen sind die Urkunden über das Vermögen der Capellen und Annerkirchen nicht hier, sondern in das Hauptbuch der Kirchen-Fabriken einzutragen, weil jenes Vermögen nach Nr. 12, §. 3 der ministeriellen Circular-Verfügung vom 11. März 1809 nicht an das Pfarr-Dotationsvermögen, sondern an die Hauptkirchen, also an die Kirchen-Fabriken zurückfällt.

Nach dem erwähnten Art. 56 muß diese Eintragung zwischen zwei Colonnen erfolgen, von welchen die eine zur Aufführung der Einkünfte, die andere zu der der Lasten dient. Bei den Erections=Urkunden werden also das etwaige Staatsgehalt und das gesammte Einkommen aus dem Pfarr=Dotationsvermögen ohne nähere Specialisirung, so wie die etwa auf denselben haftenden Lasten im Gesammtbetrage anzugeben sein.

Diese Eintragungen müssen auch hier nach Vorschrift des Art. 56 durch den Secretär der Kirchmeisterstube Statt finden, da der Gesetzgeber im Art. 5 auf denselben hinweis't.

In dem vorstehenden Art. 5 ist nun zwar nur von der Inventarisation der Titel, Register und Papiere, nicht aber auch von der Inventarisation der zum Pfarr=Dotationsvermögen gehörigen Mobilien die Rede. Da derselbe indessen bestimmt, daß die Inventarisation nach Anleitung des Art. 55 des Decretes vom 30. December 1809 Statt finden solle, in dem Art. 55 aber vorgeschrieben ist, daß zwei Inventarien aufgenommen werden sollen, von welchen das eine das gesammte Mobilar der Kirche, das andere die Titel und Papiere enthalten solle, und da aus den Art. 18 und 20 des gegenwärtigen Decretes hervorgeht, daß auch ein Inventar über die zum Pfarr=Dotationsvermögen gehörigen Mobilien vorhanden sein muß, weil hier bezüglich ihrer von einer Vergleichung mit dem früheren Inventar gesprochen wird, die Aufnahme eines solchen auch zur Erhaltung des Pfarr=Dotationsvermögens in dieser Hinsicht nothwendig ist, so ist es nur als ein Versehen des Gesetzgebers anzusehen, daß im Art. 5 von der Anfertigung dieses Inventars keine specielle Erwähnung geschieht. Ein solches mußte daher ebenfalls angefertigt werden. Hierbei ist nun aber zu berücksichtigen, daß manche Gegenstände, welche an und für sich zu den Mobilien gehören, vermöge ihrer Bestimmung als unbewegliche zu betrachten sind. Dieselben sind in den Art. 522—525 des B. G.=B. näher aufgeführt, und dazu gehören auch die im Art. 20 des gegenwärtigen Decretes aufgeführten Ackergeräthe, welche zur Bewirthschaftung des Pfarrgutes dienen und als Zubehör desselben anzusehen sind. Es versteht sich aber von selbst, daß diese ihre Eigenschaft als Zubehör des Pfarrgutes feststehen muß, wenn sie als unbeweglich angesehen werden sollen und daß sie nicht von dem jedesmaligen Pfarrinhaber aus seinen eigenen Mitteln angeschafft worden sind. Die Urkunden, welche diese Eigenschaft constatiren, müssen in das Hauptbuch eingetragen werden, in welches die Eigenthumstitel einzutragen sind; aus diesen Urkunden ergibt sich denn auch, worin dieselben bestehen. Es wird daher bei der Anfertigung des Inventars über die Mobilien von der Aufnahme der Ackergeräthe zu abstrahiren sein. Eine Trennung derselben von den anderen Mobilien ist aber auch um so nothwendiger, als durch den Regierungs=Beschluß vom 18. Germinal Jahres XI die Civilgemeinden ermächtigt worden sind, für das Meublement der Pfarrhäuser zu sorgen; denn die Civilgemeinden sind in solchen Fällen sowohl Eigenthümerinnen des Pfarrhauses als der von ihnen beschafften Mobilien; sie sind aber nicht Eigenthümerinnen des Pfarr=Dotationsgutes und daher auch nicht der zur Bewirthschaftung desselben dienenden und als Zubehör desselben anzusehenden Ackergeräthe. Nach Art. 55 soll ein Duplicat des Inventars über die Mobilien dem Pfarrer oder Hülfspfarrer übergeben werden; es ist dies hier um so nothwendiger, da die im Pfarrhause befindlichen zum Pfarr=Dotationsvermögen gehörigen Mobilien mit den eigenen Mobilien des Pfarrers vermischt werden und sich im Besitze desselben befinden. Durch die Einhändigung dieses Duplicates an den Pfarrer, welche protocollarisch oder durch eine Bescheinigung desselben zu constatiren ist, wird bezüglich der in demselben aufgeführten Mobilien die Anwendung des im Art. 2279 des B.=G.=B. ausgesprochenen Grundsatzes, daß bei Mobilien der Besitz als Titel gelte, ausgeschlossen. Es ist indessen, da die Ackergeräthe an und für sich auch Mobilien und nur durch ihre Beziehung zum Pfarrgute als unbewegliche Sachen anzusehen sind, erforderlich, daß auch ein Verzeichniß dieser dem Pfarrer zu übergeben ist, damit in dieser Hinsicht keine Irrungen und Streitigkeiten entstehen.

Durch den Art. 5 des gegenwärtigen Decretes wurde eine neue und vollständige Inventarisation aller das Pfarr=Dotationsvermögen betreffenden Titel, Papiere, Register und Vergleichungs=Verhandlungen angeordnet, und es genügte daher die Aufnahme einer bloßen Verhandlung über die Vergleichung der vorhandenen Actenstücke mit den etwa früher aufgenommenen Inventarien nicht. Jedenfalls mußte dabei aber doch constatirt werden, welche von den früher vorhandenen Actenstücken nunmehr fehlten, und dann mußte darauf Bedacht genommen werden, daß dieselben wieder herbeigeschafft und ins Inventar eingetragen wurden. Das Inventar der Titel, Papiere und Nachweisungen muß nach dem erwähnten Art. 55 die in jedem Titel enthaltenen Güter, ihre Einkünfte und die Stiftung, für deren Lasten sie gegeben sind, enthalten. Werden diese Bestimmungen auf die Pfarr=Dotationsgüter angewendet, so wird es erforderlich sein, daß in dem Inventar die im Dotationstitel aufgeführten Güter und der Ertrag derselben angegeben werden müssen, und daß außerdem, wenn auf denselben eine Last ruht, diese näher bezeichnet wird. Eine solche Last findet sich z. B. bei den im Bisthume Trier unter dem Namen „bouvereaux" vorkommenden Pfarrgütern, wo der Besitzer des Pfarrgutes verpflichtet ist, den Heerdochsen für die Gemeinde zu halten.

Auch die Schlußbestimmung des Art. 55 des Decretes vom 30. December 1809, nach welcher jedes Jahr eine Vergleichung der Inventarien mit den Beständen zum Zwecke der Beifügung der Zugänge, Verbesserungen und Veränderungen vorgenommen werden muß, findet auf die Inventarien über das Pfarr=Dotationsvermögen und die dasselbe betreffenden Titel und Papiere Anwendung, da es im Art. 5 heißt, daß zur Vergleichung der Titel, Papiere und Register nach Anleitung des erwähnten Art. 55 geschritten werden solle. Diese jährliche Vergleichung liegt offenbar und nothwendig im Interesse des gedachten Vermögens und ist vorzüglich geeignet, dem Verluste einzelner Theile desselben vorzubeugen. Wenn nun nach Art. 20 des gegenwärtigen Decretes bei jedem Wechsel in der Person des Inhabers der Pfarre eine solche Vergleichung Statt finden soll, so ist dadurch nicht ausgeschlossen, daß auch jedes Jahr eine erfolgen soll. Der Art. 55 schreibt eine solche ausdrücklich vor, und sie ist unstreitig

Decret vom 6. November 1813. Art. 5.

von dem wesentlichsten Nutzen, wenn der Pfarrer viele Jahre hindurch an einer und derselben Pfarre fungirt; es könnte sonst der Fall vorkommen, daß in fünfzig Jahren eine solche Vergleichung nicht mehr Statt fände. Die durch den Art. 20 vorgeschriebene Vergleichung ist auch eine außergewöhnliche und soll nach der Vorschrift desselben nur von dem Schatzmeister vorgenommen werden, wenigstens ist diesem die Pflicht hierzu auferlegt worden, dagegen müssen die jährlichen Vergleichungen eben so wie die Inventarien von der Kirchmeisterstube vorgenommen werden, da der hierbei zur Anwendung kommende Art. 55 des Decretes vom 30. December 1809 unter dem Capitel über die Verwaltung der Kirchenfabrik=Güter steht und diese Verwaltung der Kirchmeisterstube obliegt, sie also auch alle auf dieselbe bezüglichen Vorschriften zu erfüllen hat. Der Umstand, daß nicht die Kirchmeisterstube, sondern der Pfarrer das Pfarr=Dotationsvermögen zu verwalten hat, kann nicht von Einfluß auf diese Pflicht der Kirchmeisterstube sein, oder dieselbe sogar beseitigen, da nach Art. 55 der Pfarrer oder Hülfspfarrer und der Präsident der Kirchmeisterstube die Inventarien und Vergleichungen unterzeichnen, ihre Richtigkeit also beglaubigen sollen, sie aber hierzu in ihrer Eigenschaft als die ersten Mitglieder der Kirchmeisterstube berufen sind, nicht aber als solche Personen, welchen die Aufnahme der Inventarien und Vergleichungs=Verhandlungen allein und ausschließlich obliegen soll.

Für den auf der rechten Rheinseite gelegenen Theil der Erzbiöcese Köln ist in dieser Hinsicht das an die sämmtlichen Kirchenvorstände der Erzbiöcese gerichtete Rundschreiben des erzbischöflichen General=Vicariates vom 31. August 1832, die vorschriftsmäßige Einrichtung und Inventarisirung der Kirchen= und Pfarrarchive betreffend, maßgebend. Durch dasselbe wird darauf hingewiesen, daß in jedem Jahre die nöthigen Zusätze, Verbesserungen und Veränderungen der Inventarien Statt finden müssen, und daß in dieser Beziehung die pünktliche Befolgung der Vorschriften des auf der linken Rheinseite geltenden Art. 55 des Decretes vom 30. December 1809 bei jeder Kirche von der größten Wichtigkeit sei. Der gedachte Art. 55 wird hierauf in diesem Rundschreiben wörtlich seinem ganzen Inhalte nach mitgetheilt, und es kann hiernach, da das Rundschreiben an sämmtliche Kirchenvorstände der Erzbiöcese, also auch an die auf der rechten Rheinseite gerichtet ist, wohl keinem Zweifel unterliegen, daß das erzbischöfliche General=Vicariat die Vorschriften des Art. 55 in der ganzen Erzbiöcese beobachtet wissen wollte. Dieses Rundschreiben hat nun auch die sämmtlichen Kirchenvorstände angewiesen, Inventarien im Sinne des gedachten Art. 55 anzufertigen. Die den Kirchmeisterstuben auf der linken Rheinseite in dieser Hinsicht speciell obliegenden Pflichten sind auf der rechten Rheinseite Pflichten des gesammten Kirchenrathes, und werden hier die Inventarien und Vergleichungs=Verhandlungen von dem Pfarrer und dem Präsidenten des Kirchenrathes zu unterzeichnen sein, da für die rechte Rheinseite das Institut der Kirchmeisterstube nicht besteht.

Art. 6.

Die Inhaber der Pfarre üben die Rechte des Nießbrauches aus; sie tragen dessen Lasten, alles, wie dies im Gesetzbuche Napoleons bestimmt ist, und nach den hier unten angegebenen Erläuterungen und Abänderungen.

Zu Art. 6.

Das Nießbrauchsrecht ist nach Art. 578 des B. G.-B. das Recht, Sachen, an welchen ein Anderer das Eigenthum hat, wie der Eigenthümer selbst zu gebrauchen und zu benutzen, jedoch mit der Verpflichtung, die Substanz derselben zu erhalten. Dieses Recht sollen nun die Pfarrer nach Art. 6 des gegenwärtigen Decretes an den zum Pfarr-Dotationsvermögen gehörigen Gütern haben, hinsichtlich der Pfarrhäuser kommen nach Art. 21 desselben andere Rechtsgrundsätze zur Anwendung. Bezüglich der Rechte und Pflichten des Pfarrers als Nießbrauchers ist in dem Art. 6 auf die Lehre vom Nießbrauche, wie sie in dem Gesetzbuche Napoleons enthalten ist, hinverwiesen, jedoch hat das gegenwärtige Decret in Rücksicht auf Beide Aenderungen eintreten lassen. Es wird daher erforderlich sein, die dem Pfarrer als Nießbraucher zustehenden Rechte und obliegenden Verbindlichkeiten näher zu präcisiren, und zwar:

a. Die Rechte des Pfarrers.

1) Der Pfarrer hat das Recht, die Uebergabe der seinem Nießbrauche unterworfenen Sachen und Güter zu fordern und zwar von dem Tage an, von welchem an er zur Ausübung des Nießbrauches berechtigt ist. Nach Art. 24 des gegenwärtigen Decretes ist dieser der Tag seiner Ernennung. Ihm stehen nicht bloß die Besitzklagen zu, sondern er kann auch alle dem Eigenthümer zustehenden Klagen zur Vertheidigung seines Rechtes anstellen. Er ist jedoch in dieser Hinsicht durch die Bestimmungen des Art. 14 des gegenwärtigen Decretes beschränkt. Man vergleiche die Bemerkungen zu diesem Artikel.

2) Während der Art. 601 des B. G.-B. jedem Nießbraucher, wenn er nicht in der Bestellungs-Urkunde davon entbunden ist, die Pflicht auferlegt, Bürgschaft dafür zu bestellen, daß er die dem Nießbrauche unterworfene Sache wie ein guter Hausvater benutzen werde, ist der Pfarrer von der Stellung einer Bürgschaft befreit und nach Art. 7 des gegenwärtigen Decretes nur verpflichtet, das schriftliche Versprechen abzugeben, die Güter wie ein guter Familienvater zu benutzen und sie sorgfältig zu unterhalten. Das Nähere hierüber sehe man in den Bemerkungen zu dem gedachten Art. 7.

3) Er hat das Recht, die dem Nießbrauche unterworfene Sache ganz so zu benutzen und zu gebrauchen, wie der Eigenthümer selbst. Er kann demnach jeden Gebrauch von der Sache machen, welcher nach ihrer Beschaffenheit von ihr möglich ist; er kann dies sowohl selbst thun, als auch den Gebrauch Anderen überlassen, dabei bleibt er aber immer für die Substanz der Sache verantwortlich. Gegenstände, die zwar durch den Gebrauch nicht sofort verbraucht, aber

allmählich in ihrem Werthe verringert werden, braucht er bei Beendigung des Nießbrauches nur in dem Zustande abzuliefern, in welchem sie sich dann befinden, wenn sie nicht durch seinen dolus oder sein Verschulden in einen schlechteren Zustand versetzt worden sind. Diejenigen Gegenstände, welche, ohne sie zu verzehren, nicht gebraucht werden können, erstattet er beim Ende des Nießbrauches in derselben Quantität, Qualität und Werth. Art. 587 des B. G.-B. Es steht ihm das Recht zu, dieselben zu vermiethen oder zu verpachten; Mobilien aber, die nicht zur Vermiethung, sondern zu seinem eigenen Gebrauche bestimmt sind, kann er nicht vermiethen, weil die Hergabe derselben nur zu seinem persönlichen Gebrauche erfolgt ist. Deßhalb darf er denn auch das Meublement des Pfarrhauses, welches in einigen Gemeinden zu dem Dotationsvermögen gehört, nicht vermiethen. Er hat sodann das Recht auf die Früchte der Sache; das B. G.-B. unterscheidet drei Arten derselben, die natürlichen, industriellen und Civilfrüchte. Zu den natürlichen Früchten, welche der Gegenstand des Nießbrauches von selbst hervorbringt, gehören auch die Erzeugnisse und die Zuzucht der nießbräuchlich besessenen Thiere. Industrielle Früchte sind diejenigen, welche man durch Bearbeitung des Bodens gewinnt, und die Civilfrüchte bestehen in den Mieth- und Pachtgeldern, Zinsen, Gefällen und Renten. Auf diese sämmtlichen Früchte hat der Pfarrer ein Recht, und eben so hat er das Recht, diejenigen Vorkehrungen und Maßregeln zu treffen, daß der Gegenstand des Nießbrauches die eine oder die andere Art der Früchte hervorbringt. Er kann also das Pfarr-Dotationsgut selbst bewirthschaften oder es verpachten. Verpachtet er es, so darf er die zu demselben etwa gehörigen Ackergeräthe nicht besonders an Andere, als den Pächter des Gutes selbst verpachten, weil sie nur zur Bewirthschaftung des Pfarrgutes und nicht anderer Güter dienen sollen. Er bezieht die Früchte der dem Nießbrauche unterworfenen Sache vom Tage des Anfanges des Nießbrauches, jedoch nur in so fern, als der Ertrag oder die Erzeugnisse derselben noch als Früchte, nicht aber schon als selbstständige Sachen zu betrachten sind. Es gehören ihm daher die beim Anfange des Nießbrauches noch an den Zweigen hängenden oder von dem Boden noch nicht abgesonderten Früchte, ohne daß er dem Eigenthümer der nießbräuchlichen Sache die Auslagen zu ersetzen verpflichtet ist, welche wegen der beim Anfange des Nießbrauches stehenden und noch nicht abgesonderten Früchte gemacht worden sind; aber eben so wenig hat er bei Beendigung des Nießbrauches ein Recht auf die dann noch nicht abgesonderten Früchte, so wie auf die zur Hervorbringung und Gewinnung derselben verwendeten Auslagen. Man vergleiche Zachariä, Handbuch des französischen Civilrechtes, herausgegeben von Anschütz, Band II, §. 281. Die Befreiung vom Ersatze dieser Auslagen beim Beginne des Nießbrauches steht ihm aber nach Art. 585 des B. G.-B. nur dem Eigenthümer gegenüber zu, wobei unterstellt wird, daß der Eigenthümer sie bestritten hat. Dritten Personen, welche jene Verwendung gemacht haben, haftet er für die Kosten derselben, da der Art. 585 des B. G.-B. nur das Verhältniß zwischen Eigenthümer und Nießbraucher regelt. Er hat indessen dieserhalb gegen den

Eigenthümer seinen Rückgriff. Man vergl. Zachariä, a. a. O. Band II §. 227, S. 13. Diese Grundsätze, auf die rechtlichen Verhältnisse der Pfarrer zum Pfarr=Dotationsvermögen angewendet, führen nun zunächst zu dem Resultate, daß bei der Erledigung einer Pfarre der Eigenthümer so lange seine Rechte an dem Pfarr=Dotationsvermögen ausübt, bis der neue Pfarrer ernannt ist, also für diesen ein neuer Nießbrauch beginnt. In diesem Sinne spricht sich auch der Art. 24 des gegenwärtigen Decretes aus, welcher über die Zuständigkeit der Einkünfte bei dem Wechsel in der Person des Pfarrers handelt. Es wird nun zweckmäßig sein, hier die Eventualitäten zu erörtern, welche bei Beendigung eines Nießbrauches vorkommen, so wie zunächst festzustellen, wie sich dieselben nach den gesetzlichen Bestimmungen über den Nießbrauch bei der Erledigung einer Pfarre gestalten würden, und wird es dann den Bemerkungen zum Art. 24 vorbehalten bleiben, in die Frage einzugehen, ob und in wie fern dieselben durch den Art. 24 eine Aenderung erlitten haben.

Kämen nun seit der Erledigung einer Pfarre und vor Wiederbesetzung derselben Früchte zur Absonderung vom Boden, so würden diese dem Pfarr=Dotationsvermögen zufließen; wäre dies aber erst der Fall, wenn der neue Pfarrer ernannt ist, so verlöre der Eigenthümer des Pfarr=Dotationsvermögens sein muthmaßliches Recht an den Früchten nach den Bestimmungen des Art. 585 des B.G.=B. an den neuen Pfarrer, so daß zwischen den beiden Pfarrern Ansprüche gegen einander in dieser Beziehung gesetzlich nicht existiren würden, weil ihre Ansprüche durch das Medium des Eigenthümers des Pfarr=Dotationsvermögens verloren gehen und erworben würden. Bei der Selbstbewirthschaftung der Grundstücke durch den Pfarrer könnten nun diese gesetzlichen Bestimmungen über den Nießbrauch oft zu den größten Härten führen, indem z. B. der Pfarrer, welcher kurz vor der Aernte an seinem bisherigen Wohnorte in eine andere Gegend, wo die Aernte schon Statt gefunden hat, versetzt wird, an seiner bisherigen Stelle weder ein Recht auf die Früchte, noch einen Anspruch auf Ersatz der Bestellungskosten haben würde, und an seiner neuen Stelle, weil dort die Aernte schon Statt gefunden, ein Einkommen aus dem Dotationsvermögen für eine längere Zeit hindurch nicht bezöge. Auch würde er jenen Nachtheil dadurch nicht von sich abwenden können, daß er noch während seines Nießbrauches die Früchte auf dem Halme und das Gras in den Wiesen verkaufte, weil er erst dann ein Recht auf dieselben hätte, wenn die Früchte und das Gras in den Wiesen noch während seines Nießbrauches von dem Boden abgetrennt worden sind. Die Selbstbewirthschaftung der Pfarr=Dotationsgüter würde daher für den Pfarrer stets sehr bedenklich sein. Das Recht dazu hat er unbestritten, wenn er es aber ausübte, so müßte er sich auch die Consequenzen desselben gefallen lassen. Eine andere Frage wäre aber für solche Fälle, ob in dieser Beziehung nicht die bischöfliche Behörde das Recht haben würde, Maßregeln in den einzelnen Fällen zu ergreifen, durch welche jene Härten vermieden würden. Sie hat unbestritten das Recht, darauf zu wachen und dafür zu sorgen, daß der Pfarrer nicht bloß im Allgemeinen seine Congrua, d. h. das zu seiner

Existenz nothwendige Einkommen habe, sondern daß ihm auch dieselbe nicht in einzelnen Fällen verkümmert werde; sie ist daher befugt, in dieser Beziehung Vorkehrungen zu treffen, und bei der Berufung der Pfarrer an eine Stelle Bedingungen an jene Berufung zu knüpfen, welche das Verhältniß zwischen dem abgehenden und neu eintretenden Pfarrer in der Weise regeln, daß jedem von ihnen für diejenige Zeit des letzten Jahres, während welcher er in Function war, seine Congrua verbleibt, und zugleich dem Interesse des Pfarr-Dotations-vermögens für die Dauer der Erledigung Rechnung getragen wird. Es würden diese Bedingungen eine vertragsmäßige Modification der Rechte des Nieß-brauchers bezüglich der Art und Weise der Perception der Früchte enthalten, welche gesetzlich nicht verboten ist. Der Art. 580 des B. G.-B. gestattet aus-drücklich die Errichtung eines Nießbrauches unter Bedingungen. Auch würden diesem die Bestimmungen des Concilii Tridentini in sessio 24 cap. 14 de reformatione nicht entgegenstehen, da das dortige Verbot der Abzüge an den Früch-ten eines Beneficiums auf den vorliegenden Fall nicht paßt, sondern hier nur verboten wird, daß der Verleiher einer Stelle solche Abzüge sich zu seinen Gun-sten versprechen läßt. Diese Bedingungen müßten dann aber bei der Berufung gestellt werden; denn geschähe dies hierbei nicht, so wäre bei der Beendigung des Nießbrauches lediglich das Gesetz maßgebend, wenn sich die dabei Betheilig-ten nicht freiwillig einigten. Bei Versetzungen wäre ebenfalls ein Einwirken der bischöflichen Behörde möglich, indem sie an die Versetzung die Bedingung einer von ihr als billig anerkannten Regelung der Nießbrauchs-Verhältnisse knüpfen kann. Dagegen würde eine anderweitige Regelung als nach den beste-henden Gesetzen über den Nießbrauch im Falle der Erledigung der Pfarre durch den Tod des Pfarrers schwierig sein, wenn in seiner Berufungs-Urkunde für diesen Fall nicht Vorsorge getroffen worden wäre. Sollte das Verhältniß in diesen Fällen vollständig geregelt werden, so müßte auch der Kirchenvorstand als Vertreter des Pfarr-Dotationsvermögens zustimmen, weil er auf die Er-haltung desselben zu wachen hat und aus den während der Erledigung der Pfarre gezogenen Früchten nach Art. 13 und 24 des gegenwärtigen Decretes einen Fond zur Bestreitung der Hauptreparaturen in den betreffenden Fällen bilden soll. Alle diese Schwierigkeiten würden nicht eintreten, wenn der Pfarrer die Dotations-Grundstücke nicht selbst bewirthschaftete, sondern sie verpachtete, da die Pachtgelder nach Art. 584 des B. G.-B. als Civilfrüchte betrachtet, diese aber nach Art. 586 desselben Tag für Tag erworben werden, so daß eine Ver-theilung derselben unter den abgehenden Pfarrer, den Pfarr-Dotationsfond und den neu eintretenden Pfarrer sich von selbst ergäbe. Sie würden auch nicht eintreten, wenn das gegenwärtige Decret in dieser Beziehung eine Modification der gesetzlichen Bestimmungen über den Nießbrauch geschaffen hätte, in welcher Hin-sicht man die Bemerkungen zum Art. 24 vergleichen möge.

Ueber den Nießbrauch an Holzungen, welcher dem Pfarrer etwa zustehen möchte, handelt der Art. 12 des gegenwärtigen Decretes besonders, weßhalb hier auf die Bemerkungen zu demselben hinverwiesen wird.

Auf den Ertrag von Bergwerken, Steinbrüchen, Torfgruben, Sandgruben hat der Nießbraucher nur ein Recht, wenn dieselben beim Beginne des Nießbrauches eröffnet sind. Der Nießbrauch an Bergwerken oder bergmännisch betriebenen Torfgrabereien wird wohl schwerlich zu Gunsten eines Pfarrers in seiner Eigenschaft als eines solchen vorkommen, dagegen dürfte es häufiger der Fall sein, daß Grundstücke des Pfarr=Dotationsvermögens zu Steinbrüchen und Sandgruben verwendet werden. Sind diese beim Beginne des Nießbrauches eröffnet, so gehört nach Art. 598 des B. G.=B. die Ausbeute dem Pfarrer, wenn in dieser Hinsicht nicht durch rechtsverbindliche Verträge oder letztwillige Bestimmungen etwas Anderes festgesetzt worden ist. Sollen sie aber erst während des Nießbrauches eröffnet werden, so muß zunächst Rücksicht darauf genommen werden, daß nach Art. 599 des B. G.=B. der Eigenthümer durch seine Handlungen die Rechte des Nießbrauchers nicht beeinträchtigen und eine Veränderung mit der Gestalt der Sache, so lange der Nießbrauch dauert, nicht vornehmen darf. Zachariä a. a. O. Band II., §. 229 in fine. Der Kirchenvorstand darf also als Vertreter des Pfarr=Dotationsvermögens ohne die Zustimmung des Pfarrers, wenn die Pfarre nicht erledigt ist, Steinbrüche und Sandgruben auf den Dotations=Grundstücken nicht eröffnen. Dagegen darf aber auch der Pfarrer während seines Nießbrauches nach Art. 8 des gegenwärtigen Decretes keine Verfügung über die Dotationsgrundstücke treffen, welche eine Aenderung in der Natur derselben bewirken, es sei denn mit höherer Genehmigung. Sind nun sowohl der Kirchenvorstand als der Pfarrer darin einverstanden, daß Steinbrüche oder Sandgruben auf dem Dotationsgute zu eröffnen seien, und ist hiezu die höhere Genehmigung ertheilt, so gestalten sich die Rechtsansprüche nach den gesetzlichen Bestimmungen über den Nießbrauch in folgender Weise: Der Pfarrer hat einen Anspruch auf den Ertrag der Ausbeute derselben nicht, es gebührt ihm aber eine näher festzusetzende Entschädigung wegen des entzogenen Nießbrauches an den dazu in Angriff genommenen Grundstücken; die Ausbeute selbst oder der von dem Exploitanten für die Ausbeute zu zahlende Betrag bildet einen Theil des Dotationsvermögens, welcher entweder nach Anleitung des Art. 13 des gegenwärtigen Decretes zu verwenden ist, oder, so lange eine Verwendung nicht Statt findet, anzulegen ist. In diesem letztern Falle hat der Pfarrer, da er den Nießbrauch am ganzen Pfarr=Dotationsvermögen hat, einen Anspruch auf die Zinsen des angelegten Ertrages der Ausbeute, oder, wenn Grundstücke mit demselben erworben sind, den Nießbrauch an diesen Grundstücken. Auf keinen Fall dürfen diese Gelder zu den Haupt=Reparaturen an den Pfarrhäusern verwandt werden; denn diese fallen nach Art. 21 des gegenwärtigen Decretes den Civilgemeinden zur Last. An diesen hat der Pfarrer nicht das Recht des Nießbrauchers, sondern das eines Miethers; hier handelt es sich aber von Geldern, die aus Grundstücken herrühren, an welchen der Pfarrer ein Nießbrauchsrecht hat. Der Nachfolger eines Pfarrers, während dessen Nießbrauch die Steinbrüche und Sandgruben eröffnet worden sind, hat, da beim Beginne seines Nießbrauches dieselben eröffnet sind, ein Recht auf die Ausbeute selbst. Art. 598 b. B. G.=B.

Der Pfarrer hat ebenfalls nach Art. 598 des B. G.=B. auf den Schatz, d. h. eine vergrabene oder verborgene Sache, an welcher Niemand sein Eigenthum darthun kann, und die durch bloßen Zufall auf dem Dotationsgute entdeckt wird, keinen Anspruch; dieser gehört nach Art. 716 des B. G.=B. zur Hälfte dem Finder, zur andern Hälfte dem Eigenthümer des Grundstückes, und bildet daher zu dieser Hälfte einen Theil des Dotationsfonds, an welchem der Pfarrer den Nießbrauch hat.

4) Nach Art. 618 des B. G.=B. kann der Nießbrauch nach der Wichtigkeit der Umstände vom Gerichte als erloschen erklärt, oder verordnet werden, daß der Eigenthümer in den Genuß der dem Nießbrauche unterworfenen Sache treten, dagegen aber verpflichtet sein solle, dem Nießbraucher jährlich eine näher zu bestimmende Summe zu bezahlen. Zu diesen wichtigen Umständen ist insbesondere der Mißbrauch zu rechnen, welchen der Nießbraucher von seinem Rechte macht. Was als Mißbrauch anzusehen ist, ist eine factische Frage, die in jedem einzelnen Falle bei der Bestreitung stets der Entscheidung des Gerichtes zu unterbreiten ist. Auf das Verhältniß der Pfarrer kann indessen die Bestimmung des erwähnten Art. 618 in ihrem ganzen Umfange nicht zur Anwendung kommen. Namentlich kann vom Gerichte in einem solchen Falle nicht erkannt werden, daß der Nießbrauch erloschen sei, weil dadurch die ganze Existenz des Pfarrers in Frage gestellt würde, dies aber gesetzlich unzulässig ist, da nach dem Regierungs=Beschlusse vom 18. Nivose Jahres XI die Gehälter der Pfarrer nicht mit Beschlag belegt werden dürfen, und das Einkommen aus den Pfarr=Dotationsgütern einen Theil derselben bildet, weil es auf dieselben angerechnet werden muß. Auch die Allerhöchste Cabinets=Ordre vom 23. Mai 1826 hat in dieser Beziehung nichts geändert, da sie nur die Bestimmungen des allgemeinen preußischen Landrechtes, beziehungsweise der preußischen Gerichtsordnung auf diejenigen Geistlichen anwendbar erklärt, welche nicht unter der Herrschaft des allgemeinen Landrechtes wohnen, nach jenen landrechtlichen Bestimmungen aber ein Einkommen derselben bis zu 400 Thlr. gar nicht, und von demjenigen, was diese Summe übersteigt, nur bis zur Hälfte mit Beschlag belegt werden kann, eine gänzliche Entziehung des Einkommens dadurch, daß der Nießbrauch für erloschen erklärt wird, also auch hiernach nicht gerechtfertigt ist. Dagegen wird aber nicht bestritten werden können, daß der Kirchenvorstand in einem solchen Falle zur Anstellung der Klage gegen den Pfarrer befugt ist, daß die von ihm nießbräuchlich besessenen Dotationsgüter verpachtet werden sollen, er den Pachtpreis zu beziehen habe, ihm aber wegen des von seinem Rechte gemachten Mißbrauches untersagt werde, jene Güter selbst zu bewirthschaften.

5) Dem Art. 597 des B. G.=B. gemäß benutzt der Pfarrer als Nießbraucher die den Dotationsgütern zustehenden Servituten und Wegegerechtigkeiten gerade so, wie der Eigenthümer selbst. Auch stehen ihm die desfallsigen Klagen zu.

6) Verbesserungen, welche der Pfarrer am Gegenstande des Nießbrauches während desselben vorgenommen hat, kann er nach Art. 599 des B. G.=B. bei Beendigung des Nießbrauchs, selbst wenn der Werth des Gutes dadurch

erhöht worden ist, nicht ersetzt verlangen; wohl aber ist er befugt, Spiegel, Gemälde und Verzierungen, die er hat anbringen lassen, wegzunehmen, hat aber dann die Stellen, wo sie angebracht waren, in ihren früheren Stand wieder versetzen zu lassen.

b. Pflichten des Pfarrers.

Die Pflichten des Pfarrers bezüglich des Dotationsvermögens sind zum größten Theile in dem Art. 7, 8, 9, 10, 13, 14 und 15 des gegenwärtigen Decretes näher aufgeführt, und werden bei denselben speciell behandelt, weßhalb hier auf die Bemerkungen zu jenen Artikeln hingewiesen wird. Zu den Pflichten des Pfarrers als Nießbrauchers gehört nun vor Allem nach Art. 600 des B. G.-B., daß er in Gegenwart des Kirchenrathes oder nach dessen Vorladung ein gehöriges Inventar der Mobilien und eine Beschreibung der Immobilien, welche dem Nießbrauche unterworfen sind, anfertigen lasse, indem er nicht eher berechtigt ist, den Genuß derselben anzutreten. Im Allgemeinen versteht man zwar unter einem Inventar das von einem Notar aufgenommene, allein es genügt auch ein von den Parteien aufgenommenes Privatverzeichniß, wenn es nur doppelt ausgefertigt und von dem Kirchenrathe und dem Pfarrer unterschrieben ist, da es dann ein für Alle bindendes Actenstück ist. Weiter gehört zu den Pflichten des Pfarrers aber auch nach Art. 608 des B. G.-B. diejenige, alle auf die Dotationsgrundstücke fallenden jährlichen Lasten, als Steuern, und andere, welche man als auf den Früchten ruhend zu betrachten pflegt, zu tragen. Hinsichtlich der Grundsteuer hatte das Grundsteuergesetz vom 21. Januar 1839 für die westlichen Provinzen in §. 10 Nr. 2 bestimmt, daß unbesteuert bleiben sollten „die außer den Dienstwohnungen und daran stoßenden Hofräumen und Gärten von den Erzbischöfen, Bischöfen, den Dom-, Curat- oder Pfarrgeistlichen, den Gymnasial-, Seminar- und Schullehrern durch Selbstbewirthschaftung oder Zeitverpachtung benutzten Grundstücke, welche eine bleibende Dotation dieser Stellen zur Zeit bilden, oder als eine solche den letztern künftig zugelegt werden." Allein das Gesetz vom 21. Mai 1861 betreffend die anderweite Regelung der Grundsteuer hat bezüglich der Grundstücke in §. 4 Lit. e jenes Gesetz dahin abgeändert, daß nunmehr von der Grundsteuer befreit bleiben sollen „diejenigen bisher von der Grundsteuer befreiten Grundstücke, welche zur Zeit des Erscheinens dieses Gesetzes zu dem Vermögen evangelischer oder römisch-katholischer Kirchen oder Capellen, öffentlicher Schulen, höherer Lehranstalten oder besonderer zur Unterhaltung von Kirchen, Schulen und höhern Lehranstalten stiftungsmäßig bestimmter Fonds oder milder Stiftungen, so wie zur Dotation der Erzbischöfe, Bischöfe, Dom- und Curat- oder Pfarrgeistlichen, und sonstigen mit geistlichen Functionen bekleideter Personen oder der Küster und anderer Diener des öffentlichen Cultus und der an öffentlichen Schulen oder höheren Lehranstalten angestellten Lehrer gehören." Während daher im Gesetze vom 21. Januar 1839 im Allgemeinen der Grundsatz aufgestellt worden war, daß alle zur Dotation der Pfarrgeistlichen gehörigen Güter von der Grundsteuer befreit sein sollten, wich man im Gesetze vom 21. Mai 1861 von jenem Grundsatze in so fern ab, als man die Befreiung von der Grundsteuer auf diejenigen Grundstücke beschränkte, welche bei dem Erscheinen dieses Gesetzes grundsteuerfrei waren. Bei der Berathung dieses Gesetzes im Abgeordneten-Hause hatten zwar der Abgeordnete Osterrath und seine Freunde ein Amendement zu dem §. 4 litt. o eingebracht, wodurch die Grundsätze des Gesetzes vom 21. Januar 1839 in dieser Beziehung aufrecht erhalten werden sollten; allein die Majorität des Abgeordneten-Hauses stimmte diesem Amendement nicht bei, und so wurde denn auch in den §. 10 des Gesetzes vom 21. Mai 1861 die Bestimmung aufgenommen, daß, wenn besteuerte Grundstücke in den Besitz evangelischer oder römisch-katholischer Kirchen u. s. w. (§. 4 zu e) gelangen, die auf diesen Grundstücken haftende Grundsteuer fortzuentrichten sei. Man ging sogar in dieser Beschränkung noch weiter, indem in demselben §. 10 die Bestimmung aufgenommen wurde, daß selbst für die nach jenem Gesetze grundsätzlich von der Grundsteuer befreiten Grundstücke, wenn sie in den Besitz der evangelischen oder römisch-katholischen Kirche u. s. w. gelangten, die diesen aufzulegende Grundsteuer neu zu veranlagen sei. Es sollte das eine Consequenz des ersten Alinea des gedachten §. 10 sein, nach welchem steuerfreie Grundstücke, wenn sie diejenige Eigenschaft verlieren, welche die Befreiung von der Grundsteuer bedingt, steuerpflichtig werden. Allein man hat diese Consequenz lediglich für die Kirche und die öffentlichen Anstalten gelten lassen, denn die anderen der Grundsteuerfreiheit sich erfreuenden Institute und Personen, wie sie der §. 4 von litt. a bis d im Gesetze vom 21. Mai 1861 aufführt, namentlich der Staat, die vormals reichsunmittelbaren Fürsten und Grafen für ihre Domanial-Grundstücke, die Provinzen, communalständische Verbände, Kreise und Gemeinden, Gutsverbände werden für die zu einem öffentlichen Dienste oder Gebrauche bestimmten Grundstücke von dieser Consequenz nicht betroffen, sie erhalten sogar die Grundsteuerfreiheit, wenn die Grundstücke bis zum Uebergange in ihr Eigenthum auch besteuert waren. Es sind daher nach dem Gesetze vom 21. Mai 1861 nur diejenigen Pfarr-Dotationsgrundstücke von der Grundsteuer befreit, welche es bei dem Erlasse jenes Gesetzes waren, nicht aber diejenigen, welche seit der Publication desselben zur Aufbesserung des Dotationsvermögens zu demselben hinzukommen, sie mögen nun früher besteuert oder steuerfrei gewesen sein. Eben so sind diejenigen Grundstücke dieser Art von der Grundsteuer nicht befreit, welche bei dem Erlasse jenes Gesetzes schon zu dem Dotationsvermögen gehörten, aber besteuert waren. Werden neue Pfarreien errichtet und erfolgt die Dotation des Pfarrers in Grundgütern, so sind dieselben ebenfalls nicht von der Grundsteuer befreit, da sie beim Erlasse des Gesetzes als Dotationsgüter nicht steuerfrei waren und daher nicht unter die Bestimmungen des §. 4 litt. o fallen. Man wird daher bei der Bemessung der Congrua für den Pfarrer hierauf Rücksicht zu nehmen haben. Die Pfarrgebäulichkeiten sind nach §. 3, Nr. 5 des Gesetzes über die Einführung einer allgemeinen Gebäudesteuer vom 21. Mai 1861 nur in so fern steuerfrei, als sie Dienstwohnungen der Pfarrer sind, und nach Nr. 7 daselbst diejenigen unbewohnten Gebäude, welche nur zum Betriebe der Landwirthschaft, z. B. zur Unterbringung des Wirthschaftsviehes, der Wirthschaftsgeräthe, der Bodenerzeugnisse u. s. w. bestimmt sind.

Was die Communallasten anbelangt, so ist in dem Gesetze vom 15. Mai 1856, die Gemeinde-Verfassung in der Rheinprovinz betreffend, so wie in der Städteordnung für die Rheinprovinz von demselben Tage an dem im Gesetze vom 21. Januar 1839 aufgestellten Grundsatze festgehalten worden. Nach Art. 10 des ersteren und nach §. 4 der letzteren sind nämlich die Pfarrgeistlichen von allen directen Gemeindeabgaben hinsichtlich ihres Diensteinkommens und ihrer Dienstgrundstücke, so wie von allen persönlichen Gemeindediensten, so weit dieselben nicht auf Grundstücken lasten, welche ihnen persönlich zugehören, befreit.

Für die auf der rechten Rheinseite gelegenen Theile der Erzdiöcese Köln und der Bisthümer Trier und Münster sind durch den §. 6 der A. G.-O. vom 3. Juli 1843, Anhang I, die gesetzlichen Bestimmungen über den Nießbrauch im Allgemeinen auf das rechtliche Verhältniß der katholischen Pfarrer zum Pfarr-Dotationsgute anwendbar erklärt worden. Für die rechte Rheinseite gelten auch die Bestimmungen der A. G.-O. vom 23. Mai 1826 und die aus derselben unter Nr. 4 hier oben gezogenen Folgerungen.

Nicht minder sind für die auf der rechten Rheinseite gelegenen Theile der preußischen Rheinprovinz die Bestimmungen des Gesetzes vom 15. Mai 1856 die Gemeinde-Verfassung in der Rheinprovinz betreffend, der Städteordnung für die Rheinprovinz von demselben Tage, des Gesetzes vom 21. Mai 1861 über die anderweite Regelung der Grundsteuer und des Gesetzes vom selbigen Tage über die Einführung einer allgemeinen Gebäudesteuer maßgebend.

Art. 7.

Das durch den Friedensrichter über ihre Besitzergreifung aufgenommene Protocoll soll das von ihnen unterschriebene Versprechen enthalten, die Güter wie gute Hausväter zu benutzen, sie sorgfältig zu unterhalten, und jeder Usurpation oder Verschlechterung entgegen zu treten.

Zu Art. 7.

Wie schon oben zu Art. 6 unter Nr. 2 bemerkt worden, braucht der Pfarrer bei dem Antritte des Nießbrauches eine eigentliche Bürgschaft, wie sie der Art. 601 des B. G.-B. vom Nießbraucher verlangt, nicht zu bestellen; der Gesetzgeber verlangt im Art. 7 von ihm nur das in einem amtlichen Protocolle niedergelegte schriftliche Versprechen, den Nießbrauch wie ein guter Hausvater auszuüben, und jeder Usurpation und jeder Verschlechterung sich zu widersetzen. Dieses Versprechen bezieht sich nun einmal auf die Handlungen des Nießbrauchers selbst bei Ausübung der Benutzung der Sache und dann auf die widerrechtlichen Handlungen anderer Personen gegen den dem Nießbrauche unterworfenen Gegenstand. Bezüglich der eigenen Handlungen des Pfarrers übernimmt er die Pflicht, die Pfarr-Dotationsgüter wie ein guter Hausvater zu benutzen und sie sorgfältig zu unterhalten. Ueber die Unterhaltungspflicht des Pfarrers handelt vorzugsweise der Art. 13 des gegenwärtigen Decretes, weßhalb hier auf die Bemerkungen zu demselben hinverwiesen wird. Unter der Benutzung einer Sache, wie sie ein guter Hausvater vornimmt, versteht man diejenige, welche der Eigenthümer der Sache so ausübt, daß er eines Theiles sucht, in seinem Interesse von der benutzten Sache nach ihrer Eigenschaft den möglichst größten Nutzen zu ziehen, anderen Theiles aber sie selbst durch die Benutzung weder in ihrer Substanz noch in ihrer Ertragsfähigkeit verringert. In diesem Sinne muß daher der Pfarrer die Dotationsgüter benutzen: er haftet hierbei als Nießbraucher nicht bloß wegen absichtlicher Beschädigung der Sache, sondern auch nach Art. 618 des B. G.-B. wegen Beschädigung aus Fahrlässigkeit, weil sich ein guter Hausvater auch diese nicht zu Schulden kommen läßt. Theilweise sind schon die im Art. 8 des gegenwärtigen Decretes enthaltenen Verbote eine Folge dieses Satzes. Er ist dem Art. 7 gemäß und in Uebereinstimmung mit dem Art. 614 des B. G.-B. verpflichtet, jedem Eingriffe in das Pfarr-Dotationsvermögen und jeder Verringerung desselben, welche von anderen ausgeht, entgegen zu treten. Gehen diese Eingriffe von fremden Personen aus und treten diese überhaupt den Rechten des Dotationsvermögens zu nahe, so muß der Pfarrer nach Art. 614 des B. G.-B. dem Kirchenvorstande, als dem Vertreter des Dotationsvermögens, davon Anzeige machen; unterläßt er diese Anzeige, und erleidet jenes Vermögen dadurch Nachtheil, so ist er nach den Bestimmungen des bezogenen Art. 614 für diesen Nachtheil gerade so verantwortlich, als ob die Beschädigung von ihm ausgegangen wäre. Auf der anderen Seite ist er aber auch als Nießbraucher nicht bloß berechtigt, sondern nach Art. 7 des gegenwärtigen Decretes auch verpflichtet, dem Kirchenvorstande entgegen zu treten, wenn dieser durch seine Handlungen das Dotationsvermögen verkümmern oder die Rechte des Nießbrauchers beeinträchtigen würde; denn der Art. 7 legt ihm ausdrücklich die Pflicht auf, Verschlechterungen des Dotationsvermögens sich zu widersetzen, und diese beeinträchtigen eben auch die Rechte des Pfarrers als Nießbrauchers. Durch die Art. 1 und 7 des gegenwärtigen Decretes hat der Gesetzgeber eine gegenseitige Controle des Kirchenvorstandes und des Pfarrers festgesetzt; er hatte dabei seine gewichtigen Gründe, weil der Ertrag des Pfarr-Dotationsvermögens bei der Bemessung der Höhe des Staatszuschusses in Anrechnung kommen soll, und er daher ein wesentliches Interesse dabei hat, daß in keiner Weise und von keiner Seite her jenes Vermögen geschmälert werde.

Die Bestimmung, daß der Friedensrichter bei der Besitzergreifung des Pfarrgutes durch den Pfarrer zugezogen werden solle, er das Protocoll hierüber anzufertigen habe, und der Pfarrer vor ihm das im Art. 7 vorgeschriebene schriftliche Versprechen abgeben solle, wurde schon vor dem Erlasse der preußischen Verfassungs-Urkunde nur in wenigen Fällen beobachtet. Der Grund hiefür lag eines Theiles darin, daß nach dem Decrete vom 16. Februar 1807 über die Gebühren in Civilsachen für diese Thätigkeit des Friedensrichters keine Gebühren ausgeworfen waren, er daher auch solche zu fordern nicht berechtigt war und man ihm nicht wohl zumuthen konnte, auf seine Kosten oft mehrere Stunden weit zu reisen, anderen Theiles aber auch darin, daß man denselben Zweck erreichte, wenn man hierfür das einfachere und kostenfreie Mittel wählte, daß der Pfarrer in der Sitzung des Kirchenrathes bei der Einführung und Besitzergreifung im kirchenräthlichen Protocolle dieses Versprechen schriftlich niederlegte. Mit dieser letzteren Art der Abgabe des Versprechens war noch der wesentliche Vortheil verbunden, daß der Kirchenvorstand nothwendig zugegen sein mußte und das gegebene Versprechen acceptiren konnte, während im Art. 7 des gegenwärtigen Decretes die Zuziehung des Kirchenvorstandes ausdrücklich nicht vorgeschrieben war. Es hat aber auch diese Bestimmung des Art. 7 eigentlich ihren Grund in der damaligen Stellung der Kirche zum Staate; sie sollte überall vom Staate bevormundet und beaufsichtigt werden; bei fast allen ihren Handlungen in vermögensrechtlicher Beziehung mußten die Beamten des Staates concurriren. Wäre gerade im gegenwärtigen Falle dieses nicht die Absicht des Gesetzgebers gewesen, hätte er nur gewollt, daß das Versprechen des Pfarrers in einem authentischen Acte niedergelegt werden sollte, so hätte er diese Verhandlung denjenigen Beamten zugewiesen, welche ganz besonders für die Aufnahme der Acte der freiwilligen Gerichtsbarkeit bestimmt sind, nämlich den Notarien. Es ist aber auch an die Nichtbeobachtung der Bestimmung des Art. 7 nicht die Strafe der Nichtigkeit geknüpft, und so konnte denn auch rechtlich jenes Versprechen in einer anderen Weise gegeben und angenommen werden. Abgesehen aber auch hiervon muß nunmehr, da der Art. 15 der preußischen Verfassungs-Urkunde vom 31. Januar 1850 der Kirche den Besitz und Genuß der für ihre Cultus-, Unterrichts- und Wohlthätigkeitszwecke bestimmten Anstalten, Stiftungen und Fonds gewährleistet hat, und nach demselben die Kirche ihre Angelegenheiten selbstständig verwalten und ordnen soll, ihr auch die Wahl der Art und Weise, wie sie dieselben ordnen und verwalten will, frei überlassen bleiben. Auch das neue Gesetz vom 23. Mai 1859 über die Gebührentare der Friedensgerichte in der Rheinprovinz hat für eine solche Verhandlung des Friedensrichters keine Gebühren festgesetzt; die Billigkeit hätte dies aber gefordert, wenn man überhaupt der Ansicht gewesen wäre, daß auch jetzt noch die Zuziehung des Friedensrichters unumgänglich erforderlich sei.

Bei dieser Verhandlung über die Besitzergreifung durch den Pfarrer ist, da derselbe nach Art. 6 des gegenwärtigen Decretes die Rechte und Pflichten eines Nießbrauchers hat, auch die Vorschrift des Art. 600 des B.-G.-B. zu beobachten, welcher gemäß der Nießbraucher nicht eher den Genuß antreten soll, als bis in Gegenwart des Eigenthümers oder nach dessen Vorladung ein Inventar der Mobilien und eine Beschreibung des Zustandes der dem Nießbrauche unterworfenen Immobilien aufgenommen worden ist. Dieses letztere kann aber auch vor der Verhandlung über die Besitzergreifung und in Verbindung mit der durch den Schatzmeister nach Art. 20 des gegenwärtigen Decretes vorzunehmenden Vergleichung Statt finden. Es ist sogar wegen der Einheit des Actes vorzuziehen, indem dann nicht bei der Besitzergreifung auf frühere Verhandlungen Bezug genommen zu werden braucht.

Art. 8.

Es werden den Pfarrinhabern verboten und als nichtig erklärt alle Veräußerungen, Vertauschungen, Bestellungen von Hypotheken, Bewilligungen von Servituten und im Allgemeinen alle Verfügungen, welche eine Aenderung in der Natur der gedachten Güter oder eine Verminderung in ihren Erträgen bewirken, es sei denn, daß zu diesen Acten Unsere Ermächtigung in der gebräuchlichen Form ertheilt worden ist.

Zu Art. 8.

1) Wenn auch der Nießbraucher nach Art. 578 des B. G.-B. das Recht hat, die dem Nießbrauche unterworfene Sache ganz so, wie der Eigenthümer selbst zu benutzen und zu gebrauchen, so hat er doch kein Dispositionsrecht über das Eigenthum an der Sache selbst, indem seine Rechte an der Sache auf ein Benutzen und Gebrauchen derselben beschränkt sind, das also, was über ein Benutzen und Gebrauchen hinausgeht, in seinem Rechte nicht enthalten ist. Er hat aber auch nach dem erwähnten Art. 578 ausdrücklich die Pflicht, die Substanz der Sache zu erhalten. Die dem Nießbrauche der Pfarrer unterworfenen Güter haben aber das Eigenthümliche an sich, daß der Nießbrauch an denselben zwar rücksichtlich der einzelnen Personen der Nießbraucher von Zeit zu Zeit durch den Wechsel in der Person des Pfarrers erlischt, daß das Nießbrauchsrecht selbst aber als aus der Dotation des Pfarrers hervorgehend eigentlich ein perpetuirliches ist, weil man bei der Erection und Dotation einer Pfarrei von der Ansicht ausgeht, daß sie immer und fortdauernd bestehen soll. Bei diesem eigenthümlichen Charakter des Nießbrauchsrechtes der Pfarrer mußte der Gesetzgeber für dasselbe Modificationen in den allgemeinen gesetzlichen Bestimmungen über den Nießbrauch eintreten lassen, welche diesem Charakter entsprechen, wie er seine desfallsige Absicht denn auch im Art. 6 des gegenwärtigen Decretes klar und deutlich kundgegeben hat. Eine solche Modification findet sich nun zuerst in dem durch den Art. 8 ausgesprochenen Verbote jeder Veräußerung durch den Pfarrer. Es wäre nicht nothwendig gewesen, dieses Verbotes hier ausdrücklich zu erwähnen, wenn es sich bloß auf die Veräußerung des Eigenthumes an der dem Nießbrauche unterworfenen Sache erstrecken sollte, weil nur der

Eigenthümer hierzu berechtigt ist. Allein der Art. 8 verbietet dem Pfarrer als Nutznießer alle Veränßerungen, also auch diejenigen, zu denen der gewöhnliche Nießbraucher befugt ist; diesem steht nun aber nach Art. 595 des B. G.=B. die Befugniß zu, sein Nießbrauchsrecht einem Anderen zu verkaufen und zu verschenken; nach dem vorstehenden Art. 8 soll aber dieses Recht dem Pfarrer nicht zustehen. Es ist dieses Verbot auch in der Natur der Verhältnisse begründet. Nach dem Consular=Beschlusse vom 18. Nivose Jahres XI können nämlich die Gehälter der Geistlichen nicht mit Beschlag belegt werden, und, da der Ertrag der Pfarr=Dotationsgüter auf dieselben angerechnet werden soll, also einen Theil derselben bildet, auch der dem Pfarrer an denselben zustehende Nießbrauch nicht. Der Gesetzgeber ist bei diesem Verbote von der Ansicht ausgegangen, daß dieses Einkommen für die Existenz des Pfarrers unumgänglich nothwendig sei, daß diese Existenz eine dauernde und gesicherte sein müsse. Wenn nun auf der einen Seite dritten Personen durch jenen Consularbeschluß untersagt wurde, die Existenz des Pfarrers durch Beschlagnahme des Nießbrauches desselben wegen ihrer Forderungen an ihn zu gefährden, so mußte auf der anderen Seite auch im Interesse der Stellung des Pfarrers und im Interesse der Pfarrangehörigen dafür gesorgt werden, daß der Pfarrer nicht in Verkennung seiner Stellung durch Veräußerung seines Nießbrauchsrechtes seine Existenz selbst in Gefahr bringe. Diesem hat nun der Gesetzgeber durch das im Art. 8 ausgesprochene Verbot jeder Veräußerung durch den Pfarrer vorbeugen wollen. Hat er nun aber in dieser Beziehung die Rechte des Pfarrers als Nießbrauchers beschränkt, so hat er dagegen dieselben wieder in einer anderen Beziehung erweitert; er hat ihm nämlich nach Art. 8 unter Umständen die Veräußerung der dem Nießbrauche unterworfenen Sache selbst gestattet, ihm also ein Recht eingeräumt, was der gewöhnliche Nießbraucher nicht hat. Mit Rücksicht auf die eigenthümlichen Verhältnisse der Pfarrer war denn auch die Schaffung eines solchen Rechtes wohl begründet. Die Veränderung der Zeitverhältnisse, die dadurch bedingte Erhöhung der Anforderungen für die Existenz des Pfarrers und andere Gründe der mannigfaltigsten Art können es oft geboten erscheinen lassen, die Pfarr=Dotationsgüter ganz oder theilweise zu verkaufen. Da nun nach Art. 1 des gegenwärtigen Decretes der Kirchenvorstand verpflichtet ist, auf die Erhaltung dieser Güter zu wachen, so muß er, wenn eine Veräußerung derselben Statt finden soll, zu derselben seine Zustimmung geben. Es kann indessen auch der Fall eintreten, daß in dieser Hinsicht zwischen dem Kirchenvorstande und dem Pfarrer eine Meinungsverschiedenheit obwaltet, indem der erstere, während der letztere die Veräußerung für nothwendig erachtet, seine Einwilligung zu derselben verweigert. In einem solchen Falle kann denn auch nach Art. 8 des gegenwärtigen Decretes der Pfarrer das Dotationsgut veräußern, wenn er dazu die höhere Genehmigung erhalten hat. Es ist inzwischen durch die Bestimmung des Art. 8 nicht ausgesprochen, daß nur dem Pfarrer das Recht zustehen solle, jene Güter unter höherer Genehmigung zu veräußern; dasselbe Recht steht auch dem Kirchenvorstande zu, beide müssen in die Veräußerung einwilligen, und nur, wo die Ansichten beider von einander abweichen, hat jeder von ihnen dieses Recht allein, wenn die höhere Genehmigung zur Ausübung desselben ertheilt wird.

2) Erbpachtsverträge werden im Art. 8 nicht erwähnt; dieselben können zwar auch unter der Herrschaft des B. G.=B. rechtsgültig abgeschlossen werden, verleihen aber dem Erbpächter keine solchen dinglichen Rechte, wie dies nach deutschem und römischem Rechte der Fall war; deßhalb kann denn auch ein Erbpachtsrecht dem Art. 2118 des B. G.=B. gemäß nicht Gegenstand einer Hypothek sein. Der Gesetzgeber des B. G.=B. betrachtet diese Verträge vielmehr vorzugsweise als Pachtverträge und daher werden sie auch im Art. 12 des Decretes vom 30. December 1809 als emphyteutische Pachtverträge bezeichnet; auf diese finden denn auch, wenn sie Pfarr=Dotationsgüter zum Gegenstande haben, nicht die Bestimmungen des vorstehenden Art. 8, sondern die des Art. 9 des gegenwärtigen Decretes Anwendung. Man vergl. auch de Syo, a. a. O. zu Art. 12. Zur Abschließung von Tauschverträgen über das Eigenthum ist der gewöhnliche Nießbraucher nicht berechtigt; der Pfarrer ist dazu nach Art. 8 jedoch unter höherer Genehmigung befugt; sein Recht ist daher auch in dieser Beziehung ebenso erweitert, wie dies bei dem Rechte zu veräußern der Fall ist. Er darf aber auch nach den obigen Ausführungen seinen Nießbrauch ohne jene Genehmigung nicht vertauschen und ist daher in dieser Hinsicht im Vergleiche gegen den gewöhnlichen Nießbraucher in seinem Rechte beschränkt.

3) Nach Art. 2118 des B. G.=B. kann der gewöhnliche Nießbraucher sein Nießbrauchsrecht zur Hypothek bestellen; dem Pfarrer ist dagegen durch den Art. 8 nicht bloß untersagt, die dem Nießbrauche unterworfene Sache selbst ohne höhere Genehmigung mit Hypotheken zu belasten, sondern er darf auch den Nießbrauch nicht verhypotheciren. Dies letztere Verbot ist eine Consequenz der Bestimmungen des Consular=Beschlusses vom 18. Nivose Jahres XI, nach welchem das Gehalt des Pfarrers, und da der Nießbrauch einen Theil desselben bildet, auch dieser nicht mit Beschlag belegt werden darf, was aber zur Realisirung der bestellten Hypothek nothwendig wäre.

4) Auch Servituten kann der gewöhnliche Nießbraucher an seinem nießbräuchlichen Rechte, jedoch nur für die Dauer desselben bestellen, wobei er dem Eigenthümer für die aus der Ausübung derselben entstehenden Nachtheile verantwortlich bleibt. Man vergl. Zachariä a. a. O. Bd. II, §. 227, S. 15. Der Pfarrer darf dies nach Art. 8 nur mit höherer Genehmigung, dann aber auch über die Dauer seines Nießbrauches hinaus, und sogar an der Sache selbst, ohne daß ihm in diesem Falle eine Verantwortlichkeit zur Last bleibt.

5) Dem Art. 8 gemäß sind dem Pfarrer im Allgemeinen alle Verfügungen, welche eine Aenderung in der Natur der Pfarr=Dotationsgüter oder eine Verminderung in ihren Erträgen bewirken, verboten. Es ist also nicht erforderlich, daß eine Aenderung in der Natur dieser Güter mit einer Verminderung ihres Ertrages verbunden ist, oder daß nothwendig bei einer Ertragsveränderung auch eine Aenderung in der Natur der Güter vorhanden sein muß, um unter das

Verbot des Art. 8 zu fallen; jede derselben ist für sich allein durch den Art. 8 untersagt. Was nun zunächst die verbotene Aenderung in der Natur der Sache anbelangt, so muß stets daran festgehalten werden, daß es im Wesen des Nießbrauchsrechtes liegt, daß der Nießbraucher die dem Nießbrauche unterworfene Sache auch zu benutzen berechtigt ist. Es folgt hieraus, daß wenn die bisherige Benutzungsart der Sache ihm keinen Vortheil mehr bringt, der Nießbrauch aufhören würde, wenn das Nießbrauchs-Object von ihm nicht in einer anderen Weise benutzt werden dürfte. Dies widerspräche aber dem Rechte des Nießbrauchers, die Sache so, wie der Eigenthümer selbst benutzen zu dürfen. Durch die Veränderung der Benutzungsart wird nun nicht immer auch eine Veränderung in der Natur der Sache hervorgerufen; wo dieses letztere nicht der Fall ist, kommt daher auch selbstredend die Bestimmung des Art. 8 nicht zur Anwendung. In den meisten Fällen ist aber eine Veränderung der Benutzungsart durch eine Aenderung in der Natur der Sache bedingt; es wird hier stets die Frage entscheidend sein, ob die bisherige dem Nießbraucher noch einen Vortheil gewähre oder nicht; diese ist als factische Frage in jedem einzelnen Falle zu prüfen und zu entscheiden. Wird sie bejaht, so darf der Nießbraucher unbedingt die Veränderung nicht vornehmen, im Verneinungsfalle aber ist er dazu berechtigt, weil sonst der Zweck des Nießbrauches nicht erreicht würde. So haben denn auch der Appellhof zu Lyon durch Urtheil vom 20. Januar 1844 und der Appellhof zu Orleans durch Urtheil vom 6. Januar 1848 entschieden. Man vergl. Sirey, recueil général des lois et des arrêts, Bd. 44, Th. 2, S. 207 und Bd. 48, Th. 2, S. 281. Im ersten Falle war der Gegenstand des Nießbrauches ein Gasthof, welcher wegen seiner unzeitgemäßen Baulichkeiten und Einrichtung als Gasthof nicht mehr benutzt werden konnte, und daher vom Nießbraucher zu Privatwohnungen vermiethet worden war. Der zweite Fall betraf die Ausrottung von Weinbergen und die Umwandlung derselben in Ackerland, weil zur Benutzung derselben eine vollständige neue Bepflanzung erforderlich war, der Gerichtshof aber annahm, daß hierzu der Nießbraucher nicht verpflichtet sei. Aehnlich diesem letzteren Falle wäre die Umwandlung von großen Wiesen in Ackerland, weil die nothwendige Bewässerung derselben aus Umständen, welche zu verhindern der Nießbraucher nicht im Stande war, nicht mehr möglich ist, oder die Umwandlung von Ackerland in Wiesen, weil durch vom Nießbraucher unabhängige Verhältnisse die Grundstücke wegen zu großer Nässe als Ackerland nicht mehr zu benutzen sind, während sie als Wiesen gut benutzt werden können. Nimmt man nun auch an, daß nach den oben erwähnten Urtheilen der gewöhnliche Nießbraucher zur Vornahme solcher Aenderungen unbedingt und ohne dazu einer Erlaubniß des Eigenthümers zu bedürfen, befugt sei, so kann man ein Gleiches doch nicht für das Nießbrauchsrecht der Pfarrer in Anspruch nehmen. Im Art. 6 des gegenwärtigen Decretes hat der Gesetzgeber es ausgesprochen, daß zwar im Allgemeinen das Nießbrauchsrecht der Pfarrer nach den gesetzlichen Bestimmungen über den Nießbrauch zu beurtheilen sei, daß aber im gegenwärtigen Decrete Abweichungen von denselben festgesetzt werden sollen, welche für den Nießbrauch der Pfarrer maßgebend seien. Der Art. 8 enthält nun Modificationen der gesetzlichen Bestimmungen über den Nießbrauch und ist als Ausnahmegesetz streng zu interpretiren. „Durch denselben sind nun aber alle Aenderungen in der Natur des Objects des Nießbrauches dem Pfarrer ohne höhere Genehmigung nicht gestattet, und deßhalb darf der Pfarrer dieselben auch nicht allein und ohne dieselbe vornehmen. Der Kirchenvorstand ist jedenfalls hierbei auch zu vernehmen, da er nach Art. 1 auf die Erhaltung dieser Güter zu wachen verpflichtet ist, und treten in diesem Falle dieselben Verhältnisse ein, wie sie oben unter Nr. 1 bei den Veräußerungen näher erörtert worden sind.

6) Der Gesetzgeber verbietet dem Pfarrer im Art. 8 zuletzt auch jede Verminderung in den Erträgen der Pfarr=Dotationsgüter. Der Pfarrer kann den Ertrag derselben sowohl durch Selbstbewirthschaftung als durch Verpachtung erzielen. Bei der Selbstbewirthschaftung hat er daher darauf zu achten, daß nicht durch eine zu angestrengte Anforderung an den Grund und Boden derselbe für immer weniger ertragsfähig wird, als wenn er denselben ordnungsmäßig nach den Regeln der Landwirthschaft benutzt hätte. Diese Bestimmung des Art. 8 kann nun aber auf Steinbrüche und Sandgruben, welche beim Beginne des Nießbrauches des Pfarrers im Betriebe sind, keine Anwendung finden, da die Ausbeute an Steinen und Sand selbstredend allmählich den Bestand derselben und somit auch ihren Ertrag verringert, ja zuletzt sogar die Benutzung als Steinbruch oder Sandgrube aufhört, wenn kein Material mehr vorhanden ist. Eine Benutzung durch Selbstbewirthschaftung, welche zwar einen geringeren Ertrag der Güter, aber nicht für immer, sondern nur für eine längere Zeit herbeiführt, fällt nicht unter das Verbot des Art. 8, sondern ist nach den Bestimmungen des Art. 7 zu bemessen, nach welchen der Pfarrer die Pflicht übernimmt, die Güter wie ein guter Hausvater zu benutzen. Er würde aber in einem solchen Falle nicht wie ein guter Hausvater benutzen, daher seine Pflicht verletzen und deßhalb seinem Nachfolger zum Schadenersatze verpflichtet sein. Bei einer Verpachtung der Dotationsgüter kann es nun auch wohl vorkommen, daß ein Pfarrer mit Rücksicht auf sein bevorstehendes Ausscheiden ein persönliches Interesse an der Höhe des Pachtertrages nicht mehr hat und deßhalb die Dotationsgüter an befreundete Personen auf längere Zeit, wenn auch für die gesetzlich zulässige Dauer für einen weit geringeren Pachtpreis verpachtet, als er nach den örtlichen Verhältnissen üblich ist. Man wird strenge genommen nicht behaupten können, daß auf solche Verträge die Bestimmungen des Art. 8 Anwendung finden, da derselbe eigentlich nur die fortwährende Verminderung des Ertrages dieser Güter verboten wissen will, und daß die oben erwähnten Verträge daher für nichtig erklärt werden könnten. Allein ein solches Verfahren eines Pfarrers würde nicht das eines guten Hausvaters sein, welches er nach Art. 7 des gegenwärtigen Decretes beobachten muß. Verstößt er gegen diese Pflicht, so ist er seinem Nachfolger ersatzpflichtig, weil er diesem in Verletzung der von ihm dem Art. 7 gemäß übernommenen Verpflichtungen durch eine ungerechtfertigte Ausübung seines Rechtes Schaden zugefügt. Natürlich

wird es bei der Beurtheilung eines solchen Falles stets auf die Absicht des Pfarrers ankommen, dem Anpächter einen erheblichen Vortheil zuzuwenden, welche bei öffentlichen Verpachtungen schwerlich anzunehmen ist, die aber gerade in Pachtverträgen unter Privatunterschrift unter den obwaltenden Umständen leicht zu vermuthen ist. Die Erheblichkeit des zugefügten Nachtheiles ist hier ebenfalls maßgebend.

7) So wie nach Art. 62 des Decretes vom 30. December 1809 Immobilien der Kirche ohne Genehmigung des Staatsoberhauptes nicht veräußert, verkauft oder vertauscht werden können, eben so hat auch der Gesetzgeber im Art. 8 des gegenwärtigen Decretes die Veräußerungen der Pfarr-Dotationsgüter und, da nach Art. 2124 des B. G.-B. nur derjenige eine Hypothek an einem Grundstücke bestellen kann, welcher die Fähigkeit hat, es zu veräußern, auch die Bestellung einer Hypothek an denselben ohne jene Genehmigung untersagt. Hier wie dort war der Grund für dieses Verbot die vom Staate in Anspruch genommene Obervormundschaft über die Kirche und ihr Vermögen. Da dieselbe aber durch den Art. 15 der preußischen Verfassungsurkunde aufgehoben worden, so ist auch das dem Staate im Art. 8 vorbehaltene Recht der Genehmigung und Versagung weggefallen. Dagegen liegt es schon in der Natur der hierarchischen Ordnung der katholischen Kirche, daß der Bischof zu solchen Veräußerungen und Hypothekenbestellungen seine Einwilligung ertheilen muß, daß demnach in den Fällen des Art. 8 dessen Genehmigung einzuholen ist, und derselbe im Falle einer Meinungsverschiedenheit zwischen Kirchenvorstand und Pfarrer zu entscheiden hat. Zwar verlangt das Decret vom 6. November 1813 für die Veräußerung der Pfarr-Dotationsgüter und die Bestellung einer Hypothek an denselben die Genehmigung des Bischofes ausdrücklich nicht; allein da die Kirchenfabriken bei derselben mitwirken müssen, diese aber nach Art. 62 des Decretes vom 30. December 1809 keine Immobilar-Veräußerungen ohne seine Genehmigung vornehmen dürfen, so folgt hieraus von selbst, daß derselbe seine Genehmigung dazu ertheilen muß. Man vergl. auch de Syo, a. a. O. zu Art. 62.

8) Wenn nun ohne die im Art. 8 vorgeschriebene höhere Genehmigung die daselbst erwähnten Veräußerungen und Handlungen vorgenommen worden sind, so sollen sie nach den ausdrücklichen Bestimmungen dieses Artikels nichtig sein. Daß der Gesetzgeber diese Verträge ausdrücklich für nichtig erklärt, kann nicht so verstanden werden, daß dieselben unter keinen Umständen irgendwie eine rechtliche Wirkung haben können. Sie würden allerdings gesetzwidrige Handlungen sein, da aber noch nicht jede gesetzwidrige Handlung an und für sich nichtig ist, so kommt es darauf an, welche Folgen der Gesetzgeber an derartige gesetzwidrige Handlungen geknüpft hat. Nichtig sind gesetzwidrige Handlungen, wenn der Gesetzgeber sie als solche ausdrücklich erklärt, oder wenn die Nichtigkeit auf dem Grunde der durch die Handlung verletzten gesetzlichen Vorschrift, der ratio legis, beruht. Jede Nichtigkeit des Civilrechts kann dadurch gedeckt werden, daß man durch die Vollziehung einer in Bezug auf sie vorzunehmen=

den rechtsgültigen Handlung sie beseitigt. Auch stillschweigend kann sie gedeckt werden, wenn man den nichtigen Vertrag in der Absicht vollzieht, auf die Nichtigkeit zu verzichten. Einen solchen Verzicht vermuthet der Gesetzgeber bei einer Vollziehung des Vertrages ohne Kundgebung der Absicht des Verzichtes durch die eingetretene Verjährung, den Ablauf bestimmter Fristen, nach welchem er ein Klagerecht wegen der Nichtigkeit nicht mehr gestattet. Nach Art. 1304 des B. G.=B. müssen alle Nichtigkeiten von Verträgen binnen einer bestimmten Frist geltend gemacht werden; er schreibt für alle Klagen auf Nichtigkeitserklärung eine zehnjährige Verjährung vor, es sei denn, daß das Gesetz hievon ausdrücklich eine Ausnahme mache. Eine solche Ausnahme ist aber zu Gunsten der Pfarrer und der Kirchenfabriken in Bezug auf die im Art. 8 erwähnten Verträge nirgendwo gemacht, es hat vielmehr der Art. 2227 des B. G.=B. die öffentlichen Anstalten bezüglich der Verjährung den Privatpersonen vollständig gleich gestellt. Wenn daher der Gesetzgeber die im Art. 8 erwähnten Verträge ausdrücklich für nichtig erklärt, so ist damit noch nicht die Nothwendigkeit, die Nichtigkeit derselben vor Ablauf der Verjährungsfrist geltend zu machen, ausgeschlossen. Ist demnach ein solcher Vertrag innerhalb zehn Jahren nach seinem Abschlusse mit der Klage auf Nichtigkeitserklärung nicht angefochten worden, so kann dieselbe nicht mehr angestellt werden. Der Art. 62 des Decretes vom 30. December 1809 verbietet auch die Veräußerung der Immobilien der Kirche und ähnliche Verträge ohne höhere Genehmigung, und wenn der Gesetzgeber auch die Nichtigkeit derselben nicht ausdrücklich ausgesprochen hat, so sind sie doch eben so nichtig, wie die im Art. 8 des gegenwärtigen Decretes erwähnten; derselbe Grund der Nichtigkeit waltet bei beiden ob, nämlich der Mangel der Zustimmung der Ober=Aufsichtsbehörde, welche zur Perfection des Vertrages unbedingt erforderlich ist. Deßhalb haben denn auch der rheinische Appellationsgerichtshof zu Köln (Rhein. Arch. Bd. 48, Abth. 1 S. 151—156 und Bd. 54, Abth. 1 S. 186—192) und das Königl. Ober=Tribunal zu Berlin (Rhein. Arch. Bd. 56, Abth. 2, S. 26—28) in ähnlichen Fällen entschieden, daß auf solche Verträge der Art. 1304 des B. G.=B. Anwendung finde, und daher nach Ablauf von zehn Jahren vom Abschlusse des Vertrages an die Klage auf Nichtigkeitserklärung nicht mehr zulässig sei. Diejenigen aber, welche einen solchen nichtigen Vertrag zum Nachtheile des Pfarr=Dotationsvermögens abgeschlossen haben, sind dafür verantwortlich und ersatzpflichtig, weil sie eine rechtswidrige Handlung vorgenommen haben. Man vgl. auch de Syo a. a. O. zu Art. 62.

Art. 9.

Die Pfarrinhaber können keine Pacht= oder Miethverträge über neun Jahre hinaus abschließen, es sei denn in der Form der öffentlichen Versteigerung, und nachdem sich zwei Sachverständige, welche an Ort und Stelle eine Untersuchung vorgenom=

men und darüber Bericht erstattet haben, über die Nützlichkeit geäußert haben.

Diese Sachverständigen werden von dem Unterpräfecten, wenn es sich um Pfarrgüter, und vom Präfecten ernannt, wenn es sich um Güter der Bischöfe, Capitel und Seminarien handelt.

Diese Pacht- und Miethverträge dauern in Ansehung der Nachfolger der Pfarrinhaber nur in der durch den Art. 1429 des Code Napoléon bestimmten Weise fort.

Zu Art. 9.

1) Im französischen Texte des Art. 9 werden die daselbst erwähnten Verträge mit dem allgemeinen Ausdrucke „Baux" bezeichnet, unter welchem sowohl die Miethverträge über Häuser, als auch die Pachtverträge über ländliche Grundstücke verstanden werden, wie dies nicht bloß aus dem Art. 1430 des B. G.-B. hervorgeht, wo gerade die Bezeichnung „Baux" ausdrücklich von den Miethverträgen und den Pachtverträgen gebraucht wird, sondern auch durch die Ausdrucksweise in denjenigen gesetzlichen Bestimmungen, welche für die Vermiethung von Häusern und die Verpachtung von ländlichen Grundstücken gemeinsam sind, Art. 1715–1751 des B. G.-B., bestätigt wird. Nur da, wo der Gesetzgeber des Civilgesetzbuches die Miethverträge von den Pachtverträgen unterscheidet und verschieden behandelt, nennt er die erstern **Baux à loyer** und die letztern **Baux à ferme**. Da nun im Art. 9 lediglich der allgemeine Ausdruck „Baux" gebraucht wird, so mußte in der Uebersetzung, um die Anwendung des Art. 9 auf beide Arten von Verträgen zu constatiren, die Bezeichnung „Pacht- oder Miethverträge" gewählt werden.

2) Nach Art. 595 des B. G.-B. kann der Nießbraucher sein Nießbrauchsrecht einem Andern verpachten, er muß sich aber bei den desfallsigen Verträgen nach denjenigen Regeln richten, welche im Civilgesetzbuche unter dem Titel „von dem Ehevertrage und den gegenseitigen Rechten der Ehegatten" dem Manne in Beziehung auf das Vermögen der Frau vorgeschrieben sind. In dieser Hinsicht bestimmt nun auch der im vorstehenden Art. 9 bezogene Art. 1429 des B. G.-B., daß die vom Manne allein auf mehr als neun Jahre abgeschlossenen Pacht- und Miethverträge über die Güter seiner Frau bei Auflösung der Gütergemeinschaft für die Frau und deren Erben nur für die Zeit verbindlich sein sollen, welche entweder von der ersten Periode von neun Jahren, wenn diese Periode noch dauert, oder von der zweiten Periode u. s. w. noch übrig ist, so daß der Pächter und Miether nur während derjenigen Periode von neun Jahren, in welcher er sich befindet, den Genuß fortzusetzen berechtigt ist. Durch den erwähnten Art. 1429 des B. G.-B. steht also zunächst fest, daß der Mann allein und ohne Zuziehung der Frau die Güter derselben auf neun oder weniger Jahre verpachten oder vermiethen kann, und daß die Frau und ihre Erben auch

Decret vom 6. November 1813. Art. 9.

nach Auflösung der Gütergemeinschaft diese Pacht= und Miethverträge aushalten müssen. Da aber der Mann während der Ehe der gesetzliche Verwalter des Vermögens seiner Frau ist, die Pacht= und Miethverträge dieses Vermögens in die Gütergemeinschaft fallen, und der Mann allein Herr der Gütergemeinschaft ist, so ist er während der Dauer der Gütergemeinschaft auch an solche Pacht= und Miethverträge gebunden, welche er über die Güter seiner Frau für eine längere Dauer als die von neun Jahren abgeschlossen hat, weil er gegen seine eigenen Handlungen nicht angehen kann. Der Gesetzgeber hat dagegen die Frau vor Nachtheilen aus solchen ohne ihre Zuziehung abgeschlossenen Verträgen schützen wollen und daher für sie und ihre Erben nur Pacht= und Miethver= träge des Mannes über ihr Vermögen als verbindlich erklärt, welche die Dauer von neun Jahren nicht übersteigen. Der Art. 1429 des B. G.=B. unterstellt nun den Fall, wo der Mann allein und ohne Zuziehung der Frau deren Gü= ter auf eine längere Dauer als die von neun Jahren verpachtet oder vermiethet hat, und setzt in dieser Hinsicht die Rechte der Frau und ihrer Erben in der oben erwähnten Weise fest. Hat aber die Frau unter gleichzeitiger Ermäch= tigung durch ihren Ehemann ihre Güter mit verpachtet oder mit vermiethet, so sind auch sie und ihre Erben nach Auflösung der Gütergemeinschaft an die längere Pacht= oder Miethzeit gebunden. Man vgl. Zachariä a. a. O. Bd. III., S. 211. Wenn man nun diese gesetzlichen Bestimmungen auf das Verhältniß des Pfarrers anwendet, so ist derselbe an diejenigen Pacht= und Miethverträge gebunden, welche er allein und ohne Beobachtung der im Art. 9 vorgeschriebe= nen Formalitäten abgeschlossen hat, weil er seine eigenen Handlungen nicht an= fechten kann. Für seinen Nachfolger sind dieselben aber nur für die Zeit ver= bindlich, welche von der Pacht= oder Miethzeit von neun Jahren noch übrig ist. Sind während des Nießbrauchs des verpachtenden oder vermiethenden Pfarrers schon neun Jahre abgelaufen, so wird wieder eine neue Pacht= oder Miethzeit von neun Jahren angenommen, welche auch von dem Nachfolger des= selben auszuhalten ist. Hat aber der Pfarrer bei einem Pacht= oder Miethver= trage auf mehr als neun Jahre die im vorstehenden Art. 9 vorgeschriebenen Formalitäten beobachtet, so ist auch sein Nachfolger an die ganze Dauer der Pacht= oder Miethzeit gebunden. Wenn nun in dem gegenwärtigen Art. 9 lediglich nur auf den Art. 1429 des B. G.=B. Bezug genommen wird, so darf man doch nicht annehmen, daß nur die Bestimmungen dieses Artikels auf die von den Pfarrern allein abgeschlossenen Pacht= und Miethverträge anwendbar sind; denn der Art. 9 des gegenwärtigen Decretes und der Art. 1429 des B. G.=B. haben nur diejenigen Pacht= und Miethverträge zum Gegenstande, welche auf eine längere Dauer als die von neun Jahren abgeschlossen worden sind. Im Art. 6 des gegenwärtigen Decretes heißt es vielmehr ausdrücklich, daß der Nießbrauch der Pfarrer im Allgemeinen nach den gesetzlichen Bestimmungen des B. G.=B. über den Nießbrauch zu beurtheilen sei. Da nun der Art. 595 des B. G.=B. hinsichtlich der vom Nießbraucher abzuschließenden Pacht= und Mieth= verträge diejenigen gesetzlichen Bestimmungen angewendet wissen will, welche in demselben Gesetzbuche unter dem Titel „Von dem Ehevertrage und den gegenseitigen Rechten der Ehegatten" dem Manne in Beziehung auf das Vermögen der Frau vorgeschrieben sind, und der Art. 1430 des B. G.-B. unter diesem Titel steht, so finden auch dessen Bestimmungen auf die von den Pfarrern allein abgeschlossenen Pacht- und Miethverträge Anwendung. Nach diesem Art. 1430 des B. G.-B. sollen nun Pacht- oder Miethverträge von neun und weniger Jahren, welche der Mann allein in Ansehung der Güter seiner Frau bei ländlichen Grundstücken früher als drei Jahre vor dem Ende der laufenden Pachtung, und bei Häusern früher als zwei Jahre vor demselben Zeitpuncte geschlossen oder erneuert hat, wirkungslos sein, wenn nicht die Vollziehung der neuen oder erneuerten Pacht oder Miethe vor Auflösung der Gütergemeinschaft ihren Anfang genommen hat. Unter Anwendung dieser gesetzlichen Bestimmungen auf das Verhältniß der Pfarrer dürfen diese daher bei Pacht- und Miethverträgen von neun und weniger Jahren ländliche Grundstücke nicht vor drei Jahren vor dem Ablaufe der Pachtzeit verpachten, oder die bestehende Pacht erneuern und Häuser nicht vor zwei Jahren vor dem Ablaufe der Miethzeit vermiethen oder die bestehende Miethe erneuern. Sie selbst sind an diese Verträge gebunden und können sie nicht anfechten und deßhalb sind sie auch von Wirkung, wenn die neue oder erneuerte Pacht oder Miethe während des Nießbrauchs des verpachtenden oder vermiethenden Pfarrers begonnen hat. Hat sie aber bei seinem Ausscheiden noch nicht begonnen, so ist der Nachfolger desselben nicht verpflichtet, diese Pacht- und Miethverträge zu berücksichtigen. Es ist hiebei auch gleichgültig, ob diese Pacht- und Miethverträge unter Privatunterschrift oder im Wege der öffentlichen Versteigerung abgeschlossen worden sind. Das Gesetz macht eine solche Unterscheidung nicht, sondern verbietet diese Verträge ganz allgemein; der Grund dieses Verbotes liegt darin, daß der Gesetzgeber vermuthet, solche Verträge würden zum besonderen Vortheile des Verpächters oder Vermiethers und zur Beschränkung der Rechte des Eigenthümers oder seiner Erben abgeschlossen. Dagegen werden solche Verträge, wenn sie unter Beobachtung sämmtlicher durch den Art. 9 vorgeschriebenen Formalitäten zu Stande gekommen sind, auch für den Nachfolger bindend sein, da auch die im Art. 1430 des B. G.-B. erwähnten Verträge von der Frau und ihren Erben gehalten werden müssen, wenn die Frau unter Ermächtigung ihres Ehemannes sie mit abgeschlossen hat. Man vgl. Zachariä a. a. O. Bd. III., S. 211.

3) Nach Art. 60 des Decretes vom 30. December 1809 sollen Vermiethungen und Verpachtungen der den Kirchenfabriken zugehörigen Häuser und Grundstücke im Allgemeinen nach der für die Gemeindegüter bestimmten Form durch die Kirchmeisterstube vermiethet oder verpachtet werden. Es waren also nach jenem Decrete alle Pacht- und Miethverträge in dieser Form abzuschließen. Hinsichtlich der Vermiethung und Verpachtung der zum Pfarr-Dotationsvermögen gehörigen Immobilien ist eine solche allgemeine Bestimmung nicht getroffen worden; es hatte dies seinen Grund in dem verschiedenartigen Verhältnisse, in welchem die Kirchmeisterstube zu dem Fabrikvermögen und der

Pfarrer zu dem Pfarr-Dotationsvermögen steht. Die Kirchmeisterstube verwaltet nämlich das Kirchenvermögen nur im Interesse der Kirchenfabrik und für dieselbe, sie schließt daher auch nur für diese die desfallsigen Pacht- und Miethverträge ab; der Pfarrer ist dagegen in seiner Eigenschaft als Nießbraucher berechtigt, die Nutzungen des Pfarr-Dotationsvermögens für sich allein zu beziehen und die auf die Gewinnung jener Nutzungen abzielenden Pacht- und Miethverträge abzuschließen. Während die Kirchmeisterstube in allen Handlungen ihrer Verwaltung unter der Oberaufsicht anderer Behörden steht, ist dies bei dem Pfarrer bezüglich derjenigen Handlungen, die er innerhalb der Gränzen seines Nießbrauchsrechtes vornimmt, nicht der Fall; als Nießbraucher steht ihm aber nach den Art. 595 und 1429 des B.-G.-B. das Recht zu, Pacht- und Miethverträge abzuschließen, welche die Dauer von neun Jahren nicht übersteigen. Der Pfarrer ist in dieser Hinsicht an keine bestimmte Form bei dem Abschlusse solcher Verträge gebunden, eine desfallsige Vorschrift besteht nicht, und er hat daher als Nießbraucher das Recht, jene Verträge unter Zugrundelegung der allgemeinen gesetzlichen Bestimmungen des Civilgesetzbuches über dieselben abzuschließen; er kann daher sowohl mündlich als schriftlich, und in letzterer Beziehung sowohl durch Verträge unter Privatunterschrift als durch Notarialact vermiethen und verpachten.

4) Das Decret vom 5.—11. Februar 1791 hatte die Verpachtung und Vermiethung der Kirchengüter auf eine längere Dauer als die von neun Jahren bei Strafe der Nichtigkeit verboten, und es konnten daher Pacht- oder Miethverträge von längerer Dauer über diese Güter überhaupt nicht abgeschlossen werden. Von diesem absoluten Verbote ist man indessen, nachdem überhaupt günstigere Stimmungen für die Kirche vorwalteten, durch die Art. 62 des Decretes vom 30. December 1809 und den Art. 9 des gegenwärtigen Decretes abgegangen. Man konnte es sich nicht verhehlen, daß Verhältnisse eintreten könnten, welche es im Interesse der Kirchen-Fabriken und der Pfarrstellen zweckmäßig und wünschenswerth erscheinen ließen, denselben auch Verpachtungen und Vermiethungen ihrer Immobilien auf eine längere Dauer als die von neun Jahren zu gestatten. Drängte nun überhaupt nach dem Abschlusse des Concordates mit dem h. Stuhle die damalige Zeitrichtung zu einer milderen Auffassung der kirchlichen Verhältnisse und zur Beseitigung solcher absoluten Verbote, so veranlaßte doch der damals geltende Grundsatz der Omnipotenz des Staates diesen, das von ihm in Anspruch genommene Bevormundungs- und Beaufsichtigungsrecht über alle kirchlichen Vermögensverhältnisse durch die gänzliche Beseitigung eines solchen Verbotes nicht zu beschränken. Indem er daher auf der einen Seite die Möglichkeit gewähren wollte, Verträge wie die oben erwähnten, im Interesse des kirchlichen Vermögens abschließen zu können, verlangte er auf der anderen Seite für deren rechtliche Existenz Voraussetzungen, deren Prüfung er sich im administrativen Wege nicht nur vorbehielt, sondern über deren Dasein er auch die endliche Entscheidung für sich allein in Anspruch nahm. Es bekundet dies in höchst charakteristischer Weise die Fassung der erwähnten

Art. 62 und 9. Nach dem bezogenen Art. 62 sollen die Immobilien der Kirche nur nach vorgängigem Beschlusse des Kirchenrathes auf ein Gutachten des Bischofes und mit Genehmigung der Staatsregierung auf eine längere Zeit als neun Jahre verpachtet oder vermiethet werden können; dem Bischofe ist also hierbei nur die Erstattung eines Gutachtens zugestanden worden, die Staatsregierung hatte aber endgültig zu genehmigen; im Art. 9 des gegenwärtigen Decretes wird eine öffentliche Versteigerung, eine Untersuchung durch zwei von der Regierungsbehörde ernannte Sachverständige an Ort und Stelle und ein Bericht derselben erfordert, wenn es sich um die Verpachtung oder Vermiethung von Pfarr-Dotationsgütern handelt; einer Mitwirkung des Bischofes wird hierbei speciell nicht erwähnt, und wenn auch im Art. 9 nicht ausdrücklich gesagt wird, welcher Behörde der von den Sachverständigen zu erstattende Bericht zur Prüfung eingereicht werden soll, so folgt doch eines Theiles daraus, daß die Regierung jene Sachverständigen zu ernennen, ihnen also den Auftrag zur Untersuchung zu ertheilen hatte, und anderen Theiles aus der ganzen vom Staate beanspruchten Oberaufsicht und Bevormundung über die kirchlichen Vermögensverhältnisse, daß er auch hier wie bei den Kirchenfabrik-Gütern allein definitiv entscheiden wollte, und zur Begründung einer solchen Entscheidung auch der von den Sachverständigen erstattete Bericht der betreffenden Regierungsbehörde eingereicht werden mußte. Der Gesetzgeber des Decretes vom 30. December 1809 betrachtet überhaupt die Verwaltung des Kirchenfabrik-Vermögens durch die Kirchmeisterstube als eine vormundschaftliche Verwaltung, und deßhalb hat er denn auch in Art. 12 die Bestimmung getroffen, daß alle diejenigen Verfügungen, welche über die Gränzen der gewöhnlichen Verwaltung der Güter der Minderjährigen hinausgehen, an die Genehmigung des Kirchenrathes gebunden sein sollten. Zu solchen Verfügungen werden daselbst auch die Pacht- und Miethverträge auf eine längere Dauer als die von neun Jahren gerechnet, in welcher Beziehung die vorerwähnten Bestimmungen des Art. 12 mit denen des Art. 1718 des B. G.-B. übereinstimmen. Vermöge des vom Staate in Anspruch genommenen Obervormundschaftsrechtes hat der Gesetzgeber aber außerdem für die Verwaltung des Immobilarvermögens der Kirchen-Fabriken die Beobachtung von Förmlichkeiten vorgeschrieben, welche der gewöhnliche Vormund bei seiner Verwaltung nicht zu erfüllen braucht. So müssen nach Art. 60 des Decretes vom 30. December 1809 alle Pacht- und Miethverträge über Immobilien der Kirchen-Fabriken im Wege der öffentlichen Versteigerung abgeschlossen werden, während der Vormund nicht verpflichtet ist, die Verpachtung und Vermiethung der Güter seines Mündels durch eine öffentliche Versteigerung vorzunehmen. Man vergl. de Syo a. a. O. zu Art. 60, und Zachariä, a. a. O. Bd. I, S. 274. Dazu kommen nun noch die speciellen Bestimmungen des Art. 62 jenes Decretes über solche Verfügungen und Verträge der unteren Kirchenverwaltung, welche die Gränzen einer gewöhnlichen Verwaltung überschreiten und aus der Stellung der Vertreter der Kirchen-Fabriken dem Diöcesan-Bischofe und der Staatsregierung gegenüber hervorgegangen sind. Bei der Verwaltung der Pfarr=Dotationsgüter mußte der Gesetzgeber von einer anderen Anschauungsweise als von der bei der Verwaltung des Kirchenfabrik=Vermögens ausgehen, weil hier statt der Kirchmeisterstube der Pfarrer, und zwar nicht wie diese für einen anderen, sondern als Nießbraucher für sich verwaltet, wie dies oben unter Nr. 3 näher erörtert worden ist. Aber auch hier hat der Gesetzgeber für diejenigen Verfügungen und Verträge des Pfarrers, welche über seine Befugnisse als Nießbraucher hinausgehen, ihm jedoch unter Umständen gestattet sein sollen, die Beobachtung besonderer Formalitäten vorgeschrieben, wodurch er das Obervormundschaftsrecht des Staates auch hierbei constatiren und wahren wollte. In dem Art. 9 des gegenwärtigen Decretes sind dieselben näher festgestellt. Bei einer Vergleichung des gedachten Art. 9 mit dem Art. 62 des Decretes vom 30. December 1809 ergeben sich nun bezüglich der bei den fraglichen Verfügungen und Verträgen zu beobachtenden Formalitäten mancherlei Verschiedenheiten, die einer näheren Erörterung bedürfen, an welche sich denn auch die Frage knüpft, ob auch jetzt noch nach dem Erlasse der preußischen Verfassungsurkunde die gedachten Formalitäten bei solchen Verfügungen und Verträgen erfüllt werden müssen, und welches Verfahren nunmehr in dieser Hinsicht eingeschlagen werden muß. In nähere Erwägung ist daher zu ziehen:

a) Da nach Art. 60 des Decretes vom 30. December 1809 die Häuser und ländlichen Grundstücke der Kirchen=Fabriken überhaupt nach der für die Gemeindegüter bestimmten Form vermiethet oder verpachtet werden sollen, so galt diese Form auch für die Vermiethungen und Verpachtungen auf eine längere Zeit als die von neun Jahren. Diese Form bestand nach Art. 14 des Decretes vom 28. October — 5. November 1790 in einer öffentlichen Versteigerung bei brennenden Kerzen vor dem Bezirks=Director, ohne daß es der Zuziehung eines Notars bedurfte. Das Decret vom 6. November 1813 hat aber die für die Gemeindegüter in dieser Hinsicht bestimmte Form für die Pacht= und Miethverträge über Pfarr=Dotationsgüter, auch wenn sie die Dauer von neun Jahren überstiegen, nicht vorgeschrieben, sondern nur die Verpachtung oder Vermiethung im Wege der öffentlichen Versteigerung verlangt; öffentliche Versteigerungen als Acte der freiwilligen Gerichtsbarkeit waren aber im Allgemeinen den Notarien zugewiesen, und so konnten auch die bei im Art. 9 des gegenwärtigen Decretes erwähnten öffentlichen Versteigerungen nur durch Notarien vorgenommen werden. Der Grund dieser Verschiedenheit in den beiden Decreten lag darin, daß bei den Verpachtungen und Vermiethungen durch die Kirchen=Fabriken eine öffentliche Anstalt, die Kirche, die Requirentin war, und der Gesetzgeber sie für diese Verträge den Gemeinden gleich gestellt hatte, während bei der Verpachtung oder Vermiethung der Pfarr=Dotationsgüter eine Privatperson, der Pfarrer, mit andern Privatpersonen contrahirte, zur Aufnahme von Acten unter Privatpersonen die eigentlichen Verwaltungs=Beamten aber nicht competent waren. Nach dem Erlasse der preußischen Verfassungsurkunde hat diese Verschiedenheit in der preußischen Rheinprovinz keine Bedeutung mehr; eine Verpachtung oder Vermiethung sowohl der Kirchen=Fabrikgüter als der zum

Pfarr=Dotationsvermögen gehörigen Immobilien kann vielmehr jetzt hier in jeder für die Pacht= und Miethverträge gültigen Form vorgenommen werden, da dieses Recht ein Ausfluß der selbstständigen Verwaltung ist. Man vgl. de Syo a. a. O. zu Art. 60.

b) Nach dem vorstehenden Art. 9 sollen in den dort bezeichneten Fällen zwei Sachverständige, welche an Ort und Stelle eine Untersuchung vorzunehmen haben, sich in einem Berichte über die Nützlichkeit der beabsichtigten Verträge äußern. Will nun der Pfarrer solche Verträge abschließen, so muß er zunächst den Kirchenrath davon in Kenntniß setzen, da dieser nach Art. 1 des gegen= wärtigen Decretes bei allen Verfügungen und Verträgen des Pfarrers, welche nicht innerhalb der Gränzen seines Nießbrauchsrechtes und in Folge desselben geschlossen werden, wesentlich interessirt ist. Die Verhandlungen des Kirchen= rathes und der Antrag des Pfarrers müssen sodann dem Bischofe vorgelegt werden, weil der Kirchenrath seine Zustimmung zu solchen Verträgen nur nach Maßgabe der Bestimmungen des Art. 62 des Decretes vom 30. December 1809 ertheilen kann; denn die Pflicht, welche der Gesetzgeber im Art. 1 des gegen= wärtigen Decretes den Kirchen=Fabriken auferlegt, will er von ihnen in ihrer Eigenschaft als Kirchen=Fabriken erfüllt wissen, und deßhalb müssen sie sich auch bei Erfüllung dieser Pflicht nach denjenigen Vorschriften richten, welche den Kirchen=Fabriken für die einzelnen von ihnen vorzunehmenden Handlungen ge= geben sind. Für den Abschluß der hier in Rede stehenden Verträge ist aber nach Art. 62 des Decretes vom 30. December 1809 jetzt auch die Genehmigung des Bischofes erforderlich. Man' vergl. de Syo a. a. O. zu Art. 62. Sie wäre dies aber auch ohne die Bestimmung des Art. 62, da der Bischof nach den hierarchischen Verhältnissen der katholischen Kirche der natürliche Vertreter des gesammten kirchlichen Vermögens seiner Diöcese ist, eine Eigenschaft, welche zwar durch die französischen Gesetze beschränkt war, die aber jetzt, nachdem jene Beschränkung durch die Gewährung der freien Verwaltung weggefallen ist, wieder in ihrem ganzen Umfange zur Geltung kommen muß. Daß im gegenwärtigen Decrete von den den Kirchen=Fabriken bezüglich des Abschlusses der gedachten Verträge speciell obliegenden Verbindlichkeiten nicht näher gehandelt wird, ist ganz natürlich, da diese bereits durch das Decret vom 30. December 1809 fest= gestellt worden waren. Nachdem nun der Bischof sich im Allgemeinen über diese Angelegenheit geäußert hat, muß bei der Regierung die Ernennung zweier Sachverständigen beantragt werden, welche nach Anleitung des Art. 9 ihre Operationen vorzunehmen und ihren Bericht zu erstatten haben. Da der Auf= trag der Sachverständigen von der Regierung ausgeht, so muß derselben auch jener Bericht zur Prüfung eingereicht werden. Wegen des Umstandes aber, daß auch der Kirchenrath seine Zustimmung zu geben hat, muß dieser Bericht dem Kirchenrathe zur Aeußerung vorgelegt, und dann mit den Verhandlungen des= selben dem Bischofe eingereicht werden, damit dieser seine endliche Entscheidung treffe, nach welcher dann, wie in den Bemerkungen zu Art. 9 Nr. 4 ausge= führt worden, die Regierung den Abschluß der beabsichtigten Verträge gestattet oder versagt. Die Vorschrift des Art. 9 ist aber nun nicht bloß für die gedachten Verträge über die Pfarr-Dotationsgüter, sondern auch für die über die Güter der Bischöfe, Capitel und Seminarien erlassen; der Gesetzgeber will sie also gleichmäßig behandelt wissen, nur überträgt er für die letztern die Ernennung der Sachverständigen einem höhern Verwaltungs-Beamten. Bei den Gütern der Bischöfe, Capitel und Seminarien kommt das Verhältniß, wie es bei den Pfarr-Dotationsgütern besteht, nicht vor. Es existirt hier kein Kirchenrath, welcher die Handlungen des Bischofes, der Capitel und der Verwaltung der Seminariengüter zu überwachen hat, wie dies bei denen des Pfarrers der Fall ist. Man könnte nun bezüglich der Vorschriften für den Abschluß jener Verträge über das Pfarr-Dotationsvermögen zu der Ansicht geführt werden, daß durch dieselben eines Theils das Interesse der Pfarrstelle, welches nach Art. 1 des gegenwärtigen Decretes der Kirchenrath zu wahren hat, und andern Theils das persönliche Interesse des vermiethenden oder verpachtenden Pfarrers im Gesetze berücksichtigt werden sollte, welche beide Interessen leicht divergiren können. Von diesem Gesichtspunkte aus würde dann die Vorschrift der vorherigen Erstattung eines Gutachtens von zwei Sachverständigen nur als eine Gleichstellung der verschiedenen Interessenten im Gesetze zu betrachten sein, und man würde dann nicht behaupten können, daß diese Vorschriften als Ausflüsse des vom Staate in Anspruch genommenen Obervormundschaftsrechtes Seitens des Staates im Art. 15 der preußischen Verfassungsurkunde beseitigt seien. Erwägt man nun aber, daß der Gesetzgeber in dem vorstehenden Art. 9 dieselben Vorschriften bezüglich der Pfarr-Dotationsgüter und derjenigen, bei welchen eine solche Collision verschiedener Interessen, wie bei den erstern, nicht vorkommen kann, gegeben hat, daß er die Ernennung der Sachverständigen je nach der niedern oder höhern Eigenschaft der Besitzer der Güter durch einen niedern oder höhern Verwaltungs-Beamten vorgenommen wissen will, daß ferner durch die alleinige Berechtigung der Verwaltungs-Beamten des Staates zur Ernennung jener Sachverständigen der Staat als deren Auftraggeber erscheint, und er als solcher die Prüfung der Erledigung dieses Auftrages endgültig durch seine Beamten vornimmt, so kann es wohl nicht bezweifelt werden, daß der Gesetzgeber durch jene Vorschriften nicht lediglich die Gleichstellung der verschiedenen Betheiligten bezwecken, sondern vielmehr das Obervormundschaftsrecht des Staates zur Geltung gebracht haben wollte. Diese Vorschriften müssen daher durch den Art. 15 der preußischen Verfassungsurkunde in der preußischen Rheinprovinz als beseitigt erachtet werden. Wenn nun auch für den Abschluß solcher Verträge über die Pfarr-Dotationsgüter die vorherige Erstattung eines Gutachtens von Sachverständigen im Interesse der beiderseitigen Betheiligten zweckmäßig sein mag, und die bischöfliche Behörde zu ihrer eigenen Orientirung die Einholung eines solchen Gutachtens in streitigen und schwierigen Fällen gewiß verlangen kann und wird, so kann doch aus den eben angeführten Gründen nicht angenommen werden, daß man jetzt in der preußischen Rheinprovinz noch dazu verpflichtet sei, weil dies geradezu eine Beschränkung der gewährten freien Verwaltung der

Kirche wäre. In dieser freien Verwaltung, welche nunmehr der Kirche zusteht, ist denn auch die Befugniß der obern kirchlichen Behörde enthalten, entweder selbst sofort auf Grund der zwischen dem Kirchenrathe und dem Pfarrer Statt gehabten Verhandlungen zu entscheiden, oder vorher das Gutachten von Sachverständigen zu verlangen, ihre Zahl festzusetzen und sie zu ernennen.

5) Wie schon oben zu Art. 6 bemerkt worden ist, hat die A. C.=O. vom 3. Juli 1843 für die auf der rechten Rheinseite gelegenen Theile der Erzdiöcese Köln und der Bisthümer Trier und Münster das rechtliche Verhältniß des Pfarrers zu den Pfarr=Dotationsgütern als Nießbrauch bezeichnet. Es kommen daher in diesen die gesetzlichen Bestimmungen über den Nießbrauch auch in den im Art. 9 bezeichneten Fällen zur Anwendung, jedoch ohne die Sondervorschriften des Art. 9, da das Decret vom 6. November 1813 auf der rechten Rheinseite keine Geltung hat. Wo nun auf der rechten Rheinseite das rheinische Civilgesetzbuch Gesetzeskraft hat, kommen bezüglich der im Art. 9 bezeichneten Fälle die Bestimmungen der Art. 595, 1429 und 1430 des B. G.=B. in der Weise zur Anwendung, wie sie oben in den Bemerkungen zu Art. 9 unter Nr. 2 näher aus einander gesetzt worden sind. Schließt daher hier der Pfarrer in seiner Eigenschaft als Nießbraucher solche Verträge ab, wie sie der Art. 9 des gegenwärtigen Decretes erwähnt, so sind dieselben für seinen Nachfolger nur nach Maßgabe der Bestimmungen des erwähnten Art. 1429 des B. G.=B. bindend, also nur für diejenige Zeit, welche an neun Jahren seit dem Beginne des Pacht= oder Miethverhältnisses oder dem der fingirten Erneuerung desselben noch fehlen. Außerdem ist derselbe auch nach Art. 1430 des B. G.=B. nicht an diejenigen Pacht= oder Miethverträge gebunden, welche sein Vorgänger früher als drei, beziehungsweise zwei Jahre vor seinem Ausscheiden abgeschlossen hat, wenn sie nicht dadurch vollzogen worden sind, daß die Pacht= oder Miethzeit noch während der Amtsdauer des ausgeschiedenen Pfarrers begonnen hat. Es gilt dies von allen Pacht= und Miethverträgen, also auch von denjenigen, welche auf neun oder weniger Jahre abgeschlossen worden sind. Bereits oben ist bemerkt worden, daß die besondern Formalitäten, welche der Art. 9 für die dort bezeichneten Fälle vorschreibt, auf der rechten Rheinseite nicht beobachtet zu werden brauchen. Sollen nun aber hier solche Verträge auch für den Nachfolger des contrahirenden Pfarrers bindende Kraft haben, so müssen diejenigen zu demselben ihre Zustimmung geben, welche die Vertreter des Eigenthums an jenen Gütern sind, und diese sind eben die kirchlichen Verwaltungs=Behörden, nämlich zunächst der Kirchenrath als Vertreter der Pfarre, und dann der Bischof als derjenige, welcher das gesammte kirchliche Vermögen zu überwachen hat. Hatten nach §. 2 Nr. 6 der Instruction zur Geschäftsführung der Regierungen in den Königlich preußischen Staaten vom 23. October 1817 früher auch die Regierungen zu solchen Verträgen zuzustimmen, so ist dieses Recht der Regierungen nunmehr durch die im Art. 15 der preußischen Verfassungsurkunde der Kirche gewährte freie Verwaltung beseitigt. Dasselbe gilt auch für diejenigen Theile der gedachten Diöcesen, in welchen das allgemeine preußische Land-

recht gilt, wo sonst die nachfolgenden Bestimmungen der §§. 779, 782, 800, 801, 802 und 803 des allgemeinen Landrechtes Theil II, Tit. 11 maßgebend sind. Dieselben lauten:

§. 779. „Der Patron und die Kirchenvorsteher sind schuldig und befugt, darauf zu sehen, daß der Pfarrer die Wiedemuthsstücke ordentlich verwalte und wirthschaftlich nutze."

§. 782. „Der Pfarrer kann seine Wohngebäude nur mit Einwilligung des Patrons und der Kirchenvorsteher vermiethen; diese aber dürfen ihm die Einwilligung ohne erhebliche Gründe nicht versagen."

§. 800. „Pfarräcker kann der Pfarrer ohne weitere Rückfrage verpachten; sein Amtsnachfolger ist aber an den von ihm geschlossenen Vertrag nicht gebunden."

§. 801. „Doch muß der Amtsnachfolger, wenn die Aecker in gewisse Felder getheilt sind, den Pächter so lange dulden, bis derselbe mit der Nutzung wenigstens einmal von Anfang der Pacht an durch alle Felder herumgekommen ist."

§. 802. „Trifft die Anstellung des Nachfolgers in eine Zeit, da der Pächter die Benutzung der Felder nach der Reihe bereits von Neuem wieder angefangen hat, so muß der Nachfolger sich die Fortsetzung der Pacht so lange, bis die Reihe wieder um ist, gefallen lassen."

§. 803. „Ist der Pachtcontract mit Zuziehung des Patrons und der Vorsteher und unter ausdrücklicher Bestätigung der geistlichen Obern geschlossen worden, so ist auch der Amtsnachfolger daran gebunden."

6) Die von den Pfarrern über die Benutzung der Pfarr-Dotationsgrundstücke abgeschlossenen Pacht- und Miethverträge überhaupt, sie mögen nun die Dauer von neun Jahren übersteigen oder nicht, unterliegen, wenn der Ertrag die Summe von 50 Thlr. erreicht, der gesetzlichen Stempelsteuer, weil sie diese Verträge in ihrer Eigenschaft als Nießbraucher in ihrem eigenen Interesse abschließen, sie in dieser Hinsicht mit der Kirche nicht zu identificiren sind, und daher auch das Privilegium der Stempelfreiheit für sich nicht in Anspruch nehmen können. In diesem Sinne entschied auch ein Rescript des Finanz-Ministers vom 31. Januar 1832. Man vgl. Schmidt, Commentar zu den preußischen Stempelgesetzen. Berlin 1855. S. 27. Dagegen wird die Stempelsteuer von denjenigen Verträgen der Pfarrer über die gedachten Grundstücke nicht erhoben werden können, welche weniger die Nutzungen als das Wesen derselben zum Gegenstande haben. Denn diese werden zunächst im Interesse der kirchlichen Anstalt geschlossen, die Frage wegen der Nutzungen kommt nur als eine Folge derselben zur Sprache. Zu solchen Verträgen gehören nun die im Art. 8 des gegenwärtigen Decretes erwähnten, und hinsichtlich dieser sind die Bestimmungen des §. 31 des Stempelgesetzes vom 7. März 1822 zur Anwendung zu bringen, nach welchen in den Fällen, wo Kirchen mit Privatpersonen Verträge eingehen, die Hälfte des Stempels und außerdem für die ausgefertigten Ueber-Exemplare noch der gewöhnliche Stempel von den contrahirenden Privatpersonen verwendet werden muß. Die der Kirche zu ihrem Gebrauche zu ertheilende Ausfertigung jener Verträge ist stempelfrei. Man vgl. auch de Syo a. a. O. zu Art. 81.

Art. 10.

Es ist verboten, für die Pacht= und Miethverträge über geistliche Güter sich einen Weinkauf versprechen zu lassen.

Der Nachfolger desjenigen Pfarrinhabers, welcher einen Weinkauf genommen hat, soll die Befugniß haben, entweder die Vernichtung des Pacht= oder Miethvertrages von dem Tage des Antrittes seines Genusses zu verlangen, oder seinen Entschädigungs=Rückgriff entweder gegen die Erben oder Repräsentanten des Pfarrers oder gegen den Pächter oder Miether zu nehmen.

Zu Art. 10.

Unter Weinkauf versteht man alles dasjenige, was bei einer Veräußerung des Eigenthums oder der zeitweisen Benutzung einer Sache neben dem festgesetzten Kauf=, Pacht= oder Miethpreise dem Verkäufer, Verpächter oder Vermiether noch gezahlt werden soll. Die Entstehung des Namens rührt daher, daß nach dem Abschlusse des Vertrages gewöhnlich die Contrahenten zur Bestätigung des Vertragswillens eine gemeinsame Zeche hielten, welche der neue Erwerber zu bezahlen hatte. Das Geben eines Weinkaufes verstand sich übrigens nicht von selbst, sondern derselbe mußte ausdrücklich ausbedungen werden. An die Stelle dieser Zeche trat nun später meistens ein Aequivalent in Geld, welches aber, um eingefordert werden zu können, vertragsmäßig auch der Höhe nach festgesetzt werden mußte, es sei denn, daß bei gewissen Verträgen ein bestimmter Satz allgemein als Weinkauf in einer Gegend angenommen wird. Wenn nun auch das Versprechen des Weinkaufes im Allgemeinen bei den Verträgen zulässig ist, und derselbe dann als eine Erhöhung des versprochenen Preises erscheint, so wollte doch der Gesetzgeber des gegenwärtigen Decretes ein solches Versprechen nicht auch bei den Pacht= und Miethverträgen über geistliche Güter gestatten. Er ging bei diesem Verbote von der gewiß richtigen Ansicht aus, daß, da die Pacht= und Miethverträge über solche Güter durchgängig auf mehrere Jahre geschlossen würden, bei dem Ausbedingen eines hohen Weinkaufes der Pacht= oder Miethpreis geringer gestellt werden würde, als er ohne denselben erzielt worden wäre. In solchen Fällen würde der den Vertrag abschließende Verpächter oder Vermiether den alleinigen Vortheil der Erhöhung jenes Preises durch den Weinkauf erhalten haben, während sein Nachfolger im Amte, der an den Vertrag gebunden wäre, dadurch oft wesentlich hätte benachtheiligt werden können. Diesem wollte der Gesetzgeber durch jenes Verbot und die an die Zuwiderhandlung gegen dasselbe geknüpften Folgen vorbeugen. Dieses Verbot des Art. 10 erstreckt sich nun auf alle Pacht= und Miethverträge über geistliche Güter, sie mögen nun auf eine längere oder kürzere Dauer als die von neun Jahren abgeschlossen worden sein. Der durch eine solche Zuwiderhandlung gegen das Verbot des Art. 10 Benachtheiligte soll nun nach den Bestimmungen dieses

Artikels das Recht haben, sich gegen den Nachtheil dadurch zu schützen, daß er entweder die Vernichtung der mit einem Weinkaufe abgeschlossenen Pacht- oder Miethverträge, und dem zufolge die Abtretung der verpachteten oder vermietheten Grundstücke vom Tage des Antrittes seines Genusses verlangt, oder daß er, wenn er die Verträge bestehen lassen will, Schadensersatz fordert. Es ist ihm also von dem Gesetzgeber die Wahl gelassen worden, ob er den einen oder den andern Weg einschlagen will, um die Beeinträchtigung seines Rechtes zu beseitigen; aber er kann nicht beide Wege zugleich einschlagen, d. h. er kann nicht die Vernichtung der Verträge und zugleich Schadensersatz wegen des ungesetzlichen Abschlusses der Verträge verlangen. Es geht dies nicht bloß aus der Wortfassung des Art. 10 deutlich hervor, sondern es ist auch in der Natur der hier dem Pfarrer gegebenen Rechte begründet. Nach der Wortfassung des Art. 10 steht ihm nur ein Wahlrecht zwischen den beiden ihm gegebenen Mitteln zu, durch welches eine gleichzeitige Geltendmachung beider ausgeschlossen ist. Wählt nun der Nachfolger des contrahirenden Pfarrers die Vernichtung jener Verträge, und gelangt er durch dieselbe beim Antritte seiner Stelle in den sofortigen Besitz und Genuß der Güter, so kann er nicht behaupten, daß ihm aus dem ungesetzlichen Abschlusse der Verträge seines Vorgängers ein Schaden erwachsen ist, und er kann daher auch selbstredend keinen Ersatz eines nicht entstandenen Schadens verlangen. Dagegen kann ihm aber wohl ein Schaden entstehen, wenn der Pächter oder Miether sich der vom Nachfolger seines Mit-Contrahenten gewählten Vernichtung jener Verträge widersetzt, und die gepachteten oder gemietheten Güter nicht abtreten will. Der hiedurch ihm entstehende Schaden ist aber kein solcher, der in der Ungesetzlichkeit des Abschlusses jener Verträge seinen Grund hat, sondern dieser hat lediglich seinen Ursprung in der ungerechtfertigten Weigerung der Abtretung der Güter, und die Klage auf Ersatz dieses Schadens kann, da sie mit der oben erwähnten Schadensersatzklage nicht identisch ist, auch gleichzeitig mit der Klage auf Vernichtung der Verträge angestellt werden. Wählt er dagegen den andern Weg, und will er bei Aufrechthaltung der Verträge seine Entschädigungsansprüche geltend machen, so ist hiebei zunächst zu berücksichtigen, daß die mit dem Versprechen eines Weinkaufes abgeschlossenen Pacht- und Miethverträge gegen ein ausdrückliches Verbot des Gesetzgebers zu Stande gekommen sind, und daß beide Contrahenten sich einer gesetzwidrigen Handlung schuldig gemacht haben. Aus diesem Grunde gibt denn auch der Gesetzgeber dem durch solche Verträge Benachtheiligten das Recht, seine Entschädigungsansprüche gegen beide Contrahenten geltend zu machen, obgleich durch den Vertrag nur der Eine im Empfange des Weinkaufs einen Gewinn gemacht hat, während der Andere durch die Zahlung des Weinkaufs eine Vermögenseinbuße erlitten hat. Auffallend ist es hiebei nun, daß von dem Gesetzgeber hier als schadensersatzpflichtig nur die Erben oder Repräsentanten des contrahirenden Pfarrers, nicht aber der Pfarrer selbst, und nur der Pächter oder Miether, nicht aber dessen Erben und Repräsentanten bezeichnet worden sind. Es hat indessen der Gesetzgeber diese hier nicht ausdrücklich bezeichneten Personen von der Schadensersatzpflicht nicht entbinden wollen; denn würde man dies annehmen, so käme man zu den sonderbarsten Consequenzen, deren Gegentheil in den Bestimmungen des Art. 10 ausgesprochen ist. Wäre nämlich der contrahirende Pfarrer nicht gestorben, sondern versetzt worden oder bloß ausgeschieden, so würde nach dieser Annahme sein Nachfolger nur gegen den Pächter oder Miether seine Schadensansprüche geltend machen können, während der Gesetzgeber ihm doch dieses Recht gegen mehrere Personen gegeben hat. Noch eigenthümlicher würde die Sache sich gestalten, wenn der contrahirende Pfarrer versetzt oder ausgeschieden, und der Pächter oder Miether gestorben wäre; denn dann würde der neu eintretende Pfarrer Niemanden für seine Schadensersatzansprüche belangen können; es würde ihm dann nur das Recht übrig bleiben, die Vernichtung der Verträge zu verlangen, während er nach dem Gesetze selbst doch ein Wahlrecht haben soll, was er aber nun nicht ausüben kann. Solche Abnormitäten kann der Gesetzgeber nicht beabsichtigt haben; es müssen daher die allgemeinen Rechtsgrundsätze hiebei ebenfalls zur Anwendung kommen, nach welchen derjenige, welcher unrechtmäßiger Weise einem Andern Schaden zufügt, diesen Schaden zu ersetzen verpflichtet ist, und nach welchen die aus einer Schadensersatzpflicht entspringende Schuld auch auf die Erben des Schuldners übergeht. Man wird demnach annehmen müssen, daß die Bestimmungen des Art. 10 ungenau sind, und daß, da der abtretende Pfarrer und die Erben und Repräsentanten des Pächters oder Miethers nicht ausdrücklich von der Pflicht zum Schadensersatze entbunden worden sind, der neu eintretende Pfarrer seine Schadensersatzansprüche auch gegen diese geltend machen könne.

Betrachtet man nun das Verhältniß der durch den Abschluß eines solchen ungesetzlichen Vertrages nach den Bestimmungen des Art. 10 zum Schadensersatze verpflichteten Personen dem berechtigten Pfarrer gegenüber, so kann es wohl kaum einem Zweifel unterliegen, daß die dadurch Verpflichteten seine Solidarschuldner sind. Man könnte dieses Solidar=Schuldverhältniß aus dem Umstande herleiten, daß die Verpflichteten gegen ein ausdrückliches Verbot des Gesetzes gehandelt haben und demnach **in dolo** sind. Es ist indessen bestritten, ob die Solidarverbindlichkeit bei allen aus einer gemeinsamen dolosen Handlung Verpflichteten eintreten müsse, obgleich der Gerichtsgebrauch den Grundsatz des Art. 55 des Code pénal und des Art. 27, §. 1 des Gesetzes über die Einführung des Strafgesetzbuches für die preußischen Staaten vom 14. April 1851, daß alle wegen einer und derselben strafbaren Handlung Verurtheilte für den entstandenen Schaden solidarisch verantwortlich seien, auf alle Verpflichtungen ex dolo ausdehnt. Man vergleiche Zachariä a. a. O. Bd. II, S. 216. Nach Art. 1202 des B. G.=B. wird nun aber ein Solidarverhältniß nicht vermuthet, es muß dasselbe vielmehr entweder ausdrücklich bedungen worden sein, oder zufolge einer gesetzlichen Bestimmung von Rechtswegen eintreten. Nach dem vorstehenden Art. 10 kann nun jeder derjenigen, welche gegen das ausdrückliche Verbot des Gesetzes einen Pacht= oder Miethvertrag über geistliche Güter mit einem Weinkaufe abgeschlossen haben, von dem Nachfolger des mitcontrahirenden Pfarrers gezwungen werden, den ganzen Schadensersatz zu leisten; dieser hat demnach das Recht, sich an denjenigen Verpflichteten zu wenden, den er sich ausersehen will, ohne daß dieser ihm die Rechtswohlthat der Theilung entgegensetzen kann. Dieses charakterisirt aber eben nach den Art. 1200 und 1203 des B. G.-B. das Verhältniß der Verpflichteten als ein Solidar-Schuldverhältniß. Es sind daher auch die gesetzlichen Bestimmungen über die Folgen eines Solidar-Schuldverhältnisses hier zur Anwendung zu bringen und insbesondere bebezüglich des berechtigten Gläubigers die des Art. 1200 des B. G.-B., daß, wenn der Berechtigte von einem der Solidarverpflichteten seine volle Befriedigung erhält, die anderen Verpflichteten dem Berechtigten gegenüber befreit werden, und dann die des Art. 1204, nach welchen die gegen einen der Solidarverpflichteten gerichteten Verfolgungen den berechtigten Gläubiger nicht hindern, wider die übrigen in ähnlicher Weise anzugehen. In diesem Sinne ist denn auch der Schlußsatz des Art. 10, daß der Pfarrer seine Entschädigungs-Ansprüche gegen die Erben oder Repräsentanten seines Vorgängers, der den Vertrag abgeschlossen hat, oder gegen den Pächter oder Miether geltend machen könne, auszulegen; es kann aber nicht aus demselben gefolgert werden, daß er, wenn er den einen angegriffen, seine Befriedigung aber nicht erhalten hat, hierdurch nun gegen die anderen Verpflichteten sein Recht verloren habe. Dies würde gegen die oben erwähnten gesetzlichen Bestimmungen über die Folgen eines Solidar-Schuldverhältnisses verstoßen; aber auch die Ausdrucksweise des Art. 10 würde einer solchen Auslegung nicht das Wort reden. Der im Art. 10 gebrauchte Ausdruck „soit — soit" bezeichnet nämlich nicht die scharfe Alternative, daß man nach der Ergreifung der einen auf die andere nicht auch zurückgreifen könne, wie dies bei dem in demselben Art. 10 gebrauchten Ausdrucke „ou" der Fall ist, wo es sich um die Wahl zwischen der Vernichtung der gesetzwidrig abgeschlossenen Verträge und der Geltendmachung eines Schadensersatzes handelt. Sind nun die Erben oder Repräsentanten des Pfarrers, welcher den gesetzwidrigen Vertrag abgeschlossen hat, mit dem Pächter oder Miether für den Ersatz des Schadens solidarisch verantwortlich, so besteht doch unter den mehreren Erben des Solidarschuldners selbst eine Solidarverbindlichkeit nicht. Es geht dies aus den Bestimmungen der Art. 870, 873 und 2249 des B. G.-B. hervor, nach welchen die Miterben unter einander, jeder nach Verhältniß dessen, was er empfängt, zur Bezahlung der Schulden und Lasten der Erbschaft beitragen müssen, die Erben persönlich nur für die Schulden und Lasten der Erbschaft nach Verhältniß ihres Antheiles und ihrer Virilportion haften, und eine an einen Erben des Solidarschuldners ergangene Aufforderung zur Zahlung einer Solidarschuld die Verjährung derselben gegen seine andere Erben nicht unterbricht. Man vergl. auch Zachariä a. a. O. Bd. II, S. 218. Greift also der durch einen solchen Vertrag beeinträchtigte Pfarrer die Erben seines Vorgängers mit der Klage auf Schadensersatz an, so kann er von jedem derselben nur seinen ratirlichen Antheil verlangen, und wenn er von dem einen seine Befriedigung nicht erhalten kann, so sind die

Miterben desselben hierfür nicht verantwortlich, wohl aber ist es der Pächter oder Miether, weil zwischen diesen und den Erben des contrahirenden Pfarrers in dieser Hinsicht ein Solibar=Schuldverhältniß besteht. Dasselbe gilt von den etwa in Anspruch genommenen Erben des Pächters oder Miethers.

Nicht unzweckmäßig ist hierbei auch die Erörterung der Frage, wie es zu halten sei, wenn der Nachfolger des contrahirenden Pfarrers weder die Vernichtung der mit dem Weinkaufe abgeschlossenen Pacht= oder Miethverträge noch einen Schadensersatz verlangt hat, er aber noch während der Dauer der Pacht= oder Miethzeit abgeht, und nun sein Nachfolger sich durch jene Verträge in seinem Rechte gekränkt erachtet. Man wird bei der Beantwortung dieser Frage darauf Rücksicht zu nehmen haben, daß der Nachfolger des contrahirenden Pfarrers durch die Bestimmungen des Art. 10 ein Recht erhalten hat, die Vernichtung jener Verträge oder Schadensersatz zu fordern, daß er aber hierzu nicht die Pflicht hat, daher auch nicht dazu gezwungen werden kann, weil es sich bei ihm in dieser Hinsicht nur um persönliche Interessen handelt, welche er geltend zu machen, oder auf welche zu verzichten er die Befugniß hat. Hat er nun nach Kenntnißnahme von jenen Verträgen es stillschweigend bei denselben belassen und den durch dieselben bedungenen Pacht= oder Miethpreis ohne Vorbehalt erhoben, so kann man doch nicht behaupten, daß er nun dadurch in die Lage des contrahirenden Pfarrers getreten und er nun seinerseits seinem Nachfolger für den diesem entstehenden Schaden verantwortlich geworden sei; denn er hat die Verträge nicht abgeschlossen, er hat daher auch die Veranlassung zur Vernichtung der Verträge oder zum Entstehen des Schadens nicht gegeben, sondern nur einfach das ihm persönlich zustehende Recht nicht ausüben wollen, wozu er die rechtliche Befugniß hatte. Er und seine Erben oder Repräsentanten können daher auch nicht von den Bestimmungen des Art. 10 zu Gunsten seines Nachfolgers betroffen werden. Dagegen werden der contrahirende Pfarrer und dessen Erben oder Repräsentanten, so wie der Pächter oder Miether auch von diesem zweiten und jedem weiteren Nachfolger, in so fern er noch durch jene Verträge betroffen wird, mit Erfolg durch eine Klage auf Schadensersatz angegriffen werden können, weil sie, beziehungsweise ihr Autor die Veranlassung zur Entstehung des Schadens durch eine gesetzwidrige Handlung gegeben haben, und nach Art. 1382 des B. G.=B. jeder, der durch seine Handlung einem Anderen Schaden zufügt, zum Ersatze desselben verpflichtet ist.

Nur den Nachfolgern des contrahirenden Pfarrers sind die im Art. 10 bezeichneten Rechte gegeben, nicht aber den durch den ungesetzlichen Abschluß der Verträge verpflichteten Personen; sie haben nicht die Befugniß, ein Wahlrecht auszuüben, wie dies auch aus dem Grunde, daß Niemand sich aus seinen gesetzwidrigen Handlungen ein Recht verschaffen kann, ganz natürlich ist. Bei der Frage, ob die Erben des Nachfolgers eines Pfarrers, der solche Verträge abgeschlossen hat, die im Art. 10 bezeichneten Rechte noch ausüben können, wenn er dies nicht gethan hat, wird man die dann entstehenden Verhältnisse berücksichtigen müssen. Es kann nun wohl nicht zweifelhaft sein, daß sie nicht mehr das

Recht haben, die Vernichtung der Verträge zu verlangen, da sie nach dem Tode ihres Erblassers keine Befugniß haben, über die Art und Weise der Benutzung der Pfarr=Dotationsgüter eine Bestimmung zu treffen, ihr Autor aber auch durch die Empfangnahme des Pacht= oder Miethpreises seinen Willen dahin kund gegeben hat, daß er die Verträge nicht vernichtet haben wolle. Auch die Klage auf eine Entschädigung steht ihnen in dem Falle nicht zu, wenn ihr Autor mit Kenntnißnahme der Verträge den Pacht= oder Miethpreis ohne Vorbehalt erhoben hat, weil er dadurch constatirt hat, daß er auf eine Entschädigung keinen Anspruch machen wolle. Wenn er aber keine Kenntniß davon hatte, daß jene Verträge mit einem Weinkaufe abgeschlossen waren, wie dies z. B. bei bloß mündlichen Pacht= oder Miethverträgen vorkommen kann, so war ihrem Autor das Recht auf eine Entschädigung auch ohne sein Wissen erwachsen, dieses Recht bildete einen Theil seines Vermögens, und seine Erben können dasselbe geltend machen.

Was nun den zu verlangenden Schadensersatz anbetrifft, so ist in dieser Hinsicht Folgendes zu bemerken. Sieht man den Weinkauf als eine Erhöhung des Pacht= oder Miethpreises an, welche im Voraus und für die ganze Dauer der Pacht= oder Miethzeit bezahlt werden soll, so ist es klar, daß, wenn an die Stelle des Verpächters oder Vermiethers ein Anderer, nämlich hier der Nachfolger des contrahirenden Pfarrers, tritt, diesem wenigstens ein ratirlicher Antheil nach Verhältniß der von ihm auszuhaltenden Pacht= oder Miethjahre zukommen würde, wenn man annimmt, daß der ausbedungene Pacht= oder Miethpreis mit dem Weinkaufe den wirklichen Preis darstellt. Allein in der Regel haben da, wo ein Weinkauf versprochen oder gegeben wird, beide Contrahenten in ihrem Sinne wenigstens sich einen Vortheil zu verschaffen gesucht, und da sie sich diesen Vortheil rechtswidrig und zum Nachtheile eines Anderen verschafft haben, so kann es nicht einseitig in ihre Hand gegeben werden, die Höhe des Schadens zu normiren und etwa durch Zahlung eines ratirlichen Theiles des Weinkaufes sich ihrer Verbindlichkeit zu entledigen. Es muß vielmehr dieser Schaden, wenn sich die Parteien über die Höhe desselben nicht einigen, im Wege der gerichtlichen Klage geltend gemacht und unter Berücksichtigung der bei dem Abschlusse des Vertrages Statt gehabten factischen Verhältnisse durch Sachverständige, festgestellt werden. Die Kosten des ganzen Verfahrens müssen denjenigen, welche den gesetzwidrigen Vertrag abgeschlossen haben, zur Last fallen, weil sie durch den Abschluß desselben dazu die Veranlassung gegeben haben. Wollen die Parteien ein gerichtliches Verfahren vermeiden, so steht es ihnen auch frei, auf das Gutachten eines oder mehrerer von ihnen gemeinschaftlich gewählten Sachverständigen endgültig zu compromittiren. Hat nun der Pfarrer entweder von seinem Vorgänger oder dessen Erben, oder dem Pächter oder Miether im Wege einer Einigung oder der gerichtlichen Klage seine Befriedigung erhalten, so sind doch die nunmehr zwischen diesen dadurch herbeigeführten Verhältnisse nicht maßgebend für den zweiten oder weiteren Nachfolger des contrahirenden Pfarrers, in so fern dieser noch durch jene gesetzwidrigen Verträge betroffen wird. Denn es handelt sich bei der Regulirung dieser Verhältnisse in Gemäßheit des Art. 10 des gegenwärtigen Decretes lediglich um denjenigen Schaden, welchen der eben ins Amt getretene Pfarrer ersetzt haben will. Bei der Regelung dieser Verhältnisse durch einen Vergleich ist es einleuchtend, daß dieser nur zwischen den contrahirenden Parteien von Wirkung sein, andere dritte Personen aber, welche dabei nicht mitgewirkt haben, nicht berühren kann. Allein auch dann, wenn die Schadensersatz=Angelegenheit im Wege der gerichtlichen Klage erledigt wird, kann das Resultat derselben doch nicht von entscheidendem Einflusse auf den zweiten und weiteren Nachfolger sein, weil der Rechtsstreit nur zwischen den, den weiteren Nachfolgern fremden Personen Statt gefunden und der nun befriedigte Pfarrer in demselben nur sein persönliches Interesse durch die Forderung eines Schadensersatzes für sich verfolgt hat. Zur Ausgleichung derjenigen Differenzen, welche zwischen den weiteren durch jene Verträge betroffenen Nachfolgern des Pfarrers und den durch den Abschluß jener Verträge nach Art. 10 verpflichteten Personen etwa entstehen mögen, können jene Verhandlungen wohl factische Anhaltspuncte bieten, sie können aber nicht als durch dieselben beseitigt erachtet werden.

Auf der rechten Rheinseite, wo das gegenwärtige Decret keine Geltung hat, wurde für das ehemalige Herzogthum Berg schon durch eine Verordnung vom 17. Juni 1743 bei den herrschaftlichen Verpachtungen und Versteigerungen die Hinzufügung der seither üblichen Bedingung trockener Weinkaufgelder verboten. Der Minister des Innern des späteren Großherzogthums Berg setzte unter Bezugnahme auf die General=Taxordnung des bergischen Landes durch eine Verordnung vom 20. Juni 1807 fest, daß der Weinkauf bei gerichtlichen Acten überhaupt nicht mehr genommen werden dürfe. Dagegen ist derselbe bei den außergerichtlichen Verhandlungen nicht verboten, er bildet dann eine Erhöhung des ausbedungenen Preises, bei Verpachtungen und Vermiethungen also eine Erhöhung des Pacht= oder Miethpreises, und wenn die Dauer der Pacht oder Miethe auf mehrere Jahre festgesetzt wird, verschiedene und einander fremde Personen den Pacht= oder Miethpreis nach einander zu erheben haben, so muß der Weinkauf auf jedes Jahr gleichmäßig vertheilt werden. Derjenige Verpächter oder Vermiether, welcher ihn zum Voraus ganz erhoben hat, muß ihn daher seinem Nachfolger ratirlich für die Dauer der noch übrigen Jahre der Pacht= oder Miethzeit ersetzen. Dies schließt aber nicht aus, daß der Nachfolger, wenn er den Beweis liefern kann, daß beide Contrahenten den Vertrag doloser Weise, um ihn zu beeinträchtigen, abgeschlossen haben, die Vernichtung des Vertrages, und wenn nur einer derselben dabei in dolo war, gegen diesen oder seine Erben Schadensersatz zu fordern berechtigt ist.

Art. 11.

Die Rückzahlungen der Capitalien, welche einen Theil der Dotationen des Clerus ausmachen, sollen nach Anleitung Unseres

Decretes vom 16. Juli 1810 und des Gutachtens des Staatsrathes vom 21. December 1808 erfolgen.

Wenn diese Capitalien von einer Pfarre herrühren, so sollen sie von dem Schuldner in die Fabrikkiste eingezahlt werden, und wird derselbe nur durch eine von den drei Verwahrern der Schlüssel unterzeichnete Quittung befreit.

Zu Art. 11.

In dem gegenwärtigen Decrete hat der Gesetzgeber Vorschriften für die Verwaltung aller Güter des Clerus erlassen, er unterscheidet aber hierbei
1) die Verwaltung der Pfarr=Dotationsgüter,
2) die der bischöflichen Tafelgüter,
3) die der Güter der Kathedral= und Collegiat=Capitel und
4) die der Güter der Seminarien.

Von jeder dieser Verwaltungen wird insbesondere im gegenwärtigen Decrete gehandelt, und zwar von der ersten im ersten, von der zweiten im zweiten, von der dritten im dritten und von der vierten im vierten Titel. Im Allgemeinen aber sind für die Verwaltung der bischöflichen Tafelgüter und die der Güter der Kathedral= und Collegiat=Capitel die im ersten Abschnitte des ersten Titels des gegenwärtigen Decretes enthaltenen Vorschriften über die Verwaltung der Pfarr=Dotationsgüter maßgebend, wie dies aus den Bestimmungen der Art. 29 und 49 des gegenwärtigen Decretes deutlich hervorgeht, indem dort gesagt wird, daß die Erzbischöfe und Bischöfe die Verwaltung ihrer Tafelgüter, so wie dies in den Art. 6 u. ff. des gegenwärtigen Decretes vorgeschrieben sei, führen sollen, und daß den Kathedral= und Collegiat=Capiteln bezüglich der Verwaltung ihrer Güter dieselben Rechte zuständen und dieselben Pflichten oblägen, wie den Pfarrern hinsichtlich der Verwaltung der Pfarr=Dotationsgüter. Eine solche allgemeine ähnliche Bestimmung, wie in den erwähnten Art. 29 und 49, findet sich in dem vierten Titel über die Verwaltung der Güter der Seminarien nicht, und daher kommt es denn auch, daß, wenn für diese Verwaltung ähnliche Vorschriften, wie bei der Verwaltung der Pfarr=Dotationsgüter beobachtet werden sollen, diese speciell und ausdrücklich in den vierten Titel aufgenommen sind, während dies für die Verwaltung der bischöflichen Tafelgüter und der Güter der Kathedral= und Collegiat=Capitel im zweiten und dritten Titel nicht geschehen ist. Eine ähnliche Bestimmung, wie die des vorstehenden Art. 11, findet sich nämlich in den Titeln II und III nicht, und war auch hier wegen des in den Art. 29 und 44 ausgesprochenen Willens des Gesetzgebers nicht erforderlich; dagegen ist eine solche im Art. 68 des gegenwärtigen Decretes, welcher unter dem Titel von der Verwaltung der Güter der Seminarien handelt, vorhanden, weil es hier an einer solchen allgemeinen Bestimmung, wie sie die Art. 29 und 49 enthalten, mangelt. Diese Unterscheidung zwischen der Verwaltung der Pfarr=Dotationsgüter, der bischöflichen Tafelgüter und der Gü=

ter der Kathedral- und Collegiat-Capitel einerseits und der der Güter der Seminarien andererseits in der Anordnung der für sie geltenden Vorschriften hat offenbar darin ihren Grund, daß die erstern Verwaltungen von dem geistlichen Verwalter selbst in seinem persönlichen Interesse geführt werden und es daher natürlich war, im Allgemeinen für sie gemeinsame Anordnungen zu treffen, während die Verwaltung der Güter der Seminarien einer eigens dazu bestimmten kirchlichen Verwaltungsbehörde übertragen werden mußte, welche dieselbe, wie die Kirchmeisterstube für die Kirche, nicht in ihrem persönlichen Interesse, sondern in dem des von ihr vertretenen kirchlichen Institutes zu führen hatte. Der Gesetzgeber betrachtete daher die ersteren Güter unmittelbar als Dotationsgüter eines wirklich schon vorhandenen Clerus, dagegen die letzteren nur mittelbar als solche, in so fern sie nämlich dazu dienen sollten, die Fonds zur Bildung eines künftigen Clerus zu beschaffen. Wenn daher der Gesetzgeber im Sinne dieser Unterscheidung im Art. 11 des gegenwärtigen Decretes von denjenigen Capitalien spricht, welche einen Theil der Dotationen des Clerus ausmachen, in dem 2. und 3. Titel desselben aber nicht davon handelt, dagegen für die Seminarien in dieser Hinsicht im Art. 68 eine eigene Bestimmung trifft, so wird man annehmen müssen, daß im Art. 11 nur von den Dotationscapitalien des wirklich schon vorhandenen Clerus, also von den Dotationen im engeren Sinne die Rede ist. Nach der im vorstehenden Art. 11 ausgesprochenen Absicht des Gesetzgebers sollen für die Verwaltung derjenigen Capitalien, welche zum Pfarr-Dotationsvermögen, zum bischöflichen Tafelgute und zum Vermögen der Kathedral- und Collegiat-Capitel gehören, die in dem Staatsraths-Gutachten vom 21. December 1808 und im Decrete vom 16. Juli 1810 enthaltenen Vorschriften zur Anwendung gebracht werden. Das erwähnte Staatsraths-Gutachten und Decret betreffen die Verwaltung der Capitalien der Gemeinden, Hospicien und Kirchen-Fabriken, und da der Gesetzgeber hinsichtlich der im gegenwärtigen Decrete zur Sprache kommenden Vermögensmassen ähnliche Rechte für den Staat geltend machte, wie rücksichtlich des Vermögens der Gemeinden, Hospicien und Kirchen-Fabriken, so mußten auch ähnliche Bestimmungen für deren Verwaltung getroffen werden, um diese Rechte zu sichern. Er wollte nämlich anfänglich, daß das Vermögen der Kirche und der Dotation ihrer Diener ganz in der Hand des Staates beruhen, später, daß es unter seiner unmittelbaren Aufsicht stehen solle. Denn nach Art. 73 des Gesetzes vom 18. Germinal Jahres X durften Stiftungen zum Unterhalte der Diener der Kirche und für die Ausübung des Gottesdienstes nur in Staatsrenten gemacht werden, wodurch der Staat also Schuldner derselben wurde und das Vermögen selbst in seiner Macht hatte, und da nach Art. 74 desselben Gesetzes Grundvermögen für diese Zwecke weder hergegeben noch besessen werden konnte, so hatte er das gesammte kirchliche Vermögen in seiner Hand. War nun auch durch die Restitutions-Beschlüsse, welche nicht bloß Capitalien und Renten zu Lasten von Privatpersonen, sondern auch Grundvermögen den Kirchen zurückgaben, das schroffe Verbot der erwähnten Art. 73 und 74 bezüglich des Rechtes, solche Vermögensobjecte zu besitzen, beseitigt worden, so wurden doch Vorkehrungen getroffen, daß der Staat das ganze Vermögen der Kirche unter seiner Oberaufsicht behielt und seinen Einfluß auf dasselbe ausüben konnte. Durch den Art. 910 des B. G.-B. war schon Vorsorge getroffen worden, daß neues Vermögen von der Kirche für jene Zwecke ohne Genehmigung des Staates nicht erworben werden konnte; für die dauernde Einwirkung desselben auf das vorhandene kirchliche Vermögen mußte anderweitig gesorgt werden, und dies war der Zweck des Staatsraths-Gutachtens vom 21. December 1808 und des Decretes vom 16. Juli 1810. Nach Erlaß der oben gedachten Restitutions-Beschlüsse stand es zwar fest, daß jene Anstalten auch Gläubiger von Privatpersonen sein konnten, und man wollte auch dieses Recht derselben nicht wieder beseitigen, aber mittelbar lag es doch in der Hand des Staates, jenes Recht mehr oder minder illusorisch zu machen, wenn die gegen Privatpersonen zustehenden Forderungen der Kirche zurückgezahlt wurden und es sich dann um die fernere Anlage der zurückgezahlten Gelder handelte. Ein näheres Eingehen auf den Inhalt des Staatsraths-Gutachtens vom 21. December 1808 und des Decretes vom 16. Juli 1810 wird dies auf das deutlichste nachweisen. Zunächst muß hier an dem oben ausgesprochenen Satze, daß die ganze Verwaltung der hier in Rede stehenden Capitalien, also nicht bloß die Rückzahlung derselben, sondern auch deren Wiederanlage nach Anleitung des erwähnten Staatsraths-Gutachtens und Decretes Statt finden solle, festgehalten werden. Man könnte zwar aus dem im Art. 11 gebrauchten Ausdrucke „les remboursements des capitaux", Rückzahlungen der Capitalien, folgern, daß hier nur von diesen die Rede sein, und nur die hierauf bezüglichen Vorschriften des Staatsraths-Gutachtens und Decretes zur Anwendung kommen sollten. Wenn man aber den Inhalt derselben näher ins Auge faßt, so wird man sofort aus demselben entnehmen, daß das Staatsraths-Gutachten vom 21. December 1808 sowohl von der Rückzahlung als der Wiederanlage der dort berührten Capitalien handelt, dagegen nur die Anlagen und Wiederanlagen derselben Gegenstand des Decretes vom 16. Juli 1810 sind, und die Bezugnahme auf dieses letztere im vorstehenden Art. 11 also in keiner Weise gerechtfertigt wäre, wenn man annehmen wollte, daß der Gesetzgeber nur beabsichtigt hätte, hinsichtlich der Rückzahlung der hier in Frage stehenden Capitalien Anordnung zu treffen. In der Natur der Sache liegt es schon, daß Rückzahlung und Wiederanlage von Geldern, welche öffentlichen Anstalten gehören, im Gesetze gemeinsam behandelt werden müssen, und dieser Umstand, verbunden damit, daß die Fassung der Decrete überhaupt nicht die correcte ist, wie sie sich im Civilgesetzbuche durchgängig vorfindet, berechtigt dazu, daß man bei der Interpretation der Decrete und so auch hier darauf hingewiesen wird, der klar ausgesprochenen Willensmeinung des Gesetzgebers zu folgen, wenn sie auch durch die Fassung des Textes zweifelhaft sein könnte. Indem nun der Gesetzgeber hier die Bestimmungen eines Decretes angewendet wissen will, in welchem nur von der Anlage der zurückgezahlten Capitaliengelder gehandelt wird, hat er zugleich seinen Willen zu erkennen gegeben, wie diese Gelder weiter angelegt werden sollen. Es wird demnach hier sowohl von der Rückzahlung als der Wiederanlage jener Gelder die Rede sein müssen.

Was nun die Rückzahlungen anbelangt, so handelt davon, wie oben bemerkt worden, nur das Staatsraths-Gutachten vom 21. December 1808, in welchem es unter Nr. 1 heißt, daß die Rückzahlungen derjenigen Capitalien, welche den Hospicien, Gemeinden, Kirchen-Fabriken und anderen Anstalten, deren Eigenthum unter der Aufsicht der Regierung verwaltet und bewirthschaftet wird, verschuldet werden, stets dann erfolgen können, wenn sich die Schuldner, um sich von ihrer Schuld zu befreien, dazu gestellen; jedoch müssen diese den Verwaltern jener Anstalten einen Monat vorher Kenntniß davon geben, damit dieselben während jener Zeit für die Wiederanlage der Gelder Vorsorge treffen und die erforderlichen Ermächtigungen der vorgesetzten Behörde sich verschaffen können. Bei der Auslegung der Nummer 1 dieses Staatsraths-Gutachtens wird man zwischen fälligen und nicht fälligen Capitalien unterscheiden müssen. Die betreffenden Anstalten können als Gläubiger die erstern sofort einfordern, sie sind sogar mit Rücksicht auf den feststehenden Termin, in welchem sie fällig werden, schon vor demselben verpflichtet, Vorbereitungen für ihre Wiederanlage zu treffen; es sind aber auch die Schuldner berechtigt, dieselben sofort bei deren Verfall zurückzuzahlen, ohne verpflichtet zu sein, im Interesse dieser Anstalten, als Gläubiger, vorher noch anderweitige Schritte zu thun. Es können daher schwerlich in diesem Staatsraths-Gutachten die Rückzahlungen der fälligen Capitalien gemeint sein, wenn es dort heißt, daß die verschuldeten Capitalien stets dann zurückgezahlt werden können, wenn die Schuldner sich zu deren Zahlung präsentiren; daß sie aber einen Monat vor der beabsichtigten Zahlung die Verwalter jener Anstalten davon in Kenntniß setzen sollen, daß sie in einem von ihnen angegebenen Termine die Rückzahlung bewirken wollen. Das erstere würde sich von selbst verstehen, das zweite aber kann keinen Sinn haben, da der Zahlungstermin feststeht und der Schuldner in diesem zahlen muß. Man wird vielmehr annehmen müssen, daß das gedachte Staatsraths-Gutachten nur die Rückzahlung der nicht fälligen Capitalien hat erleichtern und regeln wollen. Der Geist der damaligen französischen Gesetzgebung bezüglich der Verwaltung des Vermögens der öffentlichen Anstalten deutet überhaupt darauf hin. Schon der Consularbeschluß vom 15. Brumaire Jahres IX verpflichtete die Hospicien, die ihnen zurückgezahlten Capitalien in Staatsrenten anzulegen, aus welchem eben so wie aus dem Art. 73 des Gesetzes vom 18. Germinal Jahres X unverkennbar die Absicht hervorleuchtet, das Vermögen derselben so viel wie möglich dadurch in die Hände des Staates zu legen, daß er ihr Schuldner wurde. Diese Absicht liegt auch dem erwähnten Staatsraths-Gutachten zum Grunde; es wollte die Rückzahlung der von Privaten an jene Anstalten verschuldeten Capitalien dadurch erleichtern, daß es gestattete, dieselben noch vor ihrer Verfallzeit abzulegen, wenn die Schuldner einen Monat vor der beabsichtigten Zahlung ihren desfallsigen Willen kundgaben. Hiermit hangen denn auch die Nummern 2 und 3 jenes Staatsraths-Gutachtens bezüglich der Anlagen jener Capitalien zusammen, indem es zu einer Anlage derselben in Staatsrenten nach Nr. 2 einer besonderen Ermächtigung nicht bedürfen soll, also eine Erleichterung gewährt wurde, während nach Nr. 3 deren Anlage in Grundgütern oder in jeder anderen Weise mit mancherlei Schwierigkeiten verknüpft war.

Hinsichtlich der Anlagen jener Capitalien in Staatsrenten hatte das Staatsraths=Gutachten, wie vorbemerkt, sich dahin ausgesprochen, daß jene Anstalten hierzu einer besonderen Ermächtigung nicht bedürften, daß aber zur Anlage derselben in Grundgütern und in jeder anderen Weise, also auch bei Privaten, durch eine Verfügung, welche für die Gemeinden und Hospicien auf ein Gutachten des Ministers des Innern, für die Kirchen=Fabriken auf ein Gutachten desselben Ministers oder desjenigen des Cultus im Staatsrathe erlassen war, ermächtigt werden mußte. Diese Bestimmungen des erwähnten Staatsraths=Gutachtens wurden indessen wesentlich durch das Decret vom 16. Juli 1810 modificirt, indem dieses die Wiederanlage jener Capitalien in Staatsrenten und bei Privaten gleichstellte, für beide Arten der Wiederanlage aber eine höhere Ermächtigung verlangte, und zwar für Capitalanlagen bis zu 500 Francs die Ermächtigung des Präfecten, über 500 Francs bis zu 2000 Francs die Ermächtigung des Ministers des Innern, über 2000 Francs und in Grundgütern, wie hoch sich auch der Capitalbetrag belief, die im Staatsrathe ertheilte kaiserliche Ermächtigung. Es hing hiernach also lediglich von dem Beschlusse der Verwaltungsbehörden des Staates ab, ob sie zu einer Capitalanlage in Grundgütern oder bei Privaten die Ermächtigung ertheilen wollten.

Dieses Verhältniß gestaltete sich in der Rheinprovinz anders, nachdem dieselbe an die Krone Preußen gekommen war. Die Königl. Instruction zur Geschäftsführung der Regierungen vom 23. October 1817 setzte in §. 1 fest, daß der Geschäftskreis der Regierungen sich auf alle Gegenstände der inneren Landesverwaltung erstrecken solle, welche von dem Staatskanzler, den Ministern der auswärtigen Angelegenheiten, des Innern, der geistlichen Angelegenheiten und des öffentlichen Unterrichtes, des Krieges, der Polizei, der Finanzen und des Handels abhangen. Hiernach mußten nun diejenigen Ermächtigungen, welche nach dem Decrete vom 16. Juli 1810 von dem Präfecten und dem Minister des Innern zu ertheilen waren, nunmehr von den Regierungen ausgehen. Dagegen trat eine Aenderung bezüglich der vom Staatsoberhaupte zu ertheilenden Ermächtigung nicht ein, und es war eine unrichtige Anwendung dieser Instruction, wenn Hermens in seinem Handbuche der gesammten Staatsgesetzgebung über den christlichen Cultus Band II, S. 400 bei den Bemerkungen zu dem Staatsraths=Gutachten vom 21. December 1808 constatirt, daß es überhaupt Grundsatz gewesen sei, daß zu allen Darlehen der Kirchen von den Regierungen die Ermächtigung zu ertheilen sei. Es widerspricht dies den klaren Bestimmungen des §. 1 der bezogenen königlichen Instruction. Bezüglich der Anlage jener Capitalien in Staatsrenten bestimmte die A. C.=O. vom 3. Mai 1821, daß Kirchen und alle andern öffentlichen Anstalten ihre Capitalien zum Ankaufe von Staatsschuldscheinen verwenden können; eine Entbindung von einer hiezu nachzusuchenden Ermächtigung der betreffenden vorgesetzten Behörden ist in dieser Cabinets-Ordre jedoch nicht ausgesprochen; diese mußte daher eben so wie unter der Herrschaft des Decretes vom 16. Juli 1810 nach wie vor von den betreffenden Anstalten in jedem einzelnen Falle eingeholt werden, weil in der Gestattung eines solchen Ankaufes überhaupt noch nicht von selbst die Ermächtigung für jeden speciellen Fall liegt, der oft so gestaltet sein konnte, daß für die betreffende Anstalt der Ankauf weder zweckmäßig noch rathsam war, dieses aber gerade der Prüfung der vorgesetzten Behörde unterliegen muß. Durch die preußische Verfassungsurkunde ist die Kirche auch in dieser Hinsicht frei gestellt worden, da Geldanlagen reine Verwaltungsgeschäfte sind, und die Kirche nach Art. 15 derselben ihr Vermögen jetzt ohne Mitwirkung der Staats-Regierung selbstständig zu verwalten hat. Man will dies auch Seitens der Staats-Regierung rücksichtlich des Ausleihens von Capitalien gelten lassen, bestreitet aber der Kirche das Recht, ihre Gelder zum Ankaufe von Immobilien ohne Genehmigung des Staates zu verwenden, das Letztere offenbar mit Unrecht. Wenn man nämlich den Grundsatz anerkennt, so muß man auch die Consequenzen desselben gelten lassen. Erkennt man daher an, daß die Kirche ihre Gelder ohne Genehmigung des Staates hypothekarisch anlegen könne, so folgt daraus von selbst, daß sie dieselben auch ohne dessen Genehmigung zurückziehen, daß sie also auch nöthigen Falls ihre Hypothek im Zwangswege realisiren kann. Sie würde dies aber nicht können, wenn die oben angeführte Ansicht der Staats-Regierung die richtige wäre. Denn wenn die Kirche wegen Verfalls des Capitals oder Nichtzahlung der Zinsen zur Subhastation der verpfändeten Immobilien schreiten muß, so muß sie nach der Subhastationsordnung vom 1. August 1822 auf die einzelnen Immobilien ein Erstgebot machen, muß also auch für dasselbe ankaufen können, und man wird hiebei nicht behaupten können, daß sie ohne Genehmigung des Staates nicht auch weiter bieten könne. Jedenfalls ist diese Ansicht eine solche, welche bei ihrer Durchführung das Vermögensinteresse der Kirche im höchsten Grade zu gefährden geeignet ist. Allein abgesehen hievon ist auch die Einleitung eines Subhastationsverfahrens eine Klage, zu deren Anstellung die Regierungen nicht mehr die Ermächtigung zu ertheilen haben. Wenn sie aber dieses Recht nicht mehr haben, so haben sie auch das Recht nicht, in die Folgen solcher Klagen einzugreifen, und daher auch nicht das Recht, den in Folge der Klage erfolgten Ankauf nicht zu berücksichtigen. Eine merkwürdige Inconsequenz würde es aber sein, wenn man den Ankauf von Grundgütern durch die Kirche im Zwangswege ohne Ermächtigung des Staates als gerechtfertigt ansehen, dagegen den freiwilligen Ankauf ohne dieselbe nicht gestatten würde. Die Kirche würde dann oft in den Fällen, wo der Schuldner in Vermögensfall geräth, den Ausweg des freiwilligen Ankaufes nicht haben, sondern nothgedrungen und gewiß nicht im Interesse des Schuldners zur Subhastation schreiten müssen. Richtig ist es zwar, daß die hier in Rede stehende Frage zum innern Staatsrechte gehört, aber eben so richtig ist es auch, daß das bis zum Erlasse der preußischen Verfassungsurkunde vom Staate

Decret vom 6. November 1813. Art. 11.

in Anspruch genommene Ober=Vormundschaftsrecht über die Kirche und ihre Vermögensverwaltung zu demselben gehört. Die Verfassungsurkunde sollte Privatrechte nicht ändern, sie war eben dazu bestimmt, das innere Staatsrecht und insbesondere auch das bezüglich der Kirche umzugestalten. Erklärte sie nun die Verwaltung des kirchlichen Vermögens frei von dem Einflusse und der Mitwirkung des Staates, so mußte auch alles das, was zur Vermögens=verwaltung gehört, selbstredend von demselben befreit sein, weil ja in dieser Hinsicht eine Aenderung eintreten sollte. Zu der Vermögensverwaltung gehört aber auch das Recht der freien Bestimmung, wie das Vermögen anzulegen ist. Man vergl. auch in dieser Beziehung die weiteren Ausführungen bei de Syo, a. a. O. zu den Art. 63 und 77.

Da der Pfarrer nach Art. 6 des gegenwärtigen Decretes den Nießbrauch am ganzen Pfarr=Dotationsvermögen hat, so steht ihm derselbe auch an den zu demselben gehörigen Capitalien zu. Der Gesetzgeber dieses Decretes hat aber jenen Nießbrauch nicht als einen an vertretbaren Sachen angesehen, wo der Nießbraucher nach Art. 587 des B. G.=B. am Ende des Nießbrauches Sachen von gleicher Quantität und Qualität und von gleichem Werthe oder den Schätzungs=preis zu ersetzen hat, während er berechtigt ist, den Gegenstand des Nießbrauchs selbst zu verbrauchen. Denn der Pfarrer als Nießbraucher soll eines Theiles nicht in den Besitz der Schuldurkunde kommen, da diese nach Art. 2 des gegen=wärtigen Decretes in der der Kirchen=Fabrik zugehörigen Kiste aufbewahrt wer=den soll. Um ihm aber seine Rechte als Nießbraucher zu wahren, hat der Gesetzgeber im Art. 4 desselben verordnet, daß er vorher vernommen werden solle, wenn beabsichtigt wird, dieselbe heraus zu nehmen. Anderen Theiles hat der Pfarrer auch auf eine alleinige Erhebung der Capitalien, aus welcher man einen Nießbrauch an einer vertretbaren Sache folgern könnte, nach den aus=drücklichen Bestimmungen des vorstehenden Art. 11 kein Recht, vielmehr sind hierzu einzig und allein, und zwar zusammen, nur diejenigen Mitglieder der Kirchmeisterstube befugt, welche im Besitze eines der drei Schlüssel derjenigen Kiste sich befinden, in welcher die Urkunde aufbewahrt wird, nämlich der Prä=sident der Kirchmeisterstube, der Pfarrer und der Schatzmeister. Nur diese kön=nen auch gültig über die geschehene Zahlung quittiren, und wird nach den Bestimmungen des Art. 11 der Schuldner nur dann befreit, wenn alle drei und zwar zusammen die Quittung ausgestellt haben. Diese als Verwalter des Kirchenvermögens haben die zurückgezahlten Gelder zur Aufbewahrung in die Fabrikkiste zu hinterlegen und für die weitere Verwendung derselben zu sorgen. Sein Nießbrauch besteht daher nach Art. 582 und 584 des B. G.=B. in dem Rechte auf den Genuß der Zinsen jener Capitalien.

Wenn hier gesagt wird, daß der Schuldner diese Capitalien in die Fabrik=kiste einzahlen solle, so kann damit nur gemeint sein, daß er sie zur Hinterle=gung in dieselbe an diejenigen zahlen solle, welche im Besitze der Schlüssel jener Kiste sind. Da in dem gegenwärtigen Decrete von der Aufbewahrung der Gel=der überhaupt bis zu diesem Artikel keine Rede war, so wollte der Gesetzgeber hier durch diese Bestimmung festsetzen, daß die in Frage stehenden Gelder in jener Kiste aufbewahrt werden sollen. Keineswegs kann es aber die Absicht desselben gewesen sein, zu verordnen, daß der Schuldner selbst das Geld in die gedachte Kiste einlegen solle. Einen praktischen Zweck würde dies auch nicht gehabt haben, da der Schuldner, wenn die drei Schlüsselinhaber ihm in der vorgeschriebenen Weise den Empfang quittirt haben, doch von seiner Schuld befreit wird. Auch würde es eine sonderbare Bestimmung sein, dem Schuldner die Pflicht aufzulegen, selbst das Geld an einen Ort zu bringen, zu welchem er einen Zutritt nicht hat, und den Empfängern zuzumuthen, anzunehmen, daß der Schuldner das Geld auch richtig in jene Kiste deponirt habe. Jedenfalls würde man es denselben nicht verwehren können, nach jener Deponirung des Geldes in die Kiste durch den Schuldner dasselbe herauszunehmen, nachzuzählen und erst dann, nachdem sie sich überzeugt haben, daß das Geld vom Schuldner richtig hinein gelegt worden, die Quittung auszustellen. Die Vornahme solcher Manipulationen hat aber der Gesetzgeber gewiß nicht verlangt.

Auf der rechten Rheinseite haben die Pfarrer nach der A. C.-O. vom 3. Juli 1843 an dem Pfarr-Dotationsvermögen die Rechte eines Nießbrauchers, und wie dies in der vorläufigen Instruction des erzbischöflichen General-Vicariates zu Köln für die Kirchenvorstände, geistliche Commissarien und Land-Dechanten auf der rechten Rheinseite vom 1. September 1849 §. 3 b ausdrücklich anerkannt wird, auch die Verwaltung jenes Vermögens, jedoch mit der Maßgabe, daß sie dieselbe unter Berücksichtigung der Erhaltung und Sicherstellung der Substanz dieses Vermögens führen sollen. Wo also die Substanz des Vermögens in Frage kommt, und dies ist bei der Rückzahlung und der Wiederanlage der Capitalien der Fall, haben die Kirchenvorstände mitzuwirken. Die Bestimmungen des vorstehenden Art. 11 haben zwar auf der rechten Rheinseite keine Geltung, allein es muß hier doch in ähnlicher Weise verfahren werden, wie auf der linken Rheinseite, weil auch hier der Nießbrauch an den Capitalien jenes Vermögens nicht als ein Nießbrauch an einer vertretbaren Sache anzusehen ist, weil die Kirchenvorstände nach dem Rundschreiben des erzbischöflichen General-Vicariates an sämmtliche Kirchenvorstände der Erzbiöcese Köln vom 16. Mai 1827 allein die Schuldurkunden aufzubewahren haben und sie bei der Verwaltung jener Capitalien mitbetheiligt sind, in so fern es sich um deren Substanz handelt. Da wo das französische Civilgesetzbuch gilt, kommen demnach die Bestimmungen der Art. 582 und 584 desselben zur Anwendung, nach welchen dieser Nießbrauch im Genusse der Zinsen besteht. Dagegen genügt hier die Quittung der drei Schlüsselinhaber zur Entlastung des Schuldners nicht, weil eine gesetzliche Bestimmung, wie die des Art. 11 für die rechte Rheinseite nicht existirt, vielmehr muß hier die Quittung von dem Kirchenvorstande ausgestellt werden. Da die Ausstellung einer Quittung des Kirchenvorstandes eine Handlung desselben als solchen ist, so muß er dabei in der gesetzlichen Anzahl seiner Mitglieder vertreten sein; es müssen daher wenigstens vier Mitglieder des Kirchenrathes die Quittung unterzeichnen. Man vgl. de Syo a. a. O. in

Decret vom 6. November 1813. Art. 11 und 12.

den Bemerkungen zu Art. 15 der erzbischöflichen Verordnung vom 31. Januar 1849.

In demjenigen Theile der rechten Rheinseite, wo das allgemeine preußische Landrecht gilt, hat der Pfarrer nach Th. II, Tit. 11, §. 778, die Verwaltung des Pfarr-Dotationsvermögens und den Nießbrauch an demselben. Der Nießbrauch an den Capitalien ist aber auf den Genuß der Zinsen derselben beschränkt, wie dies arg. der §§. 808 und 809 ibid. hervorgeht, wo davon die Rede ist, daß der Erlös des verkauften überflüssigen Bauholzes zum Pfarr-Dotationsvermögen gehöre und der Pfarrer davon die Zinsen zu beziehen habe, wenn derselbe nicht zu den Bau- und Reparaturkosten verwendet wird. Nach den Bestimmungen des §. 101, Th. I., Tit. 21 des allgemeinen Landrechtes ist nun der Nießbraucher eines Capitales nicht berechtigt, ohne Einwilligung des Eigenthümers dasselbe einzuziehen, oder sonst darüber zu verfügen, dagegen ist aber auch, wenn solche Capitalien eingezogen werden müssen, der Eigenthümer nach Art. 106 ibid. verbunden, wegen der anderweitigen Anlage sich mit dem Nießbraucher zu verständigen. Es folgt hieraus, daß die Rückzahlung jener Capitalien an den Eigenthümer derselben erfolgen muß, und daß auch dieser die neue Anlage vornimmt, die er allerdings nur nach einer Einigung mit dem Nießbraucher bewerkstelligen soll, es sei denn, daß bei einem Streite über die angebotene Sicherheit zwischen dem Eigenthümer und dem Nießbraucher dieser Letztere Caution wegen derselben bestellen will, in welchem Falle das Capital nach der Ansicht des Nießbrauchers, jedoch auf den Namen des Eigenthümers und von diesem anzulegen ist. Die Rückzahlung muß demnach hier an den Kirchenvorstand erfolgen, welchem nach der oben erwähnten Instruction vom 1. September 1849 die Sorge für die Erhaltung und Sicherstellung der Substanz des Pfarr-Dotationsvermögens obliegt; von ihm muß auch die Quittung ausgestellt werden, und zwar, wie oben bereits bemerkt worden ist, durch wenigstens vier Mitglieder des Kirchenrathes, da hier nicht das gegenwärtige Decret, sondern die erzbischöfliche Verordnung vom 31. Januar 1849 maßgebend ist.

Art. 12.

Die Pfarrinhaber, welche in ihrer Dotation Holzung haben, benutzen dieselbe nach Anleitung des Art. 590 des Code Napoléon, wenn es Schlagholz ist.

Was die hochstämmigen in Waldungen vereinigten oder zerstreut stehenden Bäume anbelangt, so müssen sie sich dem unterwerfen, was für die Gemeindewaldungen verordnet ist.

Zu Art. 12.

Der Gesetzgeber hat im Art. 12 nur Bestimmungen darüber getroffen, wie der Nießbrauch des Pfarrers an zum Pfarr-Dotationsvermögen gehörigem

Schlagholz, und wie er an hochstämmigen Bäumen desselben ausgeübt werden solle, mögen diese letztern nun in Waldungen vereinigt oder zerstreut stehen. Dagegen hat er des Nießbrauchs an einer Baumschule und an den Obstbäumen nicht gedacht, welche beide doch in dem französischen Civilgesetzbuche bei den Bestimmungen über den Nießbrauch besonders behandelt werden. Diese Bestimmungen sind nun auch auf die von den Pfarrern benutzten Baumschulen und Obstbäume anwendbar, da die Pfarrer nach Art. 6 des gegenwärtigen Decretes im Allgemeinen die Rechte eines Nießbrauchers in der Art auszuüben berechtigt sind, wie dies im französischen Civilgesetzbuche bestimmt ist, und dieser Nießbrauch abweichend hievon in einer andern Weise Statt finden soll, wenn dies besonders im gegenwärtigen Decrete angegeben ist.

Anlangend den Nießbrauch an einer Baumschule, so muß dabei stets auf den Zweck einer Baumschule Rücksicht genommen werden. Dieser besteht aber darin, daß unter Berücksichtigung der örtlichen Bedürfnisse und Verhältnisse gute und kräftige Bäume herangezogen werden, um so die Holzcultur zu befördern. Die herangezogenen Bäume müssen dann verwerthet und durch neue Anpflanzungen ersetzt werden. Ein Nießbrauch an einer Baumschule ist demnach nur denkbar, wenn der Nießbraucher die angezogenen jungen Bäume entweder für sich gebraucht oder sie sonst verwerthet. Der Fortbestand der Baumschule darf aber dadurch nicht in Frage gestellt werden, und deßhalb muß der Nießbraucher auch für denselben in der Art Sorge tragen, daß er die aus der Baumschule entnommenen Bäume durch neue Anpflanzungen wieder ersetzt, weil er sonst die Substanz des Nießbrauchsobjectes allmählich ganz ihrem Zwecke entfremden würde. Bei diesen Anpflanzungen ist er verpflichtet, keine schlechtern Holzarten wieder anzupflanzen, als er aus der Baumschule entnommen hat, weil dies eine Verschlechterung des Nießbrauchsobjectes wäre. Dies ist auch der Sinn der Bestimmungen des Art. 590 des B.-G.-B. Wenn nun aber in demselben gesagt wird, daß sich der Nießbraucher bei den Wiederanpflanzungen nach den Ortsgebräuchen richten müsse, so kann damit nur gemeint sein, daß hiebei den örtlichen Verhältnissen und Bedürfnissen Rechnung getragen werden müsse, indem zunächst in deren Interesse eine Baumschule angelegt wird. Es kann aber nach dem Wesen einer Baumschule durch diese Bestimmungen nicht festgesetzt worden sein, daß der Nießbraucher verbunden sein solle, stets nur die bisher üblichen Holzarten wieder anzupflanzen; es würde dies geradezu dem Zwecke einer Baumschule entgegen sein, indem durch dieselbe nicht bloß die Veredelung der vorhandenen Holzarten, sondern auch die Beschaffung neuer und nützlicher Holzarten bewirkt werden soll. Werden daher unter Berücksichtigung der örtlichen Bedürfnisse bezüglich der schon vorhandenen Holzarten auch noch neue angepflanzt, so ist das keine Verschlechterung, sondern eine wesentliche Verbesserung des Nießbrauchsgegenstandes in der Durchführung des Zweckes seines Bestehens, zu deren Vornahme der Nießbraucher offenbar berechtigt ist.

Die Obstbäume werden in dem französischen Civilgesetzbuche mit den hochstämmigen Bäumen nicht gleich behandelt, vielmehr bestimmt hinsichtlich ihrer der Art. 594 des B. G.-B., daß die abgestorbenen, durch Zufall ausgerissenen oder abgebrochenen Obstbäume dem Nießbraucher zwar gehören sollen, daß er aber die Verpflichtung habe, sie durch andere zu ersetzen. Dasselbe gilt von den einzelnen Weinstöcken in den Weinbergen. Man vergl. Sirey a. a. O. Band 48, Th. II., S. 281.

Was die Benutzung des anderen lebenden Holzes betrifft, so enthielt das Edict vom Monate August 1669 in Tit. 24 Vorschriften über die Bewirthschaftung und Benutzung der Wälder, welche den Geistlichen und der todten Hand zugehörten. Durch dieselben wurden die Eigenthümer jener Wälder im Interesse des Staates nicht bloß in ihrer Dispositions-Befugniß über dieselben, sondern auch in ihrer Bewirthschaftung und Benutzung auf die erheblichste Weise beschränkt und beeinträchtigt. Dem Art. 2 jenes Titels gemäß mußte nämlich der vierte Theil der den Bisthümern, Abteien, Beneficien, Commenderieen und geistlichen Genossenschaften zugehörigen Wälder in hochstämmigen Bäumen bestehen, und wo dies nicht der Fall war, mußte das Fehlende vom Schlagholze genommen werden, um dort zur Complettirung jenes Viertels hochstämmige Bäume heranzuziehen. Nach dieser Reservirung sollte in Gemäßheit des Art. 3 jenes Titels der Rest des Schlagholzes in ordentliche Schläge von wenigstens zehn Jahren getheilt werden; hierbei wurde aber ausdrücklich festgesetzt, daß auf jedem Morgen Schlagholz sechszehn Bäume stehen bleiben sollten, damit dieselben zu hochstämmigen Bäumen heranwüchsen. Diese, so wie die daselbst befindlichen alten und jüngeren Bäume, welche nicht mehr als Schlagholz zu betrachten waren, durften weder mit dem Schlagholze, noch einzeln gefällt werden, sondern sollten in die ordentlichen Schläge des hochstämmigen Holzes aufgenommen werden, welche nach den desfallsigen, für die Staatswaldungen bestehenden Vorschriften erfolgen mußten, und zwar nach den festgestellten Hauungsplänen der dieserhalb angestellten Forstbeamten. Außerordentliche Fällungen jener Bäume durften nach Art. 4 dieses Titels nur mit Erlaubniß der Staatsregierung vorgenommen werden; dagegen war dieser in Art. 5 das Recht vorbehalten, den Verkauf jener Bäume in Folge von Brandunglücken, Verfall der Wohnungen der Beneficiaten, Zerstörung derselben und außergewöhnlichen Verlusten, welche durch Verbrechen, Krieg und Zufall, aber nicht durch die Schuld der Beneficiaten entstanden waren, zu verfügen. Aehnliche Bestimmungen wurden in Titel 25 für die Pfarr- und Gemeindewaldungen gegeben. Durch Königliches Patent vom 27. November 1789 wurden die kirchlichen Güter und insbesondere die dazu gehörigen Waldungen unter den Schutz der Staats- und Gemeindebeamten gestellt, zwar mit der Bemerkung, daß hierdurch dem Genusse der Beneficiaten keine Eintracht geschehen solle; allein schon das Königliche Patent vom 26. März 1790 wich schon hiervon ab, indem dasselbe in dieser Hinsicht bestimmte, daß Schlagholz in diesen Wäldern nur unter Berücksichtigung der Schonung, und wo eine Zeit derselben nicht feststehe, nur in dem Alter, wo es als Schlagholz gehauen werden könne, gefällt werden dürfe; daß zerstreut stehende Bäume nur mit Genehmigung der Direction des betreffenden Bezirkes,

Decret vom 6. November 1813. Art. 12.

wenn sie alt oder verdorben seien, abgehauen werden dürsten. Dieser Schutz wurde aber auch bald im Fortschritte der Revolution in eine vollständige Entziehung der Verwaltung verwandelt, indem das Gesetz vom 15.—29. September 1791 in Titel 1 und 2 die Wälder der Geistlichen unter die General-Staatsverwaltung der Wälder stellte und verordnete, daß die Hauungspläne von den Forstinspectoren festgesetzt werden sollten; für die Gemeindewaldungen enthielt jenes Gesetz in Titel 12 ähnliche Bestimmungen. Durch die allgemeine Confiscation des kirchlichen Vermögens in Gemäßheit des Beschlusses des vollziehenden Directoriums vom 17. Ventose Jahres VI für die belgischen und des Consularbeschlusses vom 20. Prairial Jahres X für die vier rheinischen Departemente war zwar auch der in Waldungen bestehende Theil des kirchlichen Vermögens in das Eigenthum des Staates übergegangen, und es hätte daher besonderer Vorschriften über die Bewirthschaftung und Benutzung der dem Clerus zugehörigen Waldungen nicht bedurft; allein eines Theiles war in den belgischen Departementen in Gemäßheit des gedachten Beschlusses vom 17. Ventose Jahres VI ein nicht unerheblicher Theil des kirchlichen Vermögens im Besitze des Clerus geblieben, wie dies durch das Staatsraths-Gutachten vom 26. Juli 1808 constatirt wird, und anderen Theiles sollte nach den Decreten vom 5. Nivose Jahres XIII und 7. März 1806 in den in den vier rheinischen Departementen gelegenen Diöcesen Trier und Aachen ein großer Theil des Pfarr-Dotationsvermögens im Besitze des Clerus verbleiben. Hierdurch und mit Rücksicht darauf, daß auch Erwerbungen von Wäldern und Waldantheilen durch den Clerus mit Genehmigung der Staatsregierung Statt finden konnten, war eine Bestimmung über die Benutzung und Bewirthschaftung der im Besitze des Clerus befindlichen Wälder im gegenwärtigen Decrete nicht überflüssig. Unter Berücksichtigung dieser Verhältnisse hatte schon der Regierungsbeschluß vom 27. Messidor Jahres X die Vermessung, Schonung und Begränzung derjenigen Wälder in den vier Departementen des linken Rheinufers verordnet, welche

 a) dem Staate in Folge des Lüneviller Friedens und der Suppression in Gemäßheit des Beschlusses vom 20. Prairial Jahres X,

 b) den nicht supprimirten oder noch zu errichtenden Bisthümern, Pfarreien, Kathedral-Capiteln und Seminarien,

 c) den öffentlichen Unterrichts- und Wohlthätigkeits-Anstalten, und

 d) den Gemeinden

gehörten. Im Allgemeinen wurden hierbei die Bestimmungen des Edictes vom August 1669 wiederholt und namentlich die, daß mindestens der vierte Theil der den Anstalten der todten Hand zugehörigen Wälder in hochstämmigen Bäumen bestehen, das hieran Fehlende aus dem Schlagholze genommen werden, und auf jeder Hektare Schlagholz sechszehn Bäume zum Heranwachsen, die alten und jüngeren Bäume, so wie die Obstbäume für die ordentlichen Schläge stehen bleiben und nur mit Erlaubniß der Regierung gefällt werden sollten. Um aber stets das nothwendige hochstämmige Holz für die Zwecke des Staates im Inlande zu haben, wurde nicht nur durch das Gesetz vom 9. Floreal Jahres XI selbst den Privaten während 25 Jahren seit der Publication desselben jede Ausrottung der Wälder verboten, wenn nicht sechs Monate vorher eine desfallsige Erklärung von ihnen bei der Forstbehörde abgegeben worden, und diese dagegen keinen Einspruch erhoben hatte, sondern auch durch die Regierungsbeschlüsse vom 28. Floreal Jahres XI und 24. Messidor Jahres XI der Marineminister für berechtigt erklärt, das zum Schiffsbaue geeignete Holz in den Staats- und Communalwaldungen und denen der Privaten gegen eine durch Experten festzusetzende Entschädigung in Anspruch zu nehmen. Das Decret vom 15. April 1811 dehnte das im Gesetze vom 9. Floreal Jahres XI erlassene Verbot auf das Fällen aller hochstämmigen in Waldungen oder einzeln stehender Bäume aus und schloß davon nur die in geschlossenen Räumen befindlichen aus.

Das gegenwärtige Decret unterscheidet nun zwischen der Benutzung der Pfarrer am Schlagholze und an den hochstämmigen Bäumen und bestimmt, daß die erstere nach Anleitung des Art. 590 des B. G.-B., die letztere dagegen nach den für die Gemeindewaldungen bestehenden Vorschriften erfolgen solle.

Anlangend die erstere, so lautet der erwähnte Art. 590 dahin:

„Geht der Nießbrauch auf Schlagholz, so ist der Nießbraucher verbunden, die Ordnung und den Umfang der Schläge nach der von den Eigenthümern gemachten Eintheilung, oder auch nach dem von denselben beständig befolgten Gebrauche zu beobachten, ohne daß dem Nießbraucher oder dessen Erben wegen der während seines Genusses unterlassenen Benutzung des gewöhnlichen Abtriebes des Schlagholzes, der Laßreiser oder der hochstämmigen Bäume eine Entschädigung gebührte."

Nach den Bestimmungen dieses Artikels hat sich daher der Nießbraucher bei der Nutzung des Schlagholzes entweder nach der vom Eigenthümer gemachten Eintheilung der Schläge oder nach dem von ihm bei der Benutzung desselben beständig befolgten Gebrauche zu richten. Wo ein solcher Gebrauch beobachtet worden ist, darf der Eigenthümer allein und ohne Zustimmung des Nießbrauchers ihn nicht ändern, weil dies eine Beeinträchtigung des Nießbrauchers in der Ausübung seines Rechtes sein würde, wozu der Eigenthümer nach Art. 599 des B. G.-B. nicht befugt ist. Der von dem Eigenthümer vor der Bestellung des Nießbrauches befolgte Gebrauch, gewöhnlich jedes Jahr mit dem Schlagholze auch eine bestimmte Anzahl hochstämmiger Bäume zu fällen, kann indessen von dem Nießbraucher für sich nicht angerufen werden, weil nach Art. 591 des B. G.-B. bei dem Nießbrauche überhaupt hochstämmige Bäume nur in ordentlichen, lediglich bezüglich ihrer bestimmten Schlägen gefällt werden dürfen, ein solcher Gebrauch aber nicht als eine Feststellung ordentlicher Schläge im Sinne des gedachten Art. 591 angesehen werden kann. So entschied auch der pariser Cassationshof durch Urtheil vom 14. März 1838. Man vergl. Sirey a. a. O. Band 38, Abth. 1, S. 741—742. Hierzu kommt nun aber auch, daß für die Benutzung des hochstämmigen Holzes im vorstehenden Art. 12 besondere Vorschriften gegeben worden sind, nach welchen sich der Pfarrer als Nießbraucher zu richten hat. Wo indessen bezüglich der Benutzung des Schlagholzes ein solcher Gebrauch sich nicht vorfindet, muß der Eigenthümer die Eintheilung desselben in ordentliche Schläge vornehmen, bezüglich des zum Pfarr=Dotationsvermögen gehörigen Schlagholzes also der Kirchenvorstand, da ihm nach Art. 1 des gegenwärtigen Decretes die Vertretung des Eigenthumes obliegt. Dem Art. 590 des B. G.=B. gemäß kann der Nießbraucher, wenn er die Ordnung und den Umfang der Schläge nach der vom Eigenthümer gemachten Eintheilung oder nach dem von ihm beständig befolgten Gebrauche nicht beobachtet, wegen der während seines Genusses unterlassenen Benutzung des gewöhnlichen Abtriebes des Schlagholzes eine Entschädigung nicht verlangen; eben so wenig können dies seine Erben. Der Nießbraucher darf daher nur den der Ordnung gemäß zum Fällen bestimmten Schlag und diesen auch nur zur bestimmten Hauzeit abtreiben; läßt er ihn ganz oder theilweise über die bestimmte Hauzeit hinaus stehen, so trifft ihn ganz oder theilweise der im Art. 590 des B. G.=B. angedrohte Nachtheil. Dadurch nämlich, daß der Gesetzgeber nicht bloß den Erben des Nießbrauchers, sondern auch diesem selbst jedwede Entschädigung wegen der unterlassenen ordnungsmäßigen Benutzung abspricht, documentirt er, daß der Nießbraucher, welcher die Zeit der Fällung der ordentlichen Schläge unbenutzt hat vorüber gehen lassen, nicht befugt sein solle, dieselbe noch nachträglich nach Ablauf der Hauzeit vorzunehmen. Einmal gehört das Innehalten der Hauzeit zur ordnungsmäßigen Benutzung und dann könnte von dem Verluste eines Entschädigungsanspruches nicht die Rede sein, wenn er befugt wäre, auch nachträglich noch jenen Schlag zu fällen, weil er ja dann die volle Benutzung erhielte. Diese Bestimmung des Art. 590 hat offenbar ihren Grund darin, daß durch ein nachträgliches und verspätetes Fällen des Schlagholzes das Anwachsen des neuen Holzes in dem schlagbaren Bezirke und dadurch auch die Haubarkeit desselben um eine Periode weiter hinausgeschoben wird. Es würde nämlich zu der Zeit, wo ordnungsmäßig wieder auf jenem Terrain das Schlagholz gefällt werden müßte, kein solches in haubarem Alter auf demselben vorhanden sein, und dadurch der Eigenthümer oder spätere Nießbraucher von dem Verluste eines ganzen Schlages betroffen werden. Einen solchen Nachtheil haben aber nicht sie, sondern der nachlässige Nießbraucher veranlaßt, und deßhalb muß auch er denselben dadurch erleiden, daß er die Befugniß verliert, nach Ablauf der Hauzeit noch Schlagholz zu fällen.

Hinsichtlich der Benutzung der hochstämmigen in Waldungen vereinigten oder zerstreut stehenden Bäume sollen nach dem zweiten Absatze des Art. 12 die für die Gemeindewaldungen bestehenden Vorschriften beobachtet werden. In dieser Beziehung wurden, nachdem die Rheinprovinz an die Krone Preußen gekommen, die Bestimmungen der Königlichen Verordnung über die Verwaltung der den Gemeinden und öffentlichen Anstalten gehörigen Forsten vom 24. December 1816 maßgebend. Nach §. 1 derselben sollen alle bisher Statt gefundenen Einschränkungen des Forsteigenthumes der Gemeinden und öffentlichen Anstalten vom Tage der eintretenden allgemeinen Organisation der Verwaltung der landesherr=

Decret vom 6. November 1813. Art. 12.

lichen Forsten aufhören, und die früher den Gemeindewaldungen als solchen aufgelegten besonderen Abgaben an den Staat nicht weiter erhoben werden, nämlich:
a) die Zehnprocentgelder, welche bei Holzverkäufen an den Meistbietenden von dem Käufer an die landesherrliche Casse gezahlt werden mußten;
b) die sogenannten Vacationsgebühren oder Anweisegelder zur Gratifications=Casse;
c) die außerordentlichen Hauungen, deren Ertrag zur landesherrlichen Casse eingezogen oder verzinslich deponirt wurde;
d) alle jährlichen directen Geldbeiträge zu den Besoldungen der landesherrlichen Forstbedienten;
e) die Ausziehung der vorzüglichsten Stämme für öffentliche Zwecke.

In Gemäßheit des §. 2 dieser Verordnung wurden zwar den Gemeinden und öffentlichen Anstalten ihre Forstländereien zur eigenen Verwaltung überlassen, sie sollen dabei aber eben so wie bei der Verwaltung der übrigen Gemeindegüter in höherer Instanz der Oberaufsicht der Regierungen unterworfen sein, und sich nach den Anweisungen derselben wegen eines regelmäßigen Betriebes und der vortheilhaftesten Benutzungsart genau zu richten haben. Zugleich wurde hierbei bestimmt, daß in der Regel die Forstländereien auch fernerhin als solche benutzt werden müßten und daß, wenn Gemeinden, Corporationen oder öffentliche Anstalten die Verwandlung ihres Forstlandes in Acker und Wiese für zuträglicher als die Benutzung zur Holzzucht erachteten, sie den desfalls gefaßten Beschluß mit Darstellung der rechtfertigenden Gründe der vorgesetzten Kreisbehörde bekannt machen sollen, die nach deren Prüfung die desfallsige Entscheidung der betreffenden Regierung zu veranlassen hat. Im §. 3 derselben ist dann festgesetzt, daß die Gemeinden und öffentlichen Anstalten ihre Forstländereien
1) nach den von der Regierung genehmigten Etats zu bewirthschaften haben;
2) solche Wälder und beträchtliche Holzungen, die nach ihrer Beschaffenheit und ihrem Umfange zu einer forstmäßigen Bewirthschaftung geeignet sind, durch gehörig ausgebildete Forstbediente administriren lassen müssen;
3) außerordentliche Holzschläge, Rodungen und Veräußerungen nur mit Genehmigung der Regierung vornehmen dürfen.

Die Oberaufsicht der Regierungen soll sich im Wesentlichen nach §. 4 darauf beschränken, daß die Forsten, gleich jeder anderen Gattung des Gemeindevermögens den öffentlichen Zwecken des Gemeinwesens erhalten und weder durch unwirthschaftliche Verwaltung zerstört oder sonst verschleudert, noch mit Hintansetzung des fortwährenden Besten der Corporationen zum Vortheile einzelner Mitglieder oder Classen derselben verwendet werden. Hiernach sind denn auch die einzureichenden Forstetats und die Anträge auf außerordentliche Holzschläge und Rodungen oder anderweitige Dispositionen über die Substanz nach einer Prüfung durch Sachverständige durch die Regierungen festzusetzen und zu entscheiden. Die Regierungen sollen insbesondere mit Rücksicht auf die Oertlichkeit und die individuelle Beschaffenheit der Communal= und Institutswaldungen bestimmen, ob zu deren Bewirthschaftung die Anstellung eines eigenen Forstbedienten unumgänglich erforderlich sei, oder ob solche eben so gut und zweckmäßig durch die Gemeindeglieder ausgeführt, oder nach den Wünschen der Gemeinden und öffentlichen Anstalten gegen eine angemessene Remuneration einem benachbarten Königlichen Forstofficianten übertragen werden solle. Erachtet die Regierung die Anstellung eines eigenen Forstbedienten für nothwendig, so steht den Gemeinden und öffentlichen Anstalten die Wahl unter den qualificirten Bewerbern zu.

Schon nach §. 2 der Verordnung vom 24. December 1816 war den Gemeinden und öffentlichen Anstalten die Verwaltung ihrer Forstländereien überlassen; sie standen indessen hierbei eben so unter der Oberaufsicht der Regierungen, wie auch bezüglich ihrer anderen Güter. Diese Oberaufsicht ist nun aber für die Kirche und ihre Institute durch den Art. 15 der preußischen Verfassungs=Urkunde vom 31. Januar 1850 weggefallen, und wenn auch der Art. 12 des gegenwärtigen Decretes besagt, daß die Pfarrinhaber sich bei der Benutzung der hochstämmigen, in Waldungen vereinigten oder zerstreut stehenden Bäume dem unterwerfen sollen, was für die Gemeindewaldungen verordnet ist, so kann das jetzt nicht mehr den Sinn haben, daß sie verpflichtet seien, dieselben nach den von den Regierungen genehmigten Etats zu bewirthschaften, sie durch gehörig ausgebildete Forstbedienten administriren zu lassen, und außerordentliche Holzschläge, Rodungen und Veräußerungen nur mit Genehmigung der Regierungen vorzunehmen; denn dann würde die Oberaufsicht der Regierung bestehen geblieben sein. Bei der eingeräumten Selbstverwaltung und dem Wegfallen jener Oberaufsicht wird man daher hier für die Benutzung jener Bäume die gesetzlichen Bestimmungen über den Nießbrauch an hochstämmigen Bäumen und die etwaigen modificirenden Bestimmungen des gegenwärtigen Decretes berücksichtigen müssen. Bezüglich der Verminderung des Ertrages des Nießbrauchs=gegenstandes und einer Veränderung der Substanz desselben, also bezüglich der außerordentlichen Holzschläge, Rodungen und Veräußerungen müssen daher die Bestimmungen des Art. 8 des gegenwärtigen Decretes zur Anwendung kommen, weßhalb hier auf die Bemerkungen zu jenem Artikel hinverwiesen wird. Bei der Benutzung der hochstämmigen Bäume hat der Pfarrer als Nießbraucher sich nunmehr nach den Bestimmungen der Art. 591 und 592 des B. G.=B. zu richten. Hiernach benutzt er, indem er die Fällungsepochen und den Gebrauch der alten Eigenthümer beobachtet, die Holzabtheilungen der in ordentliche Schläge gelegten hochstämmigen Gehölze, mögen sie nun zu bestimmten Zeiten auf einem gewissen Umfange des Bodens vorgenommen werden, oder mag eine bestimmte Anzahl Bäume ohne Unterschied auf der ganzen Oberfläche des Gutes gefällt werden. Wo also vor dem Erlasse der preußischen Verfassungs=Urkunde bestimmte Fällungsepochen mit Genehmigung der betreffenden Regierung festgestellt waren, da wird man dieselben auch jetzt innehalten müssen, ohne jedoch bei jeder Fällung wieder die Genehmigung der Regierung einholen

Decret vom 6. November 1813. Art. 12.

zu müssen. Bei der Benutzung des hochstämmigen Holzes kann nun entweder so verfahren werden, daß in jeder Fällungsepoche das gesammte hochstämmige Holz oder ein Theil desselben von einem bestimmten Alter auf einem genau bezeichneten Terrain des Waldes abgetrieben wird, oder daß in jeder Fällungs= epoche eine gewisse Anzahl Bäume eines bestimmten Alters im ganzen Walde und ohne Rücksicht auf einen abgegränzten Theil desselben gefällt werden. In dieser Hinsicht ist nach dem bisherigen Gebrauche zu verfahren, und das ist es, was der erwähnte Art. 591 des B. G.=B. vorschreibt. In Gemäßheit des Art. 592 des B. G.=B. ist der Pfarrer als Nießbraucher berechtigt, die durch Zufall ausgerissenen oder abgebrochenen Bäume zu den ihm obliegenden Aus= besserungen zu verwenden. Sind deren keine vorzunehmen, so ist das Holz zu verkaufen, der Ertrag desselben in die Fabrikkiste zu hinterlegen und dann nach Anleitung des Art. 13 des gegenwärtigen Decretes im vorkommenden Falle zu verwenden; denn der Pfarrer hat als Nießbraucher nur ein Recht auf die= selben zum Zwecke der von ihm vorzunehmenden Ausbesserungen. Es ist hier= bei gleichgültig, ob diese Ausbesserungen Haupt= oder Locativreparaturen sind; denn beide liegen nach Art. 13 des gegenwärtigen Decretes dem Pfarrer in den daselbst bezeichneten Fällen ob. Wenn es aber nur Locativreparaturen sind, so darf das Holz nur als solches dazu verwendet, nicht aber verkauft werden, um aus dem Preise desselben die Kosten der Ausbesserungen zu bestreiten. Die Locativreparaturen liegen nämlich dem Pfarrer ohne Rücksicht darauf, ob dazu die Mittel in der Fabrikkiste vorhanden sind, allein ob, und der Gesetzgeber hat hier in der wirklichen Verwendung des Holzes in das Pfarrgut selbst davon abstrahiren wollen, weil das Holz selbst im Gute verbleibt. Nach Art. 592 des B. G.=B. hat der Nießbraucher auch das Recht, zu diesem Zwecke Bäume zu fällen, er muß aber die Nothwendigkeit mit Zuziehung des Eigenthümers feststellen lassen. Diese Bestimmung ist jedoch auf den Pfarrer nur theilweise anwendbar, weil er nach dem folgenden Art. 13 zu allen Reparaturen ver= pflichtet ist, und nur in bestimmten Fällen ihm zu diesem Zwecke eine Vermin= derung der Substanz des Nießbrauchsobjectes und seines Ertrages gestattet ist. Man sehe in dieser Hinsicht die Bemerkungen zu Art. 13 des gegenwärtigen Decretes.

Als Nießbraucher eines Waldes hat der Pfarrer auch den Genuß der an= deren Waldproducte, namentlich des Grases, des Streulaubes, der Haidestreu und der Ginster, jedoch mit der Maßgabe, daß er hierbei ordnungsmäßig nach dem Gebrauche verfährt und nicht durch eine übermäßige Ausübung des Rech= tes den Nießbrauchsgegenstand in seinen desfallsigen Erträgen vermindert, indem ihm dies durch den Art. 8 des gegenwärtigen Decretes untersagt ist.

In demjenigen Theile der rechten Rheinseite, wo das französische Civilgesetz= buch Anwendung findet, das gegenwärtige Decret aber keine Geltung hat, kön= nen, da nach der A. C.=O. vom 3. Juli 1843 hier die Pfarrer als Nieß= braucher zu betrachten sind, und die Oberaufsicht der Regierungen durch den Art. 15 der preußischen Verfassungs=Urkunde weggefallen ist, jetzt bezüglich des

Nießbrauches der Pfarrer an Holzungen lediglich die Bestimmungen des Civil=
gesetzbuches zur Anwendung, wie sie in den Art. 590—594 desselben enthalten
und bereits oben besprochen worden sind.

Da, wo das allgemeine preußische Landrecht in der Rheinprovinz Gesetzes=
kraft hat, steht es ebenfalls durch die A. C.=O. vom 3. Juli 1843 fest, daß
die Pfarrer als Nießbraucher anzusehen sind. Es gelten daher für sie bezüg=
lich des Nießbrauches an Holzungen nicht bloß die speciellen Bestimmungen
des Th. II, Tit. 11 des allgemeinen Landrechtes über die Nutzungsrechte der
Pfarrer am Pfarr=Dotationsgute, sondern auch, wo diese nicht ausreichen, die
allgemeinen Bestimmungen des Th. I, Tit. 21, Abschn. 1 über den Nießbrauch.
Nach Th. II, Tit. 11, §. 804 kann nun der Pfarrer den zur Dotation gehö=
rigen Wald nach den Regeln der Forstordnung nutzen. Dem §. 32 des Th. I,
Tit. 21, Abschn. 1 gemäß gehört das Holz in einem ordentlich eingetheilten
und bewirthschafteten Walde in so weit zum Nießbrauche, als die Schläge oder
Haue in die Zeit desselben fallen. Windbrüche gehören nach §. 33 daselbst nur
in so weit dazu, als sie auf die ordentliche Forstnutzung anzurechnen sind. Bau=
holz darf der Pfarrer aus dem zur Dotation gehörigen Walde nicht verkaufen,
weil es für etwaige Bauten und Reparaturen an den Pfarr= und Küsterge=
bäuden aufbewahrt werden muß. Ist überflüssiges Bauholz vorhanden, so kann
der Kirchenrath dasselbe zwar verkaufen, er muß aber das daraus erzielte Geld
zinsbar anlegen, und hat der Pfarrer so lange, als das Geld nicht zu den er=
wähnten Bauten und Reparaturen verwendet wird, die davon erfallenden Zin=
sen zu beziehen. Brennholz, welches der Pfarrer etwa aus dem Walde bezieht,
kann er nur dann verkaufen, wenn es ihm in Schlägen oder bestimmten Quan=
titäten zusteht, nicht aber, wenn er überhaupt sein Brennholz aus dem Walde
zu beziehen berechtigt ist, weil dieses nur zu seinem eigenen Bedarf geliefert
wird. Es kommt hierbei natürlich alles auf den Inhalt der Berechtigungs=
Urkunde und den Gebrauch an. Auf die Früchte und wirthschaftlichen Nutzun=
gen von einzelnen im Felde stehenden Obst= und anderen Bäumen, also auch
auf das Reiserholz der letzteren, hat der Pfarrer nach §. 814 daselbst ein Recht,
nicht aber auf die Substanz der Bäume, welche daher zu veräußern und zur
Verbesserung des Pfarrgutes zu verwenden sind; bis die Verwendung ihres
Preises erfolgt, gebühren dem Pfarrer nach den §§. 35, 36 und 34 des Th. I,
Tit. 21, Abschn. 1 des allgemeinen Landrechtes die Zinsen des hieraus gelös'ten
Preises. Die anderen Waldproducte hat der Pfarrer als Nießbraucher eines
Waldes auch nach dem allgemeinen Landrechte zu beziehen, da er nach Th. I,
Tit. 21, Abschn. 2, §. 23, gleich dem nutzbaren Eigenthümer alle sowohl gewöhn=
liche als ungewöhnliche Nutzungen zu ziehen hat. Denn, wenn auch nach
§. 30 daselbst Nutzungen, die eine Verringerung der Substanz zur Folge ha=
ben, in der Regel nicht zum Nießbrauche gehören, so werden sie doch nach §. 31
daselbst zum Nießbrauche gehörig gerechnet, wenn solche Verringerungen bei
einer gewöhnlichen Verwaltung nach dem ordentlichen Laufe der Natur binnen
einer gewissen Zeit von selbst wieder ersetzt werden, und dies ist bei den anderen

Waldproducten, wie Gras, Streulaub, Haidestreu und Ginster der Fall. Eine ordentliche Verwaltung wird aber auch hierbei vorausgesetzt, und ist demnach eine ungebührliche Ausübung dieses Rechtes verboten.

Art. 13.

Die Pfarrinhaber sind zu allen Reparaturen der Güter, welche sie im Genusse haben, verpflichtet, vorbehaltlich der unten im Art. 21 bezüglich der Pfarrhäuser getroffenen Bestimmung.

Handelt es sich um Hauptreparaturen, und sind in der Kiste mit drei Schlüsseln von der Pfarre herrührende Gelder vorhanden, so sollen diese dazu verwendet werden.

Sind in dieser Kiste keine Gelder vorhanden, so muß der Pfarrinhaber sie bis zum Betrage eines Drittels des Ertrages des Grundvermögens der Pfarre beschaffen, unabhängig von den andern Reparaturen, welche ihm obliegen.

Was dasjenige, welches über das Drittel jenes Ertrages hinausgeht, anbelangt, so kann der Pfarrer von Uns in der gebräuchlichen Form ermächtigt werden, hiefür ein Darlehen mit Hypothekenbestellung aufzunehmen, oder selbst einen Theil der Güter zu veräußern.

Das zur Aufnahme eines Darlehens ermächtigende Decret setzt die Zeitpuncte der aus den Einkünften zu machenden Rückzahlungen fest, jedoch in der Weise, daß den Pfarrern immer zwei Drittel übrig bleiben.

In allen Fällen soll aus dem kaiserlichen Schatze das etwa Fehlende ergänzt werden, damit das dem Pfarrer übrig bleibende Einkommen dem gewöhnlichen Satze der Congrua (seiner Competenz) gleichkommt.

Zu Art. 13.

Wie der vorstehende Art. 13 im ersten Satze andeutet, muß man bei der Interpretation desselben zunächst zwischen den an den Pfarrhäusern vorzunehmenden Reparaturen und den Reparaturen an den zum Pfarr-Dotationsvermögen gehörigen Gütern unterscheiden. Ueber die Verpflichtung zu den erstern hat der Art. 21 des gegenwärtigen Decretes nähere Bestimmungen getroffen, weßhalb hier auf die Bemerkungen zu jenem Artikel hinverwiesen werden kann.

Hinsichtlich derjenigen Reparaturen, welche an den Gütern des Pfarr-Dotations-vermögens nothwendig werden, heißt es in dem ersten Satze des Art. 13, daß der Pfarrer zu allen verpflichtet sei. Eine Unterscheidung zwischen Haupt- und Locativreparaturen ist hier nicht gemacht, der Pfarrer muß sie daher sämmtlich ausführen lassen, sie mögen Haupt- oder Locativreparaturen sein. Da er die Pfarr-Dotationsgüter benutzt, so war es natürlich, ihm die Sorge für die Ausführung für die nothwendig werdenden Reparaturen aufzuerlegen, weil er in der Lage ist, die Nothwendigkeit derselben zuerst wahrzunehmen. Ihn trifft demnach zuerst der Nachtheil, welcher aus einer Unterlassung oder auch aus einer verspäteten Vornahme sowohl der Haupt- als Locativreparaturen entstehen möchte. Es steht dies auch in voller Uebereinstimmung mit den Bestimmungen des Art. 7 des gegenwärtigen Decretes, nach welchen der Pfarrer verpflichtet ist, die Pfarr-Dotationsgüter wie ein guter Hausvater zu benutzen und sie sorgfältig zu unterhalten. Denn er verletzt diese Pflicht und kommt ihr nicht nach, wenn er die nothwendigen Reparaturen entweder ganz unterläßt, oder sie so spät vornehmen läßt, daß der Substanz jener Güter ein Nachtheil erwächs't, indem z. B. eine verspätete Vornahme der nothwendigen Reparaturen bewirken kann, daß der Werth des Nießbrauchsobjectes verringert wird. Die gesetzlichen Bestimmungen über den gewöhnlichen Nießbrauch, nach welchen der Nießbraucher die Hauptreparaturen nicht vorzunehmen braucht, wohl aber zur Ausführung derselben befugt ist, und in diesem Falle gegen den Eigenthümer einen Anspruch wegen Verwendung auf das Gut hat, sind daher hier nicht maßgebend, weil eines Theiles der Pfarrer selbst die Reparaturen zunächst auszuführen hat, und andern Theils wegen der Aufbringung und Bestreitung der dadurch entstehenden Kosten im gegenwärtigen Decrete specielle Bestimmungen getroffen worden sind, welche von denen über den gewöhnlichen Nießbrauch abweichen. Wenn es nun auch zunächst die Pflicht des Pfarrers ist, für die Ausführung der sämmtlichen nothwendigen Reparaturen Sorge zu tragen, so darf doch nicht angenommen werden, daß der Kirchenvorstand überhaupt sich um diese Reparaturen nicht zu bekümmern habe, denn der Art. 1 des gegenwärtigen Decretes erklärt ihn für verpflichtet, auf die Erhaltung der Dotationsgüter zu wachen. Die zeitige und zweckmäßige Vornahme der Reparaturen gehört aber zu den wesentlichen Bedingungen der Erhaltung der Gebäude, und gerade deßhalb ist es bezüglich des Pfarr-Dotationsvermögens eine der wichtigsten Pflichten des Kirchenvorstandes, dafür zu sorgen, daß der Pfarrer sich keine Vernachlässigung in der Vornahme der Reparaturen zu Schulden kommen läßt, und ihn nöthigenfalls gerichtlich dazu anzuhalten. Zu dem Ende hat denn auch der Gesetzgeber im Art. 41 des Decretes vom 30. December 1809 die Kirchmeisterstube und insbesondere den Schatzmeister der Kirchen-Fabrik verpflichtet, zu Anfang des Frühlings und Herbstes eines jeden Jahres die Gebäulichkeiten mit Sachverständigen zu untersuchen, und da durch den Art. 1 des gegenwärtigen Decretes im Allgemeinen dem Kirchenrathe die Pflicht auferlegt worden ist, auf die Erhaltung der Güter zu wachen, so muß auch zur Ausübung dieser Pflicht die Bestimmung des erwähnten Art. 41 auf die zum Pfarr=Dotationsvermögen gehörigen Gebäulichkeiten Anwendung finden. Diese Pflicht berechtigt den Kirchenvorstand denn auch, die vom Pfarrer ausgeführten Reparaturen einer Revision zu unterwerfen, und auf Abstellung der sich etwa dabei ergebenden Mängel zu bringen. Im Allgemeinen wird es gewiß zweckmäßig sein, daß der Pfarrer dabei vorher den Kirchenvorstand zu Rathe zieht, indem dadurch manchen später entstehenden Differenzen vorgebeugt wird.

Der Unterschied zwischen Hauptreparaturen und solchen, welche zur Unterhaltung der Sache nothwendig sind, kommt im gegenwärtigen Decrete erst da zur Sprache, wo es sich um die Bestreitung der dadurch entstandenen Kosten handelt. Im Art. 7 desselben wird schon dem Pfarrer zur Pflicht gemacht, die dem Nießbrauche unterworfene Sache sorgfältig zu unterhalten. Da nun im Allgemeinen die im Civilgesetzbuche über den Nießbrauch aufgestellten Grundsätze auch für den Nießbrauch der Pfarrer maßgebend sind, so wird man auf dieselben recurriren müssen, um zu ermitteln, was der Gesetzgeber unter der Pflicht der Unterhaltung verstanden wissen will. Der Art. 605 des B. G.=B. verpflichtet den Nießbraucher zu denjenigen Reparaturen, welche zur Unterhaltung der Sache dienen, und stimmt daher bezüglich des Umfanges jener Pflicht mit den Bestimmungen des Art. 7 des gegenwärtigen Decretes überein. Die Hauptreparaturen sollen aber nach dem bezogenen Art. 605 dem Eigenthümer zur Last fallen, wenn sie nicht durch die seit dem Anfange des Nießbrauches Statt gefundene Unterlassung der zur Unterhaltung dienenden Reparaturen verursacht worden sind. Als Hauptreparaturen sind nun nach dem Art. 606 des B. G.=B. zu betrachten die der Hauptmauern und Gewölbe, die Wiederherstellung der Balken und ganzer Dächer, die Wiederherstellung der Dämme, der Unterstützungsmauern und der Einfassungsmauern, gleichfalls im Ganzen. Alle übrigen Reparaturen sind aber beim Nießbrauche als solche anzusehen, welche zur Unterhaltung der Sache dienen. Diese letztern nun muß der Pfarrer als Nießbraucher sowohl nach dem Art. 605 des B. G.=B., als nach dem Art. 7 des gegenwärtigen Decretes aus seinen eigenen Mitteln bestreiten. Eine Vergleichung der im Art. 1754 des B. G.=B. specificirten Locativreparaturen mit dem Schlußsatze des Art. 606 des B. G.=B. im Gegensatze zu den daselbst als Hauptreparaturen bezeichneten ergibt sofort einen großen Unterschied zwischen den Locativreparaturen und den nach Art. 606 zur Unterhaltung der Sache dienenden. Der Gesetzgeber selbst kennzeichnet diesen Unterschied dadurch, daß er die Locativreparaturen réparations de menu entretien, der geringfügigen Unterhaltung, die letztern aber einfach réparations d'entretien, Unterhaltungsreparaturen nennt. Diese letzteren sind nach dem im Art. 606 festgestellten Gegensatze von erheblicherem Umfange, als die sogenannten Locativreparaturen. Wenn nun der Gesetzgeber dadurch, daß er den Nießbraucher zu den Unterhaltungsreparaturen überhaupt verpflichtet, diesem auf der einen Seite eine größere Last auferlegt, als dem Miether, so hat er ihm doch auch auf der andern Seite größere Befugnisse und Erleichterungen gewährt, welche der Miether nicht hat; denn nach Art. 592 des B. G.=B. steht dem Nießbraucher nicht bloß das Recht zu, das Holz der durch Zufall ausgerissenen oder abgebrochenen hochstämmigen Bäume zu den ihm obliegenden Reparaturen zu verwenden, sondern auch selbst zu diesem Zwecke hochstämmige Bäume fällen zu lassen, wenn dies nothwendig ist, und die Nothwendigkeit unter Zuziehung des Eigenthümers festgestellt worden ist. Den Pfarrern ist dieses Recht auch im gegenwärtigen Decrete nicht abgesprochen worden, und so steht es ihnen nach den gesetzlichen Bestimmungen über den Nießbrauch überhaupt ebenfalls zu. Wo aber eine solche Erleichterung wegen Nichtvorhandenseins des erforderlichen Holzes nicht Statt finden kann, muß der Pfarrer als Nießbraucher jene Unterhaltungsreparaturen auf seine eigenen Kosten ausführen lassen. Die Constatirung der oben erwähnten Nothwendigkeit muß beim Nießbrauche des Pfarrers unter Zuziehung des Kirchenvorstandes, als des Vertreters des Eigenthumes erfolgen. Unter dieser zu constatirenden Nothwendigkeit wird nicht zu verstehen sein, daß jene Bäume im Interesse der Holzcultur außergewöhnlich gefällt werden müssen, sondern daß die Ausführung der Reparaturen nothwendig ist. Man vergl. Sirey, Les codes annotés, par Gilbert zu Art. 591 und 592 des B. G.=B. Nr. 2. Der Gesetzgeber betrachtet diese Fälle offenbar als eine Verwendung in das Gut selbst, weßhalb denn auch in diesen Fällen das Holz nicht verkauft werden darf, sondern in das Gut selbst verwendet werden muß.

Da nach dem Art. 605 des B. G.=B. die Hauptreparaturen dem Eigenthümer zur Last fallen, und bezüglich der an den Pfarr=Dotationsgütern vorzunehmenden nach dem gegenwärtigen Art. 13 der Pfarrer theilweise persönlich dazu beizutragen hat, so ist es von wesentlichem Interesse, festzustellen, welche Reparaturen, die dem Miether nicht obliegen, von dem Nießbraucher aus eigenen Mitteln bestritten werden müssen. Es wird daher auf eine nähere Erörterung der Bestimmungen des Art. 606 des B. G.=B. über die Hauptreparaturen einzugehen sein. Als solche werden dort aufgeführt:

a) Die der Hauptmauern und Gewölbe. Der Gesetzgeber spricht hier von den Reparaturen an den Hauptmauern und Gewölben ganz allgemein, weßhalb denn auch alle Reparaturen an denselben als Hauptreparaturen nur von dem Eigenthümer bestritten werden müssen.

b) Die Wiederherstellung der Balken und ganzen Dächer. Unter dem Ausdrucke „Wiederherstellung" ist nicht zu verstehen, daß nur dann eine Hauptreparatur vorhanden sei, wenn statt der vorhandenen Balken und Dächer neue angebracht und aufgelegt werden müssen, vielmehr ist jede Reparatur an den Balken und ganzen Dächern, in so fern sie geeignet ist, dieselben wieder in ihren früheren Stand oder in einen bessern zu versetzen, als eine Hauptreparatur zu betrachten; denn der im französischen Texte gebrauchte Ausdruck „rétablissement" bedeutet Wiederherstellung in den vorigen oder in einen bessern Zustand. Was die Dächer speciell anbelangt, so sieht der Gesetzgeber die Reparaturen an denselben nur in so fern als Hauptreparaturen an, als sie sich auf ein ganzes Dach erstrecken. Wenn daher ein ganzes Dach überhaupt sich in einem schlechten

Zustande befindet, so sind die daran vorzunehmenden Reparaturen Hauptreparaturen, wenn auch hier und da sich eine Stelle auf demselben befinden sollte, die noch in einem guten Zustande wäre. Befindet sich aber ein Dach im Allgemeinen noch in einem guten Zustande, und hat dasselbe nur einige schadhafte Stellen, so sind die an denselben vorzunehmenden Reparaturen keine Haupt-, sondern nur Unterhaltungsreparaturen, deren Kosten vom Nießbraucher allein zu tragen sind.

c) Die Wiederherstellung der Dämme, der Unterstützungs- und Einfassungsmauern im Ganzen. Es wird nun zwar von Zachariä a. a. O. Band II., S. 16, die Ansicht aufgestellt, daß die Art. 605—607 des B. G.-B. nur von Gebäuden überhaupt handelten; wie aber mit dieser Ansicht zu vereinigen ist, daß im Art. 606 daselbst auch von den Reparaturen an den Dämmen gehandelt wird, die doch in der Regel in keiner unmittelbaren Beziehung zu Gebäuden stehen, ist schwerlich abzusehen. Wenn hier der Dämme, Unterstützungs- und Einfassungsmauern in Bezug auf den dem Nießbrauche unterworfenen Gegenstand im Allgemeinen Erwähnung geschieht, so ist eine solche Einschränkung, wie Zachariä sie macht, im Gesetze nicht gerechtfertigt. Der erwähnte Art. 606 ist vielmehr auch anwendbar auf Dämme zum Schutze der nießbräuchlich besessenen Ackerstücke und Wiesen, auf Unterstützungsmauern in den Weinbergen und terrassenförmig angelegten Grundstücken, so wie auf die Einfassungsmauern von Gärten, Wiesen und Weinbergen. Bei den hier vorkommenden Reparaturen gilt aber nach dem erwähnten Art. 606 der Grundsatz, daß sie nur dann als Hauptreparaturen anzusehen sind, wenn die Dämme, Unterstützungs- und Einfassungsmauern im Ganzen der Reparatur bedürfen, nicht aber, wenn einzelne schadhafte Stellen an denselben auszubessern sind; denn in diesem letztern Falle sind sie keine Haupt- sondern Unterhaltungsreparaturen, und vom Nießbraucher allein zu bestreiten.

Nach dem zweiten Absatze des vorstehenden Art. 13 sollen nun die vorerwähnten Hauptreparaturen zunächst aus den in der Fabrikkiste befindlichen Geldern bestritten werden. Zu den so zu verwendenden Geldern können indessen nicht die in jener Kiste etwa aufbewahrten zurückgezahlten Capitalien gerechnet werden, deren Zinsen einen Theil der Competenz des Pfarrers bilden, und welche als Stiftungsgut dem Pfarr-Dotationsvermögen erhalten bleiben müssen, damit die Existenz des Pfarrers selbst nicht gefährdet werde. Diejenigen Gelder, von welchen der Gesetzgeber hier im zweiten Absatze des Art. 13 redet, sind vielmehr andern Ursprunges. Vorzüglich kommen in dieser Beziehung in Betracht:

1) Die während der Erledigung einer Pfarre zu percipirenden Einkünfte derselben. Da während der Erledigung der Pfarre ein Nießbraucher nicht vorhanden ist, der sie zu beziehen berechtigt wäre, so gebühren sie von Rechtswegen dem Eigenthümer als Früchte des Eigenthums, und fallen daher hier dem Pfarr-Dotationsvermögen zu. Es ist indessen hinsichtlich ihrer im Art. 24 des gegenwärtigen Decretes die ausdrückliche Bestimmung getroffen worden, daß sie

für etwa nothwendig werdende Hauptreparaturen aufbewahrt und zu denselben verwendet werden sollen. Der Gesetzgeber hat ihnen also eine ganz specielle Bestimmung gegeben, und dies, so wie der Umstand, daß jene Einkünfte nicht einen aus der Substanz des Pfarr=Dotationsvermögens abgelös'ten und für sich bestehenden Theil desselben bilden, der Pfarrer als Nießbraucher aber nur sein Nießbrauchsrecht an der Substanz desselben auszuüben berechtigt ist, muß zu der Annahme führen, daß der neue Pfarrer kein Recht auf den Nießbrauch an denselben bis zu ihrer gesetzlichen Verwendung hat und daß ihm daher auch nicht die etwaigen Zinsen derselben zukommen. Diese sind vielmehr als ein Accessorium derselben ebenfalls für solche Hauptreparaturen aufzubewahren und zu verwenden.

2) Die Gelder, welche von den Erträgen der Ausbeute der während eines Nießbrauches eröffneten Bergwerke, Torf=, Sand= und Steingruben herrühren, von welchen der Pfarrer so lange die Zinsen zu beziehen hat, bis dieselben zu den Hauptreparaturen verwendet werden. Man vergleiche die Bemerkungen zu Art. 6 des gegenwärtigen Decretes Nr. 3.

3) Die Gelder, welche die Hälfte eines auf dem Pfarr=Dotationsgute gefundenen Schatzes ausmachen, dessen andere Hälfte nach Art. 716 des B. G.=B. dem Entdecker desselben gebührt. Bis zur Verwendung derselben zu den Hauptreparaturen gebühren die Zinsen dieser Hälfte dem Pfarrer als Nießbraucher. Man sehe die Bemerkungen zu Art. 6 Nr. 3.

4) Der Ertrag des Verkaufes der durch Zufall ausgerissenen oder abgebrochenen hochstämmigen Bäume, wenn diese nicht sofort nach Anleitung des Art. 592 des B. G.=B. zu den dem Pfarrer obliegenden Reparaturen in das Gut selbst verwendet werden können. Bis zur Verwendung dieses Ertrages zu den Hauptreparaturen kommen die Zinsen dieser Gelder dem Pfarrer zu, da die Bäume aus der Substanz des Gutes genommen worden sind, und der Pfarrer an dieser den Nießbrauch hat. Man vergl. die Bemerkungen zu Art. 12 des gegenwärtigen Decretes. Die abgestorbenen, durch Zufall ausgerissenen oder abgebrochenen Obstbäume kommen hier nicht in Betracht, da diese nach Art. 594 des B. G.=B. dem Pfarrer als Nießbraucher gehören sollen, und er dagegen die Verpflichtung hat, sie durch andere ersetzen zu lassen.

5) Der Ertrag der lediglich im Interesse der Forstcultur vorzunehmenden außergewöhnlichen Hauungen hochstämmiger Bäume, da der Pfarrer als Nießbraucher nach Art. 591 und 592 des B. G.=B. bezüglich der hochstämmigen Bäume nur auf die ordentlichen Schläge und im Falle der Verwendung zu Reparaturen in das Gut selbst ein Recht hat. Sie werden in diesem Falle auch aus der Substanz des Gutes selbst weggenommen, und deßhalb ist der Pfarrer auch befugt, bis zu ihrer gesetzlichen Verwendung die Zinsen davon zu beziehen. Er kann aber in diesem Falle nicht die Zinsen für immer verlangen, weil die Hauung im Interesse der Forstcultur Statt gefunden hat, hiermit aber das Gut selbst, und somit auch der Nießbraucher gewinnt.

. Die vier folgenden Absätze des gegenwärtigen Artikels handeln nun von der Art und Weise der Beschaffung derjenigen Gelder, welche zur Bestreitung der

Kosten der nothwendigen Hauptreparaturen erforderlich sind. Hier wird nun zunächst constatirt, daß, wenn keine Gelder für diesen Zweck vorhanden sind, der Pfarrer als Nießbraucher dazu beitragen muß, wenn sie auch nicht durch die seit dem Anfange des Nießbrauches Statt gefundene Unterlassung der zur Unterhaltung dienenden Reparaturen verursacht worden sind. Es tritt hier also die Abweichung von den Bestimmungen des Civilgesetzbuches über den Nießbrauch ein, daß der Pfarrer zu allen Hauptreparaturen ohne Rücksicht auf den Grund des Entstehens ihrer Nothwendigkeit beizutragen verpflichtet ist, während nach dem Civilgesetzbuche dem Nießbraucher die Hauptreparaturen nur dann zur Last fallen, wenn er sie selbst verschuldet hat. Seine Verpflichtung ist aber eine in zweifacher Hinsicht begränzte; denn einmal braucht er nur von dem Ertrage des nießbräuchlich besessenen Grundvermögens, und nicht von dem der Capitalien und von seinen anderen Einkünften den Beitrag zu liefern, und dann ist jener Beitrag auf ein Drittel des Ertrages des Grundvermögens beschränkt. Zu den Erträgen des Grundvermögens gehört nun nicht bloß der Pacht- oder Miethertrag des Immobilarvermögens und der im Falle der Selbstbewirthschaftung durch Sachverständige zu ermittelnde Reinertrag der Einkünfte, sondern es gehören auch dazu die von ihm **in natura** zu beziehenden Holzschläge, der regelmäßige Ertrag des Grases, der Laubstreu und Haidestreu, deren Tarwerth hier nach Abzug der Fällungs- und Mähkosten maßgebend ist. In gleicher Weise gehört dazu der regelmäßige Ertrag einer dem Nießbrauche unterworfenen Baumschule. Es kann indessen dabei nur das regelmäßige Einkommen des Pfarrers aus dem Grundvermögen in Betracht kommen, nicht aber diejenige Nutzung, die er etwa aus den abgestorbenen, durch Zufall ausgerissenen und abgebrochenen Obstbäumen bezieht, da er hierfür die Pflicht hat, neue Bäume an deren Stelle zu pflanzen, diese Nutzung daher eine belastete ist. Der Miethwerth des Pfarrhauses und Pfarrgartens ist gleichfalls nicht dazu zu rechnen, da diese nicht nach den Grundsätzen des Nießbrauchs, sondern dem Art. 21 des gegenwärtigen Decretes gemäß nach denen der Miethe beurtheilt werden. Auf der anderen Seite kommen aber hierbei auch nach der ausdrücklichen Bestimmung des Art. 13 nicht die Kosten der dem Pfarrer allein obliegenden Reparaturen in Abzug. Dabei entsteht nun die Frage, wie es zu halten sei, wenn neben den Hauptreparaturen auch Reparaturen vorgenommen werden müssen, die dem Pfarrer allein obliegen, aber durch Zufall ausgerissene oder abgebrochene Bäume vorhanden sind, welche zu beiden Arten von Reparaturen verwendet werden können. Dem Art. 592 des B. G.-B. gemäß hat der Pfarrer als Nießbraucher ein Recht darauf, sie zu den ihm obliegenden Reparaturen zu verwenden, und nur dann, wenn deren keine oder nicht in dem Umfange nothwendig sind, daß das sämmtliche Holz verwendet werden muß, kommen dieselben dem Pfarr-Dotationsvermögen ganz oder theilweise zu Gute. In diesem Falle können sie dann entweder **in natura** verwendet oder verkauft werden, um aus dem Erlöse die Kosten der Hauptreparaturen zu decken. An dem dann noch verbleibenden Reste der Kosten ist der Pfarrer in der Weise betheiligt, daß er dazu bis zu einem Drittel des Ertrages des von ihm benutzten Grundvermögens beizutragen hat. Uebersteigen daher jene Kosten nicht das Drittel des Ertrages des Grundvermögens, so hat der Pfarrer sie allein zu tragen, da er nach dem Absatze 3 des gegenwärtigen Artikels sie bis zum Betrage eines Drittels des Ertrages des von ihm nießbräuchlich benutzten Grundvermögens beschaffen muß. Seine Pflicht besteht also nicht darin, daß er ein Drittel jener Kosten zu bezahlen hat, sondern daß er jene Kosten bis zu einem Drittel des Ertrages des Grundvermögens der Pfarrdotation unbedingt tragen muß. Reicht dieses Drittel des Ertrages des Grundvermögens zur Deckung der Kosten der Hauptreparaturen nicht aus, so kommen die Bestimmungen des 4., 5. und 6. Absatzes des Art. 13 zur Anwendung. Nach diesen kann der Pfarrer in einem solchen Falle ermächtigt werden, entweder ein Darlehn mit Bestellung einer Hypothek an den Immobilien des Pfarr-Dotationsvermögens aufzunehmen oder selbst einen Theil derselben zu veräußern. Da nun nach Art. 1 des gegenwärtigen Decretes der Kirchenrath auf die Erhaltung dieser Güter zu wachen hat, so muß er in dem hier beregten Falle mit seinem Gutachten gehört werden. Gibt er seine Einwilligung dazu nicht, so kann dies nur darin seinen Grund haben, daß er entweder die Hauptreparaturen gar nicht oder nicht in dem Umfange, wie dies der Pfarrer etwa glaubt, für nothwendig erachtet, oder daß er der Ansicht ist, daß jene Hauptreparaturen nicht gleichzeitig, sondern nur successive in mehreren auf einander folgenden Jahren vorgenommen werden können, oder daß er andere Mittel zur Deckung der Kosten derselben beschaffen will, oder endlich, daß nach seiner Meinung der Pfarrer sie selbst verschuldet hat, weil er die ihm obliegenden Reparaturen vernachlässigt hat. Natürlich wird er in diesen Fällen seine Ansicht begründen müssen, und wird dann über diese Verschiedenheit der Ansichten die höhere Behörde zu entscheiden haben. Zur Aufnahme eines Darlehens oder zur Veräußerung eines Theiles dieser Güter darf nur im äußersten Falle geschritten werden, weil die Erhaltung der Güter des Pfarr-Dotationsvermögens sowohl in ihrer Substanz als in ihren Erträgen eine der wichtigsten Pflichten des Kirchenrathes nach Art. 1 und des Pfarrers nach Art. 7 des gegenwärtigen Decretes ist. Können daher jene Hauptreparaturen, ohne dem Gute selbst zu schaden, in mehreren nach einander folgenden Jahren vorgenommen werden, und reicht dann ein Drittel des Ertrages des Grundvermögens für die in den einzelnen Jahren auszuführenden Hauptreparaturen aus, so ist es sowohl im Interesse des Pfarr-Dotationsvermögens als des Pfarrers gelegen, daß daran festgehalten werde, weil durch die Aufnahme eines Darlehens Mehrkosten entstehen, und durch eine Veräußerung jenes Vermögen selbst, und dadurch auch das Einkommen des Pfarrers verringert wird. Ist dies aber, ohne dem Gute selbst zu schaden, nicht möglich, und müssen vielmehr die gedachten Reparaturen im Interesse des Gutes selbst sofort vorgenommen werden, so muß zunächst darauf Bedacht genommen werden, daß ein Darlehen aufgenommen werde, welches allmählich in der Weise zu tilgen ist, daß das Drittel des Einkommens entweder ganz oder theilweise

Decret vom 6. November 1813. Art. 13.

in den einzelnen Rückzahlungs-Terminen verwendet wird. Bei der Feststellung dieser Rückzahlungs-Termine wird darauf Rücksicht zu nehmen sein, daß zwar der Pfarrer stets das Drittel des Ertrages des Grundvermögens dazu herzugeben hat, anderen Theiles aber auch darauf, daß es der Wille des Gesetzgebers nicht gewesen ist, daß nun auch unbedingt in jedem Termine der Pfarrer das ganze Drittel abgeben solle, und so bis auf ein Minimum seines Einkommens zu beschränken wäre. Denn die vorgenommenen Hauptreparaturen würden dann immer nur dem eben fungirenden Pfarrer allein zur Last fallen, der vielleicht nur kurze Zeit hindurch den Nutzen derselben zöge, während sein Nachfolger, ohne etwas dazu beigetragen zu haben, den größten Nutzen davon hätte. Mit Berücksichtigung dieses Umstandes hat denn auch der Gesetzgeber derjenigen Behörde, welche zur Aufnahme eines Darlehens mit Hypothekenbestellung die Ermächtigung zu ertheilen hat, es überlassen, die Termine der Rückzahlungen festzustellen, eine Bestimmung, welche nicht erforderlich gewesen wäre, wenn es in seiner Absicht gelegen hätte, daß jedes Jahr das ganze Drittel des Ertrages des Grundvermögens dazu hergegeben werden sollte. Es wäre dies aber auch für einen solchen Fall eine höchst unpraktische Maßregel, weil man dann bei etwa später eintretenden Hauptreparaturen von geringerem Umfange, wenn das Darlehen noch nicht zurückgezahlt ist, zu neuen Darlehen seine Zuflucht nehmen müßte, weil das erwähnte Drittel des Ertrages des Grundvermögens noch für längere Zeit gänzlich erschöpft wäre.

Schon aus der Fassung des vierten Absatzes des Art. 13 geht hervor, daß es der Wille des Gesetzgebers gewesen ist, man solle in dem Falle, wo das Drittel des Ertrages des Grundvermögens der Dotation zur Deckung der Kosten der Hauptreparaturen nicht ausreicht, eher zur Aufnahme eines Darlehens, als zur Veräußerung eines Theiles der Güter schreiten. Es kann dies aber nur so verstanden werden, daß nur dann veräußert werden solle, wenn die Aufnahme eines Darlehens mit Hypothekenbestellung der thatsächlichen Verhältnisse wegen mit zu großen Schwierigkeiten verknüpft oder durch dieselbe ein größerer Nachtheil zu befürchten wäre, als durch die Veräußerung eines Theiles der Güter. Denn es kann der Fall vorkommen, daß ein Grundstück, welches an sich von geringem Werthe und Ertrage ist, bei obwaltenden momentanen Verhältnissen zu einem Preise verkauft werden kann, der sonst nie zu erzielen ist, und mit dem Ertrage in gar keinem Verhältnisse steht; es wäre sogar möglich, daß durch einen solchen Preis nicht bloß die Reparaturkosten gedeckt, sondern noch ein Ueberschuß sich ergäbe, dessen Zinsen dem bisherigen Ertrage des Grundstückes gleich oder doch nahe käme. In einem solchen Falle hieße es nicht das Interesse des Dotationsvermögens wahrnehmen, wenn man einem solchen vortheilhaften Verkaufe die Aufnahme eines Darlehens vorzöge. Man könnte allerdings behaupten, daß durch den Verkauf ein Theil des Dotationsvermögens vollständig aus demselben ausscheide und für immer dasselbe verringert werde, weßhalb diesem die Aufnahme eines Darlehens vorzuziehen sei, weil dann doch das Eigenthum nicht aufgegeben werde. Der Gesetzgeber hat nun freilich zwar für den Fall der Aufnahme eines Darlehens dafür Vorsorge getroffen, daß durch Rückzahlung desselben das Dotationsvermögen erhalten bleibt, dagegen sich nicht darüber ausgesprochen, ob im Falle der Veräußerung eines Theiles desselben eine Ergänzung Statt finden und wie dieselbe bewirkt werden solle. Nimmt man aber auf diejenigen Bestimmungen Rücksicht, daß zunächst das in der Fabrikkiste befindliche Geld und dann der Pfarrer mit einem Drittel des Ertrages des nießbräuchlich benutzten Grundvermögens dafür aufkommen müssen, daß der Pfarrer im Falle eines Darlehens aus diesem Drittel die Rückzahlungen machen muß, daß vorzugsweise aber vom Gesetzgeber die Erhaltung des Dotationsvermögens in seinem Werthe dem Kirchenrathe und dem Pfarrer zur Pflicht gemacht wird, so muß man zu der Annahme kommen, daß eine solche Veräußerung die Stelle eines Darlehens vertreten soll, welches statt von einem Dritten ausnahmsweise aus der Substanz des Dotationsvermögens genommen wird, und daß die Rückzahlung der verwendeten Gelder in derselben Weise, wie bei der Aufnahme eines Darlehens zu bewirken ist. Von einer Veräußerung des gesammten Grundvermögens ist in diesem Decrete keine Rede, und scheint daher der Gesetzgeber sie auch in keinem Falle gewollt zu haben, da er im letzten Absatze des Art. 13 für den Fall, daß die bis jetzt zur Sprache gekommenen Operationen nicht ausreichen sollten, als letztes Mittel den kaiserlichen Schatz in Anspruch genommen wissen will.

Bereits im Art. 8 des gegenwärtigen Decretes ist die Verfügung getroffen worden, daß Hypothekenbestellungen an den Pfarr-Dotationsgütern und Veräußerungen derselben nicht ohne Genehmigung des Staatsoberhauptes Statt finden sollen. Diese Beschränkung der Pfarrer und beziehungsweise der Kirchenräthe in ihrer Dispositionsbefugniß ist hier im Art. 13 wiederholt, sie ist indessen in der preußischen Rheinprovinz durch den Art. 15 der preußischen Verfassungsurkunde beseitigt worden. Nunmehr ist dort der Bischof diejenige Behörde, welche zu den gedachten Hypothekenbestellungen und Veräußerungen die Ermächtigung zu ertheilen hat. Man vergleiche die Bemerkungen zu Art. 8 des gegenwärtigen Decretes unter Nr. 7.

Nach dem Schlußsatze des Art. 13 soll bei den hier zur Sprache gebrachten Operationen immer darauf Rücksicht genommen werden, daß dem Pfarrer die Congrua übrig bleibt. Unter Congrua wird die niedrigste gesetzliche Jahresrente einer geistlichen Pfründe verstanden, also das jährliche feste Einkommen, welches dem Beneficiaten nach Abzug aller Lasten zum standesmäßigen Unterhalte übrig bleiben soll. Sie besteht nach der französischen Gesetzgebung für die Pfarrer in deren Staatsgehalte, da dasselbe nach dem Regierungsbeschlusse vom 18. Nivose Jahres XI unter allen Umständen unverkümmert bleiben und nicht mit Beschlag belegt werden soll, also als das Minimum seines Einkommens von dem Gesetzgeber angesehen wird. Schon deßhalb würde der Pfarrer aus diesem zu den Hauptreparaturen nichts beizutragen haben, wenn auch der Art. 13 nicht unbedingt festgesetzt hätte, daß die Beiträge des Pfarrers zu den Hauptreparaturen nur aus dem Ertrage des von ihm nießbräuchlich benutzten Grundvermögens zu leisten seien. Nun ist aber durch die Decrete vom 5. Nivose Jahres XIII und 7. März 1806 bestimmt worden, daß das Einkommen aus den den Pfarrern belassenen Dotationsgütern auf das Gehalt derselben angerechnet werden solle. Es bildet daher einen Theil der dem Pfarrer gebührenden **Congrua** und kann demnach, in so fern es dieselbe nicht übersteigt, nicht zur Verwendung auf die Hauptreparaturen in Anspruch genommen werden. Für die preußische Rheinprovinz ist indessen durch die A. C.=O. vom 8. November 1834 die Höhe der **Congrua** der katholischen Pfarrer anders normirt worden, indem durch dieselbe verordnet wurde, daß das Minimum des Gehaltes derselben 275 Thlr. betragen solle. Bei den vorkommenden Hauptreparaturen ist daher in demjenigen Falle, wo auch Grundvermögen zur Dotation des Pfarrers gehört, die Summe von 275 Thlrn. als diejenige festzuhalten, welche in keiner Weise dem Pfarrer verkürzt werden darf.

In dem gegenwärtigen Decrete ist bei der Verwaltung des Pfarr=Dotations=vermögens nur davon die Rede, wie es mit der Bestreitung der Kosten der an demselben vorzunehmenden Hauptreparaturen zu halten sei. Dagegen sind in demselben die Bestimmungen des Art. 607 des B. G.=B. ganz außer Acht gelassen worden, wenigstens ist für den daselbst vorgesehenen Fall im gegenwärtigen Decrete keine besondere Verfügung getroffen worden. Nach dem erwähnten Art. 607 braucht nämlich weder der Eigenthümer noch der Nießbraucher dasjenige wieder aufzubauen, was von Alter zusammengefallen oder durch Zufall zerstört worden ist. Da durch den Art. 6 des gegenwärtigen Decretes auf das Verhältniß des Pfarrers zum Pfarr=Dotationsvermögen die im Civilgesetzbuche enthaltenen Vorschriften über den Nießbrauch für anwendbar erklärt worden sind, so könnte man wohl zu der Ansicht gelangen, daß dieselben auch für den Fall des Art. 607 maßgebend seien. Die Bestimmungen des Art. 13 passen auf diesen Fall nicht, da es sich in diesem nicht um Hauptreparaturen, sondern um vollständige Neubauten handelt. Bei der näheren Prüfung dieser Frage wird man vor Allem darauf Rücksicht nehmen müssen, daß der Nießbrauch des Civilgesetzbuches wesentlich von dem der Pfarrer verschieden ist, indem derselbe ein in der Zeit begränzter ist, während der am Pfarr=Dotationsvermögen ein stets fortdauernder ist und sein soll, der nur in den Personen, welche ihn ausüben sollen, einen Wechsel erleidet. Geht man von dieser Ansicht aus, so muß man es als dem Wesen dieses Nießbrauches widerstreitend erachten, daß man auf denselben die Bestimmungen des Art. 607 anwenden soll. Denn einmal sind die Objecte des Nießbrauches zur fortwährenden Unterhaltung der zeitigen Pfarrer bestimmt, und dann ist es auch im Art. 1 des gegenwärtigen Decretes den Kirchenräthen zur besonderen Pflicht gemacht, die dem Nießbrauche der Pfarrer unterworfenen Güter zu erhalten. Mit Rücksicht hierauf kann daher nicht angenommen werden, daß derjenige, der das Eigenthum derselben zu vertreten hat, von der Pflicht des Wiederaufbaues entbunden sein solle, wenn das nießbräuchlich benutzte Gebäude vor Alter zusammengefallen oder durch Zufall zerstört worden ist; vielmehr deutet der Art. 1 des gegen=

wärtigen Decretes darauf hin, daß der Kirchenrath in einem solchen Falle verpflichtet sei, für den Wiederaufbau zu sorgen. Natürlich werden die Mittel dazu zunächst aus den freien, dem Nießbrauche gar nicht oder nur eventuell unterworfenen Geldern genommen werden müssen, und wenn diese nicht ausreichen, wird man die Bestimmungen des Art. 609 des B.-G.-B. zur Anwendung bringen müssen. Nach diesen sollen nämlich in dem Falle, daß während des Nießbrauches dem Eigenthume eine Last aufgelegt werden muß, der Eigenthümer und der Nießbraucher zu derselben in der Weise beitragen, daß der Eigenthümer das dazu erforderliche Capital herzugeben, und der Nießbraucher die Zinsen desselben zu tragen hat, und daß, wenn der Nießbraucher das Capital hergeschossen hat, er berechtigt ist, dasselbe bei Beendigung des Nießbrauches zurück zu fordern. In diesem Falle wird aber auch stets darauf Rücksicht genommen werden müssen, daß dem Pfarrer die **Congrua** übrig bleibt, indem sonst die Bedingung seiner Existenz aufhört. Wo dies nicht möglich ist, muß der Kirchenrath in anderer Weise die Mittel für den Wiederaufbau beschaffen und nöthigen Falles die Erlaubniß nachsuchen, zu diesem Ende eine Collecte abzuhalten.

Auf der rechten Rheinseite, wo das gegenwärtige Decret nicht gilt, kommen für die Benutzung der Pfarrhäuser dieselben Grundsätze zur Anwendung, wie für die Benutzung des Pfarr-Dotationsvermögens, da dieselben hier auch zu dem Pfarr-Dotationsvermögen gehören, und hinsichtlich ihrer eine Ausnahmebestimmung, wie die des Art. 21 des gegenwärtigen Decretes nicht existirt. Für das ehemalige Herzogthum Berg, in welchem jetzt das rheinische Civilgesetzbuch Geltung hat, war in der Verordnung vom 27. October 1722 festgesetzt worden, daß die Pfarrgeistlichen verpflichtet seien, das Pfarrhaus, die Widdumshöfe und die Scheunen in gehörigem Reparationsstande und Nothbaue zu halten. Unter diesem sind aber nur die eigentlichen Unterhaltungsreparaturen zu verstehen, wie dies aus dem Ausdrucke „Nothbau" und dann auch daraus hervorgeht, daß im Art. 10 des Decrets-Entwurfes für das Großherzogthum Berg vom 6. November 1813 als Ausgaben der Kirchen-Fabriken auch die Kosten der Unterhaltung der Pfarrgebäude aufgeführt sind, eine Aufführung, die keinen Sinn haben würde, wenn der Pfarrer die sämmtlichen Reparaturen zu tragen hätte. Es kann demnach für diesen Theil der rechten Rheinseite auf die obigen Bemerkungen, so weit diese die Bestimmungen des Civilgesetzbuches zum Gegenstande haben, hingewiesen werden. Allein man wird auch hier nicht annehmen können, daß die Kirchenräthe nicht verpflichtet seien, dafür zu sorgen, daß dasjenige, was vor Alter zusammengefallen oder durch Zufall zerstört worden ist, wieder aufgebaut werde. Denn hierzu ist schon nach der Verordnung vom 18. Februar 1752 im Allgemeinen die kirchliche Gemeinde verpflichtet, und daher ist auch der Kirchenrath als der Vertreter derselben verbunden, Sorge zu tragen, daß dieser Pflicht genügt werde; sie ist es aber auch um beßwillen, weil sie dem Pfarrer eine standesmäßige Existenz verschaffen muß, die durch einen solchen Wiederaufbau bedingt ist. Das allgemeine preußische Landrecht enthält über die Verpflichtung des Pfarrers zu den Reparaturen in dem 11. Titel des 2. Theiles desselben besondere Bestimmungen, welche für den Theil der rechten Rheinseite, in welchem dasselbe gilt, maßgebend sind. Sie lauten:

§. 784. „Die Unterhaltung der Zäune und Gehege, so wie kleine Reparaturen an Gebäuden, müssen die Pfarrer und Kirchenbedienten aus eigenen Mitteln besorgen."

§. 785. „Für kleine Reparaturen sind diejenigen zu achten, die entweder gar keine baaren Auslagen erfordern, oder wo die Kosten, von jeder einzeln genommen, für den Pfarrer nicht über drei und für den Kirchenbedienten nicht über einen Thaler betragen."

§. 786. „Thüren, Fenster, Oefen, Schlösser und andere dergleichen innere Pertinenzstücke der Gebäude, müssen von dem Nießbraucher mit eigenen Kosten ohne Rücksicht auf den Betrag derselben unterhalten werden."

§. 787. „Auch zu größeren Reparaturen der Pfarrgebäude, so wie zu neuen Bauten muß der Pfarrer die Materialien, so weit als dieselben bei der Pfarre über die Wirthschaftsnothdurft hinaus befindlich sind, unentgeltlich hergeben."

§. 788. „Woher die übrigen Kosten in Ermangelung eines eigenen dazu bestimmten Fonds zu nehmen sind, ist nach den vorhandenen verschiedenen Provincialgesetzen zu bestimmen."

§. 789. „Wo darüber keine gesetzliche Bestimmung vorhanden ist, da müssen diese Kosten gleich den Bau- und Reparaturkosten der Kirche selbst aus dem Kirchenvermögen genommen, bei dessen Unzulänglichkeit aber von dem Patron und den Eingepfarrten getragen werden."

§. 790. „Wegen Aufbringung und Vertheilung der Beiträge finden eben die Grundsätze wie bei Kirchengebäuden Statt."

§. 791. „Doch sind Filial- und zugeschlagene Gemeinen von allen Beiträgen zu Pfarr- und Küstergebäuden bei der gemeinschaftlichen Kirche frei, wenn sie eigene dergleichen Gebäude zu unterhalten haben."

Der Pfarrer ist nach diesen gesetzlichen Bestimmungen also nur zu ganz bestimmten Reparaturen aus eigenen Mitteln verpflichtet; zu den Hauptreparaturen und Neubauten aber hat er nur die Materialien, so weit dieselben sich auf dem Pfarrgute über die Wirthschaftsnothdurft hinaus vorfinden, herzugeben, er braucht aber weitere Kosten für dieselben nicht zu bestreiten. In diesem Umfange gibt er daher das entbehrliche Holz, Steine, Sand und Lehm her, die Fällungs- und Gewinnungskosten dieser Materialien fallen ihm aber nicht zur Last.

Art. 14.

Die Schritte zur Einziehung der Einkünfte geschehen durch die Pfarrinhaber auf ihre Gefahr und Kosten.

Nichts desto weniger können sie weder klagend noch sich vertheidigend auftreten, noch selbst von einer Klage Abstand nehmen, wenn es sich von Grundrechten der Pfarre handelt, ohne Ermächtigung des Präfecturrathes, welchem ein Gutachten des Kirchenrathes einzusenden ist.

Zu Art. 14.

Durch den Art. 78 des Decretes vom 30. December 1809 ist der Schatzmeister der Kirchen=Fabrik mit der Einziehung der Einkünfte der Kirche vom Gesetzgeber beauftragt worden. Ein solcher Auftrag ist ihm für die Einziehung der Einkünfte des Pfarr=Dotationsvermögens vom Gesetzgeber nicht im Allgemeinen, sondern nur im Falle einer definitiven oder provisorischen Erledigung der Pfarre durch die Art. 25 und 28 des gegenwärtigen Decretes ertheilt worden. Diese Verschiedenheit ist in der Natur der Verhältnisse begründet. Die Einkünfte der Kirche werden nämlich für sie als Eigenthümerin des Vermögens, von welchem sie zu beziehen sind, durch ihren gesetzlich dazu bestellten Vertreter in ihrem Namen eingezogen, der Pfarrer bezieht aber die Einkünfte nicht für den Eigenthümer, sondern kraft seines selbstständigen Rechtes als Nießbraucher für sich; er allein hat den Nießbrauch auszuüben, und bei der Ausübung desselben keinen gesetzlichen Vertreter, er ist daher auch der allein Berechtigte zur Einziehung jener Einkünfte. Deßhalb sind denn auch die etwaigen Processe zur Einziehung dieser Einkünfte, weil sie einen rein persönlichen Anspruch des Pfarrers zum Gegenstande haben, lediglich vom Pfarrer allein und auf seinen Namen zu führen, und deshalb hat er sie auch dem Art. 14 gemäß auf seine alleinige Gefahr und Kosten zu betreiben. Dagegen ist diese Bestimmung in ihrer ganzen Ausdehnung aber auch nur auf die Schritte zur Einziehung der Einkünfte beschränkt; wird ihm daher von demjenigen, gegen welche diese Schritte erfolgen, das Recht überhaupt, die geforderten und in Frage stehenden Einkünfte zu beziehen, bestritten, so muß er, um sich sicher zu stellen, den Kirchenrath als Vertreter des Eigenthums des Pfarr=Dotationsvermögens zu dem Processe beiladen. In diesem Falle werden dann die Kosten, wenn der Kirchenrath der Ansicht des Pfarrers beitritt, aber gegen den Pfarrer und den Kirchenrath entschieden wird, nicht unbedingt dem Pfarrer zur Last fallen müssen. Sie werden dann nach Art. 15 des gegenwärtigen Decretes in der Weise zu decken sein, daß sie nach Anleitung des Art. 13 zunächst aus den disponiblen Fonds des Pfarr=Dotationsvermögens, eventuell aus dem Drittel des Ertrages des Grundvermögens bestritten werden, oder nach Anleitung des Art. 609 des B. G.=B. als eine während des Nießbrauchs dem Nießbrauchsgegenstande aufgelegte Last behandelt werden. Man vergleiche in dieser letztern Beziehung die Bemerkungen zu Art. 13 des gegenwärtigen Decretes S. 89. Wird indessen zu Gunsten des Pfarrers und Kirchenrathes in einem solchen Processe erkannt, und können die Einkünfte und ergangenen Kosten wegen Mangels von Executionsobjecten des Schuldners von demselben nicht eingezogen werden, so muß der Pfarrer diesen Verlust allein tragen, da nach den Bestimmungen des Art. 14 er die Schritte zur Einziehung der Einkünfte auf seine Gefahr und Kosten vorzunehmen hat. Zu Processen, welche die Einziehung der Einkünfte allein zum Gegenstande haben, bedarf der Pfarrer einer Ermächtigung nicht, wie dies aus dem Gegensatze zwischen dem ersten und zweiten Satze des Art. 14 deutlich hervorgeht. Solche vom Pfarrer als Nießbraucher wegen Einziehung der Einkünfte angestellte Processe unterliegen der Stempelsteuer, wenn das Streitobject die Summe von 50 Thalern übersteigt, da das Privilegium der Stempelfreiheit nur den Kirchen, nicht aber den Pfarrern wegen ihrer Nutzungsbefugnisse zusteht, wie dies ein Rescript des Finanz-Ministers vom 31. Januar 1832 entschieden hat. Man vergl. de Syo a. a. O. zu Art. 81. Werden indessen solche Processe vom Schatzmeister der Kirchen-Fabrik während der definitiven oder provisorischen Erledigung der Pfarre erhoben, kommen also jene Einkünfte nicht dem Pfarrer als Nießbraucher, sondern dem Pfarrfond zu Gute, so sind die in denselben ergangenen Urtheile zu Gunsten desselben stempelfrei, d. h. wenn nach der Entscheidung der Pfarrfond denselben zu tragen hätte, weil die Pfarre als öffentliche Anstalt das Privilegium der Stempelfreiheit besitzt. Im Falle einer Beiladung des Kirchenrathes zu einem solchen Processe wird derselbe in die Stellung eines Beklagten versetzt, und es gelten für ihn daher diejenigen Vorschriften, welche im Art. 77 des Decretes vom 30. December 1809 für die Einlassung auf die Klage gegeben worden sind. Man vergl. in dieser Beziehung die Bemerkungen bei de Syo a. a. O. zu Art. 77. Bilden Capitalien einen Theil des Pfarr-Dotationsvermögens, so hat der Pfarrer dem Art. 14 gemäß einzig und allein als Nießbraucher für die Einziehung der Zinsen derselben zu sorgen und die desfallsigen Schritte zu thun. Hiezu bedarf er gleichfalls keiner Ermächtigung, wenn er sich dabei lediglich auf die Einziehung der Zinsen beschränkt, selbst, wenn er für die rückständigen Zinsen das Subhastationsverfahren gegen den Schuldner einleiten will. Soll dagegen zugleich das Capital eingezogen werden, so muß nach den Bestimmungen des Art. 11 des gegenwärtigen Decretes verfahren werden. Da nach denselben der Pfarrer ein Recht auf die Einziehung der Capitalien nicht hat, so muß der Kirchenrath in einem solchen Falle der Subhastationsklage beitreten, hiezu aber die erforderliche Ermächtigung beibringen. Man vergleiche die Bemerkungen zu Art. 11 über die Rechte des Pfarrers und des Kirchenrathes bezüglich der Rückzahlung der Capitalien. In Uebereinstimmung mit dieser Ansicht spricht sich denn auch die Verordnung des Herrn Erzbischofes von Köln vom 7. April 1862 dahin aus, daß nur in den Fällen, in denen der Gegenstand des Processes die Rechte der Nutznießung, d. h. der Einziehung und freien Disposition über die Früchte und Einkünfte des Pfarrgutes, überschreitet, die Ermächtigung zur Processführung erforderlich und einzuholen sei.

Dem zweiten Satze des Art. 14 gemäß müssen die Pfarrer eine Ermächtigung haben, wenn sie wegen Eingriffe in die Grundrechte des Pfarr-Dotationsvermögens klagbar werden, oder sich vertheidigend gegen die Ansprüche Dritter in dieser Hinsicht auftreten wollen. Sie bedürfen einer solchen Ermächtigung sogar, wenn sie von einer desfalls angestellten Klage Abstand nehmen wollen. Unter dem Ausdrucke „droits fonciers" Grundrechte, dessen sich der Gesetzgeber im Art. 14 bedient, sind nicht bloß die Rechte des Eigenthümers an seinem Grundvermögen zu verstehen, sondern auch diejenigen, die Jemandem an fremdem Grundeigenthume zustehen, also auch die Servituten und Grundrenten. Zur Geltendmachung dieser Rechte entweder durch Anstellung einer Klage oder durch Einlassung auf eine gegen ihn erhobene Klage hat der Pfarrer die im Art. 14 vorgeschriebene Ermächtigung nachzusuchen. Dazu gehören denn nicht bloß die eigentlichen Eigenthumsklagen, sondern auch die Besitzklagen, da sie auf Schutz im Besitze eines Grundrechtes gerichtet sind. Man vergl. Sirey, récueil général des lois et des arrêts, Band 37, Abth. 1, S. 804. Weiter gehören dazu die Klagen auf Abmarkung der Gränzen, die Servitutenklagen und zwar im Sinne des französischen Civilgesetzbuches, nach welchem dem Art. 639 desselben gemäß die Servituten entweder aus der natürlichen Lage des Ortes, oder aus Verbindlichkeiten, welche durch das Gesetz auferlegt sind, oder aus Verträgen zwischen den Eigenthümern entstehen, und endlich die Klagen auf Anerkennung der Grundrenten. Diese Klagen stehen dem Nießbraucher zu, weil er nach Art. 578 des B. G.-B. das Recht hat, das dem Nießbrauche unterworfene Eigenthum wie der Eigenthümer selbst zu benutzen, es aber diesem Rechte widerstreiten würde, wenn ihm für die Ausübung desselben jene Klagen nicht zuständen. Man vergl. auch Zachariä a. a. O. Bd. II., S. 15. Da der Nießbraucher diese Klagen nur zur Ausübung des ihm zustehenden Nießbrauchsrechtes anstellt, der Eigenthümer aber durch dieselben nicht verhindert wird, sein Eigenthumsrecht in einem gesonderten Rechtsstreite geltend zu machen, so kann ein in dieser Beziehung entschiedener Rechtsstreit dem Eigenthümer gegenüber nicht von Nachtheil sein. So entschied auch der Appellationsgerichtshof zu Bordeaux durch Urtheil vom 13. Juni 1836. Man sehe Sirey a. a. O. Bd. 37, Abth. 2, S. 37. Der Nießbraucher besitzt indessen das Grundeigenthum nicht für sich, wenn auch zu seinem Nutzen, sondern für den Eigenthümer; wenn daher der Nießbraucher im Besitze des Grundrechtes geschützt wird, so nutzt dies auch dem Eigenthümer. Dieser Ansicht ist auch Zachariä a. a. O. Bd. II., S. 16.

Der im Art. 14 gebrauchte Ausdruck „se désister" bezeichnet zwar im Allgemeinen die Verzichtleistung auf etwas, und man könnte daher annehmen wollen, daß auch die Verzichtleistung auf ein Grundrecht nur der im Art. 14 vorgeschriebenen Ermächtigung bedürfe. Allein diese Ansicht ist eine irrige; denn eines Theils handelt der Art. 14 nur von Processen, es muß daher nach den Regeln der Interpretation der hier gebrauchte Ausdruck „se désister" auf Processe beschränkt werden. Consequent ist es auch, daß diejenige Behörde, welche die Ermächtigung zur Anstellung einer Klage ertheilt hat, gleichfalls zu einer etwaigen Abstandnahme von derselben die Ermächtigung zu ertheilen befugt ist. Andern Theils ist aber auch die Abstandnahme von einer auf die

Geltendmachung eines Grundrechtes gerichteten Klage wesentlich verschieden von der Verzichtleistung auf das Recht selbst; denn die Abstandnahme von einer solchen Klage hat nach Art. 403 der Civilproceß=Ordnung nur den Erfolg, daß die Angelegenheit für beide Parteien in eben den Zustand zurückversetzt werde, in welchem sie sich vor der Anstellung der Klage befand. Es wird also keines= wegs auf das durch die Klage in Anspruch genommene Recht auf immer ver= zichtet; dasselbe kann vielmehr durch eine neue Klage wieder geltend gemacht werden. Zu einer Verzichtleistung auf das Recht selbst ist vielmehr die nach Art. 8 des gegenwärtigen Decretes erforderliche Ermächtigung von dem Pfarrer beziehungsweise dem Kirchenrathe nachzusuchen. Wenn man auch nicht anneh= men will, daß eine Verzichtleistung auf ein Grundrecht unter dem dort gebrauch= ten Ausdruck „aliénations", Veräußerungen, zu begreifen sei, so ist sie doch jedenfalls eine Verfügung, welche eine Aenderung in der Natur des Pfarr= Dotationsvermögens oder eine Verminderung in seinem Ertrage bewirkt, wozu ebenfalls nach dem erwähnten Art. 8 die dort vorgeschriebene Ermächtigung nachzusuchen ist.

Die Ermächtigung zu den hier in Rede stehenden Processen hat nach Art. 14 der Präfecturrath nach Anhörung des Kirchenrathes zu ertheilen. Nachdem aber die preußische Verfassungsurkunde Gesetzeskraft erhalten, ist dieses den Präfecturräthen und nach dem Ressortreglement vom 20. Juli 1818 den Re= gierungen zustehende Recht weggefallen und auf den Bischof als die Ober=Auf= sichtsbehörde im kirchlichen Verwaltungswesen übergegangen. Man vergleiche in dieser Hinsicht die Bemerkungen bei de Syo a. a. O. zu Art. 77. Die erzbischöfliche Verordnung vom 7. April 1862 hat indessen auch speciell mit Rücksicht auf den Art. 14 des gegenwärtigen Decretes verfügt, daß in allen jenen Fällen, in denen der Gegenstand des Processes die Rechte der Nutznießung, d. i. der Einziehung und freien Disposition über die Früchte und Einkünfte des Pfarr= oder Stiftungsgutes überschreitet, und wo demnach die Substanz des Vermögens, seien es Immobilien oder Capitalien der Pfründe, Gegenstand des Processes wird, die Ermächtigung der bischöflichen Behörde eingeholt werden müsse, indem es den Pfarrern und selbstständigen Pfründnern nicht zustehe, über die Substanz ihrer Pfründen zu verfügen, und solche irgendwie der Gefahr eines Verlustes auszusetzen. Da diese Verordnung auf Grund der Verfassungs= Urkunde auch für den rechtsrheinischen Theil der Erzdiöcese Köln erlassen wor= den ist, so kommen hier dieselben Grundsätze zur Anwendung, wie sie jene Verordnung für maßgebend erklärt. In ähnlicher Weise hat sich für das Bis= thum Trier das Rundschreiben der dortigen bischöflichen Behörde vom 4. Octo= ber 1850 ausgesprochen.

Art. 15.

Die Kosten der Processe fallen den Pfarrern zur Last, gerade so, wie die Auslagen für die Reparaturen.

Decret vom 6. November 1813. Art. 15.

Zu Art. 15.

Die Bestimmung des Art. 15, daß die Proceßkosten den Pfarrern in derselben Weise zur Last fallen sollen, wie die Reparaturen, könnte zu der Annahme führen, daß es sich hier nur von Kosten solcher Processe handle, welche wegen der Reparaturen geführt werden müssen. Diese Kosten fallen allerdings unter die Bestimmung des Art. 15, allein derselbe ist nicht ausschließlich auf sie zu beziehen. Was nun die Processe anbelangt, welche wegen der Reparaturen geführt werden, so ist bei der Frage, wer die dadurch entstehenden Kosten zu tragen habe, vor Allem daran festzuhalten, daß nach dem gegenwärtigen Decrete der Pfarrer für die zeitige Ausführung aller Reparaturen, auch der Hauptreparaturen, Sorge tragen muß. In dieser Hinsicht können nun Processe entstehen zwischen dem Kirchenrathe und dem Pfarrer, und zwischen dem Pfarrer und demjenigen, welcher die Ausführung der Reparaturen von ihm übernommen hat. Processe zwischen dem Kirchenrathe und dem Pfarrer werden dann entstehen, wenn der erstere behauptet, daß der Pfarrer seinen Verpflichtungen nicht nachgekommen sei, und derselbe zur Erfüllung dieser Verpflichtungen angehalten werden soll. In einem solchen Falle wird es sich natürlich davon handeln, wer der obsiegende Theil ist; wenn dies der Kirchenrath ist, so muß der Pfarrer sie aus seinen Mitteln bezahlen, weil er durch seine Schuld die Veranlassung dazu gegeben hat. Wird aber zu Gunsten des Pfarrers entschieden, so sind die Kosten nach Anleitung des Art. 13 des gegenwärtigen Decretes zu bestreiten, nämlich zunächst aus den etwa disponibeln, in der Fabrikkiste befindlichen Geldern, dann aus dem Drittel des Ertrages des Grundvermögens, eventuell, wenn dieses nicht hinreicht, durch Aufnahme eines zu amortisirenden Darlehens oder nach Anleitung des Art. 609 des B.=G.=B. Betreffen aber die Processe die Tüchtigkeit oder Untauglichkeit der ausgeführten Reparaturen, so ist zu unterscheiden, ob der Pfarrer jene Reparaturen allein aus seinen Mitteln zu bestreiten hatte, oder ob sie als Hauptreparaturen nach den im Art. 13 enthaltenen Grundsätzen bestritten werden müssen. Im ersteren Falle hat der Pfarrer, wenn er unterliegt, sie aus seinen eigenen Mitteln zu beschaffen, weil die Proceßkosten nach Art. 15 gerade so, wie die Auslagen für die Reparaturen beschafft werden müssen. Im zweiten Falle aber sind sie im Falle des Unterliegens des Pfarrers dem Art. 15 gemäß nach Anleitung des Art. 13 zu bestreiten. Da der Art. 15 ganz allgemein von den Proceßkosten spricht, so kann derselbe nicht auf die vorerwähnten Fälle beschränkt werden. Es sind vielmehr hier auch die Kosten aller derjenigen Processe gemeint, welche entweder ganz oder theilweise die Erhaltung der Substanz des Pfarr=Dotationsvermögens zum Gegenstande haben, wozu denn auch die Reparaturen gehören, wovon bereits gesprochen worden ist. Die Kosten dieser Processe sollen denn dem Art. 15 gemäß nach Anleitung des Art. 13 beschafft werden, also zunächst aus den disponibeln Fonds, dann unter Berücksichtigung der Congrua des Pfarrers aus dem Drittel des Ertrages des Grundvermögens, durch Aufnahme eines Darlehens, oder Veräußerung eines Theiles des Grundvermögens oder durch eine andere zu bewirkende Beisteuer nach der im Art. 13 enthaltenen Weisung. Da nach Art. 1 des gegenwärtigen Decretes auf die Erhaltung des Pfarr-Dotations-vermögens der Kirchenrath zu wachen hat, so kann auch er darauf abzielende Processe anstellen, und es ist dann bezüglich der Kosten gleichgültig, ob der Pfarrer oder der Kirchenrath den Proceß geführt hat. Natürlich wird hierbei vorausgesetzt, daß zur Führung desselben die Ermächtigung ertheilt worden ist; denn wenn ohne Ermächtigung ein Rechtsstreit geführt wird, welcher verloren geht, so muß derjenige persönlich die Kosten tragen, welcher denselben geführt hat. Auch können hier selbstredend nicht diejenigen Kosten gemeint sein, welche durch die Einziehung der Einkünfte des Pfarrers entstehen, da hinsichtlich ihrer im ersten Satze des Art. 14 die Bestimmung getroffen worden ist, daß der Pfarrer sie im Unterliegungsfalle, oder wenn die Execution erfolglos bleibt, allein zu tragen habe. Die Prozeßkosten, welche das Pfarrwittum betreffen, hat der Pfarrer nur als Nießbraucher bis zu einem Drittel des Ertrages des zu demselben gehörigen Grundvermögens zu tragen. Wenn daher der Pfarrer während des Processes stirbt, so haben seine Erben die bis zu seinem Todestage auf-gegangenen, das Pfarrwittum die während der Erledigung der Pfarre entstehenden, und der Amtsnachfolger die seit seiner Ernennung ergehenden Kosten zu tragen. So entschied das Kgl. Landgericht zu Trier durch Urtheil v. 8. Mai 1861 in Sachen Meurin gegen Griesbach u. Haag. Vgl. Rh. Arch., Bd. 57, Abth. 2 B., S. 5—12.

Für die rechte Rheinseite bestehen bezüglich der Prozeßkosten keine solche speciellen Bestimmungen, wie die in den Art. 14 und 15 des gegenwärtigen Decretes. Es kommen daher da, wo das rheinische Civilgesetzbuch gilt, die Vor-schriften des Art. 613 des B. G.-B. zur Anwendung, nach welchen der Nieß-braucher nur für die Kosten derjenigen Processe, welche den Genuß betreffen, und für die sonstigen Verurtheilungen, welche in Folge solcher Processe etwa ausgesprochen werden, zu haften hat. Zu den Kosten, welche wegen der Er-haltung des Dotationsvermögens etwa verwendet werden, hat er zwar nichts beizutragen, allein es werden in einem solchen Falle doch die Bestimmungen des Art. 609 des B. G.-B. maßgebend sein müssen, und der Pfarrer wird verpflichtet sein, im Falle der Aufnahme eines Darlehens oder der in Folge einer Verurtheilung auf die Dotationsgüter genommenen Hypothekar-Inscription die etwaigen Zinsen zu bezahlen. Das allgemeine preußische Landrecht enthält auch in dieser Beziehung im 11. Titel des 2. Theiles desselben keine speciellen Vorschriften, weßhalb auch da, wo dieses gilt, die allgemeinen Bestimmungen desselben über den Nießbrauch zur Norm dienen müssen. Die §§. 82—85 des Th. I, Tit. 21 desselben bestimmen nun, daß der Nießbraucher auf Pro-cesse, welche die Substanz der Sache, deren Pertinenzstücke und Gerechtigkeiten betreffen, sich einlassen müsse und die Kosten vorzuschießen habe, daß er den Eigenthümer bei denselben zuziehen muß, und die vorgeschossenen Kosten, wenn ihm der Nießbrauch unentgeltlich bestellt wurde, wie dies bei dem Nießbrauche der Pfarrer der Fall ist, erst nach Beendigung des Nießbrauches zurück verlan-gen kann. Hat aber der Proceß für den Nießbraucher gar kein Interesse, so braucht er sich weder auf denselben einzulassen, noch die Kosten desselben vorzuschießen.

II. Abschnitt.

Von der Verwaltung der Pfarrgüter während der Erledigung der Pfarre.

Art. 16.

Im Falle des Todes eines Pfarrinhabers ist der Friedensrichter verpflichtet, von Amts wegen die Siegel anzulegen, ohne eine Entschädigung für sich und seinen Gerichtsschreiber, oder andere Kosten, als die alleinige Erstattung des Stempelpapiers verlangen zu können.

Zu Art. 16.

Die Bestimmung des vorstehenden Artikels kann nur den Zweck haben, die im Besitze des Pfarrers befindlichen, auf das Pfarr-Dotationsvermögen Bezug habenden Papiere, so wie die dazu gehörigen Mobilien vor einer Vermischung mit den Nachlaßobjecten des Pfarrers zu sichern. Was die Papiere und Documente anbelangt, so sollen dieselben sich nach Art. 3 des gegenwärtigen Decretes nie in dem unmittelbaren Gewahrsam der Pfarrer befinden, sondern in der Fabrikkiste oder im Kirchenarchive aufbewahrt werden, zu welchem der Pfarrer, der Präsident der Kirchmeisterstube, so wie der Schatzmeister, jeder einen Schlüssel besitzen. Es kommt indessen doch häufig vor, daß dieser Vorschrift entgegengehandelt wird, und so wird dann in einem solchen Falle der Friedensrichter diese Papiere durch Siegelanlage in Sicherheit bringen müssen. Man wird hier nicht sagen können, daß solche Papiere zum Nachlasse des Pfarrers gehören und deßhalb die Bestimmung des Art. 2279 des B. G.-B., nach welchen bei Mobilien der Besitz als Titel gilt, auf den Besitz solcher Papiere Anwendung finde, so daß der Kirchenrath den Nachweis zu führen habe, daß er allein ein Recht auf diese Papiere habe; denn der Pfarrer ist als Besitzer eines Schlüssels der Fabrikkiste, in welchem diese Papiere aufbewahrt werden sollen, Mitbewahrer derselben und haftet als solcher mit den beiden andern Schlüsselinhabern für die Repräsentation der gedachten Papiere. Anders verhält es sich indessen, wenn im Nachlasse eines Pfarrers Kirchen- oder Pfarrpapiere von einer früheren Stelle des Pfarrers gefunden werden. In Bezug auf diese greift die Bestimmung des Art. 2279 des B. G.-B. Platz, da der Pfarrer nicht mehr Besitzer eines Schlüssels der Fabrikkiste seiner früheren Pfarrstelle war. So entschied auch das Königl. Landgericht zu Aachen in Sachen der Kirchen-Fabrik zu Hochkirchen gegen Erben Thum in einem analogen Falle durch Urtheil vom 3. Juli 1862. Die Siegelanlage wird daher auf diejenigen Papiere zu beschränken sein, welche auf die Kirche und Pfarrstelle Bezug haben, an der zur Zeit seines Todes der Pfarrer angestellt war. Bei dem Tode des Pfarrers ist natürlich Niemand vorhanden, der zum Besitze des in seinen Händen befindlichen Schlüssels der Fabrikkiste berechtigt wäre, und so wird die Siegelanlage auch auf diesen sich zu erstrecken haben. Da die Sitzungen der Kirchmeisterstube nach den Art. 22 und 10 des Decretes vom 30. December 1809 auch im Pfarrhause abgehalten werden können, und thatsächlich auch größtentheils in demselben abgehalten werden, so befindet sich auch in der Regel das Kirchen-Archiv im Pfarrhause, um bei den Arbeiten der Kirchmeisterstube sofort benutzt werden zu können, weßhalb auch in einem solchen Falle dasselbe unter Siegel zu legen ist. An den zum Pfarr-Dotationsvermögen gehörigen Mobilien und Geräthschaften hat der Pfarrer den Nießbrauch, sie befinden sich daher in seinem Besitze, weßhalb auch sie beim Tode des Pfarrers durch Siegelanlage vor einer Vermischung mit den Nachlaßgegenständen des Pfarrers zu schützen sind. Man wird nun nicht behaupten können, daß der Art. 15 der preußischen Verfassungs-Urkunde die Friedensrichter von dieser Pflicht der unentgeltlichen Siegelanlage entbunden habe; denn die Verfassungs-Urkunde wollte nicht der Kirche den ihr gesetzlich gewährten Schutz entziehen, sondern sie nur in ihrer Verwaltung von der Obervormundschaft des Staates frei machen. Die hier vorgeschriebene Siegelanlage ist aber nur ein der Kirche gewährter Schutz gegen eine mögliche Entfremdung ihres Eigenthums, und deßhalb besteht auch noch jetzt die Bestimmung des Art. 16 in dieser Hinsicht in voller Geltung. Dagegen gelten die Bestimmungen desselben wegen des zu verwendenden Stempels in der preußischen Rheinprovinz nicht mehr, weil die Kirche das Privilegium der Stempelfreiheit auch in der preußischen Rheinprovinz nach der A. C.-O. vom 16. Januar 1827 besitzt. Man vergleiche in dieser Beziehung die Bemerkungen bei de Syo a. a. O. zu Art. 81.

Der Verfügung des Art. 16 gemäß sollen weder der Friedensrichter noch der Gerichtsschreiber für die Siegelanlage im vorgedachten Falle eine Entschädigung beanspruchen können. Diese Befreiung von allen Kosten steht indessen nur der Kirche für den ihr durch die Siegelanlage gewährten Schutz zu, die Erben des Pfarrers aber können eine solche Befreiung für sich nicht in Anspruch nehmen, wenn auch zugleich der Nachlaß desselben in ihrem Interesse entweder auf den Antrag eines Betheiligten, eines Gläubigers oder des Hausgesindes im Falle der Abwesenheit eines Erben nach Art. 909 der Civ.-P.-O., oder von Amts wegen auf Grund des Art. 911 der Civ.-P.-O., wenn ein betheiligter Minderjähriger ohne Vormund ist, oder einer oder mehrere Erben abwesend sind, oder der Verstorbene öffentlicher Depositar war, unter Siegel gelegt wird. Da die zur Siegelanlage verwendete Zeit Behufs Festsetzung der zu erhebenden Gebühren durch das Siegelanlage-Protocoll constatirt werden muß, so wird der Friedensrichter in einem solchen Falle speciell angeben müssen, welche Zeit er für die Anlage der Siegel auf die zum Pfarr-Dotationsvermögen gehörigen Papiere, Mobilien und Geräthschaften verwendet hat; für diese Zeit dürfen keine Gebühren berechnet werden. Dagegen sind die Erben des Pfarrers verpflichtet, in einem solchen Falle, wo auch in ihrem Interesse die Siegelanlage erfolgt ist, die ganzen Reisekosten, so wie die Gebühren für die auf die Versiegelung des eigentlichen Nachlasses ihres Erblassers verwendete Zeit zu bezahlen, weil diese Kosten in ihrem Interesse verwendet worden sind, und sie kein Recht darauf haben, zum Nachtheile der betreffenden Beamten, denen das Gesetz für diese Operationen eine Gebühr bewilligt, das Privilegium der Kirche auch für sich ganz oder theilweise geltend zu machen. Die Kosten der Reise und Siegelanlage waren nämlich in ihrem Interesse zum Schutze und zur Sicherstellung des Nachlasses ihres Erblassers nothwendig und bilden, da die betreffenden Beamten hierfür eine gesetzlich firirte Gebühr zu beziehen haben, eine Forderung derselben gegen den unter Siegel gelegten Nachlaß und diejenigen, welchen dieser Nachlaß gebührt. Würden diese nun gegen jene Forderung die Einrede erheben, daß die Beamten auch noch für einen Dritten, die Kirche, jene Reise hätten machen müssen, diese dafür eine Entschädigung zu leisten nicht verpflichtet sei, und somit auch gegen sie die Forderung nicht geltend gemacht werden könne, so würde das eine gesetzlich unzulässige Einrede aus dem Rechte eines Dritten sein. Man kann auch für jene Einrede die Analogie des §. 3, i des Stempelgesetzes vom 7. März 1822, nach welchem in den Fällen, wo Kirchen mit Privatpersonen Verträge schließen, von den Privatpersonen nur die Hälfte des Stempels gefordert werden soll, nicht anrufen. Denn bei Verträgen sind die Contrahenten dem Fiscus gegenüber nach der A. C.=O. vom 19. Juni 1834 für den Stempel solidarisch verantwortlich, und hat dieses Specialgesetz für den dort gedachten Fall die Verhältnisse der Solidarschuldner unter einander geregelt; bei den hier in Rede stehenden Siegelanlagen besteht aber zwischen der Kirche und den Erben des Pfarrers ein Solidarschuldverhältniß zu Gunsten der betreffenden Beamten nicht, und deßhalb paßt auch der Fall des §. 3, i des Stempelgesetzes auf den Fall solcher Siegelanlagen nicht. In einem solchen Falle haben denn auch die Erben die zu den friedensgerichtlichen Urkunden zu verwendenden Stempel zu tragen. Es dürfte in dieser Hinsicht zweckmäßig sein, daß die Friedensrichter über die beiden Siegelanlagen getrennte Urkunden aufnehmen, was auch bei einer späteren Entsiegelung eine wesentliche Erleichterung der Arbeiten darbieten wird.

Bei der im Art. 16 angeordneten Siegelanlage hat der Gesetzgeber unterstellt, daß der Verstorbene sich bei seinem Tode im Besitze von Papieren und Mobilien befunden habe, welche nicht ihm, sondern der Kirche oder zum Pfarr-Dotationsvermögen gehören, deren Vermischung mit dem Nachlasse desselben durch die Siegelanlage vermieden werden solle. Wenn nun der Verstorbene die Kirche, bei welcher er angestellt war, oder eine andere Kirche zur Erbin eingesetzt hat und sein Nachlaß im Interesse der Kirche als Erbin unter Siegel gelegt wird, so ist diese letztere Siegelanlage nicht unter dem im Art. 16 vorgesehenen Falle zu begreifen; denn die Kirche tritt hier lediglich in die Kategorie der Erben, und hat in dieser Eigenschaft auch alle Lasten der Erben zu tragen. Sie ist daher auch verpflichtet, die Kosten der Ver= und Entsiegelung, so weit sie sich auf den Nachlaß erstreckt, den friedensgerichtlichen Beamten zu bezahlen.

Decret vom 6. November 1813. Art. 16.

Ist sie nun die alleinige Erbin, so werden die betreffenden friedensgerichtlichen Urkunden stempelfrei sein; concurrirt sie aber mit Privatpersonen als Universal=Legatarin oder als Legatarin unter einem Universaltitel, so muß der ganze Stempel zu jenen Urkunden genommen werden, da das Stempelgesetz im Allgemeinen den Grundsatz aufstellt, daß die Stempelfreiheit der Kirche den Privatpersonen nicht von Nutzen sein solle, eine Vertheilung des Stempels im Stempelgesetze aber nur bezüglich der Verträge der Kirchen mit Privatpersonen angeordnet ist. Es haben daher in einem solchen Falle die nicht mit dem Privileg der Stempelfreiheit bedachten anderen Erben den Stempel jener Urkunden allein zu tragen. Es schließt die Bestimmung des Art. 16, daß der Friedensrichter von Amts wegen und unentgeltlich im Falle des Todes eines Pfarrers die daselbst angeordnete Siegelanlage vorzunehmen verpflichtet ist, nicht aus, daß auch von dem Kirchenrathe dieserhalb die Siegelanlage beantragt werden kann. In einem solchen Falle ist der Friedensrichter ebenfalls zur unentgeltlichen Vornahme dieser Operationen verbunden, weil der Antrag eigentlich nur die Erfüllung der dem Friedensrichter obliegenden Pflicht bezwecken soll. Ein solcher Antrag ist stempelfrei, weil er im Interesse der Kirche gestellt wird.

Der Gesetzgeber hat im Art. 16 nur die Siegelanlage im Falle des Todes eines Pfarrers angeordnet. Es kann aber auch der Fall eintreten, daß eine solche Siegelanlage im Falle des Todes des Schatzmeisters z. B. während der Erledigung der Pfarre, und im Falle des Todes des Präsidenten der Kirchmeisterstube erforderlich ist, da der erstere zeitweise im Besitze von Urkunden und Geldern sich befindet, die der Kirche oder dem Pfarr=Dotationsvermögen gehören, und der letztere in der Regel die Papiere über die currenten Kirchen= und Pfarrangelegenheiten in Händen hat. Von Amts wegen hat der Friedensrichter bei diesen die Siegel nicht anzulegen, da sie als ständige öffentliche Depositare nicht zu betrachten sind. Wird er dazu aufgefordert, so braucht er dies nicht unentgeltlich zu thun, weil kein Gesetz ihn dazu verpflichtet. Für die Kirchen ist es aber oft von der größten Wichtigkeit, daß namentlich bei dem Tode eines Schatzmeisters die in seinen Händen befindlichen Papiere und Gelder, welche sich auf die Kirche oder das Pfarramt beziehen, durch die Siegelanlage in Sicherheit gebracht werden. Die hierdurch entstehenden Kosten fallen der Kirche oder dem Pfarrfond zur Last, wenn der Verstorbene zum Besitze jener Papiere und Gelder berechtigt war, sie müssen aber von den Erben des Verstorbenen getragen werden, wenn dieser sie gesetzwidrig in Händen hatte. Die friedensgerichtlichen Beamten haben sich wegen dieser Kosten lediglich an die Requirentin, also die Kirche zu halten, welche dieserhalb im geeigneten Falle ihren Regreß gegen die Erben desjenigen hat, der burch seine gesetzwidrige Handlung die Veranlassung zur Siegelanlage gegeben hat. Da es sich indessen hierbei lediglich von einer Angelegenheit der Kirche handelt, so müssen die betreffenden Urkunden des Friedensgerichtes stempelfrei sein.

Für die rechte Rheinseite existirt eine Bestimmung, wie die des vorstehenden Art. 16 nicht; da, wo das rheinische Civilgesetzbuch gilt, ist der Friedensrichter daher, wenn nicht einer der oben erwähnten Fälle des Art. 911 der Civ.-P.-O. vorhanden ist, bei dem Tode eines Pfarrers nur auf Ansuchen des Kirchenrathes befugt, die Siegel auf die zum Kirchen- und Pfarrvermögen gehörigen Papiere und Mobilien anzulegen. Zur unentgeltlichen Vornahme der Siegelanlage ist das Friedensgericht nicht verpflichtet, da kein Gesetz ihm diese Pflicht auferlegt. Die Kosten müssen zunächst von den Requirenten, also aus den Kirchen- oder Pfarrmitteln bestritten werden; sie bleiben definitiv dem Kirchen- oder Pfarrfond zur Last, wenn der Verstorbene zum Besitze der unter Siegel zu legenden Gegenstände befugt war; dagegen haben aber die Requirenten ihren Regreß gegen die Erben des Pfarrers, wenn dieser nicht zu jenem Besitze berechtigt war, weil durch seine gesetzwidrige Handlung die Siegelanlage nothwendig geworden ist. Was oben bezüglich der bei einem Tode des Schatzmeisters zu ergreifenden Maßregeln gesagt worden, gilt auch hier; eben so sind hier die oben erörterten Bestimmungen wegen des Stempels anwendbar. In dem Theile der rechten Rheinseite, wo das allgemeine Landrecht gilt, sollen nach Th. II, Tit. 5, §. 4 der allgemeinen Gerichtsordnung vom Richter die Siegel von Amts wegen nur angelegt werden:

1) wenn die vermuthlichen nächsten Intestaterben unbekannt, ungewiß, oder sämmtlich von dem Orte, wo der Erblasser gestorben ist, abwesend sind;

2) wenn die vermuthlichen nächsten Erben sämmtlich fremde und nicht königliche Unterthanen sind;

3) wenn unter den vermuthlichen nächsten Erben Minderjährige, Wahn- oder Blödsinnige oder gerichtlich erklärte Verschwender sich befinden, und der Verstorbene keinen Ehegatten hinterlassen hat.

Dagegen kann nach §. 6 daselbst das Collegium, welchem der Pfarrer angehörte, also der Kirchenrath, die auf das Amt Bezug habenden und im Besitze des Pfarrers befindlichen Papiere und Gelder versiegeln. Von Kosten kann hier keine Rede sein, weil durch die Versiegelung deren keine entstehen. Da der erwähnte §. 6 dem gedachten Collegium dieses Recht überhaupt gibt, wenn der Verstorbene ein solcher königlicher oder anderer öffentlicher Bediener gewesen ist, welcher entweder Briefschaften oder Gelder, die zu seinem Amte gehören, in Händen gehabt hat, so ist die Bestimmung des §. 6 auch auf den Fall anwendbar, wenn der Schatzmeister mit Tod abgeht.

Art. 17.

Die Siegel sollen abgenommen werden entweder auf Anstehen der Erben in Gegenwart des Schatzmeisters der Fabrik, oder auf Anstehen des Schatzmeisters der Fabrik, nachdem dieser die Erben dazu vorgeladen hat.

Zu Art. 17.

Der Bestimmung des Art. 928 der Civil-Proceßordnung gemäß darf eine

Entsiegelung erst drei Tage nach der Beerdigung desjenigen, dessen Nachlaß unter Siegel gelegt worden ist, erfolgen, wenn die Siegelanlage vor der Beerdigung Statt hatte, und erst drei Tage nach der Siegelanlage, wenn dieselbe nach der Beerdigung bewirkt worden ist. Es kann daher dieselbe schon am britten Tage nach der Beerdigung beziehungsweise nach der Siegelanlage vorgenommen werden. Eine Vergleichung der Fassung des Art. 17 des gegenwärtigen Decretes mit den Bestimmungen des Art. 931 der Civil-Procesordnung könnte nun zu der Annahme führen, daß bei der hier in Rede stehenden Siegelabnahme nur der Schatzmeister der Kirchen-Fabrik und die Erben des verstorbenen Pfarrers zugezogen oder zu derselben berufen zu werden brauchten, so wie daß nur der gedachte Schatzmeister und die Erben das Recht hätten, diese Siegelabnahme zu beantragen. Es handelt sich hier freilich nicht um die Entsiegelung des Nachlasses eines Verstorbenen, sondern nur um die Abnahme der Siegel von solchen Gegenständen, welche nicht zum Nachlasse des Verstorbenen gehören sollen, sich aber bei seinem Tode in dessen Besitze befunden haben. Allein eben durch die Siegelabnahme und die dabei vorzunehmenden Operationen soll ja festgestellt werden, ob die unter Siegel gelegten Gegenstände wirklich nicht zum Nachlasse des Verstorbenen gehören, und deßwegen müssen auch diejenigen Personen zu dieser Entsiegelung berufen werden, welche ein Interesse an dieser Feststellung haben. Dazu gehören nun nach Art. 931 der Civil-Procesordnung im vorliegenden Falle die vermuthlichen Erben, der Testamentsexecutor, die Universal-Legatarien, die Legatarien unter einem Universaltitel und diejenigen, welche gegen die Abnahme der Siegel ohne ihre Zuziehung Einspruch erhoben haben. Die Bestimmung des Art. 17 ist daher vielmehr so aufzufassen, daß der Gesetzgeber durch dieselbe habe constatiren wollen, auch der Schatzmeister der Kirchen-Fabrik, welcher im Art. 931 der Civil-Procesordnung nicht unter den zur Siegelabnahme zu berufenen Personen aufgeführt ist, und die Erben, selbst wenn ihnen wegen eines vorhandenen Universal-Legats kein Recht an dem Nachlasse des Verstorbenen zusteht, sollten sowohl das Recht haben, die Siegelabnahme zu beantragen, als auch bei derselben zugezogen zu werden. Vorzüglich aber, und das ist das Wesentlichste der Bestimmung des Art. 17, hat der Gesetzgeber gewollt, daß der Schatzmeister der Kirchen-Fabrik bei dieser Siegelabnahme zugegen sein müsse, und daß dieselbe in seiner Abwesenheit nicht vorgenommen werden könne. Denn es heißt dort, sie solle in Gegenwart jenes Schatzmeisters erfolgen, während von den Erben nur gesagt wird, daß sie zu derselben vorgeladen werden müßten, in diesem Falle ihr Nichterscheinen daher die Vornahme der Siegelabnahme nicht verhindert. Im Allgemeinen kommen aber auch die Bestimmungen des Art. 930 der Civil-Procesordnung zur Anwendung, nach welchen alle diejenigen, welche das Recht haben, eine Siegelanlage zu verlangen, auch auf die Abnahme der Siegel antragen können, wovon nur das Hausgesinde ausgenommen ist, wenn auf seinen Antrag die Siegel wegen Abwesenheit des Erben angelegt worden sind.

Was die Kosten der Siegelabnahme anbelangt, so hat der Gesetzgeber zwar im Art. 17 nicht gesagt, daß das Friedensgericht auch für diese eine Entschädigung zu verlangen nicht berechtigt sei. Sie sind indessen eben so zu behandeln, wie die Kosten der Siegelanlage, da die Siegelabnahme eine nothwendige Folge der Siegelanlage ist, und durch sie definitiv erst der Zweck der Siegelanlage, Schutz und Aussonderung des Kirchen- und Pfarrvermögens aus dem Nachlasse des Pfarrers, erreicht wird. Es kann daher in dieser Hinsicht auf die Bemerkungen zu Art. 16 des gegenwärtigen Decretes hinverwiesen werden. Die betreffenden Urkunden sind auch hier in demselben Maße stempelfrei, wie dies bei den Siegelanlagen der Fall ist.

Da auf der rechten Rheinseite unter der Herrschaft der rheinischen Civil-Proceßordnung der Friedensrichter bei dem Tode eines Pfarrers von Amts wegen nicht die Siegel anzulegen hat, wenn nicht einer der im Art. 911 der Civil-Proceßordnung bezeichneten Fälle vorliegt, er auch überhaupt eine Siegelanlage unentgeltlich nicht vorzunehmen braucht, so ist er auch nicht verbunden, ohne Entschädigung die Siegel abzunehmen. Hier wird vielmehr, wenn die Fälle des erwähnten Art. 911 nicht vorhanden sind, eine solche Siegelanlage zum Schutze und zur Sicherstellung der Rechte der Kirche und des Pfarrfonds stets auf den Antrag des Kirchenrathes erfolgen, zu dessen Stellung dieser befugt ist, da er gegen die Erben ein Recht auf Herausgabe der von ihrem Erblasser als Pfarrer besessenen Gegenstände hat. Es ist demnach auch der Kirchenrath befugt, die Abnahme der Siegel zu verlangen, in so fern sie sich auf jene Gegenstände erstrecken soll, da nach Art. 930 der Civil-Proceßordnung jeder dazu befugt ist, welcher das Recht hat, die Siegelanlage zu verlangen. Der Schatzmeister der Kirchen-Fabrik kann dies ohne Auftrag des Kirchenrathes nicht, da ihm hier nicht eine solche Befugniß, wie auf der linken Rheinseite durch den Art. 17 des gegenwärtigen Decretes eingeräumt worden ist. Von der Verwendung des Stempels gilt dasselbe, wie auf der linken Rheinseite.

Art. 18.

Durch den Friedensrichter wird in Gegenwart der Erben und des Schatzmeisters der Kirchen-Fabrik eine Vergleichung mit dem früheren Inventar vorgenommen, welches eine Aufstellung des Theiles des Mobilars und der Geräthschaften, die zu dem Pfarrvermögen gehören, so wie eine Aufstellung der die Pfarre betreffenden Titel und Papiere enthält.

Zu Art. 18.

In den Bemerkungen zu Art. 5 des gegenwärtigen Decretes ist nachgewiesen worden, daß der Gesetzgeber die Anfertigung eines Inventars über die zum Pfarr-Dotationsvermögen gehörigen Mobilien und eines Inventars über die die Pfarre betreffenden Titel und Papiere verlangt habe. In welcher Art und

Weise dieselben anzufertigen waren, ist dort näher ausgeführt worden, weßhalb in dieser Beziehung auf jene Bemerkungen hingewiesen wird. Die Pflicht des Friedensrichters, wie sie ihm durch den vorstehenden Art. 18 auferlegt wird, ist nun eine doppelte; denn er hat nicht bloß die Siegel abzunehmen, sondern auch die in diesem Artikel vorgeschriebene Vergleichung vorzunehmen, und das Resultat derselben zu constatiren. Für diese Vergleichung ist daher die Zuziehung eines Notars nicht erforderlich, selbst wenn zugleich der ganze Nachlaß des verstorbenen Pfarrers unter Siegel gelegt worden war. In einem solchen Falle ist es aber sowohl für die Erben als für den betreffenden Kirchenrath von Wichtigkeit, daß der anwesende Notar in seinem Inventar registrirt, daß der Friedensrichter jene Vergleichung vorgenommen habe, weil ins Inventar nur die Nachlaßgegenstände aufgenommen werden, durch eine solche Registrirung der Grund der Nichtinventarisation der gedachten Mobilien, Titel und Papiere constatirt, und zugleich festgestellt wird, daß diese nicht einen Theil des Nachlasses bilden. Diese Vergleichung hat denn nun in der Art Statt zu finden, daß der Friedensrichter das vorhandene Inventar über die Mobilien, wovon der Pfarrer nach den Bemerkungen zu Art. 5 ein Duplicat besitzen soll, und welche der Pfarrer in seiner Eigenschaft als Nießbraucher besitzen mußte, mit dem Bestande derselben im Pfarrhause vergleicht und feststellt, ob alle Mobilien, wie sie im Inventar aufgeführt sind, sich noch vorgefunden haben, und welche etwa fehlen. Der Friedensrichter hat also ein eigentliches Inventar über die vorgefundenen Mobilien nicht aufzunehmen, sondern nur unter Zugrundelegung des vorhandenen Inventars zu constatiren, welche Mobilien nicht mehr vorhanden sind; das hierüber aufzunehmende Protocoll bildet dann einen Anhang zum Inventar, und werden durch dasselbe die etwaigen Streitpuncte zwischen den Vertretern des Nachlasses und dem Schatzmeister der Kirchen-Fabrik über einzelne Mobilien festgestellt. Das zweite Inventar, welches nach Art. 5 des gegenwärtigen Decretes vorhanden sein muß, enthält ein Verzeichniß der Titel und Papiere des Pfarrvermögens. Dieselben sollen zwar nach Art. 3 dieses Decretes in der Fabrikkiste aufbewahrt werden, und sich nicht im unmittelbaren Gewahrsam des Pfarrers befinden. Als Nießbraucher ist derselbe aber zeitweise zum Besitze einzelner Titel und Papiere berechtigt, z. B. der Pacht- und Miethverträge zur Erhebung des Pacht- und Miethpreises, der Schuldverschreibungen zur Erhebung und Eintreibung der Zinsen, und schon deßwegen ist die Anlage der Siegel auf dieselben gerechtfertigt. Hinsichtlich dieser Papiere ist indessen einfach durch die Vergleichung mit dem Inventar festzustellen, welche von den im Pfarrhause vorgefundenen Titel und Papieren dazu gehören. Dagegen ist der Friedensrichter nicht verpflichtet, das ganze Pfarrarchiv zu revidiren und festzustellen, welche von denjenigen Titeln und Papieren, die nach dem Inventar sich in demselben befinden müssen, jetzt fehlen; denn die Operationen des Friedensrichters sollen nur bezwecken, die im Besitze des Pfarrers vorgefundenen im Interesse des Pfarr-Dotationsvermögens sicher zu stellen, und streitet die Vermuthung nicht dafür, daß die etwa im Pfarrarchive fehlenden Titel und Papiere sich nothwendig im Besitze des Pfarrers befunden haben müssen. Die Vergleichungsprotocolle des Friedensrichters sind, weil sie nur das Interesse des Pfarr-Dotationsvermögens betreffen, stempelfrei und, als bei der Siegelabnahme aufgenommen, auch gebührenfrei. Von dieser Pflicht sind auch die Friedensrichter nach Art. 15 der preußischen Verfassungs-Urkunde nicht entbunden worden, da die von ihnen vorzunehmenden Handlungen nicht ein Ausfluß des Obervormundschaftsrechtes des Staates, sondern eine Folge des vom Staate der kirchlichen Anstalt durch seine Beamten zu gewährenden Schutzes sind.

Bei der Vergleichung müssen die Erben und der Schatzmeister zugegen sein, und es genügt eine bloße Vorladung zu derselben nicht. Erscheinen daher die Erben nicht, so können die Siegel abgenommen werden, aber die Vergleichung findet mit den Inventarien nicht Statt, wohl aber die Uebergabe der versiegelt gewesenen Papiere und Mobilien an den Schatzmeister, da die Erben durch ihr Ausbleiben kundgeben, daß sie keinen Anspruch auf dieselben machen. In einem solchen Falle wird aber die Anfertigung eines speciellen Verzeichnisses der vorgefundenen Papiere und Mobilien nothwendig sein, um darzuthun, daß nur diese von dem Schatzmeister in Empfang genommen worden sind.

Auf der rechten Rheinseite ist der Friedensrichter weder verpflichtet noch berechtigt, die im Art. 18 erwähnten Functionen auszuüben, da ihm der Gesetzgeber dort eine solche Pflicht nicht auferlegt, noch ein solches Recht gegeben hat. Hier gehört es vielmehr, wenn auf den Antrag des Kirchenrathes die Siegel angelegt worden sind, zu den Functionen der Notarien, durch ein Inventar zwischen den Erben und dem Kirchenrathe die gegenseitigen Rechte festzustellen, und genügt es hier, wenn die Interessenten zu dem Termine vorgeladen worden sind, und im Termine einer die Aufnahme des Inventars beantragt. Die betreffende Notariatsurkunde ist dann stempelfrei, wenn es sich in derselben lediglich um Papiere und Mobilien der Kirche oder der Pfarre handelt.

Art. 19.

Eine Ausfertigung des Vergleichungsactes wird bei der Uebergabe der die Pfarre betreffenden Titel und Papiere dem Schatzmeister durch den Friedensrichter ausgehändigt.

Zu Art. 19.

Nach den Bestimmungen dieses Artikels soll der Friedensrichter dem Schatzmeister der Kirchen-Fabrik eine Ausfertigung des über die Vergleichung von ihm aufgenommenen Protocolles aushändigen. Er hat also die desfallsige Verhandlung nicht in duplo aufzunehmen und eines der Duplicate dem Schatzmeister zu übergeben. Nun hat aber der Gerichtschreiber die friedensgerichtlichen Urkunden als Depositar zu verwahren, und als solcher ist nur er befugt, von denselben eine Ausfertigung d. i. eine amtlich beglaubigte Abschrift zu ertheilen. Deßwegen sagt denn auch der Gesetzgeber hier nicht, der Friedensrichter solle

Decret vom 6. November 1813. Art. 19.

eine solche Ausfertigung anfertigen und sie dann dem Schatzmeister übergeben. Es muß vielmehr der Friedensrichter eine solche Ausfertigung vom Gerichts=schreiber verlangen; er verlangt sie aber nicht als Mandatar des Schatzmeisters, sondern kraft eigenen Rechtes in seiner amtlichen Eigenschaft, um mit derselben eine ihm obliegende Amtshandlung zu verrichten. Nicht der Gerichtsschreiber, sondern nur er soll die Aushändigung vornehmen. Aus diesem Grunde hat denn auch der Gerichtsschreiber nicht das Recht, für dieselbe Ausfertigungsge=bühren zu erheben. Selbstredend ist jene Ausfertigung auch dem Ausferti=gungsstempel nicht unterworfen.

Da die Vergleichung nicht die Aufstellung eines vollständigen Inventars sein soll, so wird die darüber aufzunehmende Verhandlung in der Regel sehr kurz sein, weßhalb die Anfertigung jener Ausfertigung sofort im Entsiegelungs=Termine vorzunehmen ist. Daß dies zu geschehen habe, folgt um so mehr aus dem Umstande, daß die Aushändigung dieser Ausfertigung mit der Uebergabe der die Pfarre betreffenden Titel und Papiere erfolgen soll, die Uebergabe aber sofort nach der Statt gehabten Entsiegelung und Vergleichung erfolgt.

Im Art. 19 wird gesagt, daß die Ausfertigung des Protocolles über die vorgenommene Vergleichung an den Schatzmeister der Kirchen=Fabrik bei der Uebergabe der die Pfarre betreffenden Titel und Papiere ausgehändigt werden solle; dagegen ist von einer Uebergabe der zum Pfarr=Dotationsvermögen ge=hörigen Mobilien und Geräthschaften hier keine Erwähnung gethan. Es hat dies lediglich darin seinen Grund, daß es einer förmlichen Uebergabe derselben nach deren Feststellung an den Kirchenrath nicht bedarf, weil sie an dem Orte, wo sie sich befinden, nämlich im Pfarrhause, auch ferner bleiben sollen, der Pfarrer sie auch bis zu seinem Tode nicht in eigenem Namen, sondern für den Kirchenrath, als Vertreter des Pfarr=Dotationsvermögens, besitzt, und der Kir=chenrath vom Tode des Pfarrers an bis zur neuen Besetzung der Stelle im Besitze des Ortes ist, an welchem sie sich befinden. Ein Gleiches ist aber mit den Titeln und Papieren der Pfarre nicht der Fall. Diese sollen nämlich im Kirchenarchive und nicht im unmittelbaren Gewahrsam des Pfarrers aufbewahrt werden, und dadurch im gemeinsamen Besitze derjenigen sein, welchen die drei Schlüssel des Kirchenarchives anvertraut sind. Befinden sie sich nun im Nach=lasse des Pfarrers, so sind sie aus diesem Besitze gekommen. Sie müssen da=her von ihrem Verwahrungsorte bei der Siegelanlage entfernt, der zum Besitze derselben berechtigten kirchlichen Behörde in der Person des Schatzmeisters der Kirchen=Fabrik, als deren gesetzlichen Vertreters, übergeben werden, damit sie an dem gesetzlich, zu ihrer Aufbewahrung bestimmten Orte, nämlich in dem mit drei Schlössern versehenen Kirchenarchive hinterlegt werden.

Durch den Art. 78 des Decretes vom 30. December 1809 ist der Schatz=meister der Kirchen=Fabrik verpflichtet worden, zur Wahrung der Rechte der Kirchen=Fabrik alle conservatorischen Maßregeln zu ergreifen, und da der Kirchen=Fabrik durch den Art. 1 des gegenwärtigen Decretes die Pflicht auferlegt wor=den ist, auf die Erhaltung des Pfarr=Dotationsvermögens zu wachen, und da=

durch jedes Mitglied derselben in seinem Ressort diese Pflicht auszuüben hat, so verstand es sich von selbst, daß der Schatzmeister der Kirchen-Fabrik bei den nach den Art. 17, 18 und 19 vorzunehmenden Operationen die Rechte der Kirchen-Fabrik sowohl im Allgemeinen als im Speciellen wahrzunehmen haben mußte. Mit Rücksicht hierauf hat denn auch der Gesetzgeber im Art. 16 die Siegelanlage ganz allgemein zur Wahrung der Rechte der Kirchen-Fabrik angeordnet, und sie nicht lediglich auf die zum Pfarr-Dotationsvermögen gehörigen Gegenstände beschränkt. Da der Schatzmeister nun schon durch den Art. 78 des Decretes vom 30. December 1809 überall verpflichtet ist, zur Wahrung der Rechte der Kirchen-Fabrik conservatorische Maßregeln zu ergreifen, ihm hier aber noch besondere Functionen zugewiesen werden, so erscheint er hier bei der Siegelabnahme sowohl zur Wahrung der allgemeinen als der speciellen Rechte der Kirchen-Fabrik, also sowohl bezüglich des Kirchen- als auch des Pfarr-Dotationsvermögens.

Wenn nun zwar in den Art. 18 und 19 des gegenwärtigen Decretes seine Functionen nur bezüglich der zum Pfarr-Dotationsvermögen gehörigen Mobilien, Titel und Papiere erwähnt werden, so hat dies seinen Grund darin, daß hier von denselben speciell gehandelt wird, es kann ihn dies aber von der ihm zugleich durch den oben erwähnten Art. 78 auferlegten Pflicht nicht entbinden. Er ist daher auch verpflichtet, die bei der Siegelabnahme vorgefundenen, zum Vermögen der Kirche gehörigen Gegenstände, Titel und Papiere an sich zu nehmen und da zu hinterlegen, wo sie gesetzlich aufbewahrt werden müssen; denn das ist auch eine conservatorische Maßregel. Dagegen kann von einer Vergleichung derselben mit den Inventarien der Kirche durch den Friedensrichter hier nicht die Rede sei, weil der Pfarrer unter keinen Umständen berechtigt ist, sie zu besitzen.

Auf der rechten Rheinseite gelten die Bestimmungen des Art. 19 nicht, eine unentgeltliche Abschrift des Theiles des Inventars, in welchem die Mobilien, Titel und Papiere der Kirche und Pfarre aufgezeichnet sind, kann von den Notarien nicht gefordert werden. Hinsichtlich der dadurch entstehenden Kosten vergleiche man die letzten Bemerkungen zum Art. 16 des gegenwärtigen Decretes.

Art. 20.

Bei jedem Wechsel des Pfarrinhabers soll auch durch den Schatzmeister der Fabrik eine Vergleichung des Inventars der Titel und aller Ackergeräthe, aller Geräthe oder Mobilien, welche für die Wohnung oder die Bearbeitung der Güter als Zubehör dienen, angefertigt werden.

Decret vom 6. November 1813. Art. 20.

Zu Art. 20.

Der Gesetzgeber sagt im Art. 20, daß auch bei jedem Wechsel in der Person des Pfarrers durch den Schatzmeister eine Vergleichung des Inventars der Titel und aller Ackergeräthe, der Geräthe und Mobilien, welche als Zubehör der Wohnung oder des Pfarrgutes anzusehen seien, vorgenommen werden solle. Schon der Umstand, daß auch bei jedem Wechsel in der Person des Pfarrers und durch eine bestimmte Person, nämlich den Schatzmeister allein, diese Vergleichung erfolgen soll, documentirt, daß diese Vergleichung nicht mit der nach Art. 18 durch den Friedensrichter vorzunehmenden verwechselt werden soll. Sie ist vielmehr eine vollständig hiervon verschiedene, und zwar sowohl hinsichtlich ihres Zweckes als ihres Umfanges. Die durch den Friedensrichter vorzunehmende Vergleichung bezweckt den Nachweis, daß und welche Gegenstände der Kirche und der Pfarre sich in dem Besitze des verstorbenen Pfarrers befunden haben, und somit die Ausscheidung derselben aus dem Nachlasse und deren Sicherstellung im Interesse der Kirche und der Pfarre; es sind davon also diejenigen ausgeschlossen, welche sich etwa in der Fabrikkiste, oder in den Händen des Präsidenten der Kirchmeisterstube oder des Schatzmeisters befinden, weil diese zu dem Nachlasse des verstorbenen Pfarrers in keiner unmittelbaren Beziehung stehen. Das von dem Friedensrichter aufgenommene Vergleichungsprotocoll bildet aber mit den Inventarien die Grundlage für die nach Art. 20 vorgeschriebene, durch den Schatzmeister allein vorzunehmende Vergleichung aller zum Pfarr-Dotationsvermögen gehörigen Gegenstände, Titel und Papiere, wo sie sich auch immer befinden mögen. Sie ist eine allgemeine und muß in derselben Weise vorgenommen werden, wie die durch den Art. 55 des Decretes vom 30. December 1809 vorgeschriebene Vergleichung, welche jedes Jahr erfolgen soll. Nach den Bemerkungen zum Art. 5 des gegenwärtigen Decretes muß auch jährlich eine Vergleichung der vorhandenen, zum Pfarr-Dotationsvermögen gehörigen Gegenstände Titel und Papiere nach Anleitung des Art. 55 des Decretes vom 30. December 1809 Statt finden; es ist diese also eine ordentliche Vergleichung. Die durch den Art. 20 dagegen vorgeschriebene ist eine außerordentliche, welche aber wegen der Beziehungen zu dem abtretenden und neu eintretenden Pfarrer nothwendig ist. Wegen der Beziehungen zu dem abtretenden Pfarrer ist sie um deswillen nothwendig, weil dieser mit den beiden anderen Besitzern der Schlüssel der Fabrikkiste für den etwaigen Verlust der Titel und Papiere verantwortlich ist, und es daher nothwendig erscheint, daß festgestellt werde, daß jener Verlust zur Zeit seiner Amtsverwaltung eingetreten ist. In Beziehung auf den neu eintretenden Pfarrer ist diese Vergleichung aber aus dem Grunde erforderlich, weil derselbe eines Theiles erfahren muß, welche Mobilien und Geräthe ihm als Nießbraucher überantwortet werden müssen, und festgestellt werden muß, welche ihm wirklich übergeben worden sind, und weil er anderen Theiles wissen muß, welche Titel und Papiere er mit den beiden anderen Besitzern der Schlüssel der Fabrikkiste zu verwahren hat. Der Zweck der durch den Art. 20 vorgeschriebenen Vergleichung besteht also darin, daß der ganze Bestand, wie er nach den Inventarien vorhanden sein muß, herbeigeschafft werde, daß diejenigen, welche den Verlust einzelner Theile desselben verschulden, dieserhalb zum Schadensersatze angehalten werden, und für den neu eintretenden Pfarrer eine Grundlage geschaffen werde, nach welcher er verpflichtet ist, und auf Grund welcher später wegen etwaiger Verluste gegen ihn oder seine Erben angegangen werden kann.

Die Vorschriften des Art. 20 sind daher nach den vorstehenden Bemerkungen nicht bloß bei einem Wechsel in der Person des Pfarrinhabers durch Versetzung oder Entsetzung zu beobachten, sondern auch im Falle des Todes desselben und beim Eintritte des neuen Pfarrinhabers. Sie werden aber auch befolgt werden müssen, wenn im Falle einer Erledigung der Pfarre dieselbe zwar nicht definitiv besetzt, sondern längere Zeit hindurch commissarisch einem besonders dazu ernannten Geistlichen die Verwaltung der Pfarre übertragen wird. Denn der Gesetzgeber bedient sich hier nicht des Ausdruckes „curé", unter welchem der wirkliche Pfarrer verstanden wird, sondern der Bezeichnung „titulaire", welche auch auf den commissarisch angestellten Verwalter paßt. Dagegen braucht der Schatzmeister jene Vorschriften nicht zu erfüllen, wenn der Pfarrer zeitweise in den im Art. 27 des gegenwärtigen Decretes angegebenen Fällen von der Pfarre entfernt ist; in diesen Fällen ist nämlich nicht ein Wechsel in der Person des Pfarrers oder Pfarrinhabers vorhanden, weil der zeitweise entfernte Pfarrer oder Pfarrinhaber seine Eigenschaft als solcher behält, und für diese Fälle bezüglich der Verwaltung des Pfarr=Dotationsvermögens der Art. 28 des gegenwärtigen Decretes verordnet, daß der Schatzmeister die Obliegenheiten des Pfarrers oder Pfarrinhabers erfüllen solle. Ein Wechsel in der Person des Pfarrers oder Pfarrinhabers, bei welchem die Vorschriften des Art. 20 zu erfüllen sind, ist demnach als vorhanden anzusehen:

a) wenn der bisherige Pfarrer oder commissarisch angestellte Pfarrverwalter gestorben ist;

b) wenn dieselben versetzt oder entsetzt worden sind, oder ihr Amt niedergelegt haben;

c) wenn ein neuer Pfarrer definitiv eintritt;

d) wenn bei Erledigung der Pfarre ein commissarisch angestellter Pfarrverwalter sein Amt antritt.

Der Gesetzgeber sagt nun nicht, daß der Schatzmeister bei der Vornahme jener Vergleichung die Erben des Pfarrers oder Pfarrinhabers, oder bei deren sonstigem Abgange diese selbst zuzuziehen habe; wegen des oben angegebenen Zweckes jener Vergleichung ist dies auch nicht erforderlich. Die Erben haben auch kein Recht darauf, zu jener Vergleichung zugezogen zu werden, weil sie zu dem Pfarr=Dotationsvermögen überhaupt beim Aufhören des Nießbrauches ihres Erblassers in keiner weiteren Beziehung stehen. Dagegen wird es dem ausscheidenden Pfarrer oder Pfarrinhaber, so lange er noch im Amte ist, nicht verwehrt werden können, daß er eine solche Vergleichung unmittelbar vor seinem Ausscheiden verlangt, um seine Rechte und Verbindlichkeiten festzustellen. Ist er aber ausgeschieden, ohne dies zu thun, so hat er kein Recht darauf, zu jener Vergleichung zugezogen zu werden, weil jene Vergleichung nur von dem Kirchenrathe, beziehungsweise dessen gesetzlichen Vertreter vorzunehmen ist. Der Kirchenrath selbst hat das Recht, zu verlangen, daß er zugezogen werde, da dieses Recht eine Folge der ihm nach Art. 1 des gegenwärtigen Decretes obliegenden Pflicht ist, auf die Erhaltung des Pfarr-Dotationsvermögens zu wachen. Aus diesem Grunde steht denn auch dem Pfarrer oder Pfarrinhaber, so lange er noch Mitglied des Kirchenrathes ist, dieses Recht zu. Jedenfalls wird es zweckmäßig sein, daß auch der Schatzmeister darauf bedacht ist, vor dem Ausscheiden des Pfarrers oder Pfarrinhabers diese Vergleichung unter dessen Zuziehung vorzunehmen, weil dadurch etwa später eintretende Differenzen beseitigt werden. Wenn nun auch der Gesetzgeber im Art. 20 die Zuziehung des neuen Pfarrinhabers oder Pfarrers nicht erfordert, so wird sie doch Statt finden müssen, weil derselbe nach Art. 7 des gegenwärtigen Decretes von dem Pfarr-Dotationsvermögen Besitz zu ergreifen hat, also festgestellt werden muß, wovon er Besitz ergreift, und diese Feststellung durch die protocollarische Verhandlung über die Besitzergreifung nur mittels der gedachten Vergleichung möglich ist.

Für die rechte Rheinseite besteht zwar eine solche specielle gesetzliche Bestimmung, wie die des Art. 20 des gegenwärtigen Decretes nicht; es kommen aber da, wo das rheinische Civilgesetzbuch Gesetzeskraft hat, die Bestimmungen des Art. 600 des B. G.-B. zur Anwendung, nach welchem der Nießbraucher nicht eher den Genuß antreten darf, als bis er in Gegenwart des Eigenthümers oder nach Vorladung desselben ein Inventar der Mobilien und eine Beschreibung des Zustandes der Immobilien, welche dem Nießbrauche unterworfen sind, hat aufnehmen lassen. Aus denselben folgt nun aber auch, daß bei Beendigung des Nießbrauches die Auseinandersetzung des Eigenthümers mit dem Nießbraucher auf Grund jenes Inventars Statt finden muß, um ihre gegenseitigen Rechte zu fixiren. Diese Auseinandersetzung kann aber nur durch eine Vergleichung der vorhandenen Gegenstände mit dem gedachten Inventar ermöglicht werden. Zu demjenigen Theile der rechten Rheinseite, wo das allgemeine preußische Landrecht gilt, sind zunächst die Bestimmungen des Th. II, Tit. 11, §. 822 und 823 maßgebend. Hiernach sollen bei der Einweisung des neuen Pfarrers Wohnung und Wirthschaft von den Vorstehern unter Aufsicht und Direction des Patrons oder des Erzpriesters oder des Kreisinspectors nach dem Inventarium übergeben werden. Es wird also hier vorausgesetzt, daß ein Inventar vorhanden sein muß, und dasselbe bei der jedesmaligen Einweisung eines Pfarrers festzustellen ist, was eine Vergleichung desselben mit den vorhandenen Gegenständen zur nothwendigen Folge hat. Die Auseinandersetzung zwischen dem abgehenden Pfarrer oder dessen Erben und der Kirche erfolgt nach der Lehre vom Nießbrauche, wo die Bestimmungen des Th. I, Tit. 21, §. 112—120 Platz greifen, welche lauten:

§. 112. „Ist bei der Einräumung des Nießbrauches ein Verzeichniß über den Beilaß aufgenommen worden, so wird dieses bei der Rückgabe zum Grunde gelegt."

§. 113. „Auf die Anfertigung eines solchen Inventarii bei der Uebergabe, in welchem zugleich die Beschaffenheit oder der Werth der vorhandenen Beilaß=stücke angegeben sein muß, ist sowohl der Eigenthümer als der Nießbraucher anzutragen berechtigt."

§. 114. „In zweifelhaften Fällen müssen die dazu erforderlichen Kosten von beiden Theilen zur Hälfte getragen werden."

§. 115. „Ist aber Jemanden der Nießbrauch eines ganzen Vermögens beschieden, so muß der Nießbraucher die Kosten des Inventarii allein tragen."

§. 116. „Hat bei einem durch letztwillige Verordnung bestellten Nießbrauche der Erblasser die Aufnehmung eines solchen Inventarii verboten, so muß dennoch der Nießbraucher ein Privatverzeichniß aufnehmen, und dasselbe gerichtlich, allenfalls versiegelt, niederlegen."

§. 117. „Hat der Erblasser auch ein Privatverzeichniß verboten, so erhält der Nießbraucher die Sache, so weit sie steht und liegt, und muß sie demnächst mit allen zu einer ordentlichen gewöhnlichen Bewirthschaftung nothdürftig erforderlichen Beilaßstücken zurückgeben."

§. 118. „Doch bleibt ihm die Nachweisung, daß auch diese Stücke ganz oder zum Theile bei der Sache nicht befindlich gewesen, vorbehalten."

§. 119. „Hat außer diesem Falle (§. 117) der Nießbraucher die Sache ohne Inventarium übernommen, so wird vermuthet, daß er alles, was zur vollständigen Benutzung derselben erforderlich ist, erhalten habe."

§. 120. „Was für Stücke eigentlich zu einer solchen vollständigen Benutzung erforderlich sind, muß nöthigen Falls nach dem Ermessen vereideter Sachverständiger bestimmt werden."

Sowohl der Gesetzgeber des rheinischen Civilgesetzbuches als der des allgemeinen preußischen Landrechtes haben unter den hier erwähnten Inventarien nur die unter Zuziehung eines öffentlichen Beamten errichteten gedacht. Nach dem rheinischen Civilgesetzbuche ist aber auch jede Urkunde unter Privatunterschrift, also auch ein solches Verzeichniß, für die Parteien bindend, wenn in demselben die Erklärung enthalten ist, daß die eine Partei der andern die in dem Verzeichnisse enthaltenen Gegenstände zum Nießbrauche überliefert habe, und diese die geschehene Ueberlieferung zu dem gedachten Zwecke bescheinigt. Es ist dasselbe dann doppelt auszufertigen, von der doppelten Ausfertigung im Acte selbst Erwähnung zu thun, und von dem Pfarrer und dem Kirchenrathe sind beide Exemplare zu unterschreiben. Zwar würde auch die einseitige Ausstellung einer solchen Bescheinigung durch den Pfarrer genügen, die Wahl der Vertragsform aber vorzuziehen sein, da der Pfarrer zu seiner eigenen Orientirung und Wahrung seiner Rechte ein solches Exemplar in Händen haben muß, was auch vom Kirchenrathe anerkannt ist. Es bedarf also der Anfertigung eines notariellen Inventars zur Constatirung der gegenseitigen Rechte des Pfarrers und Kirchenrathes nicht. In den oben angeführten Stellen des allgemeinen Landrechtes ist für den vorliegenden Fall von der Anfertigung eines Inventars nicht die Rede, wenn schon eins vorhanden ist, wie dies der Fall sein soll; es genügt hier bei

Decret vom 6. November 1813. Art. 20 und 21.

der Uebergabe eine Vergleichung des Inventars mit den übergebenen Gegenständen, welche von dem Pfarrer zu unterschreiben ist. Wo aber ein Inventar nicht vorhanden ist, muß ein solches angefertigt werden, und da es sich hier um den Nießbrauch des ganzen Pfarr=Dotationsvermögens handelt, so hat nach dem oben angeführten §. 115 der Pfarrer die Kosten desselben allein zu tragen. Auch enthalten die oben mitgetheilten §§. 119 und 120 Präjudicien für den Pfarrer, welcher die Nießbrauchsgegenstände ohne Inventar beziehungsweise ohne Vergleichung mit dem Inventar übernommen hat.

Art. 21.

Der Schatzmeister verfolgt die Erben, damit sie die Pfarrgüter in denjenigen Reparaturzustand versetzen, in welchem sie dieselben zurückgeben müssen.

Die Pfarrer sind rücksichtlich der Pfarrhäuser nur zu den Locativreparaturen verpflichtet, die übrigen sind zur Last der Civilgemeinde.

Zu Art. 21.

Dem Art. 7 des gegenwärtigen Decretes gemäß soll über die Besitzergreifung des Pfarr=Dotationsvermögens durch den Pfarrer ein Protocoll aufgenommen werden. Da nun nach Art. 6 desselben der Pfarrer bezüglich des Pfarr=Dotationsvermögens die Rechte und Pflichten eines Nießbrauchers hat, der Nießbraucher aber nach Art. 600 des B. G.=B. vor dem Antritte des Genusses in Gegenwart des Eigenthümers oder nach dessen Vorladung ein Inventar der Mobilien anfertigen und eine Beschreibung des Zustandes der dem Nießbrauche unterworfenen Immobilien vornehmen soll, so muß dies, wie oben in den Bemerkungen zu Art. 7 angegeben worden, entweder vor der Verhandlung über die Besitzergreifung oder zugleich mit dieser und der beim Antritte des neuen Pfarrers durch den Schatzmeister nach Art. 20 vorzunehmenden Vergleichung geschehen. Die Vergleichung ersetzt das durch den Art. 600 des B. G.=B. vorgeschriebene Inventar; die Beschreibung des Zustandes der Immobilien ist um deswillen nothwendig, weil der Schatzmeister durch den gegenwärtigen Art. 21 verpflichtet wird, die Erben des Pfarrers anzuhalten, die Pfarrgüter in denjenigen Reparaturzustand zu versetzen, in welchem sie dieselben zurückgeben müssen, und die beim Antritte des Pfarrers vorgenommene Beschreibung jener Güter eine Grundlage für die Beurtheilung des Umfanges der den Erben des Pfarrers obliegenden Verbindlichkeiten darbietet. Unter Vergleichung dieser Beschreibung mit dem Zustande der Immobilien bei Beendigung des Nießbrauches wird dann nöthigen Falles durch Sachverständige festgestellt werden können, ob der Pfarrer dem Art. 7 des gegenwärtigen Decretes und dem Art. 601 des B. G.=B. gemäß die Pfarrgüter wie ein guter Hausvater benutzt hat. Der Schatzmeister der Kirchen-Fabrik ist nun verpflichtet, bei Beendigung des Nießbrauchs durch den Tod des Pfarrers von den Erben desselben zu verlangen, daß sie a) die nothwendigen Locativreparaturen und b) die nothwendigen Unterhaltungs= reparaturen vornehmen lassen, und sie, wenn sie diesem Verlangen nicht nachkommen, dieserhalb gerichtlich zu verfolgen. Nothwendig ist es, daß der Schatzmeister diese Schritte sobald wie möglich thut, damit wo möglich noch vor dem Eintritte des neuen Pfarrers diese Angelegenheit erledigt wird, und der neue Pfarrer Alles in gutem Reparaturzustande übernehmen kann. Der Schatzmeister ist aber auch verpflichtet, festzustellen zu lassen, ob sich bei Beendigung des Nießbrau= ches Hauptreparaturen als nothwendig erweisen, und wenn dies der Fall sein sollte, ob dieselben nicht durch die seit dem Anfange des Nießbrauchs des ver= storbenen Pfarrers Statt gefundene Unterlassung der zur Unterhaltung dienen= den Ausbesserungen verursacht worden sind. Im letzteren Falle müssen die Erben desselben nach Art. 605 des B. G.=B. die sämmtlichen Kosten jener Hauptreparaturen tragen; im erstern Falle sind diese Erben aber nur eventuell verpflichtet, zu jenen Kosten beizutragen, nämlich nur dann, wenn in der Fa= brikkiste zur Bestreitung derselben keine disponiblen Fonds vorhanden sind; sie haben aber ihren Beitrag nach Anleitung des Art. 13 des gegenwärtigen De= cretes zu leisten, und zwar in der Art, daß der Ertrag des Grundvermögens der Dotation im Sterbejahre ihres Erblassers festgestellt wird, und von demje= nigen Theile des gedachten Ertrages, welchen derselbe in diesem Jahre schon bezogen oder noch zu beziehen hat, höchstens ein Drittel zur Ausführung jener Hauptreparaturen durch die Erben herzugeben ist. Das Vorhandensein der Nothwendigkeit von Hauptreparaturen im Sterbejahre eines Pfarrers nämlich verpflichtet ihn, in Gemäßheit des Art. 13 zu den Kosten derselben bis zu einem Drittel des Ertrages des von ihm nießbräuchlich besessenen Grundvermögens beizutragen, und diese Pflicht geht auf seine Erben als seine Repräsentanten über; da aber höchstens ein Drittel des ganzen Ertrages dieses Grundvermögens zu den Hauptreparaturen zu verwenden ist, und für ihn nur sein Sterbejahr als dasjenige, in welchem die Nothwendigkeit der Hauptreparaturen sich heraus= stellte, in Betracht kommt, so kann er auch nur bis zu einem Drittel desjenigen Theiles des Ertrages, welchen er bereits bezogen oder noch zu beziehen hat, zu diesen Kosten beitragspflichtig sein. Seine Erben können sich aber darauf nicht berufen, daß durch den Tod ihres Erblassers eine Erledigung der Pfarre einge= treten sei, und hiedurch die Ansammlung eines disponiblen Fonds aus den Einkünften des Pfarr=Dotationsvermögens ermöglicht werde, welcher nach Art. 13 zuerst angegriffen werden müsse; denn beim Tode ihres Erblassers war ja ein solcher Fond nicht vorhanden, und dadurch der Anspruch gegen ihn auf Grund des Art. 13 zur Existenz gekommen. Entsteht dann durch eine solche Erledigung der Pfarre ein disponibler Fond, so ist derselbe zur Completirung des von den Erben des verstorbenen Pfarrers zu zahlenden Beitrages zunächst zu verwenden, weil dieser nach Art. 13, wenn er vorhanden ist, zunächst anzu= greifen ist; er darf aber nicht angegriffen werden, wenn der vorerwähnte Bei=

Decret vom 6. November 1813. Art. 21.

trag der Erben zur Deckung jener Kosten ausreicht. Erst dann, wenn auch dieser Fond mit dem Beitrage der Erben zur Bestreitung jener Kosten nicht hinreichen sollte, hat der neue Pfarrer zu denselben einen Beitrag bis zu einem Drittel des ihm in diesem Jahre zukommenden Theiles des Ertrages des Grund=vermögens zu leisten. Natürlich wird hierbei immer vorausgesetzt, daß die Congrua des Pfarrers dadurch nicht verringert wird, wie dies in den Bemerkungen zu Art. 13 näher auseinandergesetzt worden ist. Es erstreckt sich daher die Pflicht des Schatzmeisters nicht bloß darauf, daß er die Erben des verstorbenen Pfarrers dazu anhält, die Locativ= und Unterhaltungs=Reparaturen auf Grund der Bestimmungen des Art. 13 des gegenwärtigen Decretes und des Art. 605 des B. G.=B. auszuführen, sondern er muß sich auch darüber Gewißheit verschaffen, ob beim Tode des Pfarrers sich auch die Nothwendigkeit herausgestellt hat, Hauptreparaturen vorzunehmen, und ob diese nicht dadurch veranlaßt worden sind, daß der verstorbene Pfarrer hinsichtlich der Locativ= und Unterhaltungs=Reparaturen seiner Pflicht nicht nachgekommen ist. Er hat daher, wo der Pfarrer sie verschuldet hat, die Erben anzuhalten, die sämmtlichen, dadurch entstehenden Kosten zu bezahlen, und wo ein Verschulden des Pfarrers nicht vorliegt, festzustellen, welchen Beitrag die Erben zu denselben zu leisten haben, und diesen von ihnen einzufordern. In dieser Hinsicht ist es, da eine Pfarre oft längere Zeit hindurch erledigt bleiben kann, und es im Interesse des Pfarrgutes gelegen ist, daß der jedes Mal neu eintretende Pfarrer das Pfarrgut in einem guten Reparaturzustande antritt, zweckmäßig, nach dem Tode des Pfarrers mit dessen Erben eine Besichtigung des Pfarrgutes und eine Feststellung des Zustandes desselben zu bewirken, und wenn dieselben dazu freiwillig nicht bereit sind, sie durch gerichtliche Klage dazu zu zwingen. An die durch den Art. 21 dem Schatzmeister der Kirchen=Fabrik auferlegte Pflicht schließt sich denn auch die weitere an, welche eine Folge der Bestimmungen des Art. 7 des gegenwärtigen Decretes ist. Nach denselben hat nämlich der Pfarrer überhaupt die Pflicht, die zum Pfarr=Dotationsvermögen gehörigen Güter, also auch die Aecker, Wiesen und Holzungen wie ein guter Hausvater zu benutzen. Es wird daher bei der Beendigung des Nießbrauches durch den Tod des Pfarrers auch constatirt werden müssen, ob er sich in dieser Hinsicht nicht etwas hat zu Schulden kommen lassen, namentlich, ob er sie nicht durch eine Benutzung über Gebühr verschlechtert hat: denn in einem solchen Falle wäre er und nach seinem Tode dessen Erben dieserhalb zum Schadenersatze verpflichtet, und der Schatzmeister hätte die Pflicht, zur Erlangung desselben gegen die Erben anzugehen.

Im Art. 21 heißt es zwar nur, daß der Schatzmeister der Kirchen=Fabrik wegen der bei dem Tode eines Pfarrers als nothwendig herausgestellten Reparaturen die Erben desselben anzugehen habe; dasselbe muß er aber auch gegen den Pfarrer selbst thun, wenn dieser bei seinen Lebzeiten aus irgend einem Grunde als Pfarrer ausscheidet. Es ist dies in der Natur der Sache begründet, geht aber auch bezüglich der Pflicht des Schatzmeisters aus dem Art. 25 des gegenwärtigen Decretes hervor, nach welchem er über die während der

Dauer der Erledigung bezogenen Einkünfte des Pfarr-Dotationsvermögens Rechnung zu legen hat, woraus denn geschlossen werden muß, daß er auch während der Dauer der Erledigung der Pfarre die Verwaltung jenes Vermögens zu führen hat. Wenn er aber diese Verwaltung hat, so ist er auch verpflichtet, im Interesse des von ihm verwalteten Vermögens gegen den ausscheidenden Pfarrer dieselben Schritte zu thun, zu welchen er nach Art. 21 gegen die Erben eines verstorbenen Pfarrers verbunden ist. Daß der bei seinen Lebzeiten abgehende Pfarrer bezüglich der bei seinem Ausscheiden am Pfarrgute erforderlichen Reparaturen dieselben Verpflichtungen hat, wie die Erben eines verstorbenen Pfarrers, versteht sich von selbst, da diese nicht aus ihrer Person, sondern nur als Erben des durch seinen Tod abgehenden Pfarrers jene Pflicht zu erfüllen haben, sie also nur einer Verpflichtung ihres Erblassers nachkommen. Aber auch die Analogie des Art. 44 des Decretes vom 30. December 1809 weis't ausdrücklich darauf hin, indem es dort heißt, daß der abgehende Pfarrer oder Hülfspfarrer, seine Erben oder Rechtsnachfolger für die Locativreparaturen und die vom abgehenden Pfarrer verschuldeten Verschlimmerungen des Pfarrhauses zu haften haben. Das Verhältniß des Pfarrers zum Pfarrhause ist zwar von dem zum eigentlichen Pfarr-Dotationsgute verschieden, aber der Grund der Verpflichtung des Pfarrers zu den Reparaturen ist derselbe, nämlich die Pflicht, beide Arten von Gütern wie ein guter Hausvater zu benutzen, die ihm nach dem Art. 7 des gegenwärtigen Decretes und den Art. 601 und 1728 des B. G.-B. obliegt, und die daraus gezogene gesetzliche Folge zur Uebernahme gewisser Reparaturen. Eine Analogie ist daher zulässig.

Wie schon vorhin angedeutet worden, ist das Verhältniß des Pfarrers zum Pfarrhause von dem zum eigentlichen Pfarr-Dotationsgute bezüglich der Verpflichtung zu den Reparaturen verschieden. Dem vorstehenden Art. 21 gemäß ist der Pfarrer rücksichtlich des Pfarrhauses nur zu den Locativreparaturen verbunden, alle anderen Reparaturen fallen der Civilgemeinde zur Last. Der Pfarrer hat also hinsichtlich der Reparaturen am Pfarrhause nur die Pflicht des Miethers, wie dies aus dem Ausdrucke „Locativreparaturen", Reparaturen bei einem Miethverhältnisse, hervorgeht. Der Art. 1754 des B. G.-B. bezeichnet nun die Locativreparaturen in folgender Weise:

„Locativreparaturen oder kleine Unterhaltungskosten, welche beim Mangel einer entgegenstehenden Uebereinkunft dem Miether zur Last fallen, sind die durch den Ortsgebrauch als solche bezeichneten, und unter andern die Ausbesserungen an den Feuerheerden, Rückenplatten, Einfassungen und Gesimsen an den Kaminen, an der Tünche des unteren Theiles der Mauern in den Zimmern und andern zur Wohnung bestimmten Räumen bis zur Höhe eines Meters; an den Steinen und Platten in den Zimmern, wenn nur einige zerbrochen sind; an den Fensterscheiben, wenn dieselben nicht durch den Hagel oder andere außerordentliche und von höherer Gewalt herrührende Zufälle, für welche der Miether nicht haften kann, zerbrochen worden sind; an den Thüren, Fensterrahmen und den Brettern, welche zu Scheidewänden oder zum Verschließen der Kramläden dienen; an den Thürangeln, Riegeln und Schlössern."

Die im Art. 1754 des B. G.-B. speciell als Locativreparaturen aufgeführten sind aber nicht die einzigen, die als solche zu betrachten sind; denn in dem Art. 1754 heißt es, daß als Reparaturen, welche dem Miether zur Last fallen, diejenigen anzusehen seien, welche durch den Ortsgebrauch als solche bezeichnet werden, und unter andern auch die in diesem Artikel speciell aufgeführten. Hiernach kann also durch den Ortsgebrauch die Pflicht des Miethers in dieser Hinsicht erweitert werden, es können daher Reparaturen, die zum entretien, zur Unterhaltung, und nicht zur bloßen geringfügigen Unterhaltung dem menu entretien, dienen, durch den Ortsgebrauch als Locativreparaturen charakterisirt werden; dagegen können die im Art. 1754 speciell als Locativreparaturen bezeichneten durch den Ortsgebrauch ihre Eigenschaft als solche nicht verlieren, weil der Gesetzgeber sie nur als Locativreparaturen ansieht. Man vergl. auch Zachariä a. a. O., Bd. II., S. 440. Unter Ortsgebrauch versteht man nun die an einem bestimmten Orte allgemein beobachtete Art und Weise der Behandlung gewisser Verhältnisse, welche in dem Gesetze nicht besonders vorgesehen ist. Derselbe kann daher nur auf die Thatsache gestützt werden, daß an diesem Orte allgemein in der gedachten Weise bezüglich jener Verhältnisse verfahren wird und muß, wenn diese Thatsache bestritten wird, erwiesen werden. Wird aber die Existenz eines Ortsgebrauches nicht bestritten, so wird ein Abweichen von demselben nicht vermuthet, und wenn in einem einzelnen Falle behauptet wird, daß vertragsmäßig abweichend vom Ortsgebrauche etwas bedungen worden sei, so muß derjenige, der es behauptet, dieses beweisen.

Bei der Frage, welche Reparaturen außer den im Art. 1754 des B. G.-B. speciell aufgeführten auch noch als Locativreparaturen zu betrachten sind, wird man in jedem einzelnen Falle zunächst auf den Ortsgebrauch Rücksicht nehmen müssen, da der Gesetzgeber denselben in dieser Hinsicht im Art. 1754 für maßgebend erklärt. Wo ein Ortsgebrauch bezüglich solcher Reparaturen nicht besteht, wird jedes Mal der Charakter der betreffenden Reparatur entscheidend sein, weil der Gesetzgeber mit Rücksicht darauf, daß der Vermiether nach Art. 1720 des B. G.-B. während der Miethzeit alle nothwendigen Reparaturen vornehmen muß, den Locativreparaturen, die er als eine Ausnahme von der allgemeinen Regel des Art. 1720 statuirt, und dem Miether zur Last legt, einen bestimmten Charakter beilegt. Er nennt sie nämlich réparations de menu entretien. Der Ausdruck „menu" ist nun nach dem Dictionnaire de l'académie française gleichbedeutend mit „klein, wenig, von geringem Umfange und Bedeutung." Die Locativreparaturen sind also kleine Reparaturen, Reparaturen von geringem Umfange und von geringer Bedeutung, wie denn auch in der im Art. 1754 enthaltenen Aufzählung nur solche Reparaturen vorkommen. Der Gesetzgeber hat offenbar diese Ausnahme von der allgemeinen Regel des Art. 1720 um deßwillen gemacht, weil bei solchen kleinen Reparaturen die Vermuthung vorherrscht, daß sie weniger durch einen regelmäßigen Gebrauch, als durch eine Ungeschicklichkeit des Miethers und derjenigen Personen, für welche er verantwortlich ist, nothwendig geworden sind, und weil es für den Vermiether, der sich nicht im factischen Besitze der vermietheten Sache befindet, durchgängig unmöglich sein würde, die Veranlassung der Beschädigung nachzuweisen. Man kann daher unter Locativreparaturen im Allgemeinen nur kleine, unbedeutende Ausbesserungen, welche mit geringen Kosten verbunden sind, verstehen, nicht aber solche, die der Natur der vermietheten Sache gemäß, an welcher sie vorzunehmen sind, regelmäßig zur Conservirung der Substanz in bestimmten Zeitzwischenräumen an ganzen Theilen der vermietheten Sache Statt finden müssen, wenn die Substanz selbst nicht darunter leiden soll. Aus diesem Grunde gehören denn zu solchen Reparaturen, die nicht als Locativreparaturen anzusehen sind, der Anstrich ganzer Fenster und Thüren, so wie der Fußböden, wenn er bei diesen vorhanden war; die Verputzung der Außenseiten der Gebäude; ferner die Tünche in ganzen Räumlichkeiten, wenn sie nicht durch den Ortsgebrauch als Locativreparatur charakterisirt wird, was schon daraus hervorgeht, daß der Gesetzgeber im Art. 1754 als Locativreparatur nur die Tünche des untern Theiles der Mauern in den Zimmern und andern zur Wohnung bestimmten Räumen bis zur Höhe eines Meters oder stark 38 Zoll ansieht, in einem größern Umfange ihr also den Charakter einer Locativreparatur nicht beilegt; sodann die neue Verglasung ganzer Fenster und derjenigen Theile, welche einem Fenster gleichstehen, indem nach dem Art. 1754 nur eine Reparatur an den „vitres" als eine Locativreparatur anzusehen ist, nach dem Dictionnaire de l'académie française die vitres aber als une pièce de verre, qui se met à une fenêtre bezeichnet werden, die Reparatur an denselben, wie sie der Art. 1754 vor Augen hat, also nur einzelne Fensterscheiben zum Gegenstande hat. Aus demselben Grunde ist auch das Tapezieren der Zimmer nicht als eine Locativreparatur anzusehen.

Wenn nun auch der Gesetzgeber im Art. 1754 dem Miether die Verpflichtung zu den Locativreparaturen auferlegt hat, weil eben die Vermuthung dafür spricht, daß dieselben durch seine Ungeschicklichkeit und die der von ihm abhängigen Personen nothwendig geworden sind, so hat er doch den Miether für dieselben nicht unbedingt und unter allen Umständen verantwortlich erklärt; denn im Art. 1755 des B. G.-B. sagt er ausdrücklich, daß selbst keine der Locativreparaturen dem Miether zur Last fallen solle, wenn nur Alter oder höhere Gewalt sie veranlaßt hat. Zwar besagt der Art. 1730 des B. G.-B., daß, wenn beim Anfange der Miethe zwischen dem Vermiether und Miether eine Beschreibung der vermietheten Oertlichkeiten aufgenommen worden sei, diese für die Verpflichtungen des Miethers entscheidend sei, und daß der Miether sie mit Ausnahme dessen, was durch Alter oder höhere Gewalt zerstört oder beschädigt worden ist, in demselben Zustande zurückgeben müsse; auch ist in dem Art. 1731 des B. G.-B. gegen den Miether die Vermuthung ausgesprochen, daß er, wenn eine solche Beschreibung zwischen ihm und dem Vermiether beim Beginne der Miethe nicht vorgenommen worden, die vermiethete Sache in einem rücksichtlich der Locativreparaturen guten Zustande erhalten habe. Allein zur Sicherstellung des Miethers gestattet er in diesem letztern Falle ihm den Gegenbeweis, woraus denn ebenfalls folgt, daß er selbst zu den Locativreparaturen nicht un-

Decret vom 6. November 1813. Art. 21.

bedingt und unter allen Umständen verpflichtet ist. Er kann also in diesem Falle durch die Führung des Beweises, daß er die vermiethete Sache entweder ganz oder in einzelnen Theilen nicht in einem guten Zustande überliefert erhalten hat, die im Art. 1731 gegen ihn ausgesprochene Vermuthung wirkungslos machen und sich von der Uebernahme jener Reparaturen befreien. Dagegen ist ihm die Führung eines solchen Beweises im Falle des Art. 1730, nämlich bei dem Vorhandensein einer über den Zustand der vermietheten Sache gemeinschaftlich aufgenommenen Beschreibung, nicht gestattet, es sei denn, daß dieser Beweis aus einer vom Vermiether nach Aufnahme jener Beschreibung ausgegangenen Urkunde hervorgeht; denn durch eine solche Urkunde würde der Beweis des guten Zustandes bei der Ueberlieferung und somit auch die Wirkung der darüber aufgenommenen Urkunde beseitigt. Auch durch Eidesdelation an den Vermiether kann ein solcher Beweis geliefert werden, weil nach Art. 1358 der Entscheidungseid über jede Art von Streitigkeiten zugeschoben werden kann. Dagegen würde in einem solchen Falle der Beweis durch Zeugen nicht geführt werden können, daß der Miether ungeachtet der über die Beschreibung aufgenommenen Urkunde die gemiethete Sache nicht in dem darin angeführten Zustande übernommen habe, weil er gegen den Inhalt einer Urkunde gerichtet ist, und gegen diesen ein Beweis durch Zeugen nach Art. 1341 des B. G.-B. gesetzlich unzulässig ist. Außer den Locativreparaturen hat aber auch der Miether unter Umständen die Kosten der größern Reparaturen zu tragen, wenn dieselben nämlich durch die Unterlassung der ihm obliegenden Locativreparaturen nothwendig geworden sind. Was namentlich die Stellung des Pfarrers in dieser Hinsicht anbelangt, so hat schon der Art. 44 des Decretes vom 30. December 1809 den Pfarrer für die durch ihn am Pfarrhause verschuldeten Verschlimmerungen verantwortlich gemacht, Beschädigungen aber, welche in Folge der Vernachlässigung der Locativreparaturen entstanden sind und nun größere Reparaturen erfordern, fallen unter die Kategorie der im erwähnten Art. 44 gedachten Verschlimmerungen. So entschied auch der rheinische Appellations-Gerichtshof zu Köln in Sachen Heinemann gegen Kirche zu Maischoß durch Urtheil vom 3. Juli 1846. Man vergl. Rhein. Archiv, Bd. 40, Abth. 1, S. 195—198.

Nach dem Schlußsatze des Art. 21 sollen alle Reparaturen an den Pfarrhäusern mit Ausnahme der Locativreparaturen den Civilgemeinden zur Last fallen; es entspricht diese Bestimmung dem Verhältnisse, in welchem der Pfarrer und die Civilgemeinde zu dem Pfarrhause stehen. Der Pfarrer wird in Bezug auf dasselbe als Miether, die Civilgemeinde als Eigenthümerin desselben angesehen. Man vergleiche hinsichtlich des Rechtes der Civilgemeinde am Pfarrhause den Art. 92 des Decretes vom 30. December 1809 und die Bemerkungen zu demselben bei de Syo a. a. O. Hiedurch wird indessen nicht ausgeschlossen, daß auch unter Umständen das Pfarrhaus Eigenthum der Kirchen-Fabrik sein kann. Es kann nämlich ein Haus durch Schenkung oder letztwillige Disposition einer Kirchen-Fabrik zugewendet und dabei die ausdrückliche Bestimmung getroffen worden sein, daß es zur Wohnung des Pfarrers dienen solle. In einem solchen Falle wird denn auch die Kirchen=Fabrik als Eigen= thümerin desselben nach allgemeinen Rechtsgrundsätzen die Kosten der Unter= haltung desselben zu tragen haben. Der Schlußsatz des Art. 21 kann hier gegen die Civilgemeinde nicht angerufen werden, weil dieser den allgemeinen Satz, daß die Civilgemeinde zur Beschaffung des Pfarrhauses verpflichtet ist, vor Augen gehabt hat, und ein solcher Specialfall nicht unter den allgemeinen Gesichtspunct gebracht werden kann. In einem solchen Falle ist aber die Civil= gemeinde nicht für immer von der Beschaffung und Unterhaltung des Pfarr= hauses entbunden, ihre desfallsige Pflicht ruht nur bis zu dem Momente, in welchem der Bau eines neuen Pfarrhauses nöthig wird. Unter keinen Um= ständen hat aber dann die Civilgemeinde ein Recht auf das alte Pfarrhaus, weil ihr dazu jeder Rechtstitel mangelt. Es erscheinen demnach rücksichtlich der am Pfarrhause vorzunehmenden Reparaturen zwei Verpflichtete, nämlich der im Verhältnisse des Miethers stehende Pfarrer, beziehungsweise dessen Er= ben und Repräsentanten, und dann die Civilgemeinde oder im vorgedachten Specialfalle die Kirchen=Fabrik als Eigenthümerin. Nach dem Art. 37, Nr. 4 des Decretes vom 30. December 1809 ist nun die Kirchen=Fabrik verpflichtet, auch auf die Unterhaltung der Pfarrhäuser zu wachen; es ist derselben und insbesondere dem Schatzmeister durch den Art. 41 desselben Decretes zur Pflicht gemacht, zu Anfang des Frühlings und Herbstes eines jeden Jahres die Ge= bäulichkeiten unter Zuziehung von Sachverständigen zu untersuchen, und da das Pfarrhaus von dieser Untersuchung nicht ausgeschlossen ist, weil gerade unter dem Titel von Reparaturen im Decrete vom 30. December 1809 auch des Pfarrhauses gedacht ist, so wird auch dieses der besonderen Aufsicht des Schatz= meisters anvertraut.

Der Art. 600 des B.=G.=B. schreibt ausdrücklich vor, daß der Nießbraucher die dem Nießbrauche unterworfenen Gegenstände in demselben Zustande bei Beendigung des Nießbrauches zurückgeben muß, in welchem er sie beim Be= ginne desselben übernommen hat. Zu dem Ende hat der Nießbraucher, ehe er den Genuß antritt, in Gegenwart des Eigenthümers oder nach dessen Vor= ladung eine Beschreibung des Zustandes der dem Nießbrauche unterworfenen Immobilien aufnehmen zu lassen. Eine bloße Aufzeichnung der fraglichen Im= mobilien genügt zu diesem Zwecke nicht und ist auch vom Gesetzgeber nicht ge= wollt; denn der Ausdruck „état des immeublos", dessen er sich im Art. 600 bedient, bezeichnet den Zustand, in welchem sie sich befinden. Zunächst ist es nun zwar nach dem Art. 600 die Pflicht des Nießbrauchers, bezüglich des Pfarr= Dotationsvermögens also des Pfarrers, dafür Sorge zu tragen, daß eine solche Beschreibung des Zustandes der Immobilien aufgenommen werde, weil er nicht eher, als bis dieselbe Statt gefunden, den Genuß der Immobilien antreten soll, und weil er sich durch dieselbe sicher stellen muß, daß nicht die Uebergabe in einem anderen Zustande, als in welchem er sie wirklich angetreten hat, von ihm gefordert werden kann. Allein nicht minder liegt es auch dem Kirchen= rathe, als dem Vertreter des Pfarr=Dotationsvermögens, ob, dafür zu sorgen, daß die von ihm bei Beendigung des Nießbrauches geltend zu machenden Rechte festgestellt werden, indem er nur berechtigt ist, in jenem Zustande die Rückgabe zu verlangen, in welchem der Pfarrer sie überliefert erhalten hat. Der Schatzmeister, welcher durch den Art. 41 des Decretes vom 30. December 1809 besonders mit der Ueberwachung der Reparaturen betraut ist, muß bei Beendigung eines Nießbrauches eine Basis haben, auf welcher er gegen den abtretenden Pfarrer oder dessen Erben und Repräsentanten in Gemäßheit des Art. 21 des gegenwärtigen Decretes angehen kann, und eine solche Basis ist ihm eben in der durch den Art. 600 des B. G.=B. vorgeschriebenen Beschreibung des Zustandes der Immobilien gegeben. Nur unter Zugrundelegung dieser Beschreibung läßt sich ermitteln, ob und welche Reparaturen beim Ende des Nießbrauches dem Pfarrer allein zur Last fallen, weil er seiner Pflicht bezüglich der von ihm vorzunehmenden Reparaturen nicht nachgekommen ist, und welche etwa durch den regel= und ordnungsmäßigen Gebrauch entstanden und daher durch anderweitige Mittel zu decken sind, und überhaupt, in welchem Zustande er die Immobilien wieder abtreten muß. Wer nun an der Aufnahme dieser Beschreibung Theil nehmen muß, sagt das gegenwärtige Decret nicht; der Art. 600 des B. G.=B. verlangt dies vom Eigenthümer, welcher hier durch Kirchenrath vertreten wird. Es wird indessen hinreichend sein, daß der Schatzmeister und der Pfarrer jenen Zustand constatiren, weil es sich hier auch um conservatorische Maßregeln zur Erhaltung der Rechte der Kirchen=Fabrik handelt, und der Schatzmeister nach Art. 78 des Decretes vom 30. December 1809 allein zur Vornahme derselben befugt ist.

Was das Pfarrhaus anbelangt, so hat der Gesetzgeber im Art. 44 des Decretes vom 30. December 1809 consequent den Bürgermeister der Civilgemeinde, als der Eigenthümerin des Pfarrhauses, angewiesen, bei der Besitznahme eines Pfarrers oder Hülfspfarrers auf Kosten der Civilgemeinde eine Beschreibung des Zustandes des Pfarrhauses und seiner Zubehörungen aufnehmen zu lassen. Auch kann es nicht zweifelhaft sein, daß die Civilgemeinde durch ihren Bürgermeister den abgehenden Pfarrer oder dessen Erben und Repräsentanten anzuhalten berechtigt ist, daß sie das Pfarrhaus in denjenigen Zustand versetzen, in welchem dasselbe nach den gesetzlichen Bestimmungen über den Miethvertrag wieder abgetreten werden muß, daß sie also diejenigen Reparaturen an dem Pfarrhause vornehmen, von welchen oben näher gesprochen worden ist. Es ist diese Befugniß ein Ausfluß des Eigenthumsrechtes der Civilgemeinde. Allein es kann auch eben wenig nach dem vorstehenden Art. 21 zweifelhaft sein, daß der Schatzmeister dasselbe Recht hat, er übt dasselbe aber nur Namens der Kirchen=Fabrik aus, welche nach Art. 37, Nr. 4 des Decretes vom 30. December 1809 auf die Unterhaltung der Pfarrhäuser zu wachen hat, und daher zur Ausübung dieses Rechtes berufen ist. Der Schatzmeister hat aber nach dem gegenwärtigen Art. 21 nicht bloß ein Recht, sondern eine Pflicht auszuüben. Damit er jedoch dieser Pflicht nachkommen kann, muß er im Besitze derjenigen Verhandlung sein, welche nach Art. 44 des

Decretes vom 30. December 1809 bei der Besitznahme des Pfarrers oder Hülfs=
pfarrers auf Anstehen des Bürgermeisters der Civilgemeinde aufgenommen
werden soll. Weil aber der Kirchenrath und besonders der Schatzmeister nicht
bloß beim Wechsel in der Person des Pfarrers, sondern nach dem bezogenen
Art. 37, Nr. 4 fortwährend auf die erforderlichen Reparaturen zu wachen hat,
und der Kirchenrath diese Ueberwachung nicht bloß dem Pfarrer, sondern auch
der Civilgemeinde gegenüber ausüben soll, so ist es erforderlich, daß wenigstens
eine beglaubigte Abschrift der auf Anstehen des Bürgermeisters nach der Vor=
schrift des Art. 44 jenes Decretes aufgenommenen Verhandlung im Kirchen=
archive aufbewahrt werde. Die desfallsigen Kosten muß die Civilgemeinde tra=
gen, weil nach dem bezogenen Art. 44 auch die Verhandlung selbst auf Kosten
der Civilgemeinde aufgenommen werden muß, und die Ueberwachung der Re=
paraturen in ihrem Interesse als Eigenthümerin geschieht. Daß der Kirchen=
rath wegen der Reparaturen am Pfarrhause gegen den Pfarrer beziehungs=
weise dessen Erben klagen kann, hat der rheinische Appellations=Gerichtshof in
dem oben erwähnten Urtheile in Sachen Heinemann gegen die Kirche zu Mai=
schoß anerkannt; er hat aber auch in demselben sich dahin ausgesprochen, daß
bei dem Pfarrer, wie bei jedem Miether die Vermuthung dafür streite, daß er
die Gebäude in einem rücksichtlich der Locativreparaturen guten Zustande über=
nommen habe, daß der Kirchenvorstand daher in dieser Hinsicht auch bei dem
Mangel einer bei dem Amtsantritte des Pfarrers aufzunehmen gewesenen Be=
schreibung der Pfarrgebäude nur das Vorhandensein nöthiger Locativreparaturen
nachzuweisen habe, daß dagegen hinsichtlich der größeren Reparaturen dem Kir=
chenvorstande der doppelte Beweis obliege, daß dieselben bei dem Amtsantritte
nicht nothwendig waren, daß sie vielmehr durch Unterlassung der dem Pfarrer
obliegenden Locativreparaturen entstanden sind.

Der Umfang der Pflicht der Civilgemeinde, bezüglich der Reparaturen am
Pfarrhause ist dadurch präcisirt, daß der Gesetzgeber im Art. 21 sagt, der Pfar=
rer sei nur zu den Locativreparaturen verpflichtet, die übrigen aber fielen der
Civilgemeinde zur Last. Alle Reparaturen also, die nicht zu den Locativre=
paraturen zu rechnen sind, müssen von der Civilgemeinde übernommen werden,
wenn diese nicht nachweis't, daß sie aus einem bestimmten Grunde, nämlich
wegen des Verschuldens des Pfarrers, von diesem getragen werden müssen.

Dem Art. 77 des Decretes vom 30. December 1809 gemäß dürfen die
Kirchmeister keinen Proceß anstellen, noch sich auf einen solchen einlassen, als
nach einem von dem Kirchenrathe und der Kirchmeisterstube gemeinschaftlich ge=
faßten Beschlusse und nach Ermächtigung durch den Präfecturrath. Das Nähere
in dieser Hinsicht sehe man bei de Syo a. a. O. zu Art. 77. Bezüglich der
Klagen auf Vornahme der Reparaturen am Pfarr=Dotationsgute und am Pfarr=
hause handelt nun der Schatzmeister in seiner Eigenschaft als Mitglied der
Kirchmeisterstube und ist daher in dieser Hinsicht den Bestimmungen des er=
wähnten Art. 77 unterworfen. Zu einer desfallsigen Klage gegen den Pfarrer
oder dessen Erben oder gegen die Civilgemeinde bedarf er daher der im Art. 77

erwähnten Ermächtigung, welche jetzt nach dem Erlasse der preußischen Verfassungsurkunde vom Bischofe zu ertheilen ist. Er ist zwar nach Art. 78 desselben Decretes zur Ergreifung conservatorischer Maßregeln ohne vorgängige Ermächtigung befugt, allein die Bestimmung des Art. 78 kann hierbei nicht Platz greifen, weil die Ergreifung conservatorischer Maßregeln noch keine Klage ist, und der bezogene Art. 77 für Klagen gilt.

Wenn nun der Schatzmeister gegen den Pfarrer oder dessen Erben die im Art. 21 vorgesehene Klage angestellt hat und mit derselben ganz oder theilweise unterliegt, so entsteht die Frage, aus welchem Fond jene Kosten entnommen werden müssen. Im Allgemeinen wird man bei Prüfung dieser Frage von dem Gesichtspuncte ausgehen müssen, daß derjenige diese Kosten zu tragen hat, in dessen Interesse der Proceß erhoben worden ist. Hiermit übereinstimmend hat denn auch der Gesetzgeber bezüglich derjenigen Kosten, welche durch Processe über das Pfarr-Dotationsgut entstehen, im Art. 15 dieses Decretes bestimmt, daß sie wie die Kosten der Reparaturen beschafft werden sollen, und zwar nach Art. 13 des gegenwärtigen Decretes, wenn sie nicht dem Pfarrer zur Last fallen, zunächst aus den disponibeln Fonds des Pfarrgutes, in dessen Interesse der Proceß geführt worden ist. Da jedoch das Verhältniß des Pfarrers zu diesem ein anderes ist, als das zum Pfarrhause, und daher die speciellen Bestimmungen der bezogenen Art. 15 und 13 auf Processe wegen der Reparaturen am Pfarrhause nicht anwendbar sind, so wird an dem oben erwähnten Gesichtspuncte festzuhalten sein, daß derjenige die desfallsigen Kosten tragen muß, in dessen Interesse der Proceß geführt worden ist. Dieser ist nun bei den Pfarrhäusern die Civilgemeinde als Eigenthümerin derselben; es kann auch der Umstand, daß nach Art. 21 der Schatzmeister der Kirchen-Fabrik solche Processe führen soll, an diesem Verhältnisse nichts ändern, weil die Civilgemeinde stets die dabei allein interessirte Person ist. Aber auch der Schlußsatz des Art. 22 des gegenwärtigen Decretes deutet darauf hin, daß die Civilgemeinde jene Kosten zu tragen hat, indem es dort heißt, daß die Staatsanwaltschaft eventuell solche Processe auf das Risico der Bewohner der Pfarre einleiten und durchführen soll, wenn ihm durch den nunmehrigen Pfarrer die Anzeige gemacht worden ist, daß der Schatzmeister die betreffende Klage gegen seinen Amtsvorgänger oder dessen Erben nicht erhoben hat. Der Gesetzgeber bedient sich zwar im Art. 22 des Ausdruckes, daß die Staatsanwaltschaft diese Klage aux risques des paroissiens erheben solle; es wird darunter aber nach Art. 49 des Decretes vom 30. December 1809 die Civilgemeinde verstanden. Man vergl. de Syo a. a. O. zu Art. 49. Im Schlußsatze des Art. 21 hat der Gesetzgeber das Verhältniß des Pfarrers zu denjenigen Immobilien, welche die Civilgemeinde ihm zu stellen hat, als das eines Miethers charakterisirt, dieses Verhältniß aber nicht bloß auf die eigentliche Wohnung beschränkt. Es findet dasselbe vielmehr auch Anwendung auf die Zubehörungen des Pfarrhauses. Durch den Art. 44 des Decretes vom 30. December 1809 ist nämlich der Bürgermeister der Civilgemeinde verpflichtet, bei der Besitzergreifung des Pfarrers eine Beschreibung des Zustandes des Pfarrhauses und seiner Zubehörungen aufnehmen zu lassen, woraus hervorgeht, daß die Zubehörungen des Pfarrhauses dem Pfarrer gegenüber in demselben Verhältnisse stehen, wie das Pfarrhaus selbst. Zu den Zubehörungen, welche die Civilgemeinde dem Pfarrer zu stellen hat, gehört auch der Pfarrgarten, wie dies aus dem Art. 72 des Gesetzes vom 18. Germinal des Jahres X hervorgeht; der Gesetzgeber spricht hier von presbytères et jardins attonants, den Pfarrhäusern und den dazu gehörigen Gärten. Das gegenwärtige Decret wendet überhaupt die gesetzlichen Bestimmungen über den Nießbrauch nur auf die biens de cure, die eigentlichen Pfarrgüter an, biens de cure sind aber die Pfarrhäuser und Pfarrgärten nicht, weil sie Güter der Civilgemeinde sind. Wenn daher ein Pfarrgarten mit einer Mauer umschlossen ist, und an dieser Reparaturen nothwendig sind, so finden auf dieselben nicht die Regeln vom Nießbrauche, sondern von der Miethe Anwendung;. die Kosten derselben sind daher nicht vom Pfarrer, sondern von der Civilgemeinde zu tragen, wenn sie nicht Locativreparaturen sind.

Auf der rechten Rheinseite besteht ein solcher Unterschied zwischen dem Pfarr= Dotationsgute und dem Pfarrhause bezüglich der Reparaturen nicht, wie er im gegenwärtigen Decrete gemacht worden ist. Der Pfarrer ist vielmehr auch Nießbraucher des Pfarrhauses und hat in Bezug auf dasselbe die oben näher erläuterten Pflichten des Nießbrauchers zu erfüllen. Hier hat der Kirchenrath die Pflichten zu erfüllen, welche auf der linken Rheinseite nach Art. 21 des gegenwärtigen Decretes dem Schatzmeister obliegen.

Art. 22.

In dem Falle, wo der Schatzmeister es versäumt hat, bis zu der Zeit, wo der neue Pfarrinhaber in den Besitz treten soll, seine Schritte zu thun, ist dieser gehalten, selbst gegen die Erben anzugehen, oder den Schatzmeister der Fabrik aufzufordern, seine Pflichten in dieser Hinsicht zu erfüllen.

Von dieser Aufforderung wird dem kaiserlichen Procurator durch den Pfarrinhaber Anzeige gemacht, damit dieser den Schatz= meister der Fabrik zwinge, zu handeln, oder damit er selbst von Amts wegen auf Risico und Gefahr des Schatzmeisters und subsidiarisch auf Risico der Bewohner der Pfarrei jene Schritte thue.

Zu Art. 22.

Nachdem der Gesetzgeber im Art. 21 den Schatzmeister der Kirchen=Fabrik als diejenige Person bezeichnet hat, welche zunächst verpflichtet sein solle, dafür zu sorgen, daß bei dem Austritte eines Pfarrers dieser oder seine Erben das

Pfarrgut und Pfarrhaus ihren gesetzlichen Verbindlichkeiten gemäß in einen gehörigen Reparaturzustand versetzen, hat er im Art. 22 die Reparatur=Angelegenheiten für den Fall regeln wollen, daß derselbe in dieser Hinsicht beim Eintritte des neuen Pfarrers seiner desfallsigen Pflicht noch nicht nachgekommen ist. In den Bemerkungen zum vorhergehenden Artikel ist erörtert worden, aus welchen Gründen es zweckmäßig sei, daß der Schatzmeister mit dem abgehenden Pfarrer oder dessen Erben die Angelegenheit wegen der Reparaturen am Pfarrgute und Pfarrhause während der Erledigung der Pfarre in Ordnung bringe, im Art. 22 deutet jedoch auch der Gesetzgeber darauf hin, daß dies vor dem Eintritte des neuen Pfarrers geschehen solle, indem er für den Fall, daß der Schatzmeister dies bei dem Eintritte desselben noch nicht gethan hat, specielle Anordnungen getroffen hat. Zunächst hat er hier den Fall berücksichtigt, wo der Schatzmeister sich eine Nachlässigkeit hat zu Schulden kommen lassen, wo also wirklich Reparaturen vorzunehmen sind, für welche der austretende Pfarrer, beziehungsweise dessen Erben einstehen müssen. In diesem Falle legt er insbesondere auch dem neuen Pfarrer eine Pflicht auf, zu deren Erfüllung er ihm die geeigneten Wege anweis't. Daß er demselben im Art. 22 nicht bloß ein Recht verleihen wollte, sondern ihm wirklich eine Pflicht auferlegte, geht aus dem Ausdrucke: le curé sera tenu, der Pfarrer ist gehalten, aufs Klarste hervor. Die Pflicht, welche er ihm auferlegt, besteht darin, daß auch der Pfarrer die Sorge dafür übernehmen soll, daß die bei einem Wechsel in der Person des Pfarrers erforderlichen Reparaturen ausgeführt werden, und einer Deterioration sowohl des Pfarrgutes als des Pfarrhauses durch Unterlassung oder Verzögerung dieser Reparaturen vorgebeugt werde. Durch die Auflage dieser Verpflichtung hat der Gesetzgeber zunächst das Interesse der eines besonderen Schutzes bedürftigen kirchlichen Anstalt zu wahren bezweckt, und nicht das specielle persönliche Interesse des Pfarrers, da es nicht Aufgabe der Gesetzgebung sein kann, Jemanden, der selbstständig und dispositionsfähig ist, zu zwingen, sein persönliches Interesse wahrzunehmen. Dieser Pflicht gemäß soll nun nach Art. 22 der neue Pfarrer, wenn der Schatzmeister es versäumt hat, bis zu dessen Eintritte die Angelegenheit wegen der Reparaturen mit dem früheren Pfarrer oder dessen Erben zu ordnen, dieserhalb entweder selbst gegen dieselben angehen, oder den Schatzmeister der Fabrik auffordern, in dieser Hinsicht seine Pflichten zu erfüllen. Es wird nun nicht bezweifelt werden können, daß der neue Pfarrer, indem er dieser Weisung in der einen oder der andern Art nachkommt, auch sein persönliches Interesse wahrnimmt, weil dadurch das Maß seiner Reparaturpflicht klar gestellt und bewirkt wird, daß ihm nicht Reparaturen zur Last gelegt werden, die er nicht verschuldet hat. Allein der Gesetzgeber, der es im gegenwärtigen Specialgesetze nur mit der Erhaltung der kirchlichen Güter zu thun hatte, konnte bei seinen desfallsigen Verfügungen vorzugsweise auch nur auf diese Erhaltung Rücksicht nehmen. Der Gesetzgeber hat nun dem neuen Pfarrer zur Ausübung der ihm auferlegten Pflicht durch die Bestimmung des Art. 22 die Wahl gelassen, ob er in dem hier vorgesehenen Falle selbst gegen seinen Amtsvorgänger, beziehungsweise dessen Erben angehen und sie zur Vornahme der ihnen obliegenden Reparaturen anhalten, oder den Schatzmeister der Kirchen-Fabrik auffordern will, daß dieser es thue. Er genügt dieser Pflicht, wenn er den einen oder den andern Weg einschlägt. Dieses Wahlrecht desselben ist nicht bloß der Lage der Verhältnisse in einem solchen Falle angemessen, sondern es mußte ihm auch gegeben werden, wenn man gegen ihn nicht ein positives Unrecht ausüben wollte, welches natürlich dem Gesetzgeber fern liegen mußte. Denn wäre ihm ein solches Recht nicht gegeben worden, so hätte er kein Mittel gehabt, sich gegen die nachtheiligen Folgen zu schützen, welche ihn wegen der bei seinem Antritte erforderlichen und nicht ausgeführten Reparaturen treffen könnten. Es lassen sich hierbei nun folgende Fälle denken:

1) Der betreffende Schatzmeister der Kirchen-Fabrik ist überhaupt in der Ausübung seiner Functionen nachlässig. Die Zweckmäßigkeit der Bestimmung, daß auch der neue Pfarrer in einem solchen Falle die Befugniß haben solle, selbstständig eine Klage wegen der vorzunehmenden Reparaturen gegen den früheren Pfarrer oder dessen Erben anzustellen, ergibt sich daraus, daß eine auf sein Anstehen an den nachlässigen Schatzmeister ergangene Aufforderung, dieselben zur Ausführung der ihnen obliegenden Reparaturen zu zwingen, nicht immer den Erfolg haben wird, daß er entweder dies überhaupt thut, oder doch diese Angelegenheit mit dem erforderlichen Eifer betreibt. Der Pfarrer würde dann, wenn ihm ein selbstständiges Klagerecht gegen die Reparaturpflichtigen nicht gewährt wäre, erst nach der fruchtlos ergangenen Aufforderung entweder dem zweiten Absatze dieses Artikels gemäß, der Staatsanwaltschaft davon Anzeige machen, daß diese den Schatzmeister zur Anstellung der Klage zwinge, oder selbst eine Klage gegen den Schatzmeister dahin anstellen müssen, daß er entweder binnen einer vom Gerichte festzusetzenden Frist seiner Verbindlichkeit nachkomme oder Schadenersatz leiste. Beide Wege sind indessen zeitraubend, und man wird sie wohl nur im äußersten Falle betreten. Eine Klage aber darauf, daß der neue Pfarrer, im Falle der Schatzmeister dem hierauf ergehenden Urtheile binnen der durch das Gericht bestimmten Frist nicht nachkommen sollte, ermächtigt werde, um selbst gegen den früheren Pfarrer oder dessen Erben klagbar zu werden, könnte nicht zugelassen werden, weil derselbe eines Theils zu diesen in keinem rechtlichen Nexus steht, und andern Theils die Bestimmung des Art. 1166 des B. G.-B., nach welcher die Gläubiger die Rechte und Klagen ihrer Schuldner zu verfolgen befugt sind, hier nicht Platz greifen würde; denn als Nießbraucher hat er nach Art. 600 des B. G.-B. die Nießbrauchsobjecte vom Eigenthümer in dem Zustande zu übernehmen, in welchem sie sich beim Beginne des Nießbrauchs befinden, gegen den frühern Nießbraucher hat er also wegen der von diesem verschuldeten Deteriorationen kraft seines Nießbrauchsrechtes keine Ansprüche zu erheben; in so fern er Miether ist, hat er nach den Regeln über den Miethvertrag ebenfalls kein Recht gegen die frühern Miether wegen der diesen obliegenden Reparaturen. Nach Art. 1166 des B. G.-B. können aber die Gläubiger nur diejenigen Rechte und Klagen ihres

Schuldners verfolgen, welche nicht ausschließlich der Person ankleben. Das Recht des Schatzmeisters zur Erhebung einer Klage gegen den frühern Pfarrer oder dessen Erben ist aber ein höchst persönliches Recht, welches ihm nur in seiner Eigenschaft als Schatzmeister der Kirchen=Fabrik zusteht. Es kann demnach nicht verkannt werden, daß dadurch, daß der Gesetzgeber im Art. 22 auch dem neuen Pfarrer das Recht gibt, selbstständig gegen seinen Amtsvorgänger oder dessen Erben wegen der Reparaturen zu klagen, Weiterungen und mehrfache Processe vermieden werden können, und daß daher die Bestimmung des Art. 22 eine durchaus zweckmäßige ist. Dem neuen Pfarrer muß indessen auch daran gelegen sein, daß bei seinem Antritte nicht bloß festgestellt werde, welche Reparaturen bei demselben auszuführen sind, damit nicht eine Verdunkelung der Verhältnisse entstehe, welche ihm persönlich nachtheilig werden könnte, weil bei dem Mangel einer Beschreibung des Zustandes der Immobilien vermuthet wird, daß der Miether und Nießbraucher sie in einem guten Zustande übernommen habe, Art. 1731 des B. G.=B. und Sirey, codes annotés par Gilbert, ad Art. 600, Nr. 8, sondern daß er auch die Güter wirklich in einem guten Zustande übernimmt, weil er nach Art. 7 des gegenwärtigen Decretes wie ein guter Hausvater für die Erhaltung derselben sorgen muß, wozu ohne Zweifel gehört, daß er ganz besonders auf einen guten Reparaturzustand dieser Güter Bedacht nimmt. Daher mußte ihm auch das Recht einer directen Einwirkung in dieser Hinsicht gewährt werden, was denn auch durch die Bestimmung des Art. 22 geschehen ist.

2) Es kann aber auch der Fall vorkommen, daß zwischen dem Schatzmeister und dem neuen Pfarrer darüber eine Meinungsverschiedenheit obwaltet, ob und welche dem früheren Pfarrer obliegende Reparaturen bei dem Antritte des neuen Pfarrers nothwendig sind. Behauptet der Schatzmeister, daß deren keine erforderlich seien, während der Pfarrer der Ansicht ist, daß dies wohl der Fall sei, so kann dem Schatzmeister nicht zugemuthet werden, gegen den frühern Pfarrer oder dessen Erben Anforderungen wegen Reparaturen zu machen, welche nach seiner Ansicht nicht gerechtfertigt sind. Wenn nun der neue Pfarrer ungeachtet dessen bei seiner Meinung beharrt, so würde er, im Falle dieselbe begründet wäre, völlig rechtlos in dieser Hinsicht sein, wenn ihm nicht ein directes Klagerecht gegen seinen Amtsvorgänger, beziehungsweise dessen Erben zustände. Die Möglichkeit dieser Verhältnisse hat denn auch der Gesetzgeber unstreitig berücksichtigen wollen, und deßhalb dem neuen Pfarrer eine directe selbstständige Klage gegen die nach seiner Meinung Verpflichteten zugestanden.

Bei Erörterung der Frage, ob der Schatzmeister, wenn der neue Pfarrer selbst gegen seinen Amtsvorgänger oder dessen Erben wegen der Reparaturen klagbar geworden, auch seiner Seits noch Schritte dieserhalb thun könne, wird man vor Allem auf den Satz: „non bis in idem, man kann nicht dieselbe Sache zwei Mal durch eine Klage fordern", Rücksicht nehmen und erwägen müssen, in wie fern derselbe hier Anwendung findet. Nach dem Art. 21 und 22 des gegenwärtigen Decretes hat sowohl der Schatzmeister als der neue

Pfarrer das Recht, wegen der Reparaturen die dazu Verpflichteten gerichtlich zu verfolgen; ihr Verhältniß zu einander ist indessen nicht das von Solidargläubigern; denn die Solidargläubiger haben zwar für ihre Person dem Schuldner gegenüber ein Recht auf die ganze Sache, sie müssen aber das vom Schuldner Erhaltene unter sich theilen; sie sind also unter sich auch getrennte und in ihren speciellen Interessen berührte Personen. Man kann dies aber von dem Verhältnisse des Schatzmeisters und des neuen Pfarrers zu dem früheren Pfarrer und dessen Erben nicht sagen. Sie verfolgen durch eine Klage gegen diese Personen auf Ausführung der diesen obliegenden Reparaturen nur ein Recht derjenigen kirchlichen Anstalt, deren Vermögen ihrer gemeinsamen Sorgfalt anvertraut ist, und principiell und zunächst nur in deren Interesse, wenn auch die Folge einer solchen Klage noch eine Nebenklage sein kann, die das persönliche Interesse des Klägers berührt, z. B. eine Schadensersatzklage des Pfarrers wegen Nichterfüllung der dem Beklagten obliegenden Verbindlichkeiten, wenn ihm persönlich dadurch ein Schaden entstanden ist. Sie stehen vielmehr nur in dem Verhältnisse zweier gleichberechtigter Vertreter einer dritten Persönlichkeit in dieser Hinsicht zu einander, und wenn sie daher gegen den frühern Pfarrer oder dessen Erben wegen der Reparaturen klagbar werden, so sind nicht sie die eigentlichen Kläger, sondern es ist die kirchliche Anstalt, welche sie zu vertreten haben. Würde man daher Beiden gestatten, nach einander dieselbe Klage gegen die Reparaturpflichtigen zu erheben, so würde man gegen den obigen Satz „non bis in idem" verstoßen, da in beiden Klagen von derselben Klägerin gegen dieselben Beklagten dieselbe Sache gefordert würde. Von diesem Gesichtspuncte aus wird denn auch die obige Frage zu entscheiden sein. Hat demnach der neue Pfarrer bei dem Versäumnisse des Schatzmeisters die Klage wegen der Reparaturen gegen seinen Amtsvorgänger oder dessen Erben erhoben, so kann der Schatzmeister dies nicht mehr. Dasselbe würde der Fall sein, wenn der Schatzmeister bereits die Klage erhoben hat, indem dann dem neuen Pfarrer aus den oben angeführten Gründen eine gleiche Befugniß nicht mehr zusteht.

An diese Frage reiht sich dann die weitere Frage an, ob, wenn der neue Pfarrer nur eine Klage auf Ausführung einzelner bestimmter Reparaturen gegen seinen Vorgänger oder dessen Erben erhoben hat, außer diesen aber noch andere Reparaturen denselben zur Last fallen, der Schatzmeister nicht wenigstens berechtigt ist, wegen dieser eine selbstständige Klage noch gegen die Reparaturpflichtigen anzustellen. Hält man daran fest, daß bezüglich dieser Klagen der neue Pfarrer und der Schatzmeister als eine und dieselbe Person zu betrachten sind, weil sie beide durch diese Klagen die Rechte der ihrer Sorge anvertrauten kirchlichen Anstalten vertreten, so wird man diese Frage für den Fall verneinen müssen, wenn die durch die zweite Klage berührten Reparaturen nicht schriftlich erwiesen werden; denn der Art. 1346 des B.-G.-B. sagt ausdrücklich, daß alle Klagen einer und derselben Person gegen denselben Beklagten, wenn sie nicht durch Schriften erwiesen werden können, mittels einer und derselben Vorladung angebracht werden müssen, und daß nach der Anstellung einer Klage andere Klagen desselben Klägers gegen denselben Beklagten, die nicht durch Schriften zu erweisen sind, nicht mehr zugelassen werden sollen. Hieraus ergibt sich denn auch, wie wichtig es ist, daß sofort nach dem Ausscheiden eines Pfarrers mit diesem oder seinen Erben noch vor dem Eintritte des neuen Pfarrers eine Beschreibung des Zustandes des von jenem benutzten Pfarrgutes und Pfarrhauses aufgenommen werde, indem durch dieselbe schriftlich constatirt wird, welche Reparaturen an denselben vorgenommen werden müssen. Hat eine solche Statt gefunden, und wird dann wegen Unterlassung der als nothwendig festgestellten Reparaturen eine Klage gegen die dazu Verpflichteten nothwendig, so kann wenigstens bei der Auslassung einzelner Reparaturen in der Klage die Strafbestimmung des Art. 1346 des B. G.-B. nicht Platz greifen. Eine solche Beschreibung kann nun von den Interessenten durch eine Urkunde unter Privatunterschrift constatirt werden; wenn aber die Pflichtigen oder Einer derselben sich weigern sollte, dies zu thun, so wird die Thätigkeit eines ministeriellen Beamten dazu in Anspruch genommen werden müssen, und werden dann die betreffenden Interessenten zu dem von diesem des Endes anberaumten Termine vorzuladen sein. Die Notarien sind diejenigen ministeriellen Beamten, zu deren Functionen die Aufnahme einer solchen Beurkundung gehört. Hat aber eine solche Beschreibung nicht Statt gefunden, und hat sich die eingeleitete Klage auf einzelne Reparaturen beschränkt, während andere erforderliche übergangen worden sind, so sind die zur Anstellung jener Klage Berufenen, nämlich der Schatzmeister und der neue Pfarrer zum Schadensersatze verpflichtet, wenn sie sich bei Anstellung der Klage eine Nachlässigkeit haben zu Schulden kommen lassen. Eine solche wird aber, wenn bei Anstellung der Klage der neue Pfarrer schon eingetreten ist, bei dem Schatzmeister zu vermuthen sein, da der Art. 22 des gegenwärtigen Decretes unterstellt, daß er vor dem Eintritte des neuen Pfarrers die Angelegenheit wegen der Reparaturen ordnen soll, und wenn er dies bis dahin nicht gethan hat, dies nur seiner Nachlässigkeit zuzuschreiben ist.

Als eine fernere Frage verdient hier erwähnt zu werden, ob der frühere Pfarrer oder seine Erben von der Verpflichtung zur Vornahme der Reparaturen entbunden sind, wenn der neue Pfarrer auf dieselbe verzichtet. Hierbei ist in Erwägung zu ziehen, daß der abtretende Nießbraucher und Miether wegen der Reparaturen nur dem Eigenthümer gegenüber verpflichtet sind, daß also eine solche Verzichtleistung, wenn sie für die Verpflichteten der Pfarre gegenüber von Erfolg sein soll, nur Namens der Pfarre Statt finden kann. Zu einer solchen Verzichtleistung bedarf er der Ermächtigung durch seine vorgesetzte Behörde. Wo diese fehlt, kann die Verzichtleistung nur als eine Privatangelegenheit zwischen ihm einerseits und seinem Vorgänger oder dessen Erben andererseits angesehen werden, welche letztern der Pfarre dafür verantwortlich bleiben, aber ihren Rückgriff gegen den neuen Pfarrer haben, wenn dieser sie vollständig entbunden hat, und sie von dem Schatzmeister noch wegen der Reparaturen angegangen werden.

Nach dem ersten Absatze des Art. 22 hat der neue Pfarrer also nur die Pflicht, wegen der Reparaturen gegen die Verpflichteten zu klagen, oder den Schatzmeister der Kirchen=Fabrik aufzufordern, dies zu thun. Das Recht, eine solche Aufforderung zu erlassen, setzt indessen voraus, daß er auch dieser Auf= forderung muß Nachdruck verschaffen können, indem sonst eine bloße Aufforde= rung keinen Zweck hätte; es ist daher in derselben auch das weitere Recht ent= halten, den Aufgeforderten durch eine Klage zwingen zu können, der Aufforderung nachzukommen. Jedoch nur nach einer Seite hin hat der Gesetzgeber dem neuen Pfarrer es zur Pflicht gemacht, von diesem letztern Rechte, nämlich den Auf= geforderten zu zwingen, der Aufforderung zu entsprechen, Gebrauch zu machen. Will derselbe in Ausübung seines Wahlrechtes nicht selbst gegen die Reparatur= pflichtigen klagen, so ist er die gedachte Aufforderung an den Schatzmeister zu erlassen verpflichtet, dagegen ist ihm nicht auch die Pflicht auferlegt worden, selbst gegen den Schatzmeister Klage zu erheben, obgleich er das Recht dazu hat. Mannigfache Verhältnisse können es dem neuen Pfarrer beim Antritte seines Amtes wünschenswerth erscheinen lassen, daß er überhaupt einer ge= richtlichen Klage fremd bleibe. Dies berücksichtigend hat denn der Gesetzgeber in Anerkennung der Schutzpflicht des Staates der Kirche gegenüber den neuen Pfarrer für einen solchen Fall an diejenige Behörde des Staates ge= wiesen, welche zur Ausübung dieser Schutzpflicht berufen ist, nämlich an die Staatsanwaltschaft, die auch schon beim Art. 90 des Decretes vom 30. Decem= ber 1809 gemäß in einem andern Falle ausdrücklich jene Functionen wahrneh= men soll. Man vergl. die Bemerkungen bei de Syo a. a. O. zu Art. 90. Um der erwähnten Aufforderung nun Anerkennung und Folge zu verschaffen, hat der neue Pfarrer davon der Staatsanwaltschaft Kenntniß zu geben, und damit diese die weitern Maßregeln ergreifen könne, ihr auch das erforderliche Material zu verschaffen, namentlich die erforderlichen Reparaturen genau zu be= zeichnen, in so fern dies nicht schon in der an den Schatzmeister ergangenen Aufforderung geschehen ist. Erst, wenn er dies gethan hat, ist er seiner Pflicht vollständig nachgekommen. Es versteht sich hierbei von selbst, daß der neue Pfarrer in der Aufforderung dem Schatzmeister eine Frist stellen muß, inner= halb welcher derselbe seine Maßregeln gegen den frühern Pfarrer oder dessen Erben ergreifen soll; da derselbe aber hierzu schon während der Erledigung der Pfarre hinreichende Zeit hatte, so kann diese Frist eine möglichst kurze sein. Sie muß aber selbstredend eine solche sein, daß der Schatzmeister auch innerhalb der= selben jene Maßregeln ergreifen kann, weßhalb denn bei Bestimmung derselben namentlich auf die Entfernung des Wohnortes des Schatzmeisters vom Sitze des Gerichtes und dem jetzigen Wohnorte des früheren Pfarrers oder dem seiner Erben Rücksicht genommen werden muß. Erst nach fruchtlosem Ablaufe dieser Frist hat der Pfarrer der Staatsanwaltschaft die Anzeige von der geschehenen Aufforderung zu machen, weil erst dann Veranlassung vorhanden ist, gegen den Schatzmeister mit ernstern und entscheidenden Maßregeln vorzugehen.

Der Staatsanwaltschaft ist es nun durch den Art. 22 zur Pflicht gemacht

Decret vom 6. November 1813. Art. 22.

worden, nach erfolgter Anzeige des Pfarrers, daß jene Aufforderung geschehen, aber ohne Erfolg geblieben, den Schatzmeister der Kirchen-Fabrik zu zwingen, wegen der Reparaturen den früheren Pfarrer oder dessen Erben anzugehen, oder von Amtswegen auf Risico und Gefahr des Schatzmeisters und subsidiarisch auf Gefahr der Bewohner der Pfarrei die deßfalls erforderlichen Schritte zu thun. Es ist ihr also die Wahl zwischen einem Zwange gegen den Schatzmeister oder einer directen Klage gegen die Reparaturpflichtigen gelassen. Will sie gegen den Schatzmeister einschreiten, so kann der Zwang, den sie dann gegen denselben auszuüben verpflichtet ist, wenn er von Erfolg sein soll, nur darin bestehen, daß sie ihn gerichtlich verfolgt, also eine Klage gegen ihn erhebt. Eine solche Klage wird nun in analoger Weise, wie diejenige anzustellen sein, welche die Staatsanwaltschaft geeigneten Falles auf Grund des Art. 90 des Decretes vom 30. December 1809 gegen den in Ablage der Rechnung säumigen Schatzmeister zu erheben verpflichtet ist. Denn durch beide Klagen soll der säumige Schatzmeister gezwungen werden, etwas zu thun, nämlich im Falle des gedachten Art. 90, Rechnung zu legen, und im gegenwärtigen Falle, die Reparatur-Angelegenheit zu erledigen. In dem erwähnten Art. 90 hat nun der Gesetzgeber eine der Lage der Sache gemäße Summe bezeichnet, die der säumige Schatzmeister bezahlen soll, wenn er ungeachtet des gegen ihn ergangenen Urtheiles nicht Rechnung legt; im vorliegenden Falle ist zwar durch das Gesetz nicht eine ähnliche Verfügung getroffen worden, allein es ist nicht abzusehen, wie der Zwang verwirklicht werden kann, wenn das Urtheil nicht analog der Bestimmung des erwähnten Art. 90 eine Summe festsetzt, die der Schatzmeister bezahlen soll, wenn er dem Urtheile durch Regelung der Reparatur-Angelegenheit nicht Folge leistet. Diese Summe wird dann annähernd nach dem Umfange der Reparaturen zu bestimmen sein, und deßhalb ist es auch erforderlich, daß die Höhe der Kosten dieser Reparaturen der Staatsanwaltschaft von dem Pfarrer annähernd angegeben wird. So wie aber der Schatzmeister nicht unbedingt jeder Aufforderung des Pfarrers Folge zu geben braucht, und er dies namentlich nicht zu thun verpflichtet ist, wenn er der Ansicht ist, daß die Anforderungen des Pfarrers ungegründet sind, eben so kann auch die Staatsanwaltschaft nicht verpflichtet sein, auf jede bloße Anzeige des Pfarrers ohne Weiteres gegen den Schatzmeister einzuschreiten, es muß vielmehr ihr der Nachweis geliefert werden, daß wirklich die vom Pfarrer bezeichneten Reparaturen noch auszuführen sind. Hierzu dient denn nun wesentlich die über die Beschreibung des Zustandes der Güter aufgenommene Verhandlung, und wo eine solche nicht vorhanden ist, das Gutachten eines Sachverständigen.

Auch, wenn die Staatsanwaltschaft zur andern Alternative greift, und nicht gegen den Schatzmeister angeht, sondern gegen die Reparaturpflichtigen direct die Klage erhebt, wird derselben von dem Pfarrer dasselbe Material zu verschaffen sein, wie bei einer Klage gegen den Schatzmeister; außerdem aber ist der Pfarrer auch verpflichtet, den jetzigen Wohnort des früheren Pfarrers, oder eine genaue Bezeichnung seiner Erben nebst Angabe ihres Wohnortes der Staatsanwaltschaft mitzutheilen. Es wird sich nun in einem solchen Falle fragen, welche Staatsanwaltschaft berufen sei, die hier in Rede stehenden Schritte zu thun. Zur Beantwortung dieser Frage wird man folgende Fälle unterscheiden müssen:

1) Der frühere Pfarrer, welcher die Reparaturen vorzunehmen hat, lebt noch. Da die gegen ihn zu erhebende Klage eine persönliche Klage ist, so muß sie nach Art. 59 der Civilproceß-Ordnung bei dem Gerichte seines Wohnsitzes angestellt werden, und daher ist auch nur die bei diesem Gerichte fungirende Staatsanwaltschaft zur Erhebung der Klage gegen ihn berufen. Dieser muß daher auch die im Art. 22 erwähnte Anzeige gemacht, und das zur Anstellung der Klage erforderliche Material beschafft werden.

2) Der frühere Pfarrer ist gestorben, und die Reparaturpflicht ist als eine persönliche Schuld desselben auf seine Erben übergegangen. Hat er nur einen Erben hinterlassen, so muß die desfallsige Klage nach Art. 59 der Civilproceß-Ordnung bei dem Gerichte seines Wohnortes angestellt werden, und daher auch die bei diesem fungirende Staatsanwaltschaft mit der Sache befaßt werden. Sind aber mehrere Erben vorhanden, so ist zu unterscheiden, ob der Nachlaß unter ihnen schon getheilt worden ist oder nicht. Hat eine Theilung noch nicht Statt gefunden, so muß nach dem erwähnten Art. 59 Nr. 2 die Klage bei demjenigen Gerichte, in dessen Bezirke die Erbschaft eröffnet worden ist, angestellt werden, und ist daher auch die dortige Staatsanwaltschaft von der Sache in Kenntniß zu setzen. Ist aber die Theilung unter den Erben schon beendigt, so hat der Pfarrer die Wahl zwischen den Staatsanwaltschaften der verschiedenen Gerichte der Wohnorte der Erben; nur ihm kann dieses Wahlrecht zustehen, da durch seine Anzeige die Staatsanwaltschaft mit der Sache befaßt wird. Man kann hier den Grundsatz: nomina et iura sunt ipso iure inter heredes divisa, die Schulden und Rechte seien von Rechtswegen unter den Erben getheilt, und man könne daher jeden derselben nur besonders für seinen Antheil belangen, nicht anwenden, denn die Handlung der Ausführung der Reparaturen, zu welcher sie verurtheilt werden sollen, ist eine untheilbare, wenn auch die Summe, zu deren Zahlung sie eventuell zu verurtheilen sind, eine theilbare ist.

Es kann nun wohl leicht der Fall vorkommen, daß die Kosten der nöthigen Reparaturen die Summe von 100 Thalern nicht erreichen, und daher die Klage wegen derselben zur Competenz der Friedensgerichte gehört, bei welchem das Institut der Staatsanwaltschaft für Civilsachen nicht besteht. Auch kann es wohl keinem Zweifel unterliegen, daß in einem solchen Falle, wenn der Pfarrer klagen will, er die Klage bei dem Friedensgerichte anstellen muß. Da er aber von dieser Befugniß Gebrauch zu machen nicht genöthigt ist, und der Staatsanwaltschaft diese Angelegenheit überlassen kann, so müssen auch in dem Falle, wo die Sache selbst zur Competenz der Friedensgerichte gehört, die Beklagten der Klage der Staatsanwaltschaft zum Landgerichte folgen, und können sie dann die Competenz desselben nicht bestreiten; denn der Art. 22 verpflichtet ganz allgemein und ohne Rücksicht auf die Höhe der in der Klage gemachten Forderung die Staatsanwaltschaft, jene Klage zu erheben; eine solche kann aber dann nur beim Landgerichte erhoben werden, weil die Staatsanwaltschaft nur dort Klagen zu erheben und durchzuführen befugt ist. Es muß daher angenommen werden, daß der Gesetzgeber diesen Specialfall ausdrücklich vor die Landgerichte verwiesen hat. Es versteht sich indessen von selbst, daß Klagen von so geringem Umfange nicht ohne Noth vor die höhern Gerichte gebracht werden sollen, und daß es unangemessen wäre, wenn der Pfarrer mit jeder geringfügigen Angelegenheit die Staatsanwaltschaft behelligen wollte; allein, wenn er einmal von diesem Rechte Gebrauch macht, so muß der Klage von der Staatsanwaltschaft Folge gegeben werden.

Die Klage der Staatsanwaltschaft gegen den früheren Pfarrer oder dessen Erben soll nun auf Risico und Gefahr des Schatzmeisters und subsidiarisch auf Risico der Bewohner der Pfarrei angestellt werden. Da der Schatzmeister, im Falle diese Klage erhoben wird, sich eine doppelte Nachlässigkeit hat zu Schulden kommen lassen, weil er einmal während der Erledigung der Pfarre die Angelegenheit wegen der Reparaturen nicht erledigt hat, und dann, weil er auch der Aufforderung des neuen Pfarrers nicht nachgekommen ist, so ist es natürlich, daß er auch die Folgen seiner Nachlässigkeit tragen muß. Ein solcher Fall kann nun eintreten, wenn entweder die Klage theilweise abgewiesen wird, und den Beklagten nicht alle Kosten des Processes zur Last gelegt werden, oder wenn die Beklagten nach der Theilung und nach Beendigung des Processes nicht mehr in den Vermögensverhältnissen sind, daß sie die Kosten der Reparaturen und des Processes bezahlen und dieserhalb exequirt werden können. Hier würde dann der Schatzmeister mit seinem Vermögen für Beides aufkommen müssen, weil er durch eine rechtzeitig angestellte Klage und die Ergreifung conservatorischer Maßregeln gegen den Nachlaß des früheren Pfarrers dieses Alles hätte vermeiden können. Trifft den Schatzmeister hierbei aber keine Schuld, oder ist er auch mit seinem Vermögen nicht im Stande, dann die Reparatur- und Proceßkosten zu decken, so tritt die subsidiaire Haftbarkeit der Civilgemeinde dafür ein. Im Art. 22 heißt es zwar, daß subsidiarisch die „paroissiens,' die Bewohner der Pfarrei" hiefür einstehen müssen; wie aber in den Bemerkungen zu Art. 21 des gegenwärtigen Decretes und in den bei de Syo a. a. O. zu Art. 49 ausgeführt worden ist, wird unter dieser Bezeichnung die Civilgemeinde verstanden.

Wie bereits oben angeführt worden, ist die der Staatsanwaltschaft durch den Art. 22 zugewiesene Thätigkeit ein Ausfluß der Schutzpflicht des Staates der Kirche gegenüber, und daher auch nicht durch die preußische Verfassungs-Urkunde, welche nur das Obervormundschaftsrecht des Staates über die Verwaltung des kirchlichen Vermögens aufhob, beseitigt worden. Die näheren Ausführungen in dieser Hinsicht sehe man bei de Syo, a. a. O. in den Bemerkungen zum Art. 90.

Auf der rechten Rheinseite gelten die Bestimmungen des vorstehenden Art. 22 nicht; hier hat der Kirchenrath die Reparatur-Angelegenheit mit dem früheren Pfarrer oder dessen Erben unter Zugrundelegung der oben näher erörterten geſetzlichen Beſtimmungen über den Nießbrauch zu erledigen, und im Falle dies nicht im Wege der Einigung geſchieht, dieſerhalb zur Klage zu ſchreiten. Er muß auch für den Nachtheil haften, welcher hierbei durch ſein Verſchulden dem Pfarrvermögen entſteht.

Art. 23.

Die Erzbiſchöfe und Biſchöfe haben ſich auf ihren Viſitations=reiſen nicht bloß von dem Zuſtande der Kirche und des Pfarr=hauſes, ſondern auch dem der Pfarrgüter Kenntniß zu verſchaffen, um nöthigen Falls Verfügungen zum Einſchreiten gegen den früheren oder jetzigen Pfarrinhaber zu erlaſſen. Eine Ausferti=gung der Verfügung verbleibt in den Händen des Schatzmeiſters, um ſie zu vollſtrecken, und eine zweite Ausfertigung wird dem kai=ſerlichen Procurator eingeſendet, damit dieſer, im Falle es nöthig iſt, den Schatzmeiſter durch die oben angegebenen Mittel dazu zwinge.

Zu Art. 23.

Während nach Art. 87 des Decretes vom 30. December 1809 die Erzbi=ſchöfe und Biſchöfe das Recht haben, ſich auf ihren Rundreiſen von dem Zu=ſtande des Kirchenvermögens ſpeciell durch Vorlegung der betreffenden Documente zu überzeugen, wird ihnen hier im Art. 23 des gegenwärtigen Decretes die Pflicht auferlegt, auf jenen Reiſen ſich von dem Zuſtande der Kirche, des Pfarr=hauſes und der Pfarrgüter Kenntniß zu verſchaffen; denn im Art. 87 heißt es: „ils pourront, ſie können es", dagegen bedient ſich der Geſetzgeber im Art. 22 des Ausdruckes: „ils s'informeront, ſie ſollen ſich Kenntniß verſchaffen". Der Grund dieſer Verſchiedenheit in den Verfügungen der beiden Decrete liegt nahe. Aus den jährlich zu legenden und den Biſchöfen zur Reviſion einzu=ſendenden Rechnungen der Kirchen=Fabriken können dieſe den Zuſtand des Kirchen=Fabrikvermögens erſehen, und durch die bei Gelegenheit einer Rundreiſe des Biſchofes von dieſem vorgenommene Specialreviſion wird daher nur conſtatirt, ob auch Alles, was in den Rechnungen enthalten iſt, ſeine Richtigkeit hat, woran man wohl im Allgemeinen nicht zweifeln kann, da der Kirchenrath die Rech=nungen zu prüfen und zu begutachten hat und man doch unterſtellen darf, daß derſelbe wiſſentlich etwas Unwahres nicht documentirt. Eine Nothwendigkeit zu einer ſolchen Specialreviſion liegt daher nicht ſo ſehr vor, obgleich ihre Zweck=mäßigkeit bei der Anweſenheit des Biſchofes nicht zu verkennen iſt. Dagegen kann ſich der Biſchof aus den Kirchenrechnungen von dem wirklichen Zuſtande der Kirchen, des Pfarrhauſes und der Pfarrgüter keine Gewißheit verſchaffen, da bezüglich derjenigen Reparaturen, welche, wie bei den Kirchen, **principaliter**

Decret vom 6. November 1813. Art. 23.

von den Kirchen-Fabriken zu bestreiten sind, aus dem Budget und den Rechnungen nicht ersichtlich ist, ob die darin aufgeführten Reparaturen auch die einzig nothwendigen waren, oder ob deren auch noch andere vorgenommen werden müssen; bezüglich der Reparaturen am Pfarrhause sich im Budget und der Rechnung der Kirchen-Fabrik nichts finden kann, weil die Reparaturen am Pfarrhause entweder von dem Pfarrer oder der Civilgemeinde getragen werden müssen, und da bezüglich der Reparaturen an dem eigentlichen Pfarrgute das Budget und die Kirchenrechnung nur dann Aufschluß geben, wenn es sich um Hauptreparaturen handelt, deren Kosten aus dem in der Kirchen-Fabrikkiste aufbewahrten disponiblen Fond, oder, wenn ein solcher nicht vorhanden ist, und diese Kosten auch aus dem Drittel der Einkünfte der Grundgüter des Pfarr-Dotationsvermögens nicht gedeckt werden können, durch Beschaffung anderweitiger Mittel zu bestreiten sind. Hier ist dann gerade die Revision bei der Rundreise des Bischofes das geeignetste Mittel, um der Nachlässigkeit des Kirchenvorstandes und des Pfarrers mit Entschiedenheit entgegen zu treten, und die Abstellung der wahrgenommenen Mängel anordnen zu können.

Die Bestimmung des Art. 23 beschränkt sich aber nicht auf diejenigen Reparaturen, welche bei einem Wechsel in der Person des Pfarrinhabers sich als nothwendig herausstellen, sondern sie erstreckt sich auch auf die während der Besetzung der Pfarre nothwendig gewordenen Reparaturen; denn die Bischöfe sollen nach derselben bei Wahrnehmung der Nothwendigkeit solcher Reparaturen Verfügungen zum Einschreiten gegen den früheren oder jetzigen Pfarrinhaber erlassen; gegen den jetzigen Pfarrinhaber kann aber wegen der Reparaturen nur eingeschritten werden, wenn er zur Vornahme derselben verpflichtet ist. Daß der Art. 23 auch auf solche Reparaturen, die der noch fungirende Pfarrer auszuführen hat, zu beziehen ist, geht außerdem noch aus dem Umstande hervor, daß eine Abschrift der Verfügung des Bischofes dem Schatzmeister zur Vollstreckung übergeben wird, und es widersinnig sein würde, wenn der Gesetzgeber nur hätte sagen wollen, der Schatzmeister solle den jetzigen Pfarrer auffordern, auf Grund der Verfügung des Bischofes nach Anleitung des Art. 22 nun gegen ihn, den Schatzmeister, wegen der Reparaturen vorzugehen.

Dem Art. 23 gemäß wird dem Schatzmeister eine Ausfertigung jener Verfügung des Bischofes behändigt und er mit der Vollstreckung derselben beauftragt. Es ist dies der nach Art. 22 durch den Pfarrer an ihn zu erlassenden Aufforderung analog. Damit er nicht säumig in der ihm aufgetragenen Vollstreckung sei, wird ihm, wie auch in jener Aufforderung, in der Verfügung des Bischofes eine Frist zu bestimmen sein, binnen welcher er seinen Auftrag vollziehen soll. Nach Ablauf dieser Frist hat er dann dem Bischofe darüber Bericht zu erstatten, in wie fern er dem ihm ertheilten Auftrage nachgekommen ist. Vollzieht er jenen Auftrag nicht, so hat der Gesetzgeber Zwangsmaßregeln gegen ihn angeordnet, die vollkommen denen entsprechen, welche nach Art. 22 gegen ihn anzuwenden sind, wenn er der dort gedachten Aufforderung des neuen Pfarrers nicht nachgekommen ist. Der vorstehende Art. 23 enthält nämlich die fernere Bestimmung, daß eine zweite Ausfertigung der Verfügung des Bischofes der betreffenden Staatsanwaltschaft eingesendet werden solle, damit diese, wenn es nöthig, den Schatzmeister zur Vollstreckung jener Verfügung zwinge. In ähnlicher Weise hat im Falle des Art. 22 der neue Pfarrer der Staatsanwaltschaft Kenntniß von der an den Schatzmeister ergangenen Aufforderung zu geben. Diese Bestimmung des Art. 23 kann nun aber nicht so verstanden werden, daß diese zweite Ausfertigung der Staatsanwaltschaft sofort eingesendet werden müsse, und diese nun nach Ablauf der anberaumten Frist verpflichtet sei, ohne Weiteres gegen den Schatzmeister einzuschreiten. Sie hat diese Pflicht vielmehr erst dann, wenn ihre Hülfe und Thätigkeit in Anspruch genommen wird, und dies kann erst dann geschehen, wenn der Schatzmeister seinen Obliegenheiten bezüglich des ihm ertheilten Auftrages nicht nachgekommen ist, und ihr dies angezeigt wird. Die desfallsige Anzeige kann aber erst nach Ablauf dieser Frist durch den Bischof erfolgen, welcher sich zunächst darüber zu vergewissern hat, ob seiner Weisung Folge gegeben worden ist, und daher wird auch erst dann die erwähnte zweite Ausfertigung der bischöflichen Verfügung an sie einzusenden sein. In diesem Falle hat denn auch die Staatsanwaltschaft dieselben Rechte und Pflichten, wie in dem Falle des Art. 22. Da die Verfügung des Bischofes genau dasjenige enthalten muß, was ausgeführt werden soll, so bildet der Inhalt derselben auch den Umfang der Klagen, welche die Staatsanwaltschaft nun zu erheben hat. Nach dem Schlußsatze des Art. 23 könnte man zwar glauben, daß sie nur ein Klagerecht gegen den Schatzmeister, nicht aber auch gegen die Reparaturpflichtigen habe, weil hier nur von einem Zwange gegen den Schatzmeister die Rede ist. Allein einer solchen Annahme widerspricht schon die gleiche Behandlung beider Fälle bis zu dem Puncte, wo die Zwangsmaßregeln durch die Staatsanwaltschaft angewendet werden sollen, dann der Umstand, daß diese Zwangsmaßregeln in den oben im Art. 22 angegebenen Mitteln bestehen sollen, und daß die Klage auf Risico und Gefahr des Schatzmeisters angestellt, doch auch eine Zwangsmaßregel gegen denselben ist, und endlich, daß die Verfügung des Bischofes nach Art. 23 sich nicht bloß auf die dem jetzigen Pfarrer, sondern auch auf die dem früheren Pfarrer obliegenden Reparaturen erstrecken soll, also auch der Fall des Art. 22 darin begriffen ist, und man schwerlich wird annehmen können, daß die Staatsanwaltschaft ein umfangreicheres Klagerecht haben sollte, wenn der neue Pfarrer ihre Hülfe in Anspruch nimmt, als wenn der Bischof dies thut.

Dem Art. 87 des Decretes vom 30. December 1809 gemäß haben auch die General-Vicarien, wenn sie im Auftrage des Bischofes die Rundreise durch die Diöcese machen, das Recht, Verfügungen zu erlassen, welche sich auf die von ihnen vorgenommene außergewöhnliche Revision beziehen. Der Art. 23 erwähnt ihrer nicht, allein man wird nach der Analogie des erwähnten Art. 89 auch für den Fall des vorstehenden Art. 23 annehmen müssen, daß auch ihnen das Recht zustehe, bezüglich der von ihnen bei ihrer Rundreise als nothwendig erkannten Reparaturen, eben so wie die Bischöfe, Verfügungen zu treffen, da sie für die Rundreise die Vertreter derselben sind, und der Zweck ihrer Rundreise derselbe ist, wie der der Bischöfe. Für andere Special-Commissarien, welche mit der Vornahme von Specialrevisionen beauftragt sind, ist dann auch in dieser Hinsicht die Bestimmung des Art. 87 maßgebend, nach welcher sie Verfügungen zu erlassen nicht befugt sind, sondern nur ein Protocoll über den Zustand der Immobilien aufzunehmen und dasselbe der bischöflichen Behörde einzureichen haben, welche dann darüber befinden und die geeigneten Verfügungen erlassen wird.

Auf der rechten Rheinseite hat das gegenwärtige Decret keine Geltung, und deßhalb ist auch die Staatsanwaltschaft hier weder berechtigt, noch verpflichtet, im Sinne des Art. 23 zu handeln. Dagegen liegt es in der Natur der Verhältnisse, daß das hier berührte Recht der Erzbischöfe, Bischöfe und General-Vicarien, bezüglich der Reparaturen Verfügungen an den Kirchenrath zu erlassen, auch dort zur Anwendung kommen muß.

Art. 24.

In allen Fällen der Erledigung einer Pfarrei gehören die Einkünfte des laufenden Jahres dem früheren Pfarrinhaber oder seinen Erben, bis zum Tage des Anfanges der Erledigung, und dem neuen Pfarrinhaber vom Tage seiner Ernennung an.

Die Einkünfte, welche vom Tage des Anfanges der Erledigung bis zum Tage der Ernennung gelaufen sind, werden in die Kiste mit drei Schlüsseln zurückgelegt, um zu den Hauptreparaturen verwendet zu werden, welche in Gemäßheit des Art. 13 etwa an den zur Dotation gehörigen Gebäulichkeiten vorgenommen werden müssen.

Zu Art. 24.

Der Gesetzgeber will durch den gegenwärtigen Artikel feststellen, wie es mit den Einkünften desjenigen Jahres zu halten ist, in welchem ein Wechsel in der Person des Pfarrinhabers definitiv Statt findet. Auf den Fall einer Vertretung des aus seinem Amte noch nicht ausgeschiedenen Pfarrers findet der Art. 24 keine Anwendung, hierauf bezieht sich vielmehr der Art. 27 des gegenwärtigen Decretes. Zu dem Ende fixirt nun der Gesetzgeber die Tage, bis wohin der frühere Pfarrer und von welchem ab der neue Pfarrer die Einkünfte aus dem Pfarr-Dotationsvermögen zu beziehen hat. Das Recht des früheren Pfarrers auf die Einkünfte soll mit dem Tage der Erledigung der Pfarre aufhören, das Recht des neuen Pfarrers auf dieselben mit dem Tage seiner Ernennung beginnen. Die Erledigung einer Pfarre durch eine Versetzung oder Beförderung des Pfarrers beginnt nun mit dem Tage seiner neuen Ernennung, da er bis dahin noch wirklicher Pfarrer an seiner bisherigen Stelle ist, bei dem Tode eines Pfarrers nach dem Grundsatze: dies cooptus pro completo habetur mit dem Tage nach seinem Tode, und bei einer Absetzung des Pfarrers mit dem Tage der Rechtskraft des Urtheiles, durch welches er seiner Stelle entsetzt worden ist. Es kommt daher bezüglich des Rechtes, die Einkünfte aus dem Pfarr=Dotationsvermögen zu beziehen, nicht darauf an, wie lange der bisherige Pfarrer nach eingetretener Erledigung noch in der Pfarre geblieben ist, und eben wenig darauf, an welchem Tage er seine neue Stelle angetreten hat. Nach der Bestimmung des Art. 24 soll nun im Falle der Erledigung einer Pfarre eine Theilung der Einkünfte des Pfarr=Dotationsvermögens zwischen dem ausgeschiedenen Pfarrer, seinem Nachfolger und dem Pfarr=Dotationsfond Statt finden. Wenn die Einkünfte des Pfarr=Dotationsvermögens lediglich in Civilfrüchten, oder, was denselben nach Art. 584 des B. G.=B. gleichgestellt ist, in dem Ertrage der Pachtungen bestehen, so ist die Vertheilung derselben durch die Fixirung der Tage der Erledigung und Wiederbesetzung der Pfarre eine gegebene, da die Civilfrüchte nach Art. 586 des B. G.=B. Tag für Tag erworben werden, die beiden Pfarrer also für die Zeit ihrer Amtsdauer ihren Antheil an den in diesem Jahre fällig werdenden Einkünften nach Verhältniß derselben erworben haben, und der Rest dem Pfarr=Dotationsfond zufällt. Die eigentliche Schwierigkeit bei der Berechnung und Vertheilung eines Jahres tritt dann ein, wenn der bisherige Pfarrer die Dotationsgüter selbst bewirthschaftet hat, und man auf das Verhältniß des Pfarrers lediglich die gesetzlichen Bestimmungen über den Nießbrauch anwenden will. Es ist daher zu untersuchen, ob dies die Ansicht des Gesetzgebers gewesen ist. Im Art. 6 des gegenwärtigen Decretes heißt es nun zwar, daß die Pfarrer die Rechte und Pflichten des Nießbrauchers haben sollen, es wird jedoch der Zusatz gemacht, „mit den hier unten folgenden Modificationen". Demnach wird zunächst festzustellen sein, ob im gegenwärtigen Decrete Bestimmungen enthalten sind, welche diejenigen gesetzlichen modificiren, die bei Beendigung eines Nießbrauches zur Anwendung kommen müssen. Wenn dies nicht der Fall ist, so treten diejenigen Verhältnisse ein, welche in dieser Hinsicht in den Bemerkungen zum Art. 6 des gegenwärtigen Decretes näher erörtert worden sind. Correns in seiner Abhandlung über den Auf= und Abzug der Pächter ist S. 74 und 75 der Ansicht, daß alle Einkünfte desjenigen Jahres, in welchem ein Wechsel in der Person des Pfarrers Statt findet, nach Abzug aller Kosten und ohne Rücksicht auf die Zeit, wann sie fällig werden, pro rata temporis, d. h. nach Verhältniß der Zeit, während welcher sie während dieses Jahres die Stelle bekleidet haben, zwischen dem ausscheidenden Pfarrer und seinem Nachfolger getheilt werden müssen. Er nimmt indessen hiervon aus alle Pastoral=Einkünfte, die täglichen iura stolae und die Einkünfte des interregni. Daß die Pastoraleinkünfte und iura stolae nicht zur Vertheilung kommen können, versteht sich von selbst, da sie für die jedesmaligen Verrichtungen des Pfarrers gegeben werden, und daher auch derjenige allein sie zu beziehen hat, welcher die Verrichtungen vorgenommen hat. Was Correns indessen unter den Einkünften des interregni versteht, ob er namentlich auch, wie für die beiden Pfarrer, für den Pfarr=Dotationsfond alle Einkünfte des Jahres pro rata temporis interregni in Anspruch nimmt, oder ob er hierauf die gesetzlichen Bestimmungen über den Nießbrauch angewendet wissen will, darüber äußert er sich nicht. Es scheint, daß er in dieser Hinsicht der letzteren Ansicht zuneigt, indem er die Einkünfte des interregni von der Vertheilung ausschließt. Wenn man nun annimmt, daß während des interregni nach den gesetzlichen Bestimmungen über den Nießbrauch verfahren werden müsse, daß also alle Einkünfte, mit Ausnahme der Tag für Tag erworbenen, wenn sie zur Zeit des Interregnums fällig werden, dem Pfarr=Dotationsfond zufallen müssen, so wäre die oben erwähnte Schwierigkeit keineswegs gehoben, und der von Correns angerufene Satz: beneficium datur propter officium könnte dann oft rein illusorisch sein; denn es kann der Fall vorkommen, daß bei einer Selbstbewirthschaftung der Pfarrgüter nur der Pfarrfond den ganzen Ertrag der Güter beziehen würde, und weder der frühere noch der spätere Pfarrer etwas davon erhielte, wenn nämlich die ganze Aernte in die Zeit des interregni fiele. Für die Pfarrer blieb dann nichts zu theilen übrig. Correns hat indessen jedenfalls im Art. 24 des gegenwärtigen Decretes eine Modification der gesetzlichen Bestimmungen über den Nießbrauch erblickt; allein consequent hätte er sie dann auch für die Zeit des interregni annehmen, und die Einkünfte desselben nicht mit den Pastoraleinkünften und den iuribus stolae in eine Kategorie stellen müssen, wodurch sie von der Vertheilung, wie er sie zwischen den beiden Pfarrern annimmt, ausgeschlossen werden. Für das letztere gibt auch das gegenwärtige Decret keine Anhaltspuncte, wohl aber dafür, daß der Gesetzgeber durch den Art. 24 eine Modification der gesetzlichen Bestimmungen über den Nießbrauch dahin hat eintreten lassen wollen, daß alle Einkünfte aus dem Pfarr=Dotationsvermögen jenes Jahres, sie mögen nun natürliche, industrielle oder Civilfrüchte desselben sein, unter den beiden Pfarrern und dem Pfarr=Dotationsfond nach Verhältniß der Zeit der Besetzung und der Erledigung der Pfarre zu vertheilen seien. Diese Anhaltspuncte bestehen in Folgendem:

1) Im Art. 24 sagt der Gesetzgeber, daß der Pfarrer die Einkünfte des laufenden Jahres bis zum Tage der Erledigung der Pfarre beziehen solle. Hätte er gewollt, daß der Pfarrer nur diejenigen Einkünfte beziehen solle, welche während der Zeit seiner Amtsdauer fällig werden oder zu beziehen waren, so hätte er sich in der angegebenen Weise incorrect ausgedrückt; er hätte vielmehr sagen müssen, der Pfarrer solle die bis zur Erledigung der Pfarre bezogenen und zu beziehen gewesenen Einkünfte erhalten, und er hätte sich dann des Ausdruckes „die Einkünfte des laufenden Jahres" nicht zu bedienen gebraucht. Gerade aber der Umstand, daß er hier eine specielle Verfügung in dieser Hinsicht getroffen hat, spricht dafür, daß er eine Abweichung von den gewöhnlichen gesetzlichen Bestimmungen gewollt hat, indem er, wenn er diese zur Geltung kommen lassen wollte, hier gar nichts darüber zu sagen brauchte, da der Art. 6 des gegenwärtigen Decretes schon darauf hingeführt haben würde.

2) Der Gesetzgeber spricht im Art. 24 ganz allgemein von den Einkünften

des laufenden Jahres und schließt keine Art derselben aus, er unterscheidet nicht zwischen fälligen und erst fällig werdenden Einkünften. Er documentirt dadurch, daß der Pfarrer an allen Einkünften des laufenden Jahres nach Verhältniß der Zeit seiner Amtsdauer Theil nehmen solle.

3) Die Einkünfte, welche dem Pfarr=Dotationsfond zufallen sollen, bezeichnet er als revenus, qui auront eu cours du jour de l'ouverture de la vacance jusqu'au jour de la nomination, also als solche, die vom Tage der Erledigung der Pfarre bis zum Tage der neuen Ernennung laufen; er nennt sie aber nicht revenus échuos du jour de l'ouverture jusqu'au jour de la nomination, die zwischen jenen Tagen fällig gewordenen Einkünfte. Diese Bezeichnung wäre aber, wenn er die gesetzlichen Bestimmungen über den Nießbrauch hier hätte zur Anwendung bringen wollen, die richtigere gewesen, weil die Civilfrüchte mit jedem Tage verfallen, die natürlichen und industriellen Früchte aber nur mit der Reife der Frucht und ihrer Absonderung vom Boden, sie sämmtlich daher unter dem Ausdrucke „échuos" begriffen gewesen wären.

4) Nach dem folgenden Art. 25 soll über sämmtliche Einkünfte eines solchen Jahres Rechnung gelegt werden, und zwar sowohl über die von den beiden Pfarrern während ihrer Amtsdauer als auch über die von dem Schatzmeister der Kirchen=Fabrik während der Dauer der Erledigung der Pfarre bezogenen Einkünfte. Daß die Rechnung sich bloß auf die Civilfrüchte zu erstrecken habe, wird im Art. 25 nicht gesagt, sondern nur ganz allgemein von den Einkünften eines solchen Jahres gesprochen. Soll die Rechnung aber alle Einkünfte dieses Jahres umfassen, so muß daraus gefolgert werden, daß der Gesetzgeber eine Aenderung der gewöhnlichen gesetzlichen Bestimmungen für die in Rede stehen= den Verhältnisse gewollt habe, denn sonst hätte eine solche Rechnung keinen Zweck.

Zieht man nun dabei noch in Erwägung, daß es unstreitig in der Absicht des Gesetzgebers gelegen hat, daß der Pfarrer nie ohne Subsistenzmittel sein soll, weil ja sein Einkommen nicht einmal mit Beschlag belegt werden kann, daß dieser Fall aber leicht eintreten könnte, wenn die Einkünfte des Pfarr=Do= tationsvermögens für das Jahr, in welchem die Pfarre erledigt wird, nach den Regeln des Nießbrauches bezogen werden sollen, so wird man aus allen diesen Momenten den Schluß ziehen müssen, daß der Gesetzgeber bezüglich des hier in Rede stehenden Falles für die Vertheilung der Einkünfte des Pfarr=Dotations= vermögens einen eigenen Modus, abweichend von den gewöhnlichen gesetzlichen Bestimmungen, hat schaffen wollen, und zwar in der Art, daß dieselben nach Verhältniß der Zeit der Besetzung und der Erledigung der Pfarre unter die bei= den Pfarrer und den Pfarr=Dotationsfond vertheilt werden sollen. Es versteht sich hierbei von selbst, daß die auf die Gewinnung der Einkünfte verwendeten Kosten von der Gesammteinnahme vor der definitiven Theilung in Abzug gebracht wer= den müssen, und sie demjenigen zu vergüten sind, welcher sie aufgewendet hat, indem erst nach deren Abzug das eigentlich reine Einkommen fixirt werden kann.

In dem gegenwärtigen Artikel wird übrigens nur von den Einkünften des

Pfarr-Dotationsvermögens gehandelt; auf die Einkünfte aus Stiftungen und für kirchliche und pfarrliche Dienste hat der Pfarr-Dotationsfond keinen Anspruch, da sie nur als Entschädigung für die desfallsigen kirchlichen und pfarrlichen Verrichtungen gewährt werden, also nur derjenige sie zu beziehen hat, welcher die Verrichtungen vorgenommen hat, dies aber nur immer ein Geistlicher sein kann. Sind nun solche Verrichtungen aus Stiftungen periodisch vorzunehmen, so bezieht der dienstthuende Geistliche dafür das stiftungsmäßige Honorar; ist aber für die sämmtlichen Lasten einer Stiftung nur ein Pauschquantum durch den Stifter ausgeworfen, so sind die Remunerationen für die einzelnen Verrichtungen nach ihrer Zahl und ihrem Umfange zu bemessen, und muß dies nöthigen Falles durch die bischöfliche Behörde geschehen. Etwaige Ueberschüsse an den Remunerationen für solche während der Zeit der Erledigung vorgenommenen Verrichtungen kommen nicht dem Pfarr-Dotationsfond, sondern der Kirchen-Fabrik zu Gute, welcher allein auch die Pflicht obliegt, jene Verrichtungen vornehmen zu lassen.

Durch die Erledigung einer Pfarre hört das Recht des bisherigen Nießbrauchers an den Nießbrauchs-Objecten auf, und da bis zur Wiederbesetzung der Pfarre ein Nießbraucher nicht vorhanden ist, so ist es ein Ausfluß des Eigenthumsrechtes, daß dieselben dann dem Eigenthümer zufallen, hier also dem Pfarr-Dotationsfond anwachsen. Die so gewonnene Vermehrung desselben soll aber nicht ein unangreifbarer Bestandtheil desselben bleiben, sondern zunächst zu den Hauptreparaturen verwendet werden, wie dies im Art. 13 des gegenwärtigen Decretes vorgesehen und in den Bemerkungen zu demselben näher ausgeführt worden ist. Eine solche Verwendung hat aber nicht den strengen Charakter einer Veräußerung der Substanz, da der so gesammelte Fond zwar aufbewahrt werden, aber als die Eigenschaft eines Theiles der Revenuen behaltend, gerade nach dem Gesetze zu einer bestimmten Verwendung dienen soll. Es ist daher auch zu einer solchen Verwendung nicht die Beobachtung der Formalitäten des Art. 8 des gegenwärtigen Decretes erforderlich, wohl aber muß der Kirchenrath dazu seine Genehmigung ertheilen, da er berufen ist, auf die Erhaltung der Güter zu wachen und folgeweise auch dafür Sorge zu tragen, daß die hierzu erforderlichen disponibeln und in seinem Gewahrsam befindlichen Fonds auch nur im Falle einer Nothwendigkeit verwendet werden.

Unter laufendem Jahre wird hier das Kalenderjahr, in welchem die Erledigung der Pfarre eingetreten ist, verstanden werden müssen, und nicht dasselbe durch den Tag des Antrittes des ausgeschiedenen Pfarrers zu bestimmen sein. Das Letztere würde leicht zu Verwirrungen und Weiterungen führen können, besonders, wenn der ausgeschiedene Pfarrer lange an derselben Stelle fungirt hat und der Tag seiner Ernennung nicht mehr constatirt werden kann, was doch in der Möglichkeit liegt, oder wenn der Nachfolger des ausgeschiedenen Pfarrers nur sehr kurze Zeit fungirt hat und dann schon mit Tod abgeht, oder sonst ausscheidet, indem dann zwei laufende Jahre angenommen werden müßten, in welchem zum größten Theile dieselben Früchte zu vertheilen wären.

Decret vom 6. November 1813. Art. 24.

Wie im Anfange der Bemerkungen zum Art. 24 gesagt worden, findet die Vorschrift des Art. 24 nur auf den Fall einer definitiven Erledigung einer Pfarre Anwendung; sie ist daher auch auf den Fall, wo eine definitiv erledigte Pfarre einem Geistlichen commissarisch übertragen wird, anwendbar. — Die Höhe des Einkommens des Pfarrverwalters richtet sich dann nach den Bedingungen, unter welchen ihm das Commissorium ertheilt worden ist. Sind ihm nun in dem Berufsbriefe die sämmtlichen Einkünfte zugewiesen, so ist er bezüglich der Einkünfte gerade so wie ein neuer Pfarrer anzusehen. Ist er aber nur auf einen aliquoten Theil derselben, z. B. die Hälfte oder zwei Drittel angewiesen, oder ist er auf ein bestimmtes, aber geringeres Gehalt, als die Einkünfte betragen, berufen, so muß der auf die Zeit der Dauer des Commissoriums fallende Antheil derselben zwischen dem Pfarrverwalter und dem Dotationsfond in der Art getheilt werden, daß der Pfarrverwalter das ihm bestimmte Quantum erhält, und der Rest dem Dotationsfond zufließt.

Auf der rechten Rheinseite gelten bezüglich der Vertheilung der Einkünfte desjenigen Jahres, in welchem eine Erledigung der Pfarre Statt gefunden, die Bestimmungen der A. C.=O. vom 3. Juli 1843. In derselben wird aber ein Unterschied gemacht zwischen der Erledigung einer Pfarre durch den Tod des Pfarrers und der durch Versetzung oder Amtsentsetzung des Pfarrers. Aus welchen Gründen diese Fälle im Allgemeinen nach verschiedenen Grundsätzen behandelt werden sollen, ist nicht abzusehen, und hat wohl lediglich die Bestimmung des §. 1 derselben, daß den Erben ein Gnadenquartal zustehen solle, die Veranlassung dazu gegeben, daß es im §. 9 heißt, „die vorstehenden Bestimmungen (§§. 1—8) finden keine Anwendung, wenn eine Stelle durch Versetzung oder Amtsentsetzung erledigt wird". Daß die Bestimmungen des §. 1 auf solche Fälle keine Anwendung finden sollen, ist natürlich, da dem versetzten Pfarrer ein Gnadenquartal nicht gebühren kann, weil er sonst ein doppeltes Einkommen beziehen würde, und da das Gnadenquartal zugleich eine Anerkennung für die Dienste des verstorbenen Pfarrers sein soll, so kann der seines Amtes Entsetzte darauf keinen Anspruch machen. Dagegen lagen keine Gründe vor, um auch in beiden Fällen die Art und Weise der Vertheilung der Einkünfte eines solchen Jahres verschiedenartig zu behandeln, wie dies durch jene Cabinets=Ordre geschehen ist.

Nach dem §. 1 derselben sollen nun die Erben eines verstorbenen Pfarrers das mit der Stelle verbundene Einkommen noch während dreier Monate vom ersten Tage desjenigen Monates an, der auf den Sterbemonat folgt, beziehen, sie sind indessen verpflichtet, alle mit der Verwaltung der Stelle verbundenen Kosten und Lasten zu tragen, und insbesondere auch die von der bischöflichen Behörde fixirte Remuneration des Verwalters der Stelle zu bezahlen. Da nun nach §. 2 derselben der Jahresbetrag des Einkommens vom 1. Januar bis zum 31. December berechnet, und dieser nach Verhältniß der Zeit vertheilt werden soll, so erhalten die Erben eines verstorbenen Pfarrers ihren Antheil an demselben in der Art, daß sie das ganze Einkommen der Pfarre für die Zeit vom

Decret vom 6. November 1813. Art. 24.

Anfange des Jahres bis zum Sterbemonate ihres Erblassers einschließlich und außerdem noch für die drei auf den Sterbemonat folgenden Monate ratirlich beziehen. Unter diesem Einkommen werden nun nicht bloß die Civilfrüchte, welche Tag für Tag erworben werden, sondern auch die natürlichen und industriellen Früchte verstanden werden, und sollen insbesondere, wenn Grundstücke durch Selbstbewirthschaftung benutzt werden, die Früchte nach deren Einsammlung, so wie auch die Kosten der Einsaat und Bestellung durch zwei Sachverständige abgeschätzt, und der Ueberschuß eben so wie die Civilfrüchte vertheilt werden. Hierdurch ist also auch für diesen Fall auf der rechten Rheinseite die wesentliche Verschiedenheit von dem Nießbrauchsverhältnisse geschaffen worden, daß auch die natürlichen und industriellen Früchte den Civilfrüchten gleichgestellt, und daher wie diese Tag für Tag erworben werden. Es stimmen also in dieser Hinsicht die §§. 2 und 3 dieser Cabinets-Ordre mit dem Art. 24 des gegenwärtigen Decretes überein. Dagegen braucht derjenige, welcher die durch Selbstbewirthschaftung gezogenen oder die natürlichen Früchte vom Boden abgesondert hat, also der verstorbene Pfarrer und dessen Erben, wenn die Absonderung derselben vom Boden während der Zeit geschehen ist, wo sie das Einkommen zu beziehen hatten, oder der Kirchenrath im Falle der Absonderung während der Erledigung der Pfarre nach Ablauf des Gnadenquartales, oder der neue Pfarrer, wenn die Absonderung nach seinem Antritte erfolgt ist, die Früchte nicht in natura zur Theilung zu bringen; denn der §. 3 der gedachten Cabinets-Ordre bestimmt in dieser Hinsicht, daß der Ueberschuß, welcher sich nach dem aus den Abschätzungen der beiden Taratoren gezogenen Mittelsatze ergibt, wie das Pachtgeld vertheilt werden soll. Es ist daher bloß der Ueberschuß des Abschätzungspreises, wie er durch die Taratoren nach dieser Weisung gefunden wird, nach Verhältniß der Zeit der Besetzung und Erledigung der Pfarre in diesem Jahre und unter Berücksichtigung des Gnadenquartales zu vertheilen. Sind die beiden Taratoren in der Aufstellung der Taxen einig, so sind dieselben für die Vertheilung maßgebend; besteht aber unter ihnen hinsichtlich der Taxen eine Differenz, so wird der Mittelsatz zwischen ihren Taxen, also die Hälfte der von beiden Sachverständigen angenommenen Taxen zusammen das zur Vertheilung kommende Quantum sein. Wenn nun auch die Bestimmung, daß dieser Mittelsatz der zur Vertheilung kommende Werth der gezogenen Früchte sein soll, auf der linken Rheinseite nicht zur Anwendung kommen kann, weil die A. C.-O. vom 3. Juli 1843 nur für die rechte Rheinseite erlassen ist, so wird dort doch ebenfalls nur ein Abschätzungspreis für die Vertheilung gefordert werden können, weil der jedesmalige Nießbraucher und beziehungsweise der Eigenthümer der Grundstücke durch die Absonderung der Früchte vom Boden Eigenthümer derselben wird und darüber frei verfügen kann, und daher, wenn in dieser Beziehung etwas zur Vertheilung kommen soll, nur der Werth derselben als Gegenstand der Vertheilung gefordert werden kann. Dieser Werth wird dann auch, im Falle eine Einigung hierüber nicht Statt findet, durch Sachverständige zu ermitteln sein. Eine andere Frage ist, ob derjenige, welcher kraft seines Eigenthums- oder Nießbrauchsrechtes die Früchte vom Boden getrennt hat, nicht berechtigt ist, die Vertheilung derselben in natura oder ihren Verkauf für gemeinsame Rechnung zu verlangen. Diese Frage wird man unbedingt bejahen müssen, da nach dem Gesetze das Einkommen vertheilt werden soll, und er, wenn er das ganze Einkommen, was er durch die Absonderung der Früchte vom Boden bezogen hat, zur Vertheilung hergibt, dem Gesetze genügt.

Von den Sachverständigen, welche diese Früchte abschätzen sollen, wird nach §. 3 der Cabinets-Ordre der Eine durch die Erben des verstorbenen Pfarrers, der Andere durch den Nachfolger im Beneficium oder den Vertreter des erledigten beneficii gewählt; findet die getroffene Wahl Widerspruch, so geht solche auf den competenten Landdechanten über. Es ist nun hierbei nicht gesagt, ob dieses eventuelle Recht des Landdechanten nur auf die vom Nachfolger im beneficio oder dem Vertreter des erledigten beneficii getroffene und angegriffene Wahl sich bezieht, oder sich auch auf die von den Erben erfolgte Wahl erstreckt. Zunächst hat der Landdechant nur das Recht, statt der angegriffenen Wahl eine neue selbst vorzunehmen; da die Erben aber ihren Erblasser repräsentiren, und es sich daher eigentlich nur um eine Differenz zwischen zwei Pfarrern handelt, der §. 3 auch eine Unterscheidung in dieser Hinsicht nicht macht, so wird man annehmen müssen, daß der betreffende Landdechant auch das Wahlrecht hat, wenn gegen die von den Erben des verstorbenen Pfarrers getroffene Wahl Widerspruch erhoben wird. Der Landdechant ist bei seiner Wahl an keine Persönlichkeit gebunden und kann daher auch diejenigen wählen, gegen dessen Wahl Widerspruch erhoben worden ist. Zweckmäßiger wird es natürlich sein, wenn er einen Anderen wählt, weil dann eine Einigung unter den verschiedenen Interessenten eher möglich ist. Unter dem Vertreter des erledigten beneficii ist der bestellte Administrator desselben zu verstehen, der Gesetzgeber würde sich dieser Bezeichnung nicht bedient haben, wenn er im Falle der Erledigung des beneficii dem Kirchenrathe ein Wahlrecht gegeben hätte; es ist aber auch in der Natur der Sache gelegen, daß dem Administrator dieses Wahlrecht zugestanden wird, weil er aus den Einkünften des beneficii seine Remuneration bezieht, und daher an denselben mit betheiligt ist.

Dem §. 4 der gedachten Cabinets-Ordre gemäß sind Stolgebühren und Oblationen für geistliche Handlungen, so wie Memorien- und Anniversarien-Stipendien, selbst wenn sie bei der Dotation der Stelle dem Curat-Geistlichen auf sein Amtseinkommen besonders angerechnet sein sollten, von der erwähnten Vertheilung ausgeschlossen, weil sie demjenigen gebühren, welcher die Dienste, für welche sie bestimmt sind, verrichtet hat. Da die Erben des verstorbenen Pfarrers aber nur ein Recht auf das zur Vertheilung kommende Einkommen der Pfarre haben, so haben sie auf dieselben während des Gnadenquartales keinen Anspruch, und wenn auch im §. 1 gesagt wird, daß die Erben verpflichtet seien, während des Gnadenquartales alle mit der Verwaltung der Stelle verbundenen Kosten und Lasten zu tragen, so können darunter nicht die im §. 4 angegebenen speciellen Dienstleistungen verstanden werden, weil das hierfür bestimmte Einkommen neben dem Pfarreinkommen vorhanden ist, und die Erben ausdrücklich von einer Theilnahme an demselben ausgeschlossen sind.

Im Allgemeinen hat der Gesetzgeber die Abwickelung dieser Verhältnisse dem weltlichen Richter so viel wie möglich entziehen wollen, und deßhalb auch in §. 5 bestimmt, daß die Auseinandersetzung von der bischöflichen Behörde geleitet und festgestellt werden solle. Er hat indessen dadurch nur verfügen wollen, daß vor allem auf dem kirchlichen Verwaltungswege versucht werden solle, diese Angelegenheit zu ordnen. Bei obwaltenden Differenzen hat die bischöfliche Behörde auch das Recht einer Entscheidung, welche definitiv die Sache erledigt, wenn nicht gegen diese Entscheidung die Berufung auf rechtliches Gehör eingelegt wird. Dieselbe muß indessen binnen vier Wochen, vom Tage der Bekanntmachung der Entscheidung an, erfolgen, widrigenfalls gegen dieselbe nicht mehr angegangen werden kann. Wie diese Berufung einzulegen ist, wird in der gedachten Cabinets-Ordre nicht gesagt; es versteht sich indessen von selbst, daß sie derjenigen Partei, gegen welche man sie einlegt, angezeigt werden muß, weil diese sonst auf Grund der bischöflichen Entscheidung zu weiteren Maßregeln greifen dürfte. Ob sie auch bei der bischöflichen Behörde anzumelden ist, wird nicht gesagt; da aber bei ihr die Angelegenheit erst beendigt sein muß, ehe die Gerichte angegangen werden können, so ist, da sie weiter nichts mehr mit der Sache zu thun hat, nicht abzusehen, aus welchen Gründen die Einlegung der Berufung auf rechtliches Gehör auch bei ihr Statt finden müsse. Durch die Einlegung der Berufung auf rechtliches Gehör hat die bischöfliche Entscheidung keine Wirkung mehr, es bleibt dann den Betheiligten überlassen, die Sache von den Gerichten entscheiden zu lassen. Ob nun mit Einlegung dieser Berufung zugleich die Klage zum betreffenden Gerichte angestellt werden müsse, oder ob derjenige, welcher mit der bischöflichen Entscheidung unzufrieden ist, nur den anderen Interessenten anzuzeigen braucht, daß er auf rechtliches Gehör provocire, ist in der erwähnten Cabinets-Ordre unentschieden gelassen. Da aber Niemand gezwungen werden kann, seine Privatangelegenheiten durch Anstellung einer Klage zu verfolgen, so reicht die Anzeige hin, daß man auf rechtliches Gehör provocire, und wird es dann Sache desjenigen sein, die Klage bei Gericht anzustellen, der ein Interesse daran hat, daß die Angelegenheit erledigt wird. Außerdem kann auch die bischöfliche Behörde, wenn sie dies für zweckmäßig erachtet, noch vor einer definitiven Entscheidung ihrerseits die Parteien auf den Rechtsweg verweisen, und bleibt es dann ebenfalls dem fleißigeren Theile überlassen, die geeignete Klage bei Gericht anzustellen.

Anlangend das Materielle in dieser Angelegenheit wird im §. 6 festgesetzt, daß in allen den streitigen Fragen, über welche die Cabinets-Ordre keine Bestimmungen enthält, die Vorschriften des Civilgesetzbuches über den Nießbrauch maßgebend sein sollen, in welcher Beziehung dann auf die Bemerkungen zum Art. 6 des gegenwärtigen Decretes hinverwiesen wird.

Wie schon oben bemerkt worden ist, stimmt die Vorschrift des Art. 24 bezüglich der Vertheilung der Einkünfte eines Vacanzjahres **pro rata temporis** mit den auf der rechten Rheinseite geltenden Grundsätzen nur dann überein, wenn die Pfarre durch den Tod des Pfarrers erledigt wird, nicht aber, wenn die Erledigung in Folge einer Versetzung oder Amtsentsetzung des Pfarrers eingetreten ist; denn im §. 9 der gedachten Cabinets=Ordre heißt es ausdrücklich, daß die §§. 1—8 auf diese beiden Fälle keine Anwendung finden sollen. Die Interessenten sind daher bezüglich der Auseinandersetzung nicht zunächst vor die bischöfliche Behörde gewiesen, sie müssen sich daher entweder einigen, oder dieselbe auf dem Rechtswege durchführen. In materieller Beziehung heißt es dann im §. 9 weiter, daß der Versetzte mit demjenigen Tage aus dem Genusse des Einkommens seiner bisherigen Stelle treten solle, an welchem er zum Genusse des Einkommens der neuen Stelle gelange, und der seines Amtes Entsetzte mit dem Tage der Rechtskraft des ihn entsetzenden Urtheiles das Einkommen seiner bisherigen Stelle verliere. Es treten dann in diesen Fällen die in den Bemerkungen zum Art. 6 näher erörterten Verhältnisse ein, welche nach den dort gemachten Angaben zu regeln sind. Für den Fall einer Versetzung hat der Gesetzgeber es in der erwähnten Cabinets=Ordre zweifelhaft gelassen, ob hier der Tag der Ernennung des Pfarrers oder der Tag des Antrittes seiner neuen Stelle entscheidend ist. Nach dem Grundsatze, daß das beneficium propter officium gegeben wird, die Einkünfte also für die Dienste genossen werden sollen, müßte man annehmen, daß der Tag des Antrittes der neuen Stelle der entscheidende sei; es wird daher zur Vermeidung der etwa hiedurch entstehenden Differenzen zweckmäßig sein, daß in der Berufungs=Urkunde angegeben werde, von welchem Tage an der neu ernannte Pfarrer die Einkünfte seiner neuen Stelle zu beziehen habe.

Die Allerhöchste Cabinets=Ordre vom 3. Juli 1843 hat übrigens nicht bloß auf Pfarrstellen, sondern überhaupt auf alle Curatstellen, also auch auf Rectorate und Vicarieen Anwendung, wie dieses in derselben ausdrücklich ausgesprochen wird.

Art. 25.

Der Ertrag der Einkünfte während des Jahres der Erledigung wird durch die Rechnungen festgestellt, welche der Schatzmeister für die Zeit der Erledigung und der neue Pfarrinhaber für den Rest des Jahres zu legen haben. Diese Rechnungen sollen auch das enthalten, was der frühere Pfarrinhaber für dasselbe Jahr erhoben hat, vorbehaltlich des Rückgriffes gegen seinen Nachlaß, wenn derselbe Statt zu finden hat.

Zu Art. 25.

Für den Fall einer provisorischen Ersetzung des nicht ausgeschiedenen Pfarrers hat der Gesetzgeber im Art. 28 des gegenwärtigen Decretes den Schatz=

meister der Kirchen-Fabrik angewiesen, bezüglich der Pfarrgüter diejenigen Verpflichtungen zu erfüllen, welche dem Pfarrinhaber hinsichtlich ihrer Benutzung und der an denselben vorzunehmenden Reparaturen obliegen. Daß der Schatzmeister auch diese Pflichten bei der definitiven Erledigung der Pfarre während der Dauer derselben habe, ist im gegenwärtigen Decrete zwar nirgendwo ausdrücklich ausgesprochen, es folgt dies indessen schon theilweise aus den Bestimmungen des Art. 21, nach welchen der Schatzmeister im Falle der Erledigung dafür sorgen muß, daß die nothwendigen Reparaturen ausgeführt werden, vorzugsweise aber aus der Vorschrift des Art. 25, daß er für die Dauer der Erledigung Rechnung legen muß, wozu er nur verbunden sein kann, wenn er auch während dieser Zeit die Verwaltung geführt hat. Man könnte zwar nach dem Wortlaute des Art. 25 annehmen, daß er nur die während der Erledigung erfallenen Einkünfte zu erheben und zu verrechnen habe; allein auf diesen Einkünften ruhen auch Lasten, deren Kosten davon in Abzug kommen müssen, um die Höhe der zur Vertheilung kommenden Einkünfte feststellen zu können, und da jede Rechnung ordnungsmäßig Einnahme und Ausgabe nachweisen muß, so wird ihm auch für den Fall der definitiven Erledigung dieselbe Pflicht obliegen, wie sie ihm für den Fall einer provisorischen Erledigung durch den Gesetzgeber auferlegt worden ist, nämlich die auf den Einkünften ruhenden Verbindlichkeiten zu erfüllen.

Dem Schatzmeister der Kirchen-Fabriken ist nun in dem gegenwärtigen Decrete nirgendwo vorgeschrieben worden, daß er zum Zwecke dieser Verwaltung ähnlich wie nach Art. 36 der Commissär für die Verwaltung des Tafelgutes ein cotirtes und paraphirtes Register führen solle. Eine solche Vorschrift war auch hier nicht erforderlich, da der Schatzmeister einer Kirchen-Fabrik nach Art. 74 des Decretes vom 30. December 1809 in ein solches Register alle Beträge, welche für Rechnung der Kirchen-Fabrik unter was immer für einem Titel eingehen, mit Angabe des Tages und Monates eintragen muß, die Einkünfte aus dem Pfarr-Dotationsgute auch für Rechnung der Kirchen-Fabriken erhoben werden, weil diese nach Art. 1 des gegenwärtigen Decretes auf die Erhaltung desselben zu wachen haben, und jene Einkünfte gerade nach Art. 13 desselben zur Erhaltung jenes Gutes verwendet werden sollen. Man vgl. de Syo, a. a. O. zu Art. 74.

Es hängt nun von den Zeitpunkten der Erledigung und der Wiederbesetzung der Pfarre ab, ob die Einkünfte des Jahres, in welchem die Erledigung eingetreten ist, von drei oder zwei Personen eingenommen werden und unter diesen zu verrechnen sind, je nachdem nämlich die Wiederbesetzung in demselben Jahre erfolgt oder nicht. Auffallend ist es nun, daß der Gesetzgeber zur Feststellung des Ertrages der Einkünfte eines solchen Jahres nur der speciellen Rechnungen des Schatzmeisters für die Zeit der Erledigung und des neuen Pfarrers für den Rest jenes Jahres erwähnt, und nicht auch zugleich bestimmt hat, daß der frühere Pfarrer, beziehungsweise dessen Erben für die Zeit dieses Jahres bis zur eingetretenen Erledigung eine specielle Rechnung aufstellen sollen. Zwar hat er im vorstehenden Art. 25 verfügt, daß in diese von ihm vorgeschriebenen Rechnungen auch dasjenige aufgenommen werden solle, was der frühere Pfarrer für dasselbe Jahr erhoben hat. Ob dieses nun in der Rechnung des Schatzmeisters oder in der des neuen Pfarrers aufgeführt werden soll, wird im Art. 25 nicht gesagt; es wird jedoch wohl nicht bezweifelt werden können, daß dasjenige, was der frühere Pfarrer für dieses Jahr erhoben hat, am zweckmäßigsten durch die Rechnung des Schatzmeisters festgestellt wird, weil eines Theils seine persönliche Rechnung mit dem Tage der Erledigung der Pfarre beginnt, also da aufängt, wo der frühere Pfarrer Einkünfte zu beziehen aufgehört hat, und seine Periode sich an die frühere unmittelbar anschließt, und weil andern Theils der Schatzmeister sich am besten über die früheren Einnahmen verbreiten kann, da er sowohl durch persönliche Kenntniß der früheren Verhältnisse als auch durch Einsicht der ihm zu Gebote stehenden Pfarrpapiere in der Lage ist, sich davon zu vergewissern, welche Einkünfte der frühere Pfarrer schon bezogen hat. Gerade aus dem letztern Grunde mag denn auch der Gesetzgeber den Erben des verstorbenen Pfarrers nicht aufgegeben haben, eine dritte specielle Rechnung bis zum Tode ihres Erblassers aufzustellen, da manchen derselben die factischen Verhältnisse nicht so genau bekannt sein werden, und keiner von ihnen im Besitze derjenigen Pfarr=Documente ist, welche der Rechnung zur Grundlage dienen müssen. Von dem Resultate dieser Rechnungen muß indessen selbstredend dem früheren Pfarrer, beziehungsweise seinen Erben Kenntniß gegeben und ihnen auch die Einsicht derselben gestattet werden, da ein Rückgriff gegen sie Statt finden soll, wenn der frühere Pfarrer mehr bezogen hat, als ihm wirklich zukam, und sie bei der Vertheilung der Einkünfte concurriren, wenn derselbe weniger bezogen hat, als ihm pro **rata temporis** gebührte. Das Erstere wird namentlich dann oft der Fall sein, wenn der frühere Pfarrer die Pfarrgüter selbst bewirthschaftet hat, und im Jahre, wo die Erledigung eingetreten, bereits die ganze Aernte oder den größten Theil derselben bezogen hat, so daß während der Zeit der Erledigung und der Wiederbesetzung nur Weniges mehr einzunehmen ist, und ferner auch dann, wenn etwa Mieth= oder Pachtgelder terminweise im Voraus zu zahlen sind, und er dann über die Dauer seiner Amtsführung hinaus die Einkünfte der Pfarre bezogen hat. Das Letztere wird aber dann vorkommen, wenn er vor der Aernte ausscheidet, oder wenn die Pacht= oder Miethgelder, die er nach Art. 586 des B. G.=B. Tag für Tag erworben hat, erst nach seinem Ausscheiden fällig und bezahlt werden. Die gezogenen Früchte müssen in den Rechnungen mit einem Abschätzungspreise versehen werden, da derjenige, welcher sie auf Grund des Nießbrauchs oder Eigenthumsrechtes bezogen hat, wirklicher Eigenthümer derselben geworden ist und er sein Eigenthum nicht abzutreten braucht. Sind die Mitrechner mit demselben nicht einverstanden, so muß er durch Sachverständige festgestellt werden. Dagegen hat er wohl das Recht, sie **in natura** zur Vertheilung zu bringen, da er dann dasjenige, was er eingenommen hat, zur Vertheilung hergibt. Es würde aber als eine Unbilligkeit zurückzuweisen sein, wenn er die gezogenen Früchte theilweise behalten, und dafür den Abschätzungspreis berechnen, und theilweise sie in natura abgeben wollte, da die Qualität der Früchte hierbei in Frage käme, und hierbei leicht Uebervortheilungen Statt finden könnten, denen entgegen getreten werden muß, weil Alle in gleicher Eigenschaft hierbei berechtigt sind.

Im Art. 25 wird nun das Jahr, dessen Einkünfte durch Rechnungen festgestellt und dann zur Vertheilung kommen sollen, nicht wie im Art. 24 das laufende Jahr, sondern das Jahr der Erledigung genannt. Im Allgemeinen könnte nun zwar der Ausdruck „Jahr der Erledigung" dasjenige Jahr bezeichnen, in welchem eine Pfarre überhaupt nicht besetzt ist, möge die Erledigung nun in demselben begonnen haben oder nicht. Allein beide Bezeichnungen sind doch an und für sich nicht gleichbedeutend; denn wenn am Schlusse des laufenden Jahres die Pfarre noch nicht besetzt ist, so wird man das nun beginnende Jahr mit Rücksicht auf den ausgeschiedenen Pfarrer wohl nicht als laufendes Jahr bezeichnen können. Sie sind aber auch dem Gesetzgeber nicht gleichbedeutend gewesen. Wäre dies der Fall gewesen, so würde er schon im Interesse der Interpretation, um nicht Schwierigkeiten bei derselben hervorzurufen, in beiden Artikeln eine und dieselbe Bezeichnung gewählt haben. Im Art. 24 wird nun auch dasjenige Jahr, in welchem die Erledigung der Pfarre eintritt, wo also die Erledigung beginnt, das laufende Jahr genannt, an dessen Einkünften der frühere Pfarrer, der Pfarr-Dotationsfond und eintretenden Falles, wenn nämlich noch im Laufe desselben die Wiederbesetzung der Pfarre erfolgt, auch der neu ernannte Pfarrer Theil nehmen sollen. Der Gesetzgeber hat hiedurch constatirt, daß mit dem Eintritte der Erledigung nicht ein neues Jahr, ein Jahr der Erledigung, beginnen, sondern das durch den ausgeschiedenen Pfarrer angefangene Jahr bis zum Schlusse desselben als fortlaufendes Jahr behandelt werden solle, und die Gesammteinkünfte dieses Jahres pro rata temporis zu vertheilen sind. Diesem entgegen steht nun das im Art. 25 erwähnte Jahr der Erledigung, das als solches auch mit einem bestimmten Tage beginnen muß, und da nach dem Vorstehenden der Anfang desselben nicht der Tag des Eintrittes der Erledigung ist, so kann ein solcher nur dann angenommen werden, wenn am Schlusse des laufenden Jahres die Pfarre noch nicht wieder besetzt ist. Beider Fälle als sehr nahe liegender Möglichkeiten hat denn auch der Gesetzgeber als verschiedener Fälle im Art. 25 gedacht. Bezüglich des Jahres der Erledigung soll nämlich der Schatzmeister für die Dauer der Erledigung und der neue Pfarrer für den Rest des Jahres über die von ihnen bezogenen Einkünfte Rechnung legen; es muß indessen auch für das laufende Jahr Rechnung gelegt werden, und da im Art. 24 über diese Rechnungslage nichts gesagt worden ist, so hat man als Schlußsatz des Art. 25 die Bestimmung hinzugefügt, daß in jenen Rechnungen auch die Einnahmen des früheren Pfarrers enthalten sein sollen, um auch die Verhältnisse im laufenden Jahre festzustellen. Die Fassung des Art. 25 ist allerdings keine correcte, weil in derselben nur der Ausdruck „Jahr der Erledigung" gebraucht wird, der Schlußsatz desselben sich aber nur auf das laufende Jahr beziehen kann, da der ausgeschiedene Pfarrer fast immer nur in der Lage gewesen sein wird, Einkünfte des laufenden

Jahres, nicht aber die einer spätern Periode zu beziehen. Allein eben aus diesem Grunde und dem Mangel irgend welcher Vorschrift über die Rechnungen für das laufende Jahr wird man den Schlußsatz des Art. 25 nur auf dieses Jahr beziehen können.

Bezüglich der rechten Rheinseite wird auf die Bemerkungen zu Art. 24 hinverwiesen.

Art. 26.

Die Streitigkeiten über die Rechnungen oder über die in den vorhergehenden Artikeln erwähnten Vertheilungen werden durch den Präfecturrath entschieden.

Zu Art. 26.

Abweichend von den Bestimmungen des Art. 86 des Decretes vom 30. December 1809 ist im vorstehenden Art. 26 festgesetzt worden, daß die Streitigkeiten über die in den Art. 24 und 25 erwähnten Rechnungen durch die Präfecturräthe entschieden werden sollen; wenigstens ist in dem gedachten Art. 86 nicht gesagt, wer darüber zu entscheiden habe. Den Bemerkungen bei be Syo a. a. O. zu jenem Artikel zufolge ist aber unter keinen Umständen die Regierung dazu berufen, sondern zunächst der Bischof, wie dies aus dem Ministerial-Rescripte vom 10. März 1812 hervorgeht, und über einzelne streitige Punkte das Gericht. Zur Entscheidung über diejenigen Streitigkeiten, welche bei den hier in Rede stehenden Rechnungen vorkommen, sind nun aber nach der ausdrücklichen Bestimmung des Art. 26 die Präfecturräthe, und zwar definitiv befugt. Gerade dadurch, daß nach dem Art. 26 die Präfecturräthe nicht bloß über die Streitigkeiten bei den Rechnungen, sondern auch über die in den Art. 24 und 25 erwähnten Vertheilungen entscheiden sollen, hat der Gesetzgeber beurkundet, daß er die ganze hierauf bezügliche Angelegenheit nur im Verwaltungswege geregelt und die Dazwischenkunft der Gerichte ausgeschlossen wissen will. Die Analogie des Art. 86 des Decretes vom 30. December 1809 kann für die hier in Rede stehenden Fälle nicht angerufen werden, da hier ein Specialgesetz vorliegt, welches sich in klaren Worten über dieselben ausspricht und von der dortigen Vorschrift abweicht. Dagegen ist es eine andere Frage, ob die Regierungen, welche in der preußischen Rheinprovinz an die Stelle der Präfecturräthe getreten sind, nun auch jetzt noch nach dem Erlasse der preußischen Verfassungs-Urkunde ausschließlich zu den im Art. 26 erwähnten Functionen berufen und berechtigt sind. Wie schon oben bemerkt worden, ist es der Wille des Gesetzgebers gewesen, die hier in Frage stehende Angelegenheit lediglich auf dem Verwaltungswege erledigen zu lassen, und wenn er hierzu ausschließlich die Präfecturräthe berufen hat, so kann dies nur darin seinen Grund haben, daß von den Präfecten ohnehin Namens des Staates die Obervormundschaft über die Verwaltung des gesammten kirchlichen Vermögens geführt wurde, die weltliche Verwaltungsbehörde in der Regel in dieser Hinsicht in letzter Instanz entschied, und er eine doppelte Behandlung der Sache nicht gewollt hat. Weil nun aber diese Angelegenheit lediglich als ein Theil der Verwaltung des betreffenden kirchlichen Vermögens betrachtet werden soll, so muß auch nun, da der weltlichen Verwaltungsbehörde durch den Art. 15 der preußischen Verfassungs-Urkunde jeder Antheil an der Verwaltung der Angelegenheiten der Kirche genommen worden ist, die Bestimmung des Art. 26 als aufgehoben betrachtet werden. Das frühere Recht der Regierungen, in so fern dadurch das Recht der kirchlichen Behörde bezüglich der Verwaltung der Angelegenheiten der Kirche nach dem Geiste der französischen Gesetzgebung beschränkt worden war, ist nun auf diese übergegangen, oder vielmehr sie ist nach Beseitigung dieser Beschränkung in das ihr naturgemäß zustehende Recht wieder eingetreten. Man kann hiergegen nicht einwenden, daß nun auch Laien dadurch der Entscheidung des Bischofes unterworfen würden, wenn nämlich die Erben eines verstorbenen Pfarrers dabei betheiligt sind; denn diese Laien treten hierbei nur als Repräsentanten eines Pfarrers auf, und so sind denn die etwa entstehenden Differenzen eigentlich nur Streitigkeiten zwischen den der Verwaltungs-Jurisdiction der Bischöfe unterworfenen Pfarrern und dem gleichfalls unter derselben stehenden Schatzmeister der Kirchen-Fabrik.

Für die rechte Rheinseite gestaltet sich indessen die Sache theilweise anders. Die Allerhöchste Cabinets-Ordre vom 3. Juli 1843 hat die Streitigkeiten über diese Rechnungen und die Vertheilung der Einkünfte nur für den Fall des Todes eines Pfarrers zunächst vor die bischöfliche Behörde zur Entscheidung verwiesen, nach dieser Entscheidung aber auch die Beschreitung des Rechtsweges gestattet. Dagegen treten hier für den Fall einer Erledigung durch Versetzung oder Amtsentsetzung die gesetzlichen Bestimmungen über den Nießbrauch ein, wie sie in den Bemerkungen zum Art. 6 des gegenwärtigen Decretes näher erörtert worden sind. Ueber Streitigkeiten in dieser Hinsicht hat dann nicht der Bischof, sondern das zuständige Gericht zu entscheiden.

Art. 27.

In dem Falle, wo die provisorische Ersetzung (Vertretung) eines Pfarrers oder Hülfspfarrers erforderlich ist, welcher entweder durch Suspension in Gemäßheit einer canonischen Strafe oder durch Krankheit, oder durch eine Polizeimaßregel sich seinem Dienste entzogen befindet, soll für eine Entschädigung seines Vertreters nach Anleitung des Decretes vom 17. November 1811 Sorge getragen werden.

Diese Bestimmung findet auf diejenigen Pfarreien oder Hülfspfarreien Anwendung, deren Besoldung ganz oder theilweise aus dem kaiserlichen Schatze gezahlt wird.

Zu Art. 27.

Der Art. 27 behandelt denjenigen Fall, wo eine Pfarre nicht definitiv erledigt ist, die Pfarrstelle aber von einem andern Geistlichen, und nicht von dem noch lebenden Pfarrer versehen wird, so wie von der diesem Geistlichen für die Vertretung gebührenden Entschädigung. Es werden hier drei Fälle aufgezählt, in welchen eine Vertretung des Pfarrers Statt finden soll, nämlich:
1) wenn der Pfarrer in Gemäßheit einer canonischen Strafe suspendirt ist;
2) wenn derselbe krank ist;
3) wenn er durch eine Polizeimaßregel von seiner Stelle entfernt worden ist.

In der Art und Weise der Aufzählung der Vertretungsfälle schließt sich nun der Art. 27 nicht unbedingt an das in demselben bezogene Decret vom 17. November 1811 an; wenn indessen auch dort die Bezeichnung der Vertretungsfälle theilweise verschieden ist von der im Art. 27, so sind diese Fälle doch im Princip sowohl hier wie dort dieselben. Der §. 2 jenes Decretes handelt nämlich von der Vertretung eines Pfarrers, welcher seiner schlechten Aufführung wegen von seiner Stelle entfernt ist. Hierunter würde nun nicht bloß der Fall einer Suspension in Gemäßheit einer canonischen Strafe, oder der Fall der Abbüßung einer gegen den Pfarrer gerichtlich erkannten Gefängnißstrafe, sondern auch der Fall zu subsumiren sein, wenn der Pfarrer durch einen bloßen Act der Polizei seiner Stelle entzogen wird. Die beiden ersten Fälle sind unläugbar Fälle der Entfernung wegen schlechter Aufführung, in dem letztern kann man zwar nicht immer als Grund der Entfernung eine schlechte Aufführung des Pfarrers annehmen; denn dieser Fall kann auch dann vorkommen, wenn bei einem Conflicte zwischen Kirche und Staat der Pfarrer ohne Rücksicht auf die zeitlichen Folgen, welche ihn etwa treffen möchten, nur seinem Gewissen folgt und nach den Satzungen seiner Kirche handelt, der Staat hierin aber einen Eingriff in seine Rechte erblickt und deßhalb die Entfernung des Pfarrers von seiner Stelle mit Gewalt durchsetzt. Man wird in einem solchen Falle der Gewissenhaftigkeit und Ehrenhaftigkeit des Pfarrers gewiß nicht sagen können, daß er wegen seiner schlechten Aufführung entfernt worden sei. Allein der Gesetzgeber, wenn er einen solchen Fall gestattet, muß als das erste Organ des Staates nach seinen Ansichten in einem solchen Falle eine schlechte Aufführung des Pfarrers annehmen, weil er sonst wissentlich einen Rechtsbruch vorgenommen haben wollte, was man doch von ihm nicht unterstellen darf. Der zweite Fall, welchen das gedachte Decret im §. 3 behandelt, ist der der Krankheit des Pfarrers, und stimmt also mit dem zweiten Falle des Art. 27 überein. Dann wird noch im §. 5 des Falles der Altersschwäche und der Gebrechlichkeit des Pfarrers gedacht, welcher, wenn auch nicht unter den Fall der Krankheit zu subsumiren, doch sich an denselben ziemlich nahe anschließt. Nach den vorstehend erwähnten, im Decrete vom 17. November 1811 behandelten Fällen der

Decret vom 6. November 1813. Art. 27.

einstweiligen Entfernung eines Pfarrers von seinem Amte oder der Behinderung desselben in der Ausübung seiner Functionen ist der Gesetzgeber hierbei von der Grundanschauung ausgegangen, daß, wenn diese Entfernung oder Behinderung von Seiten des Pfarrers nicht durch dessen freien Willen herbeigeführt, sondern ihm abgenöthigt werde, im Wege des Gesetzes für die Möglichkeit einer Vertretung desselben Vorsorge getroffen werden müsse, daß es aber dem Pfarrer und seiner vorgesetzten geistlichen Behörde überlassen bleiben müsse, eine solche Vertretung zu ermöglichen, wenn derselbe auf längere Zeit mit Genehmigung der geistlichen Oberbehörde von seiner Pfarre abwesend sein will. Das Decret vom 17. November 1811 hat daher auf die Vertretung bei Urlaubsbewilligungen keine Anwendung, vielmehr hat hier die kirchliche Oberbehörde die Bedingungen festzustellen, unter denen sie den Urlaub bewilligen will, und welche die Angelegenheit der Vertretung regeln sollen. Die Möglichkeit einer solchen Vertretung ist nun erst dann vorhanden, wenn die Mittel zur Bestreitung der dadurch entstehenden Kosten beschafft werden können. Zur Erreichung dieses dem Decrete vom 17. November 1811 zum Grunde liegenden Zweckes verordnet nun der Gesetzgeber im §. 1 desselben, daß der Vertreter außer dem Zufälligen, also den Opfergaben, den Stolgebühren und denjenigen Stiftungseinkünften, welche für die Erfüllung der Stiftungslasten gewährt werden, auch noch eine Entschädigung erhalten solle. Als natürlich und der Billigkeit gemäß muß es erachtet werden, daß der Gesetzgeber bei Entscheidung der Frage, wer die dem Vertreter zu gewährende Entschädigung zu tragen habe, zwischen demjenigen Pfarrer, welcher durch sein Verschulden, und demjenigen, welcher unverschuldet die Nothwendigkeit einer Vertretung herbeigeführt hat, einen Unterschied macht, so wie daß er im letztern Falle darauf Rücksicht nimmt, ob die Vertretung nach der Natur ihrer Veranlassung eine vorübergehende oder eine bis zum Ableben des Pfarrers fortdauernde sein solle. Was die Höhe der dem Vertreter zu leistenden Entschädigung anbelangt, so hat der Gesetzgeber hierbei drei Momente berücksichtigt, welche auf dieselbe von Einfluß sein sollen, nämlich:

a) den Rang der Pfarre, deren Pfarrer vertreten werden soll; ob dieselbe also eine Pfarre erster oder zweiter Classe oder eine Hülfspfarre ist, ob der zu vertretende Pfarrer daher ein Gehalt von 1500, 1000 oder 500 Francs bezieht;

b) die Art des Verschuldens der Nothwendigkeit einer Vertretung, indem bei einer unverschuldeten Veranlassung der Vertretung das dem Pfarrer aus dem Einkommen verbleibende Quantum anders normirt wird, als bei der Nothwendigkeit einer Vertretung durch Verschulden des Pfarrers; denn es versteht sich von selbst, daß eine selbstverschuldete Entfernung des Pfarrers von seiner Stelle für ihn nicht die Rücksicht verdient, wie diejenige, welche ohne Verschulden desselben herbeigeführt wird;

c) ob die Pfarre ganz oder theilweise in Grundgütern dotirt ist.

Wie sich diese Höhe der Vertretungs-Entschädigung nun in den einzelnen Fällen gestaltet, wird sich bei der nähern Erörterung über dieselbe herausstellen.

A. Von dem Einkommen des Vertreters, wenn der Pfarrer wegen seiner schlechten Aufführung von seiner Stelle entfernt ist.

In diesem Falle will der Gesetzgeber nach Art. 2 jenes Decretes, daß die Vertretungskosten lediglich von dem Pfarrer getragen werden sollen, weil er einzig und allein dieselben verschuldet hat. Bezüglich der Art und Weise der Beschaffung der hierzu erforderlichen Gelder wird nun zunächst unterschieden, ob das Einkommen des Pfarrers bloß in Geld besteht, oder ob die Pfarrstelle ganz oder theilweise in Grundgütern dotirt ist. Im erstern Falle soll der Vertreter eines Pfarrers erster Classe 1000, der eines Pfarrers zweiter Classe 600 und der eines Hülfspfarrers 250 Francs per Jahr, jedoch nach Verhältniß der Dauer der Vertretung, als Entschädigung beziehen, welche aus dem Gehalte des Pfarrers zu bezahlen sind. Die Zahlung erfolgt dann direct durch die mit der Auszahlung des Gehaltes beauftragten Cassen an den Vertreter und nicht durch Vermittelung des Pfarrers, weßhalb denn auch die Verwalter jener Cassen durch Vermittelung der ihnen vorgesetzten Behörden von jedem Falle einer Vertretung in Kenntniß zu setzen sind. Daß jene Zahlung direct an den Vertreter zu bewirken sei, sagt zwar dieses Decret ausdrücklich nicht; daß dies aber die Absicht des Gesetzgebers gewesen ist, geht aus mehreren Umständen deutlich hervor. Einmal soll nämlich die Entschädigungssumme für den Vertreter, wenn der Pfarrer als ehemaliger Klostergeistlicher eine geistliche Pension bezieht und daher keinen Geldzuschuß erhält, weil die Pension nach Art. 67 des Gesetzes vom 18. Germinal Jahres X auf sein Pfarrgehalt angerechnet wird, nach Art. 3 dieses Decretes von der geistlichen Pension vorweggenommen werden, welche Bestimmung keinen Sinn hätte, wenn der Pfarrer die Pension zuerst zu erheben und dann den dem Vertreter gebührenden Antheil auszuhändigen hätte. In ähnlicher Weise verfügt der Art. 4 jenes Decretes, daß, wenn zur Ergänzung des Pfarrgehaltes von 500 Francs ein Geldzuschuß gegeben werde, die Vertretungskosten vor Allem von dem Geldzuschusse genommen werden sollen, die fragliche Bestimmung aber nichts heißen würde, wenn der Pfarrer erst sein Gehalt erheben und dann den Vertreter bezahlen sollte. Auch heißt es in dem Art. 4, die gedachte Entschädigungssumme solle aus dem Gehalte genommen werden; hiemit hängt die Bestimmung des Regierungsbeschlusses vom 18. Nivose Jahres XI zusammen, nach welchem das ganze Gehalt des Pfarrers der Beschlagnahme nicht unterworfen ist. Würde der zu vertretende Pfarrer nun seinem Vertreter die Vertretungskosten nicht zahlen, so würde dieser, wenn der Pfarrer zuerst sein Gehalt erheben sollte, gegen den Pfarrer mit einer Beschlagnahme des Gehaltes vorgehen müssen, um aus dem Gehalte seinen Antheil zu erhalten, was aber nach dem gedachten Regierungsbeschlusse nicht zulässig ist. Man muß daher annehmen, daß der Gesetzgeber durch das Decret vom 17. November 1811 dem Vertreter des Pfarrers seinen Antheil an dessen Gehalte direct hat anweisen wollen. Hiemit steht denn auch die Bestimmung des Art. 14 dieses Decretes in Verbindung, nach welcher der Vertreter eines Pfarrers, welcher sein Einkommen ganz oder theilweise aus Grundvermögen bezieht, für die Kosten seiner Vertretung, in so fern sie nicht aus dem Geldzuschusse gedeckt werden, privilegirter Gläubiger des Pfarrers sein soll, während ihm diese Eigenschaft bezüglich des Gehaltes nicht beigelegt worden ist, und wegen des gedachten Regierungsbeschlusses auch nicht beigelegt werden konnte. Dieses Privilegium des Vertreters erstreckt sich aber nur auf die Einkünfte aus dem Grundvermögen, und da demselben nicht ein Vorzugsrecht vor andern in Bezug auf dieselben ebenfalls privilegirten Gläubigern gegeben ist, so concurrirt er mit diesen hierbei pro rata, also nach Verhältniß seiner Forderung. Besteht das Einkommen eines Pfarrers nur in 500 Francs, und werden diese durch Einkünfte aus den Grundgütern gewonnen, so besteht die Entschädigung seines Vertreters in 250 Francs, die auch nur aus diesen Einkünften zu entnehmen sind, und für welche er das vorerwähnte Privilegium hat; übersteigt dagegen das Einkommen aus den Grundgütern der Pfarre die Summe von 500 Francs, aber nicht die von 700 Francs, so erhält der Vertreter aus diesem Einkommen den Betrag von 300 Francs, und wenn das Einkommen aus denselben den Betrag von 700 Francs übersteigt, so bezieht er zwei Drittel jenes Einkommens. In dieser Hinsicht hat nun der Art. 13 jenes Decretes bestimmt, daß in denjenigen Pfarreien, welche nur in Grundgütern dotirt sind, die Höhe des Ertrages aus denselben durch einen Kundbarkeitsact festgesetzt werden solle, welchen der Bürgermeister, in dessen Bezirke die Pfarrei liegt, auszustellen hat.

B. Von der Besoldung des Vertreters im Falle der Abwesenheit des Pfarrers durch Krankheit.

Auch für diesen Fall hat der Gesetzgeber im Allgemeinen an dem Grundsatze festgehalten, daß der Pfarrer die Vertretungskosten zu tragen habe, weil eine in seinen persönlichen Verhältnissen eingetretene Veränderung die Veranlassung zur Nothwendigkeit einer Vertretung gegeben hat. Da diese Veranlassung aber von Seiten des Pfarrers eine unverschuldete ist, so forderte es die Billigkeit, diesen Verhältnissen Rechnung zu tragen, und in Anerkennung dieser Billigkeit hat denn der Gesetzgeber für solche Fälle Bestimmungen treffen wollen, wodurch eines Theiles die Existenz des Pfarrers nicht gefährdet, anderen Theiles aber auch die Möglichkeit einer Vertretung gewährt werden soll. Deßhalb wurde denn im Art. 8 des Decretes vom 17. November 1811 bestimmt, daß im Falle der Nothwendigkeit einer Vertretung wegen Erkrankung des Pfarrers den Hülfspfarrern, den Pfarrern zweiter Classe und allen Pfarrern, deren Stelle in Grundgütern dotirt ist, und deren Einkommen die Summe von 1200 Francs nicht übersteigt, ein Einkommen bis zu 700 Francs vorbehalten bleiben solle. Wo also in solchen Fällen der Pfarrer ein Einkommen von nur 700 Francs oder weniger hat, braucht er zu den Vertretungskosten nichts beizutragen; in so fern er aber ein größeres Einkommen als das von 700 Frans bezieht, muß er das Mehr zu den Vertretungskosten hergeben. Die Aufbringung der Vertretungskosten, in so fern sie nach dem Vorstehenden nicht vom Pfarrer getragen werden können, soll dann nach Art. 9 des gedachten Decretes, wie die Besoldung der Vicarien, zunächst eine Pflicht der Kirchen-Fabrik und im Falle der Unzulänglichkeit ihrer Einkünfte, also eventuell eine Pflicht der Civilgemeinde sein. Sie wird aber vom Gesetzgeber nur in denjenigen Pfarreien als vorhanden anerkannt, in welchen der Pfarrer ein Einkommen bis zu 1200 Francs hat; wo dasselbe 1200 Francs übersteigt, treten, wie unten näher angegeben werden wird, andere Verhältnisse ein. Da, wo eine Verpflichtung der Kirchen-Fabriken und Civilgemeinden zur Besoldung des Vertreters eines erkrankten Pfarrers vorhanden ist, kommt in Betracht, ob diese Besoldung von ihnen ganz oder nur theilweise von denselben zu tragen ist, je nachdem nämlich der erkrankte Pfarrer nur ein Einkommen bis zu 700 Francs oder ein höheres hat. Im ersteren Falle müssen sie die ganze Besoldung des Vertreters übernehmen, im letzteren aber nur diejenige Summe, welche zur Completirung des von dem Pfarrer selbst herzugebenden Theiles der Vertretungskosten dient. Was nun die Kirchen-Fabriken und eventuell die Civilgemeinden in dieser Hinsicht zu leisten haben, ist im Art. 10 jenes Decretes gesagt. Es wird hier unterschieden zwischen denjenigen Pfarrern, die nur ein Geldeinkommen in ihrem Gehalte haben und denjenigen, welche entweder ganz oder theilweise aus Grundvermögen ihr Einkommen beziehen. Im ersteren Falle ist für die Vertretung eines Hülfspfarrers eine Summe von 400 Francs als Entschädigung festgesetzt; im zweiten Falle richtet sich die Höhe der Vertretungs-Entschädigung nach der Höhe des Einkommens des Pfarrers. Hat hier der Pfarrer nur ein Einkommen von 500 Francs, so erhält der Vertreter 250 Francs; beläuft sich das Einkommen auf einen Betrag von 500 bis 700 Francs, so erhält er 300 Francs; beträgt dasselbe 700 bis 1000 Francs, so soll der Vertreter 350 Francs, und wenn es von 1000 bis 1200 Francs ist, 400 Francs erhalten. Sowohl die Verpflichtung der Kirchen-Fabriken als die der Civilgemeinden zur ganzen oder theilweisen Zahlung dieser Beträge ist eine subsidiarische, da die Vertretungskosten zunächst eine Last des Pfarrers sind; ist nun der Fall vorhanden, daß er zu denselben nichts beizutragen hat, weil er überhaupt nur ein Einkommen bis zu 700 Francs bezieht, so muß zunächst die Kirchen-Fabrik für dieselben aufkommen, und erst dann, wenn auch diese hierzu nicht in der Lage ist, muß die Civilgemeinde dafür eintreten, und zwar, wenn die Kirchen-Fabrik einen Zuschuß zur theilweisen Deckung leisten kann, nur für den Rest. Da es sich hier nur um eine subsidiarische Verpflichtung der Civilgemeinde handelt, so kommen auf der linken Rheinseite in der preußischen Rheinprovinz die Bestimmungen des Gesetzes vom 14. März 1845, betreffend die Verpflichtung zur Aufbringung der Kosten für die kirchlichen Bedürfnisse der Pfarrgemeinden, zur Anwendung, welches die Bestimmung hatte, die subsidiaire Pflicht der Civilgemeinden anderweitig zu regeln. Dieses Gesetz unterscheidet nun zwischen ordentlichen und außerordentlichen kirchlichen Bedürfnissen, und bestimmt rücksichtlich der erstern, daß die Civilgemeinde als solche für dieselben nur aufzukommen brauche, wenn und in so fern hierfür bei Publication jenes Gesetzes der Haushaltsetat der Civilgemeinde belastet war, daß aber, wo dieses nicht der Fall war, dieselben bei Unzulänglichkeit der Fabrikmittel eine Last der Confessionsgenossen des Pfarr-

Decret vom 6. November 1813. Art. 27.

bezirkes sein sollten. Ihrer Natur nach ist nun die Vertretung eines erkrankten Pfarrers nicht als ein ordentliches, d. h. als ein jährlich wiederkehrendes, sondern als ein außerordentliches kirchliches Bedürfniß zu betrachten, und würden daher auch die Kosten derselben in der Art und Weise, wie die der außerordentlichen kirchlichen Bedürfnisse bestritten werden müssen. Allein andererseits hat der Gesetzgeber im Art. 9 des Decretes vom 17. November 1811 das Verhältniß des Vertreters eines erkrankten Pfarrers dem der Vicarien gleichgestellt, und verordnet, daß die Besoldung desselben wie die der Vicarien erfolgen solle. Er constatirte dadurch, daß er beide Fälle als die gleicher Qualität betrachtet wissen wolle. Da nun die Besoldung eines Vicars unzweifelhaft zu den ordentlichen kirchlichen Bedürfnissen gehört, so wird auch die des Vertreters eines erkrankten Pfarrers dazu gerechnet werden müssen, und werden daher nach den Bestimmungen des Gesetzes vom 14. März 1845 die Kosten derselben bei Unzulänglichkeit der Fabrikmittel von den Confessionsgenossen, und zwar von den Einwohnern und Grundbesitzern des Pfarrbezirkes aufzubringen sein. Ueber das Nähere in dieser Hinsicht vergleiche man de Syo a. a. O. zu Art. 92.

Da der Art. 10 des Decretes vom 17. November 1811 feste Beträge nur bezüglich der von den Kirchen-Fabriken, beziehungsweise von den Civilgemeinden zu zahlenden Summen normirt, im Art. 8 daselbst aber nur bestimmt ist, daß der Pfarrer ein Einkommen bis zu 700 Francs frei behalten solle, so entsteht die Frage, ob der Pfarrer, wenn er die ganzen Vertretungskosten nach den Ansätzen des §. 10 tragen kann, und dann noch ein größeres Einkommen als 700 Francs übrig behält, die Vertretungskosten nur nach den Sätzen des Art. 10 zu bezahlen braucht. Es wird dieser Fall zwar nur dann vorkommen, wenn das Einkommen des Pfarrers mehr als 1100 Francs beträgt. Daß die Kirchen-Fabriken und die Civilgemeinden nur die ganze Entschädigung nach jenen Sätzen zu zahlen verpflichtet sind, sagt der Art. 9 ausdrücklich, und eben so, daß sie in den Fällen, wo es mehr beträgt, nur nach den Ansätzen des Art. 10 zu ergänzen haben, also hier nicht verpflichtet sind, die ganzen Sätze zu bezahlen. Der Art. 10 charakterisirt aber jene Ansätze nur als das von den Kirchen-Fabriken und den Civilgemeinden zu leistende Quantum, er erwähnt hierbei der Pflicht des Pfarrers nicht, und wendet daher jene Sätze auch nicht auf diese Pflicht an. Man wird daher annehmen müssen, daß in dem hier berührten Falle der Pfarrer auch angehalten werden kann, über jene Ansätze hinaus die Vertretungskosten zu bezahlen, und daß hierbei für ihn nur der Vorbehalt von 700 Francs festgehalten zu werden braucht. Dieses zu bestimmen, ist Sache der bischöflichen Behörde, welche den Vertreter zu ernennen und daher auch die Bedingungen festzustellen hat, unter welchen die Vertretung Statt finden solle. Die gesetzliche Normirung jener Beträge bestimmt aber nur das Maximum der Pflicht der erwähnten Körperschaften, sie schließt indessen nicht aus, daß sie im Wege der Einigung unter Berücksichtigung der obwaltenden Umstände auch einen höheren Zuschuß gewähren können.

Durch den Art. 11 dieses Decretes sind die Pfarreien erster Classe und diejenigen, deren Einkommen aus Grundgütern die Summe von 1200 Francs übersteigt, in so fern gleichgestellt worden, als die Entschädigung des Vertreters des erkrankten Pfarrers ganz zu dessen Lasten sein soll. Dagegen ist die Höhe der von ihnen ihrem Vertreter zu zahlenden Entschädigungssumme verschieden festgesetzt; in den Pfarreien erster Classe soll sie nämlich 700 Francs betragen, in den mit Grundgütern dotirten Pfarreien 800 Francs, wenn sich das Einkommen höher als 1500 und bis 2000 Francs beläuft, und 1000 Francs, wenn es 2000 Francs übersteigt.

Dem §. 4 jenes Decretes gemäß muß die Krankheit des Pfarrers durch einen Kundbarkeitsact constatirt werden, welchen der Bürgermeister derjenigen Gemeinde, in der die Pfarre gelegen ist, auszustellen hat. Durch einen ähnlichen Kundbarkeitsact desselben Beamten wird das Einkommen des Pfarrers aus Grundgütern ermittelt. Der Vertreter des erkrankten Pfarrers, in so fern dieser sein Einkommen aus Grundgütern bezieht, und die Stellvertretungskosten ganz oder theilweise zu tragen hat, ist ebenfalls wie im Falle sub A privilegirter Gläubiger des Pfarrers.

C. Von dem Falle der Altersschwäche oder Gebrechlichkeit der Pfarrer oder Hülfspfarrer.

Anders wie die Fälle unter A und B wird von dem Gesetzgeber der Fall behandelt, wo eine Beihülfe für den Pfarrer wegen dessen Altersschwäche oder Gebrechlichkeit nothwendig wird. Der Gesetzgeber hat es für unbillig erachtet, daß demjenigen Pfarrer, welcher in seinem Amte und Dienste altersschwach oder gebrechlich geworden ist, etwas von seinem Einkommen entzogen werde. In einem solchen Falle soll der Pfarrer befugt sein, einen Vicar zu verlangen, dessen Besoldung von der Kirchen=Fabrik und im Falle der Unzulänglichkeit ihrer Einkünfte von der Civilgemeinde zu tragen ist. Sie soll nach Maßgabe des Art. 40 des Decretes vom 30. December 1809 normirt werden, also höchstens 500 und mindestens 300 Francs betragen. In Gemäßheit des Gesetzes vom 14. März 1845 fällt sie aber in dem auf der linken Rheinseite gelegenen Theile der preußischen Rheinprovinz nicht der Civilgemeinde als solcher, sondern den Confessionsgenossen des Pfarrbezirkes und zwar den Einwohnern und Grundbesitzern desselben zur Last. Da der zur Beihülfe eines solchen Pfarrers beigeordnete Vicar nicht ein eigentlicher Stellvertreter desselben sein soll, wie der Gesetzgeber dies in den Fällen unter A und B gewollt hat, so hat derselbe auch kein Recht auf die zufälligen Einkünfte des Pfarrers, welche vielmehr diesem verbleiben müssen.

Die Bestimmung des Art. 27 des Decretes vom 6. November 1813 soll nach dem Schlußsatze desselben auch auf die Pfarreien und Hülfspfarreien Anwendung finden, deren Gehalt ganz oder theilweise nicht aus Staatsmitteln, sondern aus dem kaiserlichen Schatze gezahlt wird. Analog wird sie dann auch anwendbar sein auf diejenigen Pfarreien, welche mit Genehmigung des Staatsoberhauptes errichtet und durch Privatmittel dotirt worden sind, und deren Pfarrer ein Staatsgehalt nicht beziehen.

Für die rechte Rheinseite existirt ein Gesetz, welches ähnliche Bestimmungen wie das Decret vom 17. November 1811 enthält, nicht, wenn auch für den Theil derselben, in welchem das allgemeine preußische Landrecht gilt, für einzelne bestimmte Fälle durch dasselbe Vorsorge getroffen worden ist. Es wird daher hier durchgängig nach allgemeinen Rechtsgrundsätzen festzustellen sein, wer im Falle einer zeitweisen Vertretung die Kosten derselben zu tragen hat. Hat nun die Nothwendigkeit einer Vertretung ihren Grund in einem Verschulden des Pfarrers, so kann durch sein Verschulden kein anderer leiden, als er selbst, und er wird daher auch allein die Vertretungskosten tragen müssen. Verschuldet er aber nicht die Nothwendigkeit einer Vertretung, und dies ist auch bei einer Krankheit des Pfarrers anzunehmen, so leiden sowohl der Pfarrer als die ihm anvertraute Pfarrgemeinde; beide müssen daher auch einen solchen Unfall gemeinschaftlich tragen. Bei der Frage, in welchem Maße dieser Unfall von beiden zu tragen sei, wird man unterscheiden müssen, ob die Vertretung voraussichtlich nur von kurzer Dauer sein wird, oder ob sie nothwendig bis zu dem noch nicht so bald zu vermuthenden Lebensende des Pfarrers Statt finden solle. Im ersteren Falle wird man dem Pfarrer sein Einkommen aus dem Dotationsvermögen nicht schmälern können, der Eigenthümer desselben muß den Zufall tragen, und die kirchliche Gemeinde wird, da der Pfarrer Stolgebühren und Opfergaben an seinen Stellvertreter verliert, weil diese für die von ihm zu verrichtenden speciellen Dienste gegeben werden, für die weitere Entschädigung desselben Sorge tragen müssen. Damit stimmt auch die Vorschrift des cap. 1, X de clerico aegrotante, Lib. III, Tit. 6 überein. Anders verhält es sich aber in dem Falle, wo der Pfarrer überhaupt nicht mehr im Stande ist, sein Amt vollständig zu verwalten, wo also voraussichtlich die Vertretung eine fortdauernde sein muß. Hier gibt es dann zwei Möglichkeiten; entweder der Pfarrer wird emeritirt, und für seine Existenz an den Emeritenfond verwiesen, welcher in Preußen nach der Bulle de salute animarum vom 16. Juli 1821 und in Hessen nach der Bulle provida solersque vom 15. August 1821 von der Staatsregierung beschafft werden soll, oder aber es tritt nicht eine vollständige Vertretung, sondern nur eine Beihülfe durch Anstellung eines eigenen Vicars ein. Die Besoldung dieses Vicars liegt dann dem Pfarrer allein ob, da er sich dieser Pflicht durch seine Emeritirung entziehen kann. Wenn aber keine Gründe zu einer vollständigen Emeritirung vorhanden sind, und deßhalb die geistliche Behörde auch eine solche nicht will, eine Beihülfe aber nothwendig ist, so muß zwar der Pfarrer die Kosten derselben tragen; es muß dabei aber darauf Rücksicht genommen werden, daß ihm die Congrua, d. h. das zu seinem Lebensunterhalte nothwendige Einkommen verbleibe. Für den Ausfall muß dann die kirchliche Gemeinde sorgen, wie dies auch im cap. 4, X de clerico aegrotante vorgeschrieben ist.

In dem Theile der rechten Rheinseite, in welchem das allgemeine preußische Landrecht gilt, kann sich der Pfarrer nach Th. II, Tit. 11, §. 510 desselben einen beständigen Caplan mit Genehmigung seiner vorgesetzten Behörde halten;

er muß aber auch dann ihn entschädigen. Bei der Emeritirung eines Pfarrers gebührt diesem nach Th. II, Tit. 11, §. 529 bei mangelnder Einigung ein Drittel der sämmtlichen Pfarreinkünfte. Diese Bestimmung schließt aber die Ansprüche des zu Emeritirenden an den Emeritenfond nicht aus, namentlich dann nicht, wenn jenes Drittel nicht hinreicht, um dem emeritirten Pfarrer seinen nothwendigen Lebensunterhalt zu gewähren, vielmehr wird dann durch den Emeritenfond auszuhelfen sein. Die Verwaltung jenes Fonds, so wie dessen Verwendung gebührt nach der Bulle de saluto animarum den Bischöfen, welche daher auch in den einzelnen Fällen die Höhe des zu gewährenden Zuschusses zu bestimmen haben. Im Allgemeinen sollen zwar zur Aufnahme der Emeriten Emeritenhäuser eingerichtet werden; so lange diese aber nicht eingerichtet sind, werden die Zinsen des Stammfonds durch die Bischöfe nach Lage jedes einzelnen Falles zu vertheilen sein.

Art. 28.

Während der Zeit, wo der Pfarrer oder Hülfspfarrer wegen der oben erwähnten Gründe von seiner Pfarrei entfernt ist, hat der Schatzmeister der Kirchen-Fabrik bezüglich der Pfarrgüter diejenigen Verrichtungen zu erfüllen, welche dem Pfarrinhaber durch die obigen Art. 6 und 13 zugewiesen sind.

Zu Art. 28.

Nach der Fassung des Art. 28 bezieht sich die Vorschrift desselben auf die im Art. 27 erwähnten Fälle der provisorischen Ersetzung eines Pfarrers oder Hülfspfarrers. Wenn nun im Art. 27 auch zugleich auf das Decret vom 17. November 1811 (Anhang II), Bezug genommen worden ist, und man hieraus folgern wollte, daß die Vorschrift des Art. 28 auch auf alle im Decrete vom 17. November 1811 behandelten Fälle anwendbar sei, so wird man doch berücksichtigen müssen, daß diese Bezugnahme ausdrücklich nur zur Festsetzung der Höhe der Entschädigung, welche der Vertreter eines Pfarrers in den Fällen des Art. 27 erhalten soll, Statt gefunden hat, daß also auch die weiteren Bestimmungen des gegenwärtigen Decretes vom 6. November 1813 nur auf die im Art. 27 erwähnten Fälle einer provisorischen Ersetzung des Pfarrers anwendbar sind. Es folgt dies auch insbesondere aus der inneren Natur der Vorschrift des Art. 28. Diese Vorschrift unterstellt nämlich eine Abwesenheit des Pfarrers, durch welche ihm factisch die Verwaltung des Dotationsvermögens entzogen ist, wie eine solche auch in den Fällen des Art. 27 vom Gesetzgeber angenommen wird. Auch nur bei einer Abwesenheit des Pfarrers kann eine ausschließliche Verwaltung des Dotationsvermögens und die Erfüllung der aus dieser Verwaltung hervorgehenden Verbindlichkeiten durch einen Anderen, als den Pfarrer als nothwendig gedacht werden. Wo daher der Pfarrer anwesend ist, kann die Vorschrift des Art. 28 nicht Platz greifen, und namentlich nicht in dem Falle, wo nach den Bestimmungen des Decretes vom 17. November 1811 der Pfarrer wegen Altersschwäche oder Gebrechlichkeit einen Vicar verlangt und erhalten hat. Eine Verwaltung des Pfarr-Dotationsvermögens durch einen Anderen als den Pfarrer ist auch hier um so weniger nothwendig, als in diesem Falle kein Anderer als der Pfarrer aus den Einkünften des Pfarr-Dotationsvermögens etwas bezieht, indem der ihm zugetheilte Vicar seine Entschädigung von der Kirchen-Fabrik, eventuell von der Civilgemeinde und in der preußischen Rheinprovinz auf der linken Rheinseite nach dem Gesetze vom 14. März 1845 von den Confessionsgenossen des Pfarrbezirkes zu beziehen hat.

Der Gesetzgeber hat durch den Art. 28 dem Schatzmeister der Kirchen-Fabrik in den Fällen des Art. 27 sowohl Rechte als Pflichten bezüglich der Pfarrgüter zugewiesen, wie dies daraus hervorgeht, daß er im Art. 28 nicht bloß von Pflichten spricht, die er zu erfüllen habe, sondern überhaupt von Verrichtungen, die dem Pfarrinhaber zugewiesen seien, und welche nun von ihm vorgenommen werden sollen. Diese Rechte und Pflichten des Schatzmeisters sind nun durch die Hinverweisung auf die Art. 6 und 13 des gegenwärtigen Decretes näher gekennzeichnet. Der Hinverweisung auf den Art. 13 hätte es eigentlich nicht bedurft, da die in demselben bezeichnete specielle Pflicht schon im Art. 6 angedeutet ist, indem es dort ganz allgemein heißt, daß der Pfarrinhaber die Lasten des Nießbrauchers nach den Modificationen des gegenwärtigen Decretes zu tragen habe, und der Art. 13 gerade eine solche Modification enthält. Der Schatzmeister hat daher nach dem allgemeinen Satze des Art. 6 statt des Pfarrers die Rechte des Pfarrers auszuüben und die auf dem Nießbrauche haftenden Lasten zu tragen, und nach der speciellen Bestimmung des Art. 13 insbesondere für die nothwendigen Reparaturen zu sorgen. Seine rechtliche Stellung in diesen Fällen ist die eines gesetzlich bestellten Sequesters, der nicht zu seinem persönlichen Vortheile das dem Nießbrauche unterworfene Vermögen verwaltet, die Einkünfte bezieht und die aus denselben zu machenden Ausgaben bestreitet, sondern für diejenigen diese Functionen vornimmt, welche einen Anspruch auf die Einkünfte zu erheben berechtigt sind, welchen er denn auch für die geführte Verwaltung rechnungspflichtig ist. Diese sind nun der Pfarrer und dessen Stellvertreter, der erstere in seiner Eigenschaft als Nießbraucher, dem die Verwaltung, aber nicht das Nießbrauchsrecht entzogen ist, der Stellvertreter wegen der ihm durch das Decret vom 17. November zugesicherten Vortheile, welche ihn in einzelnen Fällen zu einer Quote der Einkünfte, und in den anderen Fällen als privilegirten Gläubiger des Pfarrers zu einer vorzugsweisen Befriedigung berechtigen. Im Allgemeinen berührt nun die vom Schatzmeister über seine Verwaltung zu legende Rechnung nur die Privatverhältnisse des Pfarrers und seines Vertreters, sie ist deßhalb auch nicht in der Weise der Begutachtung des Kirchenrathes unterworfen, wie dies bei den Kirchenrechnungen nach Art. 12 des Decretes vom 30. December 1809 der Fall ist. Eben so wenig braucht sie der bischöflichen Behörde zur Prüfung vorgelegt zu werden, da es sich in derselben nicht um Rechte der Kirche handelt. Weil die Rechnung nur die Privatverhältnisse des Pfarrers und seines Stellvertreters betrifft, kann auch die Bestimmung des Art. 90 des Decretes vom 30. December 1809 hier nicht zur Anwendung kommen, und die Hülfe der Staatsanwaltschaft nicht angerufen werden, um den Schatzmeister zur Rechnungslage zu zwingen; derselbe kann vielmehr hierzu nur im Wege des ordentlichen gerichtlichen Verfahrens von den Rechnungsnehmern angehalten werden. In denjenigen Fällen aber, in welchen die Kirchen=Fabrik nach dem Decrete vom 17. November 1811 nicht die ganzen Vertretungskosten zu übernehmen, sondern nur zu denselben einen Zuschuß zu leisten hat, muß die Rechnung dem Kirchenrathe mitgetheilt werden, um die Höhe des Zuschusses feststellen zu können; an der Rechnungslage selbst sich zu betheiligen hat er kein Recht, da die Fabrik keinen Anspruch auf die Einkünfte hat. Der Kirchenrath kann im Interesse der Fabrik in einem solchen Falle Ausstellungen an der Rechnung machen und nach den Resultaten derselben die Höhe des von ihm zu gewährenden Zuschusses normiren. Sind hiermit der Pfarrer und sein Vertreter nicht einverstanden, so müssen sie bei der bischöflichen Behörde eine Abänderung des Beschlusses des Kirchenrathes beantragen und eventuell durch eine Klage auf Zahlung gegen ihn angehen.

Ueber den Umfang der Rechte und Pflichten des Schatzmeisters in diesen Fällen sehe man die Bemerkungen zu den Art. 6 und 13 des gegenwärtigen Decretes, in welchen derselbe näher behandelt worden ist. In den hier in Frage stehenden Fällen kommt aber als eine Last des Nießbrauchers noch die neue Last der Besoldung des Vertreters des Pfarrers hinzu, welche durch den Schatzmeister zu bewirken ist.

Das gegenwärtige Decret sagt nichts über die Zeit, wann der Schatzmeister in den Fällen des Art. 27 Rechnung zu legen habe. Es wird hierbei auf die Dauer der Vertretung ankommen. Ist dieselbe von kurzer Dauer, so wird die Rechnung nur bei der Beendigung der Vertretung zu legen sein; währt sie aber länger als ein Jahr, so wird sie Jahr für Jahr gelegt werden müssen, da in dem Decrete vom 17. November 1811 die dem Vertreter gebührende Entschädigung auch pro Jahr normirt wird.

Zweiter Titel.
Von den bischöflichen Tafelgütern.

Art. 29.

Die Erzbischöfe und Bischöfe haben die Verwaltung ihrer Tafelgüter so, wie dies in den Art. 6 und folgenden des gegenwärtigen Decretes aus einander gesetzt worden ist.

Decret vom 6. November 1813. Art. 29.

Zu Art. 29.

Früher führten die Bischöfe mit den Capitularen in Stiftern ein gemeinschaftliches Leben, und wurde sowohl der Lebensunterhalt des Bischofes als der der Capitularen aus dem Einkommen des gemeinschaftlichen Stiftsgutes bestritten. Seit dem 10. und 11. Jahrhunderte wurde aber die Gemeinschaft dieses Lebens gelös't, indem von da an nicht bloß der Bischof, sondern auch die Capitularen jeder für sich eine eigene Oekonomie führten. Das früher gemeinschaftliche Stiftsgut wurde unter sie in der Art vertheilt, daß der Bischof davon seinen eigenen Antheil erhielt, den Capitularen aber je nach ihrem Range einzelne Portionen desselben zugewiesen wurden. Der für den Bischof bestimmte Theil wurde die mensa episcopalis, das bischöfliche Tafelgut, und der den Capitularen zugewiesene die mensa capitularis, das Capitelgut, genannt. Unter dem bischöflichen Tafelgute ist daher das eigentliche Dotationsvermögen des bischöflichen Stuhles zu verstehen. Von der allgemeinen Confiscation des kirchlichen Vermögens in der französischen Revolution waren auch die bischöflichen Tafelgüter betroffen worden, und so waren deren auch bei dem Abschlusse des Concordates zwischen dem h. Stuhle und der französischen Regierung im Jahre 1801 in Frankreich keine vorhanden. Die letztere hatte zwar in demselben versprochen, den Bischöfen ein passendes Einkommen zu sichern, aber Dotationsgüter wollte sie zu dem Ende nicht hergeben; sie beschränkte sich vielmehr darauf, in dem Gesetze vom 18. Germinal Jahres X, Art. 64 u. 65 das Gehalt der Erzbischöfe auf 15,000 Frcs. und das der Bischöfe auf 10,000 Frcs. festzusetzen und ihnen durch die Generalräthe der Departemente eine passende Wohnung verschaffen zu lassen. In Frankreich gab es daher im Allgemeinen keine bischöflichen Tafelgüter, es sei denn, daß deren später durch den Staat selbst oder durch Schenkungen und letztwillige Dispositionen mit Genehmigung des Staatsoberhauptes beschafft wurden. Dasselbe war in den vier rheinischen Departementen der Fall, nachdem durch den Art. 2 des Consularbeschlusses vom 20. Prairial Jahres X die Güter der Bisthümer, und zwar sowohl die der unterdrückten als die der bestehen gebliebenen confiscirt worden waren. Es wird nun wohl schwerlich angenommen werden können, daß unter den im Art. 29 bezeichneten Tafelgütern der Erzbischöfe und Bischöfe das denselben nach dem Gesetze vom 18. Germinal Jahres X zu zahlende Staatsgehalt oder vielmehr die dem Staate dieserhalb auferlegte Last zu verstehen sei. Eben so wenig können dazu die nach dem Regierungsbeschlusse vom 18. Germinal Jahres XI von den Generalräthen der Departemente denselben zur Vermehrung ihres Gehaltes etwa zu gewährenden Zuschüsse zu rechnen sein, weil nach dem Art. 29 den Erzbischöfen und Bischöfen die Verwaltung ihrer Tafelgüter zustehen soll, und sie die Einkünfte derselben beziehen sollen, bei den Gehältern und Zuschüssen zu denselben aber die Verwaltung derjenigen Fonds, aus welchen dieselben zu entnehmen sind, nicht den Erzbischöfen und Bischöfen, sondern weltlichen Behörden zusteht. Aus der Rubrik des gegenwärtigen Decretes schon könnte man die Schlußfolgerung ziehen, daß auch die erzbischöflichen und bischöflichen Paläste nicht zu den Taselgütern der Erzbischöfe und Bischöfe gehörten, weil nach derselben die Erhaltung und Verwaltung derjenigen Güter des Clerus, welche er in mehrern, also nicht in allen Theilen des Reiches besaß, Gegenstand der Bestimmungen desselben sein sollte, nach Art. 71 des Gesetzes vom 18. Germinal Jahres X aber alle Bischöfe auch bischöfliche Wohnungen haben sollten, und man daher von ihnen nicht als von Gütern sprechen kann, welche der Clerus nicht in allen, sondern nur in mehrern Theilen des Reiches besaß. Allein einer solchen Schlußfolgerung steht die Thatsache entgegen, daß der Gesetzgeber unter dem Titel von den bischöflichen Tafelgütern im Art. 42 des gegenwärtigen Decretes auch von den bischöflichen Palästen handelt, gerade so, wie er unter dem Titel von den Pfarrgütern auch Vorschriften über die Erhaltung der Pfarrhäuser gibt, von denen man eben so wenig sagen kann, daß sie nicht in allen, sonder nur in mehrern Theilen des Reiches vorhanden seien. Zum eigentlichen Tafelgute gehören indessen die bischöflichen Wohnungen selbst nach der französischen Gesetzgebung eben so wenig, wie die Pfarrhäuser zum Pfarr=Dotationsvermögen. Es geht dies eines Theils daraus hervor, daß durch das Gesetz vom 18. Germinal Jahres X der Staat sich verpflichtete, in dem den Erzbischöfen und Bischöfen und Pfarrern zu zahlenden Gehalte ein Aequivalent für die Einkünfte einer fingirten Dotation zu leisten, daß dagegen durch den Regierungsbeschluß vom 18. Germinal Jahres XI die Departemente beziehungsweise die Gemeinden für verbunden erklärt wurden, bischöfliche Paläste beziehungsweise Pfarrwohnungen zu beschaffen; andern Theils daraus, daß die Pflichten der Erzbischöfe, Bischöfe und Pfarrer bezüglich der Unterhaltung der bischöflichen Paläste und Pfarrhäuser wesentlich verschieden sind von denjenigen Pflichten, welche ihnen bezüglich der Dotationsgüter obliegen. Hat der Gesetzgeber nun dennoch im gegenwärtigen Decrete ebenfalls Vorschriften über die Erhaltung der Pfarrhäuser unter dem Titel von den Pfarrgütern und Vorschriften über die Erhaltung der bischöflichen Paläste unter dem Titel von den bischöflichen Tafelgütern gegeben, und die Dotationsgüter nicht strenge davon unterschieden, so ist das allerdings kein ganz consequentes Verfahren eines Gesetzgebers; allein es ist auch bekannt, daß in legislatorischer Beziehung eine strenge Consequenz eben nicht ein besonderer Vorzug der kaiserlichen Decrete ist. Indessen stehen die bischöflichen Paläste eben so wie das Meublement derselben, welches auch von den Generalräthen der Departemente nach dem erwähnten Regierungsbeschlusse beschafft werden muß, doch zur Dotation in einer rechtlichen Beziehung, indem die Bischöfe als solche das Recht haben, zu verlangen, daß ihnen die Benutzung derselben gewährt werde. Gehören diese beiden Arten von Vermögensobjecten daher auch selbst nicht zum eigentlichen Tafelgute, so kann doch das Recht der Benutzung derselben als ein zum Tafelgute gehöriges Recht betrachtet werden, und so ist es denn auch erklärlich, daß der Gesetzgeber im gegenwärtigen Decrete unter dem Titel von den bischöflichen Tafelgütern auch Vorschriften bezüglich dieser beiden Arten von Vermögensobjecten in den Art. 42 und 46 gegeben hat. Es wäre aber irrig, wenn man annehmen wollte, daß der Gesetzgeber im Art. 29 unter den Tafelgütern nur dieses Recht der Benutzung verstanden hätte, da weder die Gehälter und Zuschüsse, noch die bischöflichen Wohnungen selbst und deren Meublement zu denselben zu rechnen seien. Man würde bei einer solchen Annahme die factischen Verhältnisse, wie sie zur Zeit des Erlasses des gegenwärtigen Decretes bestanden, vollständig verkennen; denn es waren zu jener Zeit in mehreren Gegenden des französischen Reiches wirklich eigene bischöfliche Tafelgüter vorhanden, mochten sie nun vom Staate den Bischöfen als Tafelgüter zurückgegeben worden sein, wie dies Affre in seinem Traité de la propriété des biens ecclésiastiques, S. 90, behauptet, oder durch Schenkung und letztwillige Verfügungen mit Genehmigung des Staates denselben zugewendet worden sein. Daß diese Ansicht auch wirklich bei dem Gesetzgeber des gegenwärtigen Decretes vorgeherrscht hat, geht aus den Art. 40 und 41 desselben hervor, welche von Pachtgütern und Holzungen, die zum bischöflichen Tafelgute gehören, handeln, also von recht eigentlich Einkünfte abwerfenden Grundgütern desselben.

Nach dem vorstehenden Art. 29 soll nun den Erzbischöfen und Bischöfen die Verwaltung ihrer Tafelgüter in derselben Art zustehen, wie dies in den Art. 6 und folgenden, welche von den Rechten und Pflichten der Pfarrer bezüglich der Dotationsgüter und Pfarrhäuser handeln, näher aus einander gesetzt worden ist. Der Gesetzgeber hat also ihr Verhältniß zu denselben ganz dem der Pfarrer gleichgestellt. Sie üben also nach Art. 6 an den eigentlichen Tafelgütern die Rechte des Nießbrauches aus und tragen dessen Lasten unter den im gegenwärtigen Decrete angegebenen Modificationen, und sind nach Art. 21 als Miether der bischöflichen Paläste zu betrachten; das Eigenthum an den erstern steht dem bischöflichen Stuhle als einer moralischen Person und das an den letztern den Departementen zu, welche sie, wie die Gemeinden die Pfarrhäuser, zu beschaffen haben. Es kann daher hier auf die Bemerkungen zu den Art. 6 und folgenden des gegenwärtigen Decretes hinverwiesen werden. Man vergl. auch de Syo a. a. O. zu Art. 107, wo die Frage wegen der Reparaturen an den Palästen der Erzbischöfe und Bischöfe näher behandelt worden ist.

In den nach dem Ausbruche der französischen Revolution von Frankreich eroberten deutschen Ländern waren nach Beendigung der Fremdherrschaft in denselben die bischöflichen Stühle längere Zeit hindurch verwais't. Die Neugestaltung der Territorialverhältnisse mußte von wesentlichem Einflusse auf den Bestand und Umfang der unter französischer Herrschaft errichteten Diöcesen sein, indem durch dieselbe Theile einzelner Diöcesen verschiedenen Herrschern zufielen, dadurch die Herbeiführung einer neuen Ordnung der kirchlichen Verhältnisse mit großen Schwierigkeiten verknüpft war, und längere Vorverhandlungen erforderte. Eine Folge solcher Verhandlungen war denn für Preußen der Abschluß eines Concordates mit dem heiligen Stuhle, welches durch die Bulle de salute animarum vom 16. Juli 1821 proclamirt wurde. Durch diese Bulle wurden die kirchlichen Verhältnisse für ganz Preußen neu und anderweitig geregelt, und fragt es sich demnach, ob durch dieselbe in den an Preußen gelangten Theilen eine Aenderung derjenigen Rechtsverhältnisse, wie sie durch die französische Gesetzgebung für die Stellung der Bischöfe gegeben war, hervorgerufen worden ist. Derselben liegt im Allgemeinen die Ansicht zum Grunde, daß eigene bischöfliche Tafelgüter zur Dotation der bestehenden oder neu zu errichtenden Bisthümer nicht vorhanden seien, daß auch augenblicklich wegen mangelnder Mittel keine beschafft werden könnten, daß aber darauf Bedacht genommen werden solle, mit der Zeit durch den Staat eine Dotation in Grundgütern zu bewerkstelligen, welche volles Eigenthum der bischöflichen Stühle sein solle. Es ist dies ausdrücklich in folgendem Satze der Bulle ausgesprochen:

„Ne vero ullo modo numerationis prorogatio ultra annum millesimum octingentesimum trigesimum tertium timeri possit, quum forte magistratus intercesserint, ne census imponantur, non satis diminuta publici aeris alieni quantitate, laudatus Rex ultro promisit, conceptisque verbis sese obligavit, si praeter omnem exspectationem id accidat, se curaturum esse, ut tot agri regiis impensis emantur pleno dominii iure singulis ecclesiis tradendi, quot necessarii sint, ut eorum redditus annuas illas summas exaequent, quae a censibus percipiendae essent, nisi impedimentum illud intercessisset."

Bis jetzt ist indessen die Dotation der Erzbisthümer und Bisthümer in Grundgütern noch nicht erfolgt, vielmehr besteht das Einkommen der Erzbischöfe und Bischöfe nur noch in den Staatsgehältern, welche sie nach der erwähnten Bulle bis zum Jahre 1833, bis wohin die Dotation in Grundgütern erfolgt sein sollte, beziehen, und zu deren Sicherheit die Staatswaldungen dienen sollen. Dasjenige Dotationsvermögen, was bei einzelnen Bisthümern etwa vorhanden sein mag, ist daher nicht vom Staate, sondern anders woher gekommen. Nachdem nun in der Bulle die Dotations-Angelegenheit festgestellt worden, heißt es dann in derselben weiter, daß von dem Könige den Bischöfen zu einer anständigen Residenz Wohnungen eingeräumt werden sollen; es ist jedoch hierbei nicht, wie bei den zur Dotation anzukaufenden Grundgütern, gesagt, daß sie den einzelnen Kirchen pleno dominii iure übergeben werden sollen; in der eigentlichen Dotation sind sie daher nicht einbegriffen, und scheint es demnach, daß die Verschiedenheit der Stellung der Erzbischöfe und Bischöfe zu dem eigentlichen Dotationsvermögen und den bischöflichen Palästen auch in der Bulle de salute animarum festgehalten worden ist. Aeußerungen in den bisherigen rechtlichen Verhältnissen sowohl der Dotationsgüter als der bischöflichen Wohnungen sind aber doch durch die Bulle hervorgerufen worden. Die Dotationsgüter sollen nämlich nach derselben den Bisthümern pleno dominii iure gehören, die Vertreter derselben sind daher in ihrer Verwaltung nicht mehr beschränkt durch eine Mitwirkung des Staates, mit welcher sich die Ausübung eines vollen Eigenthumsrechtes nicht verträgt. Bezüglich der bischöflichen Wohnungen hat die Bulle die Aenderung getroffen, daß nicht die Departemente, oder Provinzen, in denen das Bisthum besteht, sondern der Staat sie zu beschaffen hat. Dagegen sind die Rechte, welche die Bischöfe selbst an den Dotationsgütern und den bischöflichen Wohnungen auszuüben haben, so wie die mit den Rechten verbundenen Lasten in ihrem Charakter durch die Bulle nicht verändert worden; denn die Bulle spricht sich darüber nicht aus. Die Bischöfe sind daher auch jetzt noch als Nießbraucher der Dotationsgüter und als Miether ihrer Wohnungen zu betrachten.

Aehnliche Verhältnisse, wie in der preußischen Rheinprovinz walten in den linksrheinischen Theilen der Diöcesen Speyer und Mainz ob, in welchen das gegenwärtige Decret auch noch Geltung hat. In der Bulle **Sanctitas sua** vom 5. Juni 1817, welche die kirchlichen Verhältnisse für Baiern regelt, heißt es nämlich, daß für das Bisthum Speyer aus besondern Umständen noch keine Dotirung in Grundgütern Statt finden könne, und daß bis dahin, daß eine solche ermöglicht würde, der Bischof ein Staatsgehalt beziehen solle. Daß die bischöfliche Wohnung einen Theil des Dotationsvermögens bilden solle, wird in dieser Bulle nicht gesagt, sondern nur hervorgehoben, daß der König den Bischöfen eine geeignete Wohnung anweisen werde. Nach der zur Bildung der oberrheinischen Kirchenprovinz erlassenen Bulle **Provida solersque** vom 16. August 1821 waren zur Ergänzung der Dotation des Bisthums Mainz bestimmte Renten angewiesen und hypothekarisch gesichert worden; es sollte aber auch hier nach jener Bulle mit der Zeit die Dotation in Grundgütern erfolgen. In der vorläufigen Uebereinkunft zwischen der großherzoglich hessischen Regierung und dem Bischofe von Mainz vom 23. August 1854 wird von der hessischen Staatsregierung die Verpflichtung zur realen Dotation des Bisthums Mainz anerkannt, und baldmögliche Erfüllung zugesagt. Auch in der vorerwähnten Bulle ist der Wohnung des Bischofes nicht als eines Theiles des Dotationsvermögens erwähnt, sondern nur gesagt, daß diejenige dazu dienen solle, welche bisher dazu benutzt worden sei. Da in beiden Bullen des rechtlichen Charakters des Benutzungsrechtes der Bischöfe nicht gedacht wird, so muß angenommen werden, daß dasjenige, was in dieser Hinsicht bisher Rechtens war, es auch bleiben sollte, und daß daher die Bestimmungen des Art. 29 des gegenwärtigen Decretes hiefür maßgebend sind.

Art. 30.

Die auf diese Tafelgüter Bezug habenden Papiere, Titel und Documente, die Rechnungen, Register und Hauptbücher sollen in den Archiven des Secretariates des Erzbisthums oder Bisthums hinterlegt werden.

Zu Art. 30.

Dem Art. 2 und 3 des gegenwärtigen Decretes gemäß sollen die auf das Pfarr=Dotationsvermögen bezüglichen Papiere, Titel, Urkunden, Rechnungen,

Register und Hauptbücher, so wie die Inventarien in dem der Kirchen-Fabrik zugehörigen mit drei Schlüsseln versehenen Schranke aufbewahrt werden, und sind daher der Kirchenrath und in specie die drei Schlüsselinhaber als die Depositare derselben zu betrachten. Da nun nach Art. 104 des Decretes vom 30. December 1809 die Kathedralkirchen ebenfalls eigene Fabriken haben sollen, und nach Art. 29 des gegenwärtigen Decretes den Erzbischöfen und Bischöfen an ihrem Tafelgute dieselben Rechte zustehen, wie den Pfarrern am Pfarr-Dotationsvermögen, so hätte man glauben sollen, der Gesetzgeber würde auch die Aufbewahrung der das bischöfliche Tafelgut betreffenden Papiere, Titel und Documente den Fabrikräthen der Kathedralkirchen übertragen haben. Es ist dies aber nicht der Fall, vielmehr enthält der Art. 30 des gegenwärtigen Decretes die Verfügung, daß die auf das bischöfliche Tafelgut Bezug habenden Papiere, Titel, Documente, Rechnungen, Register und Hauptbücher in dem eigenen Secretariate des Erzbischofes oder Bischofes aufbewahrt werden, also unter der speciellen Aufsicht eines lediglich von dem Erzbischofe abhängigen Beamten sich befinden sollen. Der Inventarien ist zwar im Art. 30 nicht namentlich gedacht; die Auslassung derselben beruht aber offenbar auf einem Irrthume, da Inventarien auch hier vorhanden sein müssen, wie dies aus dem folgenden Art. 31 hervorgeht. Ihre Aufbewahrung muß in derselben Weise Statt finden, wie die der andern Actenstücke und Papiere. Der Grund dieser Verschiedenheit in den Bestimmungen der Art. 2 und 3 einerseits und des Art. 30 andererseits kann wohl nur darin gefunden werden, daß die Thätigkeit der Fabriken der Kathedralkirchen eine weit umfangreichere, als die der Fabriken der Pfarrkirchen ist, es also zweckmäßig war, denselben nicht auch noch die Sorge für die Aufbewahrung dieser Actenstücke zu übertragen, aber auch in dem Umstande, daß jeder Erzbischof und Bischof ein eigenes Secretariat hat, und in dem Secretair auf einen natürlichen Depositar jener Actenstücke hingewiesen war. Wie nun die Aufbewahrung derselben im Allgemeinen Statt finden solle, sagt zunächst der Art. 30; in demselben heißt es, sie sollen hinterlegt werden, aux archives du secrétariat de l'archévêché ou évêché. Unter archives werden nun im Französischen nach dem Dictionnaire de l'académie française sowohl die Urkunden selbst, als auch der Ort, an welchem sie aufbewahrt werden sollen, verstanden. Hier wird also zunächst gesagt, daß sie unter den Papieren des erzbischöflichen oder bischöflichen Secretariates und in den Räumlichkeiten, in welchen diese sich befinden, aufzubewahren sind. Ueber die besondere Art ihrer Aufbewahrung handelt dann der Art. 32 des gegenwärtigen Decretes, weßhalb in dieser Hinsicht auf die Bemerkungen zu demselben hinverwiesen wird.

Die Bestimmung des vorstehenden Art. 30 ist übrigens nicht eine bloß transitorische, d. h. nicht eine lediglich für die zur Zeit des Erlasses des gegenwärtigen Decretes bestandenen Verhältnisse, sondern auch eine für die Zukunft gegebene, so daß also nicht bloß die damals vorhandenen Actenstücke, sondern auch die im Laufe der Zeit noch hinzugekommenen im Secretariate aufbewahrt werden müssen.

Art. 31.

Wenn es noch nicht geschehen ist, so soll ein Inventar der Titel und Papiere angefertigt, und ein Hauptbuch nach Anleitung des Art. 56 der Verordnung über die Fabriken angelegt werden.

Zu Art. 31.

Die Inventarien der Titel und Papiere und die Hauptbücher sind auch hier eben so wie im Decrete vom 30. December 1809 als wesentlich von einander verschieden vom Gesetzgeber gedacht. In die erstern müssen alle Titel und Papiere, welche das Tafelgut betreffen, mit einer kurzen Bezeichnung ihres Inhaltes eingetragen werden, während in das Hauptbuch nur die Eintragung der wichtigen Documente erfolgt. Die Anfertigung des im Art. 31 vorgeschriebenen Inventars, so wie die Anlage des Hauptbuches, liegen dem Secretariate des Erzbischofes oder Bischofes ob; wenn dies auch nicht ausdrücklich in demselben gesagt ist, so liegt es doch in der Natur der Sache. Der hier bezogene Art. 56 des Decretes vom 30. December 1809 deutet auch darauf hin, indem dort dem Secretair der Kirchmeisterstube die Anlage und Fortführung des Hauptbuches zur Pflicht gemacht wird. In das Hauptbuch sollen nach Anleitung des Art. 56 als die wichtigeren Documente die Stiftungsurkunden und überhaupt alle Eigenthumstitel, ferner die Pacht- und Miethverträge wörtlich nach fortlaufenden Nummern und der Reihenfolge des Datums eingetragen werden. Die Eintragung muß dem Art. 56 gemäß zwischen zwei Colonnen erfolgen, von welchen die eine zur Aufführung der Einkünfte, die andere zu der der Lasten dienen soll. Durch die Eintragung nach fortlaufenden Nummern und der Reihenfolge des Datums, wird dem Zwischenschreiben und der Unregelmäßigkeit in der Buchführung vorgebeugt; es kann diese Vorschrift aber nicht bedeuten, daß unmittelbar nach der letzten Zeile einer Eintragung die erste Zeile der folgenden beginnen müsse. Man wird vielmehr bei jeder Nummer nach der Eintragung einen angemessenen Raum frei zu lassen haben, wo die Verfügung des Erzbischofes oder Bischofes zur Herausnahme des Actenstückes und die Empfangsbescheinigung des Secretairs einzutragen sind.

Es heißt nun ferner in dem bezogenen Art. 56, daß jedes eingetragene Actenstück von dem Pfarrer oder Hülfspfarrer und dem Präsidenten der Kirchmeisterstube unterzeichnet und als mit dem Originale übereinstimmend beglaubigt werden solle. Hier wird nun der Erzbischof oder Bischof diese Beglaubigung vorzunehmen haben; der Art. 31 besagt dies zwar nicht ausdrücklich, allein die in demselben enthaltene Hinweisung auf den Art. 56 des Decretes vom 30. December 1809 gestattet eine andere Annahme nicht.

Ueber die Natur dieses Hauptbuches, die in dasselbe einzutragenden Urkunden, so wie die Beweiskraft der Eintragungen selbst vergleiche man die Bemerkungen bei be Syo a. a. O. zu Art. 56.

Art. 32.

Die das Tafelgut betreffenden Urkunden, archives de la mense, sollen in Kisten oder Schränken verschlossen werden, aus welchen kein Actenstück entnommen werden darf, als auf Grund einer in dem Hauptbuche von dem Erzbischofe oder Bischofe unterschriebenen Verfügung, unter welche die Empfangsbescheinigung des Secretairs zu setzen ist.

Wenn das Actenstück wieder an den Hinterlegungsort gebracht wird, so ertheilt der Erzbischof oder Bischof am Rande der Empfangsbescheinigung die Decharge.

Zu Art. 32.

Hier sind unter archives de la mense die auf das bischöfliche Tafelgut bezüglichen Urkunden zu verstehen, indem man nicht wird sagen können, daß der Ort selbst, an welchem sie aufbewahrt werden, in Kisten oder Schränken zu verschließen sei. Der Gesetzgeber hat indessen durch die Bestimmung des Art. 32 die Weisung gegeben, daß, wenn auch nach dem Art. 30 des gegenwärtigen Decretes die gedachten Urkunden auf dem Secretariate des Erzbischofes oder Bischofes aufbewahrt werden sollen, dennoch eine Trennung derselben von den andern Actenstücken des Secretariates bestehen müsse, und daß für jene Urkunden eigene verschließbare Gelasse zu deren Aufbewahrung auf dem Secretariate dienen sollen. Eine ähnliche Verfügung, wie sie für die Aufbewahrung der auf die Pfarrgüter bezüglichen Titel, Papiere und Documente getroffen worden ist, daß nämlich die hierzu dienenden Kisten oder Schränke durch drei Schlüssel zu verschließen seien, hatte hier keinen Zweck, da keine verschiedenen Personen, sondern nur eine Person, der Secretair des Erzbischofes oder Bischofes, mit der Aufbewahrung der fraglichen Actenstücke betraut ist. Es genügt daher hier ein Verschluß mittels eines Schlüssels. So wie zur Sicherstellung gegen Verluste solcher Urkunden nach Art. 4 des gegenwärtigen Decretes dieselben nur auf ein motivirtes Gutachten des zeitigen Nießbrauchers von ihrem Aufbewahrungsorte entfernt werden dürfen, so hat auch hier der Bischof als Nießbraucher des Tafelgutes die zeitweise Entfernung zu verfügen, und wird dann die wirkliche Entfernung durch die Empfangsbescheinigung des Secretairs constatirt. Damit in dieser Hinsicht Irrungen nicht vorkommen können, und die erlassenen Verfügungen und ausgestellten Empfangsbescheinigungen nicht verloren gehen können, hat der Gesetzgeber verordnet, daß sowohl die Verfügung des Erzbischofes oder Bischofes zur Herausnahme, als die Empfangsbescheinigung des Secretairs ins Hauptbuch eingetragen werden solle. Ob für die Verfügung zur Herausnahme eine eigene Nummer im Hauptbuche dienen, oder ob sie unter die eingetragene Urkunde eingeschrieben werden solle, ist im gegenwärtigen Decrete nicht gesagt. Zweckmäßig ist das Letztere, weil man dann unmittelbar nach der Urkunde ersehen kann, wo dieselbe im Originale geblieben ist. Dagegen verfügt der Art. 32 in ganz bestimmten Ausdrücken, daß die Empfangsbescheinigung des Secretairs unmittelbar unter die Verfügung des Erzbischofes oder Bischofes in das Hauptbuch eingetragen werden solle. Denn es heißt hier, sie solle au pied, am Fuße der erwähnten Verfügung im Hauptbuche ihre Stelle finden. Die Schlußbestimmung des Art. 32, daß die Rückbringung des herausgenommenen Actenstückes an seinen Aufbewahrungsort durch den die Décharge enthaltenden Vermerk des Erzbischofes oder Bischofes am Rande der Empfangsbescheinigung des Secretairs im Hauptbuche constatirt werden solle, weist zugleich darauf hin, daß außer den im Art. 56 des Decretes vom 30. December 1809 vorgeschriebenen Colonnen des Hauptbuches auch noch ein weißer Rand in demselben frei bleiben muß, wo die Décharge einzutragen ist. Sie soll nämlich nicht au pied der Empfangsbescheinigung des Secretairs, sondern en marge derselben, also zur Seite erfolgen.

Art. 33.

Das Regalrecht wird auch fernerhin im Kaiserreiche eben so ausgeübt, wie dies zu allen Zeiten von den Souverainen, Unsern Vorgängern, ausgeübt worden ist.

Zu Art. 33.

Unter Regalien werden überhaupt die Hoheitsrechte des Staates verstanden, welche entweder nur das öffentliche Recht betreffen, wie das Recht der Gesetzgebung, der Regierungs-, Justiz-, Polizei-, Finanz- und Steuerverwaltung, oder auch in das Privatrecht überstreifen, wie das Wasser-, Berg- und Jagdregal und die verschiedenen Staatsmonopole je nach den in jedem einzelnen Staate in dieser Hinsicht zur Geltung gebrachten staatsrechtlichen Grundsätzen, deren Ausübung aber nur dem Staatsoberhaupte oder den von ihm mit derselben beauftragten Personen oder Behörden zusteht. Die Frage nun, ob ein vom Staatsoberhaupte als Regalrecht in Anspruch genommenes Recht ein solches ist, kann daher nur eine Frage des innern Staatsrechtes, welches die zwischen dem Staatsoberhaupte und den Unterthanen des Staates bestehenden Rechtsverhältnisse umfaßt, sein, und ist demnach auch nur nach den in den einzelnen Ländern geltenden staatsrechtlichen Grundsätzen zu beurtheilen. Es kann daher nicht zweifelhaft sein, daß, so wie Jemand Unterthan eines Staates ist, jene Verhältnisse auch auf ihn Anwendung finden müssen, und daß für die das innere Staatsrecht betreffenden staatsrechtlichen Grundsätze nicht die in einem fremden Staate geltenden maßgebend sein können. Vielmehr muß angenommen werden, daß, so wie ein Theil eines Staates von demselben abgelöst wird und einem andern Staate zufällt, für denselben von Rechts wegen die staatsrechtlichen Grundsätze desjenigen Staates zur Anwendung kommen müssen, von welchem er jetzt einen Theil bildet. Das im Art. 33 erwähnte Regalrecht, droit de régale, besteht nun nach dem Dictionnaire de l'académie française in dem Rechte des Staatsoberhauptes, die Einkünfte erledigter Erzbisthümer und Bisthümer zu beziehen, und während der Zeit der Erledigung diejenigen Pfründen zu verleihen, deren Collation dem Bischofe oder Erzbischofe zustand. Hermens in seinem Handbuche der gesammten Staatsgesetzgebung über den christlichen Cultus, Band III, S. 562, bezeichnet zwar das droit de régale als das in Frankreich geltende geistliche Hoheitsrecht, vermöge dessen der Landesherr während der Erledigung eines Bisthums oder Erzbisthums bis zu dessen Wiederbesetzung alle offenen Pfründen, die Pfarrpfründen ausgenommen, vergeben kann. Diese Angabe von Hermens ist aber unrichtig, die Definition des droit de régale in dem Dictionnaire de l'académie française dagegen die richtige, wie dies die Geschichte des Regalienstreites in Frankreich nachweis't. Man vergl. das Kirchenlexicon von Wetzer und Welte unter der Rubrik: „Regalienstreit in Frankreich." Es wird daher erforderlich sein, festzustellen, ob dieses Regalrecht auch in den früher von Frankreich eroberten, später nach Beendigung der Fremdherrschaft in denselben wieder zu Deutschland gekommenen Ländern noch Anwendung findet, d. h. nach dem Obigen, ob ein solches in denjenigen Ländern, mit welchen sie vereinigt worden sind, bestanden hat oder jetzt besteht.

Nachdem die linksrheinischen Theile der Erzdiöcese Köln und der Diöcesen Trier und Münster an die Krone Preußen gekommen, wurden durch die Bulle de salute animarum vom 16. Juli 1821 die kirchlichen Verhältnisse in ganz Preußen neu geregelt; die gedachte Bulle enthält aber keine Bestimmung über ein solches Regalrecht, wie es in dem Art. 33 des gegenwärtigen Decretes für die damaligen französischen Länder aufrecht erhalten worden ist. Eine solche wäre aber erforderlich gewesen, wenn von Seiten der Krone Preußen dieses Regalrecht hätte geltend gemacht werden wollen, weil dasselbe überhaupt in Preußen nicht besteht. Auch wird man aus dem Umstande, daß die preußischen Erzbischöfe und Bischöfe, wenigstens die von Köln, Trier und Münster, welche hier allein in Frage kommen, bis jetzt nur Staatsgehälter beziehen, nicht folgern können, daß für die Dauer der Erledigung eines Erzbisthums oder Bisthums das durch die Bulle normirte Gehalt nicht bezahlt zu werden brauche, weil der Staat der Verpflichtete sei, er die Verpflichtung zur Zahlung des Gehaltes nur dem kirchlichen Würdenträger gegenüber habe, die Zahlung daher so lange suspendiren könne, bis der Nachfolger ernannt sei. Denn nach der gedachten Bulle war der Staat, wie oben in Art. 29 mitgetheilt worden, verpflichtet, bis zum Jahre 1833 die Dotation der Erzbisthümer und Bisthümer in Grundgütern zu bewirken, und wenn er dieser Verpflichtung bis jetzt nicht nachgekommen ist, so kann wenigstens aus der Nichterfüllung derselben kein Recht auf Nichtzahlung des Gehaltes hergeleitet werden. Vielmehr müssen in dieser Hinsicht die Bestimmungen des allgemeinen Landrechtes, weil es sich um ein Regalrecht, das dem inneren Staatsrechte angehört, handelt, zur Anwendung kommen. Die §§. 1041 und 1042 des Th. II, Tit. 11 des allgemeinen Landrechtes, welche hier zunächst entscheidend sind, lauten:

§. 1041. „Wenn der bischöfliche Stuhl entweder gänzlich oder auf eine Zeit lang erledigt, oder dessen Wiederbesetzung ohne die Schuld des Capitels verzögert wird, so kommt die Verwaltung der bischöflichen Rechte dem Domcapitel zu."

§. 1042. „Dieses muß dabei Alles beobachten, was §. 974 und ff. bei der Vacanz eines geistlichen Vorstehers überhaupt vorgeschrieben ist."

Es sind dann weiter die nachfolgenden §§. 974—978 zu berücksichtigen.

§. 974. „Der Regel nach fallen die Rechte des mit Tod abgegangenen Vorstehers an das Capitel zurück."

§. 975. „Das Capitel kann dieselben entweder selbst ausüben, oder deren Verwaltung inzwischen Anderen übertragen."

§. 976. „Doch ist das Capitel die an die Person des Vorstehers besonders gebundenen Rechte ohne dringende Nothwendigkeit auszuüben oder an Andere zu übertragen nicht berechtigt."

§. 977. „Während der Vacanz darf keine Neuerung in den Angelegenheiten des Stifts vorgenommen werden."

§. 978. „Die besonderen Einkünfte des Vorstehers müssen während der Vacanz aufbewahrt und seinem Nachfolger übergeben werden."

Nach diesen gesetzlichen Bestimmungen ist es demnach klar, daß in Preußen ein solches Regalrecht, wie das im Art. 33 erwähnte bezüglich des Einkommens nicht besteht; aber auch das andere, daß das Staatsoberhaupt während der Erledigung des Erzbisthums oder Bisthums Pfründen verleihen könne, deren Collation dem Erzbischofe oder Bischofe zusteht, kommt in Preußen nicht vor; diese sollen vielmehr nach §. 1048 a. a. O. nicht vom Capitel vergeben werden können, vielmehr soll ihre Besetzung dem neuen Bischofe aufbewahrt werden.

Auch im Großherzogthume Hessen, für welches durch die Bulle provida solersque vom 16. August 1821 das Bisthum Mainz errichtet worden ist, besteht das im Art. 33 erwähnte Regalrecht, daß das Staatsoberhaupt während der Erledigung des Bisthumes die Einkünfte desselben zu beziehen habe, nicht. Dagegen sind doch die Verhältnisse in der Diöcese Mainz von den in Preußen in der Hinsicht von einander verschieden, daß die Bulle de salute animarum besagt, daß der König von Preußen den Erzbischöfen und Bischöfen bestimmte Gehälter zu zahlen versprochen habe, sie dieselben also unmittelbar aus der Staatscasse erhalten, die Bulle provida solersque in dieser Beziehung andere Vorkehrungen getroffen hat, aus welchen denn auch andere Consequenzen zu ziehen sind. Als Inhaberin des schon vorhandenen bischöflichen Dotationsvermögens und als berechtigt zur Erhebung des von dem Großherzoge von Hessen bis zur vollständigen Dotirung in Grundgütern zu gewährenden Zuschusses erscheint im Art. 14 der gedachten Bulle die episcopalis ecclesia Moguntina, also die bischöfliche Kirche zu Mainz als eine moralische Person, welche zu existiren fortfährt, wenn auch der Bischof als zeitiger Vertreter desselben nicht vorhanden ist.

Es sollen nach jener Bulle die Einkünfte des vorhandenen Dotationsvermögens mit dem Zuschusse des Großherzogs im Betrage von 20,000 Gulden rheinisch zusammengeworfen werden, und aus dem Gesammtbetrage der Bischof, der Generalvicar, die Domherren und die anderen Präbendaten jener Kirche ihr Einkommen beziehen. Sie erhalten dasselbe daher nicht direct aus der Staatscasse, sondern von der als Rechtssubject in der Bulle aufgeführten bischöflichen Kirche zu Mainz. Hieraus folgt denn, daß im Falle der Erledigung einer Pfründe das Vacatur=Einkommen der gedachten Kirche verbleibt und in deren Interesse zu verwenden ist. Unter der bischöflichen Kirche zu Mainz ist indessen das Bisthum Mainz und nicht die Kathedralkirche daselbst zu verstehen; denn für diese sind in jener Bulle andere Bestimmungen getroffen worden.

Anlangend das im Königreiche Baiern belegene Bisthum Speyer, so ist im Art. 4 der Bulle sanctitas sua vom 5. Juni 1817, welche die kirchlichen Angelegenheiten für Baiern regelt, anerkannt, daß das im Art. 33 des gegenwärtigen Decretes vorbehaltene Regalrecht auch im Königreiche Baiern nicht besteht; denn es heißt dort ausdrücklich:

„Tempore autem vacationis archiepiscopalium et episcopalium sedium, dignitatum, canonicatuum, praebendarum seu vicariatuum praedictae redituum summae in utilitatem respectivarum ecclesiarum praecipiendae et conservandae erunt."

Das Vacatur=Einkommen bezieht daher nicht das Staatsoberhaupt, sondern ist aufzubewahren und zum Nutzen der betreffenden Kirchen zu verwenden.

Auf das Großherzogthum Luxemburg hat der im Art. 33 gemachte Vorbehalt des Rechtes des Staatsoberhauptes, die Einkünfte des Bisthumes während der Erledigung zu beziehen, schon um deßwillen keine Anwendung, weil das dortige apostolische Vicariat kein eigentliches Bisthum ist, und daher auch hier von den Einkünften eines Bisthumes nicht die Rede sein kann.

Art. 34.

Im Falle des Absterbens eines Erzbischofes oder Bischofes soll durch Unseren Cultusminister ein Commissar für die Verwaltung des bischöflichen Tafelgutes während der Erledigung ernannt werden.

Art. 35.

Dieser Commissar schwört vor dem Gerichte erster Instanz den Eid, diesen Auftrag mit Eifer und Treue zu erfüllen.

Zu Art. 34 und 35.

Die Bestimmung des Art. 34, daß im Falle des Absterbens eines Erzbi=

schofes oder Bischofes der Cultusminister einen Verwalter des bischöflichen Tafelgutes für die Dauer der Erledigung zu ernennen habe, ist eine natürliche Folge des im Art. 33 dem Staatsoberhaupte vorbehaltenen Regalrechtes, die Einkünfte des Bisthumes zu beziehen, und kann daher auch da nicht zur Anwendung kommen, wo dieses Regalrecht nicht in Anspruch genommen wird, also namentlich nicht im Erzbisthume Köln und in den Bisthümern Trier, Münster, Mainz und Speyer, in welchen sonst noch das gegenwärtige Decret Geltung hat. Natürlich muß die Verwaltung des bischöflichen Tafelgutes fortgeführt werden und ist daher zu untersuchen, wem dieselbe zusteht.

In den preußischen Erzbisthümern und Bisthümern steht nun diese Verwaltung nach §. 1041, Th. II, Tit. 11 des allgemeinen Landrechtes im Falle einer Erledigung des bischöflichen Stuhles dem Domcapitel zu, welches auch nach der Bulle de salute animarum den canonischen Satzungen gemäß im nächsten Vierteljahre nach dem Eintritte der Erledigung den Nachfolger des Erzbischofes oder Bischofes zu wählen hat. Das Domcapitel kann nach §. 975 a. a. O. diese Verwaltung entweder selbst führen oder einem Anderen übertragen. Da nach Art. 15 der preußischen Verfassungsurkunde die Kirche ihre Angelegenheiten selbstständig zu ordnen und zu verwalten hat, so hat das Domcapitel das Recht, die Normen und Bedingungen festzusetzen, unter welchen die hier in Rede stehende Verwaltung des bischöflichen Tafelgutes zu führen ist. Ueberträgt es dieselbe einem Commissar, so hat dasselbe nur mit diesem die Bedingungen zu vereinbaren, unter welchen er die Verwaltung übernehmen soll, und es kann auch von der Bestimmung des Art. 35 des gegenwärtigen Decretes, daß dieser Commissar vor dem Antritte seiner Functionen zu vereiden ist, abstrahiren. Hierbei muß aber an der Bestimmung des §. 978 des Th. II, Tit. 11 des allgemeinen preußischen Landrechtes, daß der Ueberschuß der Einkünfte dem neu ernannten Erzbischofe oder Bischofe zu übergeben ist, festgehalten werden.

Was die Verhältnisse in der Diöcese Mainz anbelangt, so ist schon oben in den Bemerkungen zu Art. 33 darauf hingewiesen worden, daß der Bischof sein Einkommen aus der bischöflichen Kirchencasse bezieht, welche auch bei Erledigung des Bischofssitzes selbstständig die Verwaltung fortführt. Hier kann daher überhaupt von der Ernennung eines Commissars zur Führung der Verwaltung nicht die Rede sein, weil durch die Erledigung eine Aenderung in der Verwaltung nicht eintritt.

In Baiern, wozu die Diöcese Speyer gehört, hat zwar nach Art. 9 der Bulle sanctitas sua vom 5. Juni 1817 der König, so lange er der katholischen Kirche angehört, das Recht, die Erzbischöfe und Bischöfe zu ernennen; diese dürfen aber, bevor sie vom h. Stuhle die canonische Institution erhalten haben, sich in die Regierung und Verwaltung der betreffenden Kirchen in keiner Weise einmischen. Da hier nun nach Art. 4 der gedachten Bulle das Vacatureinkommen zum Besten der betreffenden Kirchen verwendet werden soll, das im Art. 33 des gegenwärtigen Decretes dem Staatsoberhaupte vorbehaltene Regalrecht also nicht besteht, und dieserhalb auch die Bestimmung des Art. 34 desselben hier keine Geltung haben kann, so kommen die Bestimmungen des Cap. 16 der sessio 24 des concilii Tridentini zur Anwendung. In diesem heißt es nun:

„Capitulum sede vacante, ubi fructuum percipiendorum ei munus incumbit, oeconomum unum vel plures fideles ac diligentes decernat, qui rerum ecclesiasticarum et proventuum curam gerant, quorum rationes ei, ad quem pertinebit, sint reddiurae. — Episcopus vero ad eandem ecclesiam vacantem promotus ex eis, quae ad eum spectant, ab eisdem oeconomo, vicariis et aliis quibuscunque officialibus et administratoribus, qui sede vacante fuerunt a capitulo vel ab aliis in eius locum constituti, etiamsi fuerint ex eodem capitulo, rationem exigat officiorum, iurisdictionis, administrationis aut cuiuscunque eorum muneris, possitque eos punire, qui in eorum officio seu administratione deliquerint: etiamsi praedicti officiales redditis rationibus a capitulo vel a deputatis ab eodem absolutionem aut liberationem obtinuerint."

Es hat also hier das Domcapitel bei Erledigung des Bischofssitzes einen oder mehrere Verwalter des bischöflichen Tafelgutes zu ernennen, welche zwar dem Capitel oder den von demselben hierzu Deputirten über die geführte Verwaltung Rechnung legen und von demselben Decharge erhalten können, aber auch dem neu ernannten Bischofe Rechnung legen müssen. Der Art. 4 der gedachten Bulle sichert den Erzbischöfen und Bischöfen die freie Verwaltung ihrer Tafelgüter zu, und so gebührt sie denn auch im Falle der Erledigung dem Domcapitel, weßhalb dasselbe auch befugt ist, von einer Vereidigung der von ihm gewählten Verwalter abzusehen.

Art. 36.

Der Commissar führt zwei Register, deren eines das Journal für seine Einnahme und Ausgabe bildet; in das andere trägt er nach einander und nach ihrem Datum eine Abschrift der Acte seiner Geschäftsführung, die entweder von ihm oder auf sein Anstehen gethätigt worden sind, ein. Diese Register sollen von dem Präsidenten desselben Gerichtes cotirt und paraphirt werden.

Zu Art. 36.

Die Bestimmung des Art. 36 ist eine in jeder Hinsicht zweckmäßige, und wird daher auch schon um deßwillen zu berücksichtigen sein, wenn das Domcapitel einen Verwalter bestellt. Dasselbe ist zwar in Preußen, da es selbstständig zu verwalten berechtigt ist, an diese Bestimmungen des Art. 36 nicht un=

bedingt gebunden, indem es die Grundzüge der Verwaltung anderweitig festzu=
stellen das Recht hat. So lange es dies aber nicht thut, muß der bestellte
Verwalter die Vorschriften des Art. 36 beobachten, weil dann anzunehmen ist,
daß das Domcapitel dieselben als maßgebend erachten will. Das Journal,
livre-journal, ist dasjenige Register, in welches Tag für Tag die Einnahmen
und Ausgaben, so wie sie erfolgen, einzutragen sind. Es ist dieses Register
demjenigen ähnlich, welches nach Art. 74 des Decretes vom 30. December 1809
von dem Schatzmeister der Kirchenfabrik geführt werden soll und cotirt und pa=
raphirt sein muß. Wie dieses dient das im Art. 36 des gegenwärtigen Decre=
tes vorgeschriebene Register dazu, die Verpflichtungen des Verwalters festzustel=
len. Das andere Register soll ein vollständiges und ordnungsmäßiges Bild
der ganzen Geschäftsführung des Verwalters enthalten; in dasselbe müssen da=
her nicht bloß die auf sein Anstehen gethätigten authentischen und Privatacte
vollständig abschriftlich eingetragen werden, sondern es muß auch die gesammte
Correspondenz des Verwalters enthalten. Beide hier vorgeschriebenen Register
sollen nun vom Präsidenten des Gerichtes erster Instanz paginirt und paraphirt
werden; der Zweck dieses Paginirens und Paraphirens ist die Verhütung der
Einschiebung verspäteter Eintragungen und des Zwischenheftens anderer Blätter.
Das nach Art. 74 des Decretes vom 30. December 1809 von dem Schatz=
meister der Kirchen=Fabrik zu führende Register muß zwar auch paginirt und
paraphirt werden, dort ist aber nicht gesagt, wer dies thun solle; nach den Be=
merkungen bei de Syo, a. a. O. zu Art. 74 ist dies die Pflicht des Präsidenten
des Kirchenrathes als des ersten Vertreters der Kirchen=Fabrik, die allein bei
dieser Verwaltung des Schatzmeisters betheiligt ist. Der Grund, weßhalb die
im vorstehenden Art. 36 erwähnten beiden Register von dem Präsidenten des
Gerichtes erster Instanz paginirt und paraphirt werden sollen, ist darin zu
suchen, daß nach Art. 33 das Staatsoberhaupt die Einkünfte des erledigten
Bisthums zu beziehen hat, daß dieserhalb auch der Cultusminister als Ressort=
minister den Verwalter ernennen soll, der Verwalter also im Interesse der Krone
handelt, und die von ihm zu führenden Register nach ihrer Seitenzahl auch durch
einen Beamten des Staates festzustellen und abzuschließen sind. Da dieses Re=
galrecht nun aber, wie oben in den Bemerkungen zu Art. 33 ausgeführt wor=
den, in den jetzt deutschen Ländern, in welchen das gegenwärtige Decret noch
Geltung hat, nicht existirt, so kann auch hier das Paginiren und Paraphiren
jener Register von dem Präsidenten des Gerichtes erster Instanz nicht mehr
gefordert werden. Vielmehr muß dies nach Analogie des Art. 74 des Decretes
vom 30. December 1809 jetzt von dem Vorsteher des Domcapitels geschehen.

Art. 37.

Der Friedensrichter des Ortes der Residenz eines Erzbischo=
fes oder Bischofes muß von Amts wegen, sobald er Kenntniß

von dem Tode desselben erhält, in dessen Palast, oder in anderen Häusern, welche er inne hatte, die Siegel anlegen.

Zu Art. 37.

In ähnlicher Weise, wie durch die Bestimmung des Art. 16 beim Tode eines Pfarrers oder Hülfspfarrers die Anlage der Siegel verfügt worden, wird dieselbe auch hier bei dem Tode eines Erzbischofes oder Bischofes vorgeschrieben, und zwar soll der Friedensrichter sie in beiden Fällen von Amts wegen anlegen. Dem Art. 911 der Civ.-P.-O. gemäß kommen in Civilangelegenheiten nur drei Siegelanlagen von Amts wegen vor, und zwar entweder auf den ganzen Nachlaß des Verstorbenen, a) wenn der zur Erbschaft berufene Minderjährige ohne Vormund ist, und kein Verwandter die Siegelanlage verlangt hat, b) wenn der Ehegatte des Verstorbenen oder die Erben, oder einer derselben abwesend ist, oder auf bestimmte Gegenstände, nämlich c) wenn der Verstorbene öffentlicher Depositar ist, in welchem Falle die Siegelanlage von Amts wegen nur auf die zum Depositum gehörigen Gegenstände erfolgen kann. In dem vorliegenden Falle des Art. 37, so wie in dem des Art. 16 hat nun der Gesetzgeber die Siegelanlage von Amts wegen vorgeschrieben, weil das Verhältniß des Erzbischofes oder Bischofes zum bischöflichen Tafelgute und des Pfarrers zum Pfarr-Dotationsgute dem eines öffentlichen Depositars analog ist, und deßhalb kann der Friedensrichter auch, wenn nicht die Fälle des Art. 911, Nr. 1 und 2 der Civ.-P.-O. oder einer derselben concurriren, die Siegel nur auf die zum Tafelgute oder Pfarr-Dotationsgute gehörigen Mobilien, Gelder und Papiere anlegen; wenn aber die Fälle des Art. 911, Nr. 1 und 2 oder einer derselben zugleich vorhanden sind, so muß er auch den ganzen Nachlaß von Amts wegen unter Siegel legen. Im Allgemeinen kann nun zwar in dieser Hinsicht auf die Bemerkungen zum Art. 16 des gegenwärtigen Decretes hinverwiesen werden, insbesondere ist aber hier noch Folgendes zu bemerken:

1) Die das bischöfliche Tafelgut betreffenden Papiere, Documente und sonstigen Actenstücke sollen zwar nach Art. 30 des gegenwärtigen Decretes auf dem erzbischöflichen oder bischöflichen Secretariate aufbewahrt werden, und ist der Vorsteher desselben deren unmittelbarer Depositar. Dieser ist aber eine lediglich von dem Erzbischofe oder Bischofe zu diesem Amte berufene Vertrauensperson und als solche nur der Mandatar desselben. Da nun das Mandat nach Art. 2003 des B.-G.-B. mit dem Tode des Vollmachtgebers erlischt, so hört auch der Vorsteher des erzbischöflichen oder bischöflichen Secretariates mit dem Tode des Erzbischofes oder Bischofes auf, Depositar der auf dem Secretariate befindlichen Papiere, Documente und Actenstücke zu sein. Der Friedensrichter ist demnach verpflichtet, nicht bloß die daselbst befindlichen, auf das Tafelgut bezüglichen Gegenstände, Papiere und Actenstücke unter Siegel zu legen, sondern mit Rücksicht auf die Schutzpflicht des Staates der Kirche gegenüber das ganze Secretariat zu versiegeln. Hat indessen das Domcapitel schon vor der Siegelanlage Vorkehrungen getroffen, daß die Vorsteher des Secretariates für die Zeit der

Erledigung des erzbischöflichen oder bischöflichen Stuhles ernannt worden, und zugleich die geistliche Verwaltung der Diöcese übernommen, so kann keine Veranlassung vorhanden sein, auch die das bischöfliche Tafelgut nicht betreffenden, auf dem Secretariate befindlichen Actenstücke unter Siegel zu legen, vielmehr müssen diese der freien Disposition des Domcapitels oder des von ihm ernannten Capitular-Vicars Behufs Fortführung der geistlichen Verwaltung überlassen werden.

2) Die Bestimmung des Art. 37, daß der Friedensrichter des Ortes der Residenz eines Erzbischofes oder Bischofes sofort nach dessen Tode im erzbischöflichen oder bischöflichen Palaste oder in anderen, von ihm persönlich benutzten Häusern die Siegel anlegen solle, könnte zu der Deutung Veranlassung geben, daß nur dieser Friedensrichter die Siegel anzulegen berufen sei, und daß derselbe eventuell auch berechtigt sei, in einem solchen Falle sogar in einem anderen Friedensgerichtsbezirke zu fungiren. Einer solchen Deutung widerspricht aber zunächst der Umstand, daß die Jurisdiction eines jeden Friedensrichters auf seinen Friedensgerichtsbezirk beschränkt ist, und er nur in diesem die Functionen eines Friedensrichters wahrnehmen kann, daß sodann der Art. 912 der Civ.-P.-O. für die Siegelanlagen überhaupt ausdrücklich nur die Friedensrichter des Ortes, wo die Siegel anzulegen sind, beruft, und daß zu einer Abänderung dieser gesetzlichen Bestimmungen für den vorliegenden Fall in keiner irgend denkbaren Weise eine Veranlassung vorhanden war. Der Art. 37 hat aber auch eine so determinirte Fassung nicht, daß man unbedingt annehmen müßte, der Gesetzgeber habe hier eine Aenderung der Bestimmungen des erwähnten Art. 912 eintreten lassen wollen; hätte er dies gewollt, so würde er sich schärfer und bestimmter haben aussprechen müssen. Es läßt sich aber auch der Art. 37 in Uebereinstimmung mit den allgemeinen gesetzlichen Bestimmungen in der Weise auslegen, daß der betreffende Friedensrichter sofort nach erhaltener Kenntniß von dem Tode eines Erzbischofes oder Bischofes in den in seinem Friedensgerichtsbezirke gelegenen, von demselben persönlich benutzten Palästen und Häusern die Siegel anzulegen verpflichtet sein solle, und daß im Art. 37 der Friedensrichter des Ortes der Residenz vorzugsweise um deßwillen genannt ist, weil in der Regel nur in dem erzbischöflichen oder bischöflichen Palaste sich dasjenige vorfindet, was von Amts wegen unter Siegel zu legen ist, indem sich hier die meisten und wichtigsten Papiere und Urkunden befinden. Bei dem Umstande, daß die Gesetzessprache der kaiserlichen Decrete nicht immer eine streng correcte ist, wird man im Zweifel an den allgemeinen gesetzlichen Bestimmungen festhalten müssen. Das früher geltende sogenannte droit de suite, nach welchem dieselben Beamten, die eine Siegelanlage begonnen, sich überall hinverfügen können, um dieselbe fortzusetzen, ist durch den Art. 912 der Civ.-P.-O., welcher nur dem Friedensrichter des Ortes das Recht zur Siegelanlage gibt, abgeschafft. Man vergl. Carré, les lois de la procédure civile zu Art. 912. Wenn daher der Erzbischof oder Bischof außerhalb seiner Residenz verstirbt, und außerhalb des Friedensgerichtsbezirkes, in welchem sich der erzbischöfliche oder bischöf-

liche Palast befindet, den er gewöhnlich bewohnt, auch noch ein oder mehrere zum Tafelgute gehörige Häuser vorhanden sind, welche er zeitweise bewohnt, so müssen die Siegel sowohl da, wo er gestorben ist, als auch in seiner Residenz, und ebenfalls in den anderen von ihm persönlich benutzten Häusern angelegt werden, und zwar nicht einzig und allein durch den Friedensrichter des Ortes der Residenz, sondern auch von dem Friedensrichter des Ortes, wo er gestorben ist, und von denjenigen Friedensrichtern, in deren Bezirken der gewöhnlich von ihm bewohnte Palast und die anderen von ihm zeitweise bewohnten Häuser sich befinden.

3) Dem Art. 16 des gegenwärtigen Decretes gemäß darf der Friedensrichter für die von Amts wegen bei dem Tode eines Pfarrers bewirkte Siegelanlage weder für sich, noch für den Gerichtsschreiber Gebühren berechnen. Eine gleiche Bestimmung ist für die Anlage der Siegel im Falle des Todes eines Erzbischofes oder Bischofes nicht gegeben worden, und deßhalb sind auch die friedensgerichtlichen Beamten berechtigt, in einem solchen Falle die ihnen gesetzlich zustehenden Gebühren zu verlangen. Erfolgt die Anlage der Siegel bloß auf die zum Tafelgute gehörigen Gegenstände und Actenstücke, so müssen die Gebühren des Friedensgerichtes aus den Einkünften des Tafelgutes bestritten werden, weil nur zur Wahrung der Interessen desselben die Siegel angelegt worden sind. Wenn aber die Siegelanlage zugleich auf Grund des Art. 911 der Civ.-P.-O. oder auf den Antrag eines Erben Statt gefunden hat, so ist es nothwendig, daß die Versiegelung des Nachlasses von der der Gegenstände und Actenstücke des Tafelgutes getrennt, für jede dieser Versiegelungen eine besondere Verhandlung aufgenommen und bei jeder Verhandlung die Zeit angegeben wird, welche auf dieselbe verwendet worden ist. Nach dieser Zeit werden denn auch die Gebühren des Friedensgerichtes gegen den Nachlaß und gegen das Tafelgut besonders zu liquidiren sein. Die Verhandlung über die Versiegelung der Gegenstände und Actenstücke des Tafelgutes, und eventuell über die des Secretariates ist stempelfrei, da sie im Interesse eines Institutes der Kirche aufgenommen worden ist.

Art. 38.

In diesem Falle, und dann, wenn die Siegel auf Anstehen der Erben, der Testamentsvollstrecker oder der Gläubiger angelegt worden sind, erhebt der für die Dauer der Erledigung ernannte Commissar Einspruch zum Zwecke der Wahrung der Rechte des Tafelgutes und namentlich für die Sicherstellung der dem Nachlasse zur Last fallenden Reparaturen.

Zu Art. 38.

Durch den bei einer Siegelanlage zu erhebenden Einspruch kann der Oppo-

Decret vom 6. November 1813. Art. 38.

nent entweder beabsichtigen, sich der Versiegelung zu widersetzen, weil er der Ansicht ist, daß ein Grund zu der projectirten Siegelanlage nicht vorhanden sei, oder er kann auch durch denselben bezwecken, seinen Willen kund zu geben, daß ohne seine Zuziehung oder bevor eine von ihm geforderte Vorsichtsmaßregel getroffen worden, die Abnahme der Siegel nicht erfolgen solle. Wenn nun der Gesetzgeber im Art. 37 des gegenwärtigen Decretes bei dem Tode eines Erz=bischofes oder Bischofes die Anlage der Siegel vorgeschrieben hat, so ist es klar, daß man nur annehmen kann, er habe im Art. 38 die Erhebung des Ein=spruches nur zu dem Ende verordnet, daß die Siegel nicht ohne Zuziehung des Commissars oder Verwalters des Tafelgutes abgenommen werden sollen, und daß hier von einer Forderung desselben, die Siegelanlage zu unterlassen, nicht die Rede sein kann. Die Fassung des Art. 38 rechtfertigt diese Ansicht auch vollständig, indem es in demselben heißt, der Einspruch solle zur Wahrung der Rechte des Tafelgutes und namentlich für die Sicherstellung der dem Nachlasse zur Last fallenden Reparaturen erhoben werden. Indessen kann hierbei doch der Fall vorkommen, daß ein Einspruch gegen die Versiegelung einzelner Gegen=stände mit Recht erhoben wird, und wird namentlich bezüglich der kirchlichen Verwaltung dieser Fall dann vorliegen, wenn der Friedensrichter von Amts wegen das erzbischöfliche oder bischöfliche Secretariat versiegeln will, das Dom=capitel aber oder der von ihm gewählte Capitular=Vicar die geistliche Verwal=tung schon übernommen hat, und ein Vorsteher des Secretariates bereits für die Dauer der Erledigung von demselben ernannt worden ist. In diesem Falle wird aber nicht der Verwalter des Tafelgutes, sondern das Domcapitel oder der gewählte Capitular=Vicar den Einspruch zu erheben haben. Selbstredend kön=nen auch die an dem eigentlichen Nachlasse Betheiligten gegen dessen Versiege=lung Einspruch einlegen, wenn keiner der oben erwähnten Fälle des Art. 911 der Civ.=P.=O. vorliegt. Bei der Verschiedenheit des Zweckes dieser beiden Ein=sprüche ist denn auch die Art und Weise der weiteren Geltendmachung derselben eine verschiedene, wenn auch für die Art und Weise ihrer Anmeldung dieselben Grundsätze gelten.

Was nun die Form der Anmeldung, welche beiden Arten von Einsprüchen gemeinsam ist, anbelangt, so wird dieselbe durch den Art. 926 der Civ.=P.=O. dahin vorgeschrieben, daß der Einspruch entweder durch eine Erklärung zum Versiegelungsprotocolle, oder durch eine dem Gerichtsschreiber des Friedensge=richtes zugestellte Gerichtsvollzieher=Urkunde erhoben werden muß, und damit derselbe formell nicht nichtig sei, muß derselbe nach Art. 927 der Civ.=P.=O. außer den allen Gerichtsvollzieher=Urkunden gemeinsamen Förmlichkeiten, wenn dieser Weg gewählt wird, auch noch enthalten:

1) Die Wahl eines Wohnsitzes in der Gemeinde oder in dem Bezirke des Friedensgerichtes, wo die Siegel angelegt werden, wenn der Opponent nicht da=selbst wohnt, und

2) eine bestimmte Angabe des Grundes des Einspruches.

Sowohl, wenn der Einspruch zum Versiegelungsprotocolle erklärt, als auch, wenn er durch Gerichtsvollzieher-Urkunde erhoben wird, müssen die Vorschriften des Art. 927 der Civ.-P.-O. beobachtet werden. Man vergl. Schlink, Commentar über die französische Civilprocesordnung, Band III, S. 236. Geschieht dies nicht, so braucht der Friedensrichter den Einspruch weder bei der Siegelanlage, noch bei der Siegelabnahme zu berücksichtigen, sondern muß ohne Weiteres seine Operationen fortsetzen. Man vergl. Carré, a. a. O. zu Art. 927.

Wenn also der Commissar oder Verwalter des Tafelgutes, der doch in der Regel an dem Orte der Residenz des Erzbischofes oder Bischofes wohnen wird, den im Art. 38 vorgeschriebenen Einspruch entweder zum Versiegelungsprotocolle oder durch Gerichtsvollzieher-Urkunde anmeldet, so muß er angeben, daß er den Einspruch zur Wahrung der Rechte des Tafelgutes und namentlich zur Sicherstellung der dem Nachlasse zur Last fallenden Reparaturen erhebe. Er muß außerdem, wenn die Siegel in verschiedenen Friedensgerichtsbezirken angelegt worden sind, in denjenigen Domicil wählen, in welchem er nicht wohnt. Sollte das Domcapitel oder der erwählte Capitular-Vicar gegen die Versiegelung des Secretariates Einspruch erheben, so müssen zugleich mit dem Einspruche die Gründe angegeben werden, auf welche sich derselbe stützt, indem er sonst nach Art. 927 der Civ.-P.-O. als nichtig unberücksichtigt bleiben muß. In dem Falle, wo der Einspruch durch eine Erklärung zum Versiegelungsprotocolle erhoben wird, muß derjenige, welcher ihn erhebt, seine Erklärung im Protocolle unterschreiben; will oder kann er nicht unterschreiben, so muß der Friedensrichter dies im Protocolle beurkunden. Bei der Erhebung des Einspruches durch eine Gerichtsvollzieher-Urkunde ist es aber nicht erforderlich, daß der Opponent die Gerichtsvollzieher-Urkunde unterschreibt, und daß mit derselben Abschrift des dem Gerichtsvollzieher ertheilten Auftrages mitgetheilt wird, da das Gesetz dieses nirgend wo verlangt. Bezüglich der Wahl des Wohnsitzes ist es dem Opponenten freigestellt, ob er denselben in der Gemeinde, in welcher die Anlage der Siegel erfolgt ist, oder an einem anderen Orte des Friedensgerichtsbezirkes wählen will, jedenfalls muß aber der Wohnsitz im Bezirke desjenigen Friedensgerichtes gewählt werden, dessen Beamten die Siegelanlage vorgenommen haben. Die Wahl eines Wohnsitzes schließt indessen das Recht nicht aus, dem Opponenten die auf die Sache bezüglichen Zustellungen auch in seinem wirklichen Wohnsitze machen zu lassen.

Nicht jeder Gerichtsvollzieher kann einen Einspruchsact gegen eine Siegelanlage aufnehmen, sondern nur der bei dem betreffenden Friedensgerichte fungirende Gerichtsvollzieher, weil es sich hier um eine lediglich beim Friedensgerichte zu machende Zustellung handelt. Man vergl. Schlink a. a. O. Bd. III, S. 236. — Gesetz vom 16. Februar 1807, Art. 21, und vom 29. März 1851, Art. 3.

Die weitere Geltendmachung des gegen eine von Amts wegen zu bewirkende Siegelanlage erhobenen Einspruches anlangend, so muß unterschieden werden, ob durch den Einspruch die Verhinderung der Siegelanlage bezweckt werden soll oder nicht. Ist das Erstere der Fall, und der Einspruch zum Versiegelungs-

Protocolle des Friedensrichters angemeldet, so muß dieser in seinem Protocolle constatiren, daß er sofort, oder wenn dies nicht möglich ist, an einem bestimmten Tage und zu einer bestimmten Stunde dem Präsidenten des Gerichtes erster Instanz über den erfolgten Einspruch Bericht erstatten werde, damit dieser über denselben entscheide. Bei den von Amts wegen vorzunehmenden Siegelanlagen wird nun wohl selten der Fall vorkommen, daß der Opponent in der Lage ist, gegen die Siegelanlage durch eine Gerichtsvollzieher=Urkunde Einspruch erheben zu können, weil er in der Regel nicht weiß, ob der Friedensrichter eine solche beabsichtigt. Die Möglichkeit eines solchen Falles läßt sich aber nicht bezweifeln, da Gründe vorhanden sein können, welche eine solche befürchten lassen. In einem solchen Falle kann nun derjenige, welcher die Siegelanlage verhindern will, den Einspruch sowohl vor dem Erscheinen des Friedensrichters im Sterbehause dem Gerichtsschreiber desselben significiren lassen, oder auch Vorkehrungen treffen, daß bei dem Erscheinen des Friedensrichters daselbst ein Gerichtsvollzieher den Einspruchsact zustellt, wenn er nicht selbst oder durch einen Specialbevollmächtigten denselben zum Versiegelungsprotocolle anmelden will. Der Friedensrichter wird dann, wenn er von der Siegelanlage nicht Abstand nehmen zu dürfen glaubt, ebenfalls dem Präsidenten des Gerichtes erster Instanz im Referé=Verfahren Vortrag halten und dessen Entscheidung gewärtigen müssen. Da der Friedensrichter hierbei von Amts wegen handelt, und nicht Partei in der Sache ist, so kann eine Vorladung desselben vor den Präsidenten nicht erfolgen; er ist aber verpflichtet, wie erwähnt, von Amts wegen dann die Sache zur Entscheidung des Präsidenten zu bringen. Gegen die Entscheidung des Präsidenten ist die Berufung an den höheren Richter zulässig. Wenn dagegen der Einspruch nur um deßwillen erhoben worden ist, damit dem Opponenten das Recht zustehe, sich der Abnahme der Siegel ohne seine Zuziehung, oder bevor die von ihm geforderte Vorsichtsmaßregel getroffen worden, zu widersetzen, so hat der Friedensrichter denselben nur in so fern zu berücksichtigen, als er die Siegel nicht ohne Zuziehung oder Vorladung des Opponenten, oder bevor seinem Verlangen nicht nachgekommen ist, nicht abnehmen darf, es sei denn, daß der Einspruch zwischen den betreffenden Parteien durch richterliche Entscheidung zur Erledigung gekommen ist. Eine durch Gerichtsvollzieheract angemeldete Opposition, welche nicht den Zweck hat, die Versiegelung selbst zu verhindern, sondern nur den, bei der Entsiegelung zugezogen zu werden, oder bei der Anordnung geforderter Vorsichtsmaßregeln, kann indessen von den anderen Betheiligten angegriffen werden, und wenn dies von denselben beabsichtigt wird, so müssen sie den Opponenten in eine Referé=Sitzung des Präsidenten des Gerichtes erster Instanz vorladen lassen, um über den Einspruch entscheiden zu lassen. Man vergl. Schlink a. a. O. Bd. III, S. 237. Dieser Referé=Bescheid des Präsidenten hindert aber die Parteien nicht, ihre durch die Siegelanlage berührten materiellen Rechtsansprüche im gewöhnlichen Proceßverfahren und vor dem betreffenden competenten Richter geltend zu machen und zu verfolgen. Man vergleiche das Urtheil des rheinischen Appellations=Gerichtshofes vom 21. Februar

1853 in' Sachen Monbis gegen Hoffmanns im Rhein. Archiv, Bd. 48, Abth. 1, S. 95—99.

Der Commissar oder Verwalter des Tafelgutes soll nun den Einspruch erheben zur Wahrung der Rechte desselben und insbesondere zur Sicherstellung der dem Nachlasse des Erzbischofes oder Bischofes zur Last fallenden Reparaturen. Er tritt daher in der Eigenschaft als Gläubiger dieses Nachlasses auf, und muß zu dem Entsiegelungstermine vorgeladen werden. Als Gläubiger muß er dann bei der Entsiegelung die dem Tafelgute gegen den Nachlaß zustehenden Rechte, die Nothwendigkeit der Reparaturen und etwaige Schadenersatzansprüche wegen Deteriorationen im Allgemeinen anmelden; es ist aber nicht erforderlich, daß er hierbei schon die Reparaturen und die dafür erforderlichen Beträge detaillirt und speciell angebe, und daß er den etwa zu fordernden Schadenersatz genau präcisire; denn die Feststellung der erforderlichen Reparaturen, so wie die Beantwortung der Frage, wer die einzelnen Reparaturen zu tragen habe, und die Untersuchung, in wie weit dem Tafelgute durch den Verstorbenen ein Schaden zugefügt worden, sollen dem Art. 42 des gegenwärtigen Decretes gemäß erst nach der Abnahme der Siegel und contradictorisch mit den Erben des Erzbischofes oder Bischofes Statt finden.

Art. 39.

Die Siegel sollen abgenommen und die Inventarien angefertigt werden auf Anstehen des Commissars bei Anwesenheit oder nach Vorladung der Erben, oder auf Anstehen der Erben in Gegenwart des Commissars.

Zu Art. 39.

Wenn im vorstehenden Art. 39 nur der Erben und des Commissars oder Verwalters des Tafelgutes als derjenigen Personen gedacht wird, auf deren Anstehen und in deren Anwesenheit die Siegel abgenommen und die Inventarien angefertigt werden sollen, so kann damit nicht die Ansicht des Gesetzgebers ausgesprochen sein, daß nur diesen Personen das Recht zustehen solle, die Siegelabnahme zu beantragen, oder daß nur diese Personen bei derselben gegenwärtig zu sein brauchen oder dazu berufen werden müssen. Schon der Art. 38 deutet an, daß auch andere Personen von diesem Rechte nicht auszuschließen sind, indem dort außer den Erben auch noch des Testamentsvollstreckers und der Gläubiger gedacht wird, welche das Recht haben, die Siegel anlegen zu lassen. Vielmehr müssen hierbei, wie auch in dem Falle des Art. 17 des gegenwärtigen Decretes, die Bestimmungen des Art. 930 der Civ.-P.-O., nach welchem alle diejenigen, welche eine Siegelanlage zu verlangen berechtigt sind, mit Ausnahme des Hausgesindes auch die Abnahme der Siegel fordern können, und des Art. 931 der Civ.-P.-O., in welchem die Personen näher bezeichnet sind, welche zu der Entsiegelung zu berufen sind, berücksichtigt werden. In dieser Hinsicht so wie rücksichtlich der Zeit, wann die Entsiegelung vorgenommen werden darf, kann hier auf die Bemerkungen zu dem Art. 17 Bezug genommen werden.

In derselben Weise, wie im Art. 17 des gegenwärtigen Decretes, ist zwischen der Stellung des Commissars oder Verwalters des Tafelgutes bei der Entsiegelung und der der Erben der wesentliche Unterschied gemacht, daß der erstere bei der Entsiegelung unbedingt zugegen sein muß, während die Erben nur zu derselben vorgeladen werden müssen, in diesem Falle aber ihr Nichterscheinen die Abnahme der Siegel nicht verhindert. Was von den Erben gilt, muß auch von den nach Art. 931 der Civilproceß-Ordnung zu der Entsiegelung zu berufenden Personen gelten. Dagegen kann ein bloßes mündliches Berufen oder die bloße Angabe, daß jene Personen berufen seien, für den Friedensrichter nicht maßgebend sein, vielmehr muß ihm die Vorladung derselben urkundlich nachgewiesen werden, wenn er in deren Abwesenheit die Siegelabnahme vornehmen soll. Nur der bei dem Friedensgerichte fungirende Gerichtsvollzieher kann eine Vorladung zu dem Entsiegelungs-Termine zustellen, weil es sich um eine zum Ressort des Friedensgerichtes gehörende Sache handelt, und im Kostentarife vom 16. Februar 1807, Art. 21, so wie im Gesetze vom 29. März 1851, Art. 3, hiefür nur den bei dem Friedensgerichte fungirenden Gerichtsvollziehern eine Gebühr bewilligt wird.

In einer Hinsicht besteht aber doch zwischen den Bestimmungen des Art. 39 und denen des Art. 17 in Verbindung mit Art. 18 des gegenwärtigen Decretes ein Unterschied. Dem Art. 39 gemäß müssen nämlich, wenn bei dem Tode eines Erzbischofes oder Bischofes die Siegel angelegt worden sind, bei der Entsiegelung Inventarien aufgenommen werden, während in dem Falle, wo bei dem Tode eines Pfarrers die Siegelanlage erfolgt ist, bei der Abnahme der Siegel es der Aufnahme eines förmlichen Inventars nicht bedarf; denn nach Art. 18 soll der Friedensrichter in einem solchen Falle nur in Gegenwart des Schatzmeisters der Kirchen-Fabrik und der Erben eine Vergleichung des im Pfarrhause Vorgefundenen mit dem früheren Inventar vornehmen. Der Grund dieser Verschiedenheit ist darin zu suchen, daß der Erzbischof oder Bischof sowohl sämmtliche zum Tafelgute gehörigen Mobilien als auch die dasselbe betreffenden Papiere, Documente und Actenstücke im Besitze hat, das Inventar also das ganze Vermögen des Tafelgutes umfassen kann und wird, daß aber der Pfarrer die auf das Pfarr-Dotationsvermögen Bezug habenden Actenstücke und Titel nicht besitzen soll, weil sie nach Art. 2 des gegenwärtigen Decretes im Kirchen-Archive aufbewahrt werden müssen, und er nur ausnahmsweise im Besitze einiger derselben sein wird, so daß also von der Aufnahme eines Inventars, welches das ganze Pfarr-Dotationsvermögen umfaßt, hier nicht die Rede sein kann.

Bei der durch den Art. 15 der preußischen Verfassungs-Urkunde der Kirche gewährleisteten freien Verwaltung ihres Vermögens sollte man annehmen, daß es im Falle des Art. 39 den Interessenten überlassen bleiben müsse, ob sie ein notarielles Inventar aufgenommen haben, oder sich damit begnügen wollen, ein Privatvermögensverzeichniß in so vielen Exemplaren, als Betheiligte vorhanden sind, anzufertigen. Bei dem Tode eines Pfarrers und der Siegelanlage im Pfarrhause kommt diese Frage bezüglich des Pfarr-Dotationsvermögens nicht zur Sprache, weil da kein eigentliches Inventar aufgenommen werden, sondern nur eine Vergleichung des im Pfarrhause Vorgefundenen mit dem früheren Inventar Statt finden soll. Es läßt sich nun nicht bestreiten, daß, wenn ein Privatvermögensverzeichniß in der vorangegebenen Weise angefertigt worden ist, dasselbe zwischen denjenigen, von welchen es unterzeichnet worden, verbindliche Kraft hat. Es wird hierbei indessen unterstellt, daß die dabei Betheiligten ihre eigenen Interessen wahrnehmen, und daher auf ihre Rechte verzichten können. Im Falle der Erledigung eines erzbischöflichen oder bischöflichen Stuhles ist aber der Commissar oder Verwalter des Tafelgutes nicht der Nießbraucher desselben, handelt also nicht kraft eigenen Rechtes für sich, sondern muß vielmehr über seine ganze Verwaltung dem Nachfolger des verstorbenen Erzbischofes oder Bischofes Rechnung ablegen. Er wird sich daher streng an die Vorschriften des Gesetzes halten müssen, wenn er sich nicht der Gefahr aussetzen will, daß die Art und Weise seiner Verwaltung von dem Nachfolger des Erzbischofes oder Bischofes angegriffen wird. Nun wird aber im Allgemeinen und insbesondere im Civilrechte unter einem Inventarium nur ein solches Vermögensverzeichniß verstanden, welches durch einen Notar aufgenommen worden ist, und so wird man denn auch, da im Art. 39 nur von Inventarien die Rede ist, annehmen müssen, daß im Falle desselben die Inventarien unter Zuziehung eines Notars anzufertigen sind.

Art. 40.

Unmittelbar nach seiner Ernennung ist der Commissar verpflichtet, den Einnehmern, Pächtern oder Schuldnern von derselben Anzeige zu machen, und sind diese gehalten, alle Gelder, Lebensmittel oder andere von den Tafelgütern herkommende Sachen an denselben abzuliefern, unter seiner Verpflichtung, demjenigen Rechnung zu legen, welcher sie zu nehmen hat.

Zu Art. 40.

Ueber die Art und Weise, wie den Einnehmern, Pächtern und Schuldnern die im Art. 40 vorgeschriebene Anzeige durch den Commissar oder Verwalter des Tafelgutes zu machen sei, spricht sich das gegenwärtige Decret nicht aus. Eine briefliche oder mündliche Anzeige desselben wird nicht hinreichen, da Niemand verpflichtet ist, derselben Glauben zu schenken. Es wird daher erforderlich sein, daß der Commissar diese Anzeige unter gleichzeitiger Zustellung einer Abschrift seiner Ernennungsurkunde durch Gerichtsvollzieherurkunde macht.

Decret vom 6. November 1813. Art. 40.

Der Vorschrift des Art. 40 gemäß soll der Commissar verpflichtet sein, demjenigen über seine Verwaltung Rechnung zu legen, welcher sie zu nehmen hat; von einzelnen bestimmten Terminen, in welchen die Rechnung gelegt werden soll, ist im gegenwärtigen Decrete nirgendwo die Rede; es wird daher angenommen werden müssen, daß er nur bei Beendigung seines Commissoriums Rechnung zu legen verpflichtet ist. Bei dem Festhalten an dem im Art. 33 erwähnten Regalrechte mußte der Commissar von den Behörden des Staates ernannt werden, weil die Verwaltung im Interesse des Staatsoberhauptes geführt wird, wie dies denn auch durch den Art. 34 des gegenwärtigen Decretes vorgeschrieben ist, durch welchen der Cultusminister beauftragt wird, den Commissar für die Dauer der Erledigung des Erzbisthums oder Bisthums zu ernennen. Aus demselben Grunde hat denn auch da, wo jenes Regalrecht besteht, der Cultusminister denjenigen zu ernennen, welcher die Rechnung des Commissars abnehmen soll. Dies ist auch im Art. 47 des gegenwärtigen Decretes ausdrücklich ausgesprochen. Diese Verfügung, daß der Commissar der von dem Cultusminister speciell hiermit beauftragten Person die Rechnung ablegen soll, kann sich jedoch nur auf die Zeit beziehen, während welcher der Commissar im Interesse des Landesherrn und in Ausübung des diesem zustehenden Regalrechtes die Verwaltung geführt hat, nicht aber auf die Zeit von der Ernennung des Nachfolgers bis zu der durch denselben erfolgten Besitzergreifung; denn während dieser Zeit hat der ernannte Nachfolger die Einkünfte zu beziehen, und deßhalb wird auch diesem über die Verwaltung derselben von dem Commissar Rechnung abgelegt werden müssen. Nach den Bemerkungen zum Art. 33 des gegenwärtigen Decretes besteht in Preußen, dem Großherzogthum Hessen und in Baiern das im Art. 33 erwähnte Regalrecht nicht, und ist deßhalb auch von Seiten des Staates ein Verwalter des Tafelgutes für die Dauer der Erledigung des erzbischöflichen oder bischöflichen Stuhles nicht zu ernennen.

Wie in den Bemerkungen zu den obigen Art. 34 und 35 näher ausgeführt worden ist, hat in Preußen im Falle der Erledigung des erzbischöflichen oder bischöflichen Stuhles das Domcapitel das Recht, entweder selbst die Verwaltung des Tafelgutes zu führen, oder sie durch einen von ihm zu ernennenden Verwalter führen zu lassen. In beiden Fällen muß dann über die geführte Verwaltung demjenigen Rechnung gelegt werden, welcher die während der Erledigung laufenden Einkünfte zu beziehen hat, und dieser ist nach Th. II., Tit. 11, §. 978 des allgemeinen preußischen Landrechtes der Nachfolger des verstorbenen Erzbischofes oder Bischofes.

In der im Großherzogthum Hessen gelegenen Diöcese Mainz kann nach den Bemerkungen zu den Art. 34 und 35 eine besondere Verwaltung des Tafelgutes während der Erledigung des bischöflichen Stuhles nicht vorkommen, und hat demnach der Art. 40 des gegenwärtigen Decretes dort keine Anwendung.

Da in der Diöcese Speyer im Königreich Baiern den Bemerkungen zu den Art. 34 und 35 zufolge die Bestimmungen des Cap. 16 de reformatione der sessio 24 des Concilii Tridentini zur Anwendung kommen, so muß dort die

Rechnung für die Dauer der Erledigung des bischöflichen Stuhles von den Verwaltern des Tafelgutes dem Domcapitel, und auch dem neu ernannten Bischofe gelegt werden.

Art. 41.

Während seiner Verwaltung ist der Commissar verpflichtet, alle gewöhnlichen Lasten des Tafelgutes zu berichtigen; er kann Pachtverträge nicht erneuern, keine hochstämmigen in Waldungen oder allein stehenden Bäume fällen, auch nicht weiter, als die gewöhnlichen Fällungen des Schlagholzes und was davon die Folge ist, vornehmen.

Er kann die Titel, Papiere und Urkunden nur gegen seine Empfangsbescheinigung von ihrem Aufbewahrungsorte wegnehmen.

Zu Art. 41.

Der Art. 41 enthält nähere Vorschriften über den Umfang und die Gränzen der Befugnisse des Commissars oder Verwalters des Tafelgutes. Aus den einzelnen Bestimmungen desselben geht hervor, daß seine Befugnisse beschränkter sind, als die des eigentlichen Nießbrauchers. Bei der Erfüllung der ihm obliegenden Verbindlichkeiten ist er theilweise an die Beobachtung von Förmlichkeiten gebunden, welche der Nießbraucher nicht zu berücksichtigen braucht. Manche Verfügungen, welche dem Nießbraucher nach den gesetzlichen Bestimmungen über den Nießbrauch zustehen, darf er gar nicht treffen.

Zunächst ist er nun nach dem Art. 41 verpflichtet, die gewöhnlichen Lasten des Tafelgutes zu berichtigen; unter denselben sind diejenigen zu verstehen, welche regelmäßig und bestimmt zu gewissen Zeiten vorkommen, wie die auf dem Tafelgute etwa haftenden Zinsen und Renten, so wie die gewöhnlichen kleinen Reparaturen, welche nicht unter die Bestimmungen der Art. 42, 43 und 44 des gegenwärtigen Decretes fallen, die also nicht von den Erben des verstorbenen Erzbischofes oder Bischofes zu tragen sind, oder zu deren Vornahme keine höhere Summe als die von 300 Francs erforderlich ist. Bei der Berichtigung dieser gewöhnlichen Lasten ist er an keine weiteren Bedingungen gebunden, sondern er handelt dabei frei nach seinem besten Ermessen.

Weiter heißt es nun im Art. 41, daß der Commissar keine Pachtverträge erneuern könne. Es stehen ihm daher nicht dieselben Rechte zu, wie sie dem Schatzmeister der Kirchen-Fabrik durch den Art. 28 des gegenwärtigen Decretes bezüglich des Pfarr-Dotationsvermögens im Falle seiner Verwaltung gegeben worden sind; denn dieser übt die vollen Rechte des Nießbrauchers aus, und kann daher auch innerhalb derjenigen Gränzen, welche durch das Gesetz für die Verpachtungen von nießbräuchlich benutzten Grundstücken gezogen sind, Pachtverträge erneuern. Unter den Erneuerungen von Pachtverträgen sind aber die

Verpachtungen überhaupt nicht zu verstehen, sondern nur der Abschluß von Pachtverträgen mit dem früheren Anpächter unter Ausschließung jeder Concurrenz, denn es kann nicht in der Absicht des Gesetzgebers gelegen haben, daß die bei einer längern Dauer der Erledigung pachtlos gewordenen Grundstücke nun so lange unverpachtet bleiben sollen, bis der Nachfolger des verstorbenen Erzbischofes oder Bischofes ernannt worden ist, und sein Amt angetreten hat. Der Abschluß von Pachtverträgen ist nicht bloß ein Recht, sondern auch eine Pflicht einer sorgsamen Verwaltung, und so ist denn der Verwalter des Tafelgutes in einem solchen Falle vollkommen berechtigt, die pachtlos gewordenen Tafelgüter öffentlich und höchstens für die Dauer von neun Jahren verpachten zu lassen, da diese Güter im Allgemeinen auf eine längere Dauer als die von neun Jahren nicht verpachtet werden dürfen.

Was die hochstämmigen Bäume, sie mögen nun in Waldungen zusammen oder zerstreut stehen, anbelangt, so darf der Verwalter des Tafelgutes nach Art. 41 deren keine fällen, eine Bestimmung, welche wesentlich von der abweicht, die nach Art. 12 des gegenwärtigen Decretes für den Nießbraucher maßgebend ist. Denn im Art. 12 ist auf die Bestimmungen des Civilgesetzbuches über die Rechte des Nießbrauchers an den Waldungen und hochstämmigen Bäumen hinverwiesen, nach welchen er nicht bloß das Holz derselben den Fällungsepochen und Plänen gemäß beziehen darf, sondern außerdem auch in bestimmten Fällen befugt ist, einzelne hochstämmige Bäume in Anspruch zu nehmen. Man vergl. in dieser Hinsicht die Bemerkungen zu dem erwähnten Art. 12. Das Schlagholz darf er aber nach den ordentlichen Schlägen abtreiben lassen; er ist indessen nicht befugt, dies nachträglich zu thun, wenn der Verstorbene zur Zeit des Abtriebes es zu thun versäumt hat. Art. 590 des Civ.-G.-B.

Die Titel, Papiere und Urkunden verbleiben auch während der Erledigung an ihrem bisherigen Aufbewahrungsorte beruhen, nämlich auf dem Secretariate des Erzbisthums oder Bisthums, welches während jener Zeit unter der unmittelbaren Aufsicht des Domcapitels oder des von ihm gewählten Capitular-Vicars steht. Dem Schlußsatze des Art. 41 zufolge soll nun der Commissar die gedachten Papiere, Titel und Urkunden nur gegen seine Empfangsbescheinigung von ihrem Aufbewahrungsorte wegbringen können. Der Commissar, wie er von dem Gesetzgeber in dem Art. 41 gedacht ist, nämlich als diejenige Person, welche das vom Landesherrn in Anspruch genommene Regalrecht durch die Verwaltung des zum Tafelgute gehörigen Vermögens ausübt, befindet sich indessen mit Rücksicht auf die Herausnahme der Titel, Papiere und Urkunden in einer andern Stellung, als der Verwalter des Tafelgutes, welchen das Domcapitel in demjenigen Falle ernannt hat, in welchem jenes Regalrecht nicht besteht. Die Art und Weise der Constatirung der Wegnahme derselben von ihrem Aufbewahrungsorte ist im Falle des Art. 41 eine verschiedene von der im Falle des Art. 32. Im letztern Falle ist es der Erzbischof oder Bischof, welcher die Herausnahme derselben im Hauptbuche verfügt, der Secretair hat sobann die Empfangsbescheinigung auszustellen, dagegen ist hier von den im Art. 32 vorgeschriebenen Formalitäten keine Rede. Dem Commissar, als dem Bevollmächtigten des Landesherrn müssen zu seiner Verwaltung die gedachten Titel, Papiere und Urkunden sämmtlich zur Disposition stehen, und wenn dieselben auch auf dem Secretariate des Erzbisthums oder Bisthums aufbewahrt bleiben, so hat doch während der Dauer der Erledigung kein Anderer eine Verfügung über dieselben zu treffen, wie er. Daß der Commissar indessen nicht, wie der Erzbischof oder Bischof im Hauptbuche die Herausgabe zu verfügen hat, geht daraus hervor, daß der Erzbischof oder Bischof nach Art. 32 die Decharge bei der Rückgabe zu ertheilen hat, der Commissar aber bei derselben sich selbst keine Decharge ertheilen kann. Seine Decharge wird einfach dadurch bewirkt, daß er bei der Rückgabe die von ihm ausgestellte und auf dem Secretariate deponirte Empfangsbescheinigung zurücknimmt. Der Secretair des Erzbisthums oder Bisthums bleibt indessen der unmittelbare Depositar derselben, der zwar der Forderung des Commissars zur Herausgabe unbedingt Folge zu leisten hat, aber als Depositar verpflichtet ist, darauf zu wachen, daß der Commissar ihm bei der Herausnahme die Empfangsbescheinigung behändigt, und daß er diese ihm auch bei der Rückgabe wieder zustellt. Anders verhält es sich in dem Falle, wo das im Art. 33 vorbehaltene Regalrecht nicht besteht, und das Domcapitel einen Verwalter des Tafelgutes bestellt hat. Dieser ist nur der einfache Mandatar des Domcapitels, das Domcapitel ist an die Stelle des Erzbischofes oder Bischofes getreten, und wenn der von ihm ernannte Verwalter ein Actenstück verlangt, so muß der Vorsteher des Domcapitels die Herausgabe im Hauptbuche verfügen, der Secretair die Empfangsbescheinigung daselbst ausstellen, und bei der Rückgabe die Decharge, wie im Art. 32 vorgeschrieben ist, von dem Vorsteher des Domcapitels ertheilt werden.

Art. 42.

Sofort nach Abnahme der Siegel muß der Commissar in Gegenwart der Erben oder nach deren Vorladung die Paläste, Häuser, Pachtgüter und Gebäulichkeiten, welche zum Tafelgute gehören, durch zwei von dem Präsidenten des Gerichtes erster Instanz von Amts wegen ernannte Sachverständigen untersuchen lassen.

Diese Sachverständigen erwähnen in ihrem Berichte der Zeit, auf welche die zu bewirkenden Wiederherstellungen oder die Verschlimmerungen, welche dieselben veranlaßt haben, nach ihrer Meinung sich beziehen dürften; sie fertigen die Kostenanschläge und Abschätzungen der Reparaturen und Wiederherstellungen an.

Zu Art. 42.

Dem ersten Satze des Art. 42 liegt offenbar die Anschauung des Gesetz=
gebers zum Grunde, daß von Seiten des Landesherrn nach dem Tode des Erz=
bischofes oder Bischofes das Tafelgut in Besitz genommen werden müsse, weil
ihm für die Dauer der Erledigung nicht bloß die Verwaltung desselben zustehe,
sondern er auch in Folge des Regalrechtes die Einkünfte des Erzbisthums oder
Bisthums zu beziehen hat. Selbstredend war damit die Pflicht verbunden,
Vorkehrungen zur Erhaltung des Tafelgutes zu treffen, und dieserhalb die ge=
eigneten Maßregeln zu ergreifen. Wesentlich ist nun die Erhaltung des Tafel=
gutes bedingt durch eine ordnungsmäßige Instandhaltung desselben, welche, so
lange der Nießbrauch des Erzbischofes oder Bischofes dauert, diesem obliegt,
während der Dauer der Erledigung aber eine Pflicht des Landesherrn als des
Inhabers jenes Regalrechtes ist. Es versteht sich hierbei von selbst, daß Ver=
änderungen in der Substanz des Tafelgutes, welche dieselbe verschlimmern, nicht
vorgenommen werden dürfen, weil sie mit der nothwendigen Erhaltung des
Tafelgutes im Widerspruche stehen. Um sich nun die Gewißheit zu verschaffen,
ob und in wie weit der verstorbene Erzbischof oder Bischof seinen Verbindlich=
keiten hinsichtlich der Reparaturen nachgekommen, ob er Deteriorationen des
Tafelgutes verschuldet habe, welche Reparaturen jetzt nach seinem Tode vorge=
nommen werden müssen, und wer die Kosten derselben zu tragen habe, hat der
Gesetzgeber den Commissar des Landesherrn verpflichtet, den Zustand der Pa=
läste, Häuser, und der zum Tafelgute gehörigen Pachtgüter und Gebäulichkeiten
untersuchen und feststellen zu lassen. Bei dieser Bestimmung war es natürlich,
daß er zur Ausführung dieser vorläufigen Maßregel sich der Vermittlung der
Beamten des Landesherrn bedient haben wollte, und deßhalb den Präsidenten
des Gerichtes erster Instanz verpflichtete, von Amts wegen zwei Sachverständige
zu ernennen, welche jene Untersuchung vornehmen sollten. Daß er nicht den
Friedensrichter, sondern den Präsidenten des Gerichtes erster Instanz damit be=
traute, mag wohl darin seinen Grund haben, daß der Gesetzgeber von der An=
sicht ausging, daß die zum Tafelgute gehörigen Güter häufig in verschiedenen
Friedensgerichtsbezirken gelegen seien, und der Präsident des ersten Instanzge=
richts in der Lage sei, bei der Wahl der Sachverständigen diesen Umstand besser
berücksichtigen zu können, weil ihm die Expertenliste für den ganzen Bezirk des
Gerichtes erster Instanz vorliegt. Eine sorgfältige Untersuchung des Zustandes
dieser Güter kann aber erst nach der Abnahme der Siegel Statt finden, weil
erst dann alle Räumlichkeiten frei betreten werden können, und deßhalb enthält
denn auch der Art. 42 die Bestimmung, daß jene Untersuchung sofort nach der
Abnahme der Siegel erfolgen solle. Der von dem Commissar an den Präsi=
denten zu stellende Antrag auf Ernennung der beiden Sachverständigen kann
indessen schon vor der Abnahme der Siegel Statt finden, und ist dies um so
zweckmäßiger, weil bei der Abnahme der Siegel in der Regel die Erben zugegen
sind, und man dann nach dem Schlusse derselben sofort zu jener Untersuchung
schreiten kann. Wollte der Gesetzgeber auf diese Weise die Rechte des Landes=

Herrn wahren, und von diesem, beziehungsweise seinem Vertreter, die Initiative ergriffen haben, so konnte es doch nicht in seiner Absicht liegen, die Erben des verstorbenen Erzbischofes oder Bischofes durch die Untersuchung zweier von seinem Beamten ernannten Sachverständigen belasten oder beeinträchtigen zu wollen, ohne daß sie selbst Kenntniß von dem Zustande der Güter genommen und den Sachverständigen die ihnen zweckdienlich scheinenden Bemerkungen gemacht hätten. Um ihnen dazu die Gelegenheit zu verschaffen, verordnete er, daß jene Untersuchung in Gegenwart der Erben, oder wenigstens nach Vorladung derselben zu jener Untersuchung vorgenommen werden solle. Wenn im Art. 42 nur von den héritiers, den Erben des Verstorbenen, als den zu jener Untersuchung zuzuziehenden Personen die Rede ist, so sollte damit nicht gesagt sein, daß unter Umständen nicht auch andere Personen zu derselben zugezogen oder vorgeladen werden müssen. Die Erben sind hier vorzugsweise als diejenigen genannt, welche den Verstorbenen dritten Personen gegenüber repräsentiren, und für dessen Schulden und Verpflichtungen einzustehen haben. In dieselbe Kategorie gehören aber auch nach dem Art. 1009 und 1012 des B. G.=B. die Universal=Legatarien, d. h. diejenigen, welchen der Verstorbene sein ganzes Vermögen vermacht hat, und die Legatarien unter einem Universaltitel, d. h. diejenigen, denen der Verstorbene einen aliquoten Theil seines Vermögens, also etwa die Hälfte, oder ein Drittel, oder ein Viertel desselben, oder sein ganzes Immobilarvermögen, oder sein ganzes Mobilarvermögen, oder eine bestimmte Quote aller seiner Immobilien oder seines ganzen Mobilarvermögens letztwillig zugewendet hat. Da es sich hier um eine festzustellende Schuld des Nachlasses handelt, wegen dieser aber nur die Erben, Universal=Legatarien und Legatarien unter einem Universaltitel belangt werden können, so braucht im Allgemeinen der Testamentsexecutor zu jener Untersuchung nicht zugezogen oder vorgeladen zu werden, es sei denn, daß der Testator ihn ausdrücklich mit der Erledigung dieser Angelegenheit beauftragt hat. In diesem Falle ist er aber nicht allein, sondern mit den Erben, Universal=Legatarien und Legatarien unter einem Universaltitel zu derselben zuzuziehen oder vorzuladen, weil diese die eigentlichen Schuldner sind. Der Commissar hat demnach nach der Ernennung der Sachverständigen bei diesen die Anberaumung eines Termines zur Abhaltung der Untersuchung zu erwirken, die Ordonnanz, wodurch der Termin bestimmt wird, den Erben, Universal=Legatarien und Legatarien unter einem Universaltitel und eventuell auch dem Testamentsexecutor mit Vorladung zu jenem Termine zustellen zu lassen. In dem Termine selbst haben sich die Sachverständigen davon zu überzeugen, daß dieselben, wie der Art. 42 vorschreibt, vorgeladen worden sind; sie nehmen dann, wenn sie auch nicht erscheinen, ihre Operationen vor, müssen aber hiervon in ihrem Berichte Meldung thun.

Daß diese Sachverständigen vor dem Beginne ihrer Operationen vereidet werden müssen, ist im gegenwärtigen Decrete nirgendwo gesagt. Auch scheint dies nicht in der Absicht des Gesetzgebers gelegen zu haben, er würde es hier sonst gesagt haben. Vielmehr ist er hierbei von der Ansicht ausgegangen, daß die Arbeiten dieser Sachverständigen nur vorläufige sein sollen, um als Grundlage für die weiteren Maßnahmen des Commissars zu dienen. Ihr Bericht ist nur als Theil eines Administrativ-Verfahrens zu betrachten, in welchem zuzuziehende Sachverständige nicht vereidet zu werden brauchen, und nicht als Theil einer gerichtlichen Procedur, indem sonst kein Grund vorhanden gewesen wäre, von den allgemeinen gesetzlichen Bestimmungen des Art. 303 der Civilproceß-Ordnung abzuweichen, nach welchen, wenn Sachverständige zu vernehmen sind, deren stets drei fungiren sollen, welche nicht von dem Präsidenten allein, sondern von dem Gerichte ernannt werden müssen.

Weil der Gesetzgeber im Art. 42 nur ein Administrativ-Verfahren vor Augen hatte, so kann es auch nicht bezweifelt werden, daß er ein solches nur wegen des im Art. 33 vorbehaltenen Regalrechts eingeleitet und durchgeführt wissen wollte. Die zwingenden Bestimmungen des Art. 42 können daher da nicht als maßgebende erscheinen, wo ein solches Regalrecht nicht besteht, also auch kein von dem Cultusminister ernannter Verwalter des Tafelgutes vorhanden ist. Hat demnach das Domcapitel einen Verwalter desselben ernannt, so ist es selbstredend dessen Pflicht, auch auf die nothwendigen Reparaturen sein Augenmerk zu richten, wo möglich gemeinschaftlich mit den Erben, Universal-Legatarien und Legatarien unter einem Universaltitel durch gemeinschaftlich gewählte Sachverständige den Zustand der Paläste, Häuser und der zum Tafelgute gehörigen Pachtgüter und Gebäulichkeiten untersuchen und constatiren zu lassen, und dann eine Einigung zu versuchen; wenn dieselben aber auf eine außergerichtliche Untersuchung nicht eingehen wollen, die Untersuchung mit einem Sachkundigen vorzunehmen und dadurch sich das Material zu einer gerichtlich anzustellenden Klage zu verschaffen. Die auf eine solche Klage vom Gerichte anzuordnende Expertise wird dann die Grundlage für die Entscheidung des Gerichtes bieten. Da der vom Domcapitel ernannte Verwalter nur dessen Bevollmächtigter ist, so muß die Klage nach dem Grundsatze „nul ne plaido pas par procureur" nicht auf Anstehen des Verwalters, sondern des Domcapitels erhoben und durchgeführt werden.

Der Schlußsatz des Art. 42 enthält Anweisungen über die von den Sachverständigen vorzunehmenden Operationen, welche in jeder Hinsicht und zwar sowohl für den Fall eines Administrativ-Verfahrens als den einer gerichtlichen Procedur von Erheblichkeit sind. Bei dem Tode eines Nießbrauchers, also bei der Beendigung seines Nießbrauches kommt es nämlich im Allgemeinen darauf an, in welchem Zustande er die nießbräuchlich besessenen Immobilien zurücklassen muß. Hierbei kommen nun hier insbesondere auch die Modificationen der allgemeinen gesetzlichen Bestimmungen über den Nießbrauch, welche durch das gegenwärtige Decret festgesetzt worden sind, in Betracht, und kann, da nach Art. 29 desselben der Nießbrauch der Erzbischöfe und Bischöfe, wie der der Pfarrer und Hülfspfarrer zu beurtheilen ist, hier auf die Bemerkungen zu dem Art. 21 hinverwiesen werden. Zur Feststellung der Obliegenheiten der Erben und sonstigen Repräsentanten bezüglich der dem Nachlasse eines Erzbischofes oder

Bischofes zur Last fallenden Reparaturen reicht es nun nicht hin, daß durch die Sachverständigen ermittelt werde, welche Reparaturen sich als nothwendig herausgestellt haben, sondern es muß auch auf Grund des factischen Zustandes ermittelt werden, wer die Kosten derselben zu tragen hat. Es ist daher nicht bloß erforderlich, daß, nachdem die Sachverständigen constatirt haben, welche Reparaturen oder Wiederherstellungen jetzt vorzunehmen sind, von ihnen ein Kostenanschlag für die Ausführung derselben angefertigt wird, sondern daß sie sich auch über die Zeit äußern, zu welcher die Nothwendigkeit derselben entstanden, und wodurch dieselbe im Allgemeinen und im gegenwärtigen Umfange veranlaßt worden ist. Denn nur nach Feststellung dieser Momente kann entschieden werden, wer die Kosten der Reparaturen und Wiederherstellungen und in welchem Maße er sie zu tragen hat. Dies ist auch der Zweck der Vorschriften des Schlußsatzes des Art. 42.

Art. 43.

Die Erben sind verpflichtet, innerhalb sechs Monaten nach der Untersuchung die Oertlichkeiten wieder in einen guten und hinreichenden Reparaturzustand zu versetzen; thun sie dies nicht, so sollen die Reparaturen für Rechnung der Erben und auf Betreiben des Commissars dem Mindestfordernden in Verding gegeben werden.

Zu Art. 43.

Hat schon der Gesetzgeber im Art. 42 die Untersuchung und Abschätzung der nach dem Tode eines Erzbischofes oder Bischofes erforderlichen Reparaturen und Wiederherstellungen an den von ihm in jener Eigenschaft benutzten Grundgütern dem gerichtlichen Verfahren ferngehalten, so lassen die Bestimmungen des Art. 43 darüber keinen Zweifel, daß er die ganze Angelegenheit der Reparaturen und Wiederherstellungen nicht auf dem gerichtlichen Wege, sondern im Administrativ-Verfahren erledigt wissen will. Zwar hat er den Erben des verstorbenen Erzbischofes oder Bischofes das Recht gegeben, binnen sechs Monaten nach der im Art. 42 angeordneten Untersuchung und Abschätzung, an welcher auch sie und die sonstigen Repräsentanten des Verstorbenen Theil nehmen sollen, selbst die Oertlichkeiten in einen guten und ausreichenden Reparaturzustand zu versetzen; allein bei seiner Voraussetzung, daß jene Untersuchung und Abschätzung in Gegenwart der Erben und Repräsentanten des Verstorbenen, so wie des Commissars erfolgt sei, oder daß die erstern doch dazu vorgeladen worden, läßt sich die Absicht des Gesetzgebers nicht verkennen, daß nur das Resultat jener Untersuchung und Abschätzung die Grundlage für die Ausführung der Reparaturen und Wiederherstellungen bilden solle. Daß zu dieser Ausführung eine moralische Frist gewährt werden mußte, versteht sich von selbst, und daß sie nicht eine kurz abgemessene sein kann, ist schon in der Natur der dann eintretenden, oft verwickelten sonstigen Verhältnisse begründet. Durch die Bestimmung, daß die Erben und Repräsentanten des Verstorbenen in der sechsmonatlichen Frist das Recht haben sollten, selbst jene Reparaturen und Wiederherstellungen ausführen zu lassen, hat der Gesetzgeber wenigstens in etwa ihren Interessen Rechnung tragen wollen. Dies ist aber auch das Aeußerste, was er ihnen zugestanden hat; denn der Schlußsatz des Art. 43 nimmt ihnen alle ihre etwaigen Rechte, wenn sie in jener sechsmonatlichen Frist von dieser Befugniß keinen Gebrauch gemacht haben. Wenn sie nämlich in jener Frist die Oertlichkeiten nicht in einen guten und ausreichenden Reparaturzustand versetzt haben, so soll die Ausführung der Reparaturen für Rechnung der Erben und Repräsentanten, aber auf Betreiben des Commissars dem Wenigstfordernden in Verding gegeben werden. Aus diesem Allem geht denn deutlich hervor, daß eine Behandlung dieser Angelegenheit im Wege eines Processes zwischen dem Commissar und den Erben und Repräsentanten des Verstorbenen nicht Statt finden soll, daß eine solche vielmehr vollständig ausgeschlossen ist. Was die Art und Weise des Verdinges anbelangt, so kannte die damalige französische Gesetzgebung einen öffentlichen Verding vor einem öffentlichen Beamten, und eine Submission, wie sie beide auch im Art. 42 des Decretes vom 30. December 1809 erwähnt sind. Während aber dort der Kirchmeisterstube ausdrücklich die Wahl gelassen worden ist, welchen dieser beiden Wege sie für die Ausführung der Reparaturen einschlagen will, ist im Art. 43 des gegenwärtigen Decretes nur der Weg des öffentlichen Verdinges vorgeschrieben, und daher auch nur dieser zulässig. Solche exorbitante Maßnahmen, wie sie in den Art. 42 und 43 enthalten sind, lassen sich nur aus der Stellung des Commissars als Vertreters des Landesherrn in der Ausübung des ihm im Art. 33 vorbehaltenen Regalrechtes erklären. Sie können indessen für diejenigen Verhältnisse nicht maßgebend sein, in welchen nicht das Interesse des Landesherrn, mit Rücksicht auf welches sie vorgeschrieben worden, sondern nur das Privatinteresse einer kirchlichen Anstalt in Frage steht. Vielmehr müssen hier die allgemeinen gesetzlichen Bestimmungen über die Geltendmachung gegenseitiger Civilansprüche zur Anwendung kommen. Hat demnach da, wo das erwähnte Regalrecht nicht besteht, das Domcapitel bei eingetretener Erledigung des erzbischöflichen oder bischöflichen Stuhles die Verwaltung des Tafelgutes selbst übernommen oder einen eigenen Verwalter desselben bestellt, so müssen von diesem auch, wie in den Bemerkungen zum Art. 42 ausgeführt worden, Schritte geschehen, damit die Erben und Repräsentanten des verstorbenen Erzbischofes oder Bischofes ihren Obliegenheiten bezüglich der dem Nachlasse zur Last fallenden Reparaturen und Wiederherstellungen nachkommen; auch ist denselben nach der Abnahme der Siegel zu dem Ende eine den Verhältnissen entsprechende moralische Frist durch eine an sie zu ergehende Aufforderung anzuberaumen, aber es ist nicht nothwendig, daß die Frist unter allen Umständen eine sechsmonatliche sei. Wird dann jener Aufforderung nicht genügt, so muß die Angelegenheit wegen der Reparaturen und Wiederherstellungen im ordentlichen Prozeßwege nach einer vorher durch das Gericht anzuordnenden Expertise, welche sich auch über die im Schlußsatze des Art. 42 angedeuteten Umstände zu verbreiten hat, zum Austrage gebracht werden. Es kann daher hier von einem einseitigen Vorgehen des Domcapitels oder des von ihm ernannten Verwalters zu einem öffentlichen Verdinge der nothwendigen Reparaturen und Wiederherstellungen für Rechnung der Erben und Repräsentanten des Verstorbenen keine Rede sein. Man wird indessen hierbei auch die Bestimmungen der Art. 795 und 797 des B. G.-B. berücksichtigen müssen, nach welchen den Erben eine Frist von drei Monaten bewilligt ist, um das Inventar anzufertigen, und ihnen eine weitere Frist von 40 Tagen gegeben ist, um sich über die Annahme der Erbschaft oder die Verzichtleistung auf dieselbe zu erklären, nach welchen ferner auch während jener Fristen keine Verurtheilung derselben erfolgen kann.

Art. 44.

Die Reparaturen, deren Dringlichkeit sich während seiner Verwaltung kund gibt, werden durch ihn aus den Einkünften des Tafelgutes im Wege des öffentlichen Verdinges an den Mindestfordernden vorgenommen, wenn sie 300 Francs übersteigen.

Zu Art. 44.

Während in den Art. 42 und 43 des gegenwärtigen Decretes von denjenigen Reparaturen gehandelt wird, welche sich nach der Abnahme der Siegel als nothwendig herausgestellt haben, die also ihre Veranlassung und ihre Entstehung zu Lebzeiten des Erzbischofes oder Bischofes gehabt haben, behandelt der Art. 44 diejenigen Reparaturen, welche sich erst während der Verwaltung des Commissars fühlbar gemacht haben, und deren Vornahme dringlich ist. Man könnte nun aus der Fassung des Art. 44 folgern wollen, daß der Commissar überhaupt nur berechtigt sei, die während seiner Verwaltung zu Tage gekommenen und als dringlich erwiesenen Reparaturen ausführen zu lassen. Dies kann aber nicht die Absicht des Gesetzgebers gewesen sein, denn eines Theils gehören die kleineren Reparaturen zu den gewöhnlichen Lasten des Tafelgutes, welche der Commissar nach Art. 41 des Decretes berichtigen muß, andern Theils kann die Unterlassung geringfügiger Reparaturen auf die Dauer größere Nachtheile herbeiführen, und diese zu verhüten, ist eben sowohl die Pflicht des gewöhnlichen Nießbrauchers, als für die Dauer der Erledigung des Landesherrn, welcher die Verwaltung des Tafelgutes für jene Zeit übernimmt. Die Bestimmungen des Art. 44 bezwecken vielmehr eigentlich nur die Art und Weise festzustellen, wie der Commissar die während seiner Verwaltung an den zum Tafelgute gehörigen Grundgütern hervortretenden Schäden beseitigen und ausbessern soll. Hinsichtlich der kleineren Reparaturen, in so fern sie nicht einen größeren Kostenaufwand, als 300 Francs erfordern, ist er bei Ausführung derselben nicht an die Beobachtung bestimmter Formalitäten gebunden, er kann sie vielmehr nach seinem besten Ermessen ausführen lassen; wenn aber die Auslagen für solche Reparaturen die Summe von 300 Francs übersteigen, so ist die Art und Weise der Ausführung nicht in sein freies Ermessen gestellt, sondern die Ausführung derselben kann nur im Wege des öffentlichen Verdinges übertragen werden.

Betragen die Kosten der einzelnen Reparaturen weniger als 300 Francs, übersteigen aber zusammen jene Summe, so fragt es sich, wie sich dann das Recht des Commissars in dieser Hinsicht gestaltet. Der Gesetzgeber ist bei der Bestimmung des Art. 44 offenbar von der Ansicht ausgegangen, daß bei jedem öffentlichen Verdinge es sich um eine höhere Summe, als die von 300 Francs handle, und daß, wenn die einzelnen Reparaturen selbst nicht mit einander conner sind, und daher nicht Einem Unternehmer übertragen werden können, also mehrere Verdinge Statt finden müßten, deren jeder einzelne nicht jenen Betrag erreicht, von dem öffentlichen Verdinge zu abstrahiren sei.

Wenn nun da, wo das Regalrecht nicht besteht, das Domcapitel selbst die Verwaltung des Tafelgutes führt, so ist es, da die Kirche nach Art. 15 der preußischen Verfassungs-Urkunde ihr Vermögen selbstständig zu verwalten berechtigt ist, an die Bestimmungen des Art. 44 nicht gebunden; vielmehr kann dasselbe diese Verwaltung nach seinem besten Ermessen führen, und die Reparaturen in jeder ihm zweckmäßig erscheinenden Weise ausführen lassen. Hat dagegen das Domcapitel einen eigenen Verwalter jenes Vermögens bestellt, so wird es darauf ankommen, ob demselben für die Verwaltung dieses Vermögens und die Ausführung der Reparaturen besondere Instructionen durch das Domcapitel ertheilt worden sind, oder nicht. Im ersten Falle muß der Verwalter sich unbedingt nach diesen Instructionen richten, weil das Domcapitel vermöge des ihm zustehenden freien Verwaltungsrechtes zur Ertheilung derselben an seinen Mandatar befugt ist; im zweiten Falle aber muß angenommen werden, daß das Domcapitel die Bestimmungen des Art. 44 für den Verwalter als maßgebend erscheinen lassen will, weil es keine Abänderung derselben beliebt hat. Der Verwalter hat sich daher dann im Allgemeinen nach diesen Bestimmungen zu richten. In jedem einzelnen Falle kann er aber eine Abweichung von denselben bei dem Domcapitel beantragen, und dieses kann sie auch verfügen; sie gilt aber dann auch nur für diesen einzelnen Fall.

Art. 45.

Der Commissar verwaltet vom Todestage bis zu der Zeit, wo der von Seiner Majestät ernannte Nachfolger sich in den Besitz gesetzt hat.

Die Einkünfte des Tafelgutes kommen dem Nachfolger vom Tage seiner Ernennung zu Gute.

Zu Art. 45.

Da der Commissar nur im Interesse des Landesherrn die Verwaltung des Tafelgutes führt, so würde es sich von selbst verstehen, daß seine Functionen aufhören, sobald der Landesherr kein Recht mehr auf die Verwaltung und die Einkünfte desselben hat. Dieser Fall tritt aber dann ein, sobald der Landesherr den Nachfolger des verstorbenen Erzbischofes oder Bischofes ernannt hat, indem durch die von ihm vollzogene Ernennung das vorbehaltene Regalrecht sein Ende erreicht. Das Ernennungsrecht stand in Frankreich nach den Art. 4 und 5 der zwischen dem heiligen Stuhle und der französischen Regierung abgeschlossenen Convention vom 26. Messidor Jahres IX dem Landesherrn zu; der von demselben ernannte Erzbischof oder Bischof hatte dann nach Art. 18 des Gesetzes vom 18. Germinal Jahres X bei dem Papste die canonische Institution nachzusuchen, und erst, nachdem er diese erhalten und er dem Staatsoberhaupte den vorgeschriebenen Eid geleistet hatte, konnte er sich in den Besitz seiner Stelle setzen. Von dem Tage der Ernennung bis zu diesem Zeitpuncte mußte daher für die weitere Verwaltung des Tafelgutes Sorge getragen werden, und da war es denn nach der Rechtsanschauung der damaligen französischen Regierung, welche so viel wie möglich das kirchliche Verwaltungswesen in Händen halten wollte, natürlich, daß der während der Dauer der Erledigung verwaltende Commissar die Verwaltung bis zur Besitzergreifung durch den neu ernannten Erzbischof oder Bischof fortführte, wenn auch vom Tage der Ernennung an nicht für den Landesherrn, sondern für den neu ernannten Würdenträger.

Da in denjenigen jetzt zu Deutschland gehörenden Ländern, in welchen das gegenwärtige Decret noch Geltung hat, nach den Bemerkungen zu den Art. 34 und 35 von einem landesherrlichen Commissar, welcher während der Erledigung des erzbischöflichen oder bischöflichen Stuhles das Tafelgut verwalten soll, nicht die Rede sein kann, so wird hier nur gefragt werden können, bis zu welchem Zeitpuncte das Domcapitel oder der von ihm bestellte Verwalter die Verwaltung zu führen hat. Selbstredend muß diese Verwaltung ihre Endschaft erreichen, wenn der Grund, weßhalb die Verwaltung auf sie übergegangen, zu existiren aufgehört hat, und dies ist der Fall, wenn der erzbischöfliche oder bischöfliche Stuhl nicht mehr als erledigt anzusehen ist. Nach dem Art. 45 muß nun aber derselbe wieder als besetzt erachtet werden, wenn der Landesherr den Nachfolger des Verstorbenen ernannt hat, weil dieser vom Tage seiner Ernennung an die Einkünfte beziehen soll. Wenn nun hier noch der Commissar bis zur Besitzergreifung desselben fort verwalten soll, so thut er dies aus einem andern Rechtstitel, nämlich als negotiorum gestor des neu ernannten Würdenträgers auf Veranlassung eines Dritten, des Landesherrn; der ernannte Nachfolger ist zwar durch seine Ernennung zur Verwaltung berechtigt, aber aus factischen Gründen an der Uebernahme derselben verhindert. Dasselbe Verhältniß ist vorhanden, wenn das Domcapitel oder ein von ihm ernannter Verwalter die Verwaltung geführt hat, und die Erledigung des erzbischöflichen oder bischöflichen Stuhles durch die Ernennung oder die Wahl eines Nachfolgers beendigt ist.

Im Königreiche Baiern, zu welchem die hier auch zur Sprache kommende Diö=
cese Speyer gehört, hat nach Art. 9 der Bulle Sanctitas sua vom 5. Juni
1817 der Landesherr das Recht der Ernennung der Erzbischöfe und Bischöfe,
sie dürfen sich aber, bevor sie vom heiligen Vater die canonische Institution er=
halten, den Bestimmungen dieser Bulle gemäß in nichts, was das Erzbisthum
oder Bisthum betrifft, einmischen; sie treten daher erst mit dem Tage der Be=
sitzergreifung die Verwaltung an, wenn ihnen auch vom Tage der Ernennung
an die Einkünfte zukommen. Für Preußen, wozu die hier in Rede stehende
Erzdiöcese Köln, so wie die Diöcesen Trier und Münster gehören, ist durch den
Art. 22 der Bulle de salute animarum vom 16. Juli 1821 das Wahlrecht
der Domcapitel wieder hergestellt worden, wenn es auch in so weit beschränkt
ist, daß dieselben nach dem Breve vom 16. Juli 1821 keine regi minus gra-
tam personam wählen und sich in dieser Hinsicht vor der Wahl Gewißheit
verschaffen sollen. Von einer Ernennung durch den Landesherrn ist daher hier
keine Rede, sondern nur von einer Anerkennung der getroffenen Wahl. Durch
die getroffene Wahl ist der erledigte Sitz wieder besetzt, und vom Tage derselben
tritt die Berechtigung des Gewählten zur Verwaltung ein, wenn er auch aus
factischen Gründen, nämlich, weil der heilige Stuhl und der Landesherr die
Wahl noch nicht anerkannt haben, die Verwaltung noch nicht übernehmen kann.
Erfolgt diese Anerkennung, so kommen auch ihm vom Tage der Wahl die Ein=
künfte zu. Aehnlich sind die Verhältnisse in der zum Großherzogthume Hessen
gehörigen Diöcese Mainz. Durch Art. 1 der Bulle ad Dominici gregis cu-
stodiam vom 11. April 1827 ist ebenfalls festgesetzt, daß nicht der Landesherr,
sondern das Domcapitel den Bischof wählen soll, und daß es bei der Wahl
von einem dem Landesherrn nicht genehmen Candidaten abstrahiren soll. Wegen
der bis jetzt dort bestehenden factischen Verhältnisse ist daselbst von einer Ver=
waltung des Tafelgutes durch den Bischof keine Rede, die Einkünfte stehen dem
Gewählten aber vom Tage der Wahl zu, wenn dieselbe vom heiligen Stuhle
und dem Landesherrn anerkannt worden ist. Man vergleiche die Bemerkungen
zu den Art. 33, 34 und 35 des gegenwärtigen Decretes.

Art. 46.

Von dem Friedensrichter wird ein Protocoll über die Besitz=
ergreifung aufgenommen. Dieses Protocoll constatirt die Ueber=
gabe aller Mobilar=Effecten, eben so die aller auf das Tafelgut
Bezug habenden Titel, Papiere und Urkunden, so wie, daß die
Register des Commissars durch den gedachten Friedensrichter ab=
geschlossen worden sind; diese Register werden mit den Titeln
des Tafelgutes hinterlegt.

Zu Art. 46.

Im Art. 29 des gegenwärtigen Decretes sind für das Verhältniß der Erz-bischöfe und Bischöfe zum Tafelgute die Bestimmungen der Art. 6 und folgen-den desselben als maßgebend bezeichnet worden. Der Art. 7 schreibt nun vor, daß bei der Besitzergreifung des Pfarrgutes durch den Pfarrer oder Hülfspfarrer der Friedensrichter zugezogen werden, und über dieselbe eine Verhandlung auf-nehmen solle. Dasselbe wird auch im Art. 46 bezüglich der Besitzergreifung des Tafelgutes durch die Erzbischöfe und Bischöfe verordnet. In diesem letzte-ren Falle wird nun zunächst die Frage entstehen, welcher Friedensrichter, wenn überhaupt noch ein solcher bei der Besitzergreifung zugezogen werden muß, jene Verhandlung aufzunehmen hat. Nach den Bemerkungen zum Art. 37 des gegenwärtigen Decretes kann es indessen wohl nicht zweifelhaft sein, daß derje-nige Friedensrichter, in dessen Bezirke sich die in Besitz zu nehmenden Vermö-gensobjecte befinden, einzig und allein zur Ausübung jener Functionen berufen ist; man vergleiche die dortigen Bemerkungen unter Nr. 2. Die Thätigkeit des Friedensrichters bei der Besitzergreifung des Tafelgutes durch die Erzbischöfe und Bischöfe ist jedoch in mannigfacher Hinsicht verschieden von der bei der Besitz-ergreifung des Pfarrgutes durch den Pfarrer und Hülfspfarrer. Bezüglich der letzteren heißt es im Art. 7 nur, daß der Friedensrichter über dieselbe ein Pro-tocoll aufnehmen und in dasselbe das von dem Pfarrer oder Hülfspfarrer un-terschriebene Versprechen eintragen solle, die Güter wie ein guter Hausvater zu benutzen, sie sorgfältig zu unterhalten und jeder Usurpation und Deterioration entgegen zu treten. Was sonst noch in das Protocoll aufzunehmen ist, wird dort nicht gesagt, und wenn auch der Art. 600 des B. G.-B. vorschreibt, daß der Nießbraucher den Genuß der dem Nießbrauche unterworfenen Vermögens-objecte nicht eher antreten darf, als bis er in Gegenwart des Eigenthümers oder nach dessen Vorladung ein gehöriges Inventar der Mobilien und eine Be-schreibung der Immobilien hat anfertigen lassen, so folgt daraus noch nicht, daß jenes Inventar und diese Beschreibung unter Zuziehung des Friedensrich-ters bei der Besitzergreifung aufgenommen werden sollen; es können dieselben vielmehr auch vor der Besitzergreifung durch den Kirchenrath und den Pfarrer oder Hülfspfarrer angefertigt werden. Man vergl. in dieser Beziehung die Be-merkungen zu dem Art. 7 des gegenwärtigen Decretes in fine. Im vorste-henden Art. 46 ist nun auch nicht gesagt, daß die nach Art 600 des B. G.-B. vorzunehmende Beschreibung des Zustandes der zum Tafelgute gehörigen Grund-güter unter Zuziehung des Friedensrichters vorgenommen werden müsse, dage-gen wird aber in demselben ausdrücklich verordnet, daß das über die Besitzer-greifung des Tafelgutes durch den Friedensrichter aufzunehmende Protocoll die Uebergabe aller Mobilareffecten, so wie der auf das Tafelgut Bezug habenden Titel, Papiere und Urkunden constatiren solle; sie werden also entweder einzeln in dem Protocolle aufgeführt werden müssen, oder es muß ein Verzeichniß der-selben ihm beigefügt werden, dessen Richtigkeit von dem Friedensrichter zu at-testiren ist; denn sonst kann er amtlich nicht constatiren, daß sie alle übergeben

Decret vom 6. November 1813. Art. 46.

worden sind. Zweierlei Gründe haben den Gesetzgeber bewogen, diese Verfügung im Art. 46 abweichend von den Bestimmungen über die Besitzergreifung des Pfarrgutes durch die Pfarrer oder Hülfspfarrer zu treffen. Eines Theiles ist nämlich der Landesherr zu der Zeit, wo der erzbischöfliche oder bischöfliche Stuhl besetzt ist, nicht in der Lage, wie der Kirchenrath, daß er stets über das Vorhandensein jener Effecten, an welchem er doch wegen der späteren Wiederausübung des Regalrechtes ein wesentliches Interesse hat, eine unmittelbare Controlle führen kann, anderen Theils sollte durch jene Verfügung bezweckt werden, daß dem Landesherren für die von ihm durch seinen Commissar dem neuen Erzbischofe oder Bischofe übergebenen Objecte in einer amtlichen Urkunde Decharge ertheilt werde. Gerade, weil jene Verfügung vorzugsweise im Interesse des Landesherrn getroffen worden, sind auch dem Friedensrichter als seinem Beamten keine Gebühren für die Ausübung dieser Functionen bewilligt worden. Bei den Pfarrern und Hülfspfarrern konnte überhaupt von einer Uebergabe der Titel, Papiere und Urkunden nicht die Rede sein, weil diese nicht von den Pfarrern oder Hülfspfarrern, sondern nach dem Art. 2 des gegenwärtigen Decretes im Kirchenarchive aufzubewahren sind; bei den Erzbischöfen und Bischöfen mußte sie aber erfolgen, weil sie nach Art. 30 desselben auf dem Secretariate des Erzbischofes oder Bischofes sich befinden sollen, sie also der Verfügung Anderer entzogen sind.

Nach den Bemerkungen zum Art. 25 des gegenwärtigen Decretes hat zwar der Schatzmeister der Kirchen=Fabrik die während der Erledigung einer Pfarre oder Hülfspfarre zur Erhebung kommenden Beträge aus dem Pfarr=Dotationsgute und dessen Einkünften in das nach Art. 74 des Decretes vom 30. December 1809 zu führende und in seinen Händen verbleibende Register einzutragen; es ist dasselbe aber bei der Besitzergreifung des Pfarrers oder Hülfspfarrers nicht abzuschließen, weil er fortfährt, für Rechnung der Kirchen=Fabrik zu erheben, und die erhobenen Beträge fortlaufend in dasselbe eintragen muß. Dagegen hört bei der Besitzergreifung des Tafelgutes durch den neuen Erzbischof oder Bischof die Verwaltung des Commissars auf. Zur Constatirung dessen, was er bis zum Tage derselben erhoben hat, ist ein Abschluß der von ihm geführten Register erforderlich. Diesen hat nun nach Art. 46 der Friedensrichter vorzunehmen, welcher zugleich in dem von ihm aufzunehmenden Protocolle constatiren muß, daß und in welcher Weise der Abschluß erfolgt ist. In dem Abschlußvermerke sind von ihm die Summen anzugeben, mit welchen abgeschlossen worden ist, damit eine Aenderung in den Registern nicht vorgenommen werden kann. Diese Register sollen nach Art. 46 mit den Titeln des Tafelgutes hinterlegt werden, sie sind also auf dem erzbischöflichen oder bischöflichen Secretariate in den hierfür bestimmten Gelassen aufzubewahren.

Die Frage, ob in den Fällen, in welchen das im Art. 33 vorbehaltene Regalrecht nicht besteht, wo also nur noch das Obervormundschaftsrecht des Staates von Einfluß sein könnte, dennoch den Bestimmungen des Art. 46 gemäß der Friedensrichter bei der Besitzergreifung des Tafelgutes durch den neuen Erz=

bischof oder Bischof zugezogen werden müsse, ist nach den Bemerkungen zum Art. 7 verneinend zu entscheiden. Es wird daher bei einer solchen zwar allerdings ein Verzeichniß der übergebenen Mobilien, Titel, Papiere und Urkunden angefertigt werden müssen, weil der neue Erzbischof oder Bischof sie später bei seinem Ausscheiden zu repräsentiren hat, und es feststehen muß, welche er repräsentiren soll. Allein ein solches kann auch bindend zwischen ihm und dem Domcapitel durch Notarialact und selbst durch Urkunde unter Privatunterschrift angefertigt werden, wozu sie, da die Aufnahme desselben ein Act der Verwaltung ist, nach Art. 15 der preußischen Verfassungsurkunde das Recht haben.

Art. 47.

Die Schritte gegen die Rechnungspflichtigen, sei es, um die Rechnung zu legen, sei es, um die streitigen Puncte zur Entscheidung zu bringen, sollen bei den zuständigen Gerichten durch diejenige Person erfolgen, welche der Minister beauftragt hat, die Rechnung zu nehmen.

Zu Art. 47.

Das rechtliche Verhältniß des nach Art. 34 des gegenwärtigen Decretes von dem Cultusminister zu ernennenden Commissars dem Landesherrn gegenüber ist das eines rechnungspflichtigen Bevollmächtigten, welcher für ihn die Verwaltung des erzbischöflichen oder bischöflichen Tafelgutes zu führen hat. Wenn nun im Art. 47 von dem Verfahren gegen die bezüglich des Tafelgutes rechnungspflichtigen Personen gehandelt wird, so ist das dort vorgeschriebene Verfahren auch gegen den Commissar des Landesherrn nach Beendigung seines Commissoriums einzuleiten, wenn er dem von dem Minister speciell mit der Rechnungsabnahme Beauftragten die Rechnung über die von ihm geführte Verwaltung nicht legt. Die Bestimmungen des Art. 47 kommen aber nicht allein gegen den gedachten Commissar, sondern auch gegen die anderen etwa rechnungspflichtigen Personen zur Anwendung; denn im Art. 47 wird von Rechnungspflichtigen in der Mehrzahl gesprochen, und nicht von dem rechnungspflichtigen Commissar allein. Das Letztere hätte aber geschehen müssen, wenn die Bestimmungen des Art. 47 nur auf den Commissar zu beziehen wären. Daß aber bei der Verwaltung des Tafelgutes mehrere Rechnungspflichtige vorkommen können, geht aus dem Art. 40 des gegenwärtigen Decretes hervor, nach welchem der Commissar sofort nach seiner Ernennung verpflichtet ist, den Einnehmern Kenntniß von seiner Ernennung zu geben, und sie aufzufordern, die eingehenden Victualien und Gelder an ihn abzuliefern. Sind nun jene Einnehmer auch verpflichtet, die eingegangenen Victualien und Gelder an den Commissar abzuliefern, so ist dieser doch nicht berechtigt, mit denselben die Rechnungen abzuschließen und ihnen Decharge zu ertheilen. Die rechtlichen Befugnisse des Commissars sind in dem gegenwärtigen Decrete auf die Gränzen einer bloßen Verwaltung beschränkt, und kann er über dieselben hinaus keine Handlungen vornehmen. Die Abnahme einer Rechnung und die mit derselben verbundene Ertheilung einer Decharge gehen aber über die Gränzen einer bloßen Verwaltung hinaus, indem in denselben ein Aufgeben von zustehenden Rechten enthalten ist. Die Quittungen des Commissars über die an ihn abgelieferten Victualien und Gelder entlasten daher die Schuldner nur für die abgelieferten Quantitäten und Gelder, nicht aber, wenn sie von rechnungspflichtigen Schuldnern abgeliefert sind, für das Rechnungsschuldverhältniß im Ganzen und Allgemeinen. Zur Ertheilung einer solchen Decharge ist nach Art. 47 nur der von dem Minister hierzu Beauftragte berechtigt, welchem allein auch von den im Art. 40 erwähnten rechnungspflichtigen Einnehmern die Rechnung zu legen ist. Im Art. 47 heißt es, daß derselbe vom Minister ernannt werden solle, ohne daß näher angegeben wird, von welchem Ressortminister diese Ernennung ausgehen soll. Da aber nach Art. 34 der Cultusminister den Commissar zu ernennen hat, also den Auftrag zur Verwaltung des Tafelgutes ertheilt, so kann auch nur der Cultusminister als Auftraggeber berechtigt erscheinen, die Rechnung seines Mandatars entgegen zu nehmen, oder, wie dies im Art. 47 vorgeschrieben ist, zur Abnahme der Rechnung des Commissars Jemanden zu deputiren.

Die Schritte, welche gegen die Rechnungspflichtigen erfolgen sollen, bestehen nun nach Art. 47 darin, daß der Bevollmächtigte des Ministers gegen dieselben bei den competenten Gerichten entweder auf Rechnung klagt, oder wenn die Rechnung ihm außergerichtlich von denselben gelegt worden ist, und es sich nur noch um einzelne Streitpuncte handelt, dieselben zur Entscheidung vor das Gericht bringt. Es tritt dann im ersten Falle das in den Art. 527—542 der Civ.-P.-O. vorgeschriebene Rechnungsverfahren ein. Im zweiten Falle hat der Bevollmächtigte des Ministers die Klage nur auf die einzelnen noch streitigen Puncte zu richten, und zwar entweder, daß die von ihm gemachten, von dem Rechnungspflichtigen aber bestrittenen Forderungen ihm zuerkannt werden, oder daß die von ihm bestrittenen Forderungen des Rechnungspflichtigen als unberechtigt erklärt und dieser mit denselben abgewiesen werde. Man wird hier nicht sagen können, daß der Rechnungspflichtige in dem zuletzt gedachten Falle wegen seiner Forderungen keine Klage erhoben, und der Bevollmächtigte des Ministers erst seine desfallsige Klage abzuwarten habe; denn in dem bei der Rechnungslage entstandenen und von beiden Parteien festgehaltenen Streite liegt der Grund zur Klage, welche ja auch eigentlich nur die Feststellung der Rechnung und die Erledigung des ganzen Rechnungsverhältnisses durch das Gericht bezwecken soll. Der Art. 47 hat aber auch ausdrücklich den Bevollmächtigten des Ministers angewiesen, die streitigen Puncte zur Entscheidung durch das zuständige Gericht zu bringen, ohne zu unterscheiden, ob sie zu Gunsten oder zu Lasten des Rechnungspflichtigen als Streitpuncte erhoben worden sind. Die für diese Klagen zuständigen Gerichte sind die Gerichte erster Instanz, in der preußischen Rhein-

Provinz die Landgerichte. Man vergleiche über die Competenz des Gerichtes in dieser Hinsicht die Bemerkungen bei de Eyo a. a. O. zu Art. 90.

Eine eigenthümliche Stellung nimmt bei diesen Klagen in processualischer Hinsicht der Bevollmächtigte des Ministers ein. Der Art. 47 schreibt ganz allgemein vor, daß durch ihn die gerichtlichen Schritte gegen die Rechnungspflichtigen bei den zuständigen Gerichten erfolgen sollen. Er kann indessen in eigenem Namen nicht klagen, weil ihm das Reliquat der Rechnung persönlich nicht gebührt; auch kann er nach dem Grundsatze „nul no plaido pas par procureur" die Klage als Bevollmächtigter des Ministers nicht erheben; sie wird vielmehr, ähnlich wie die Klage der Kirchen-Fabriken, auf ihr Ansteßen und auf Betreiben ihres Schatzmeisters angestellt werden, hier auf Ansteßen des Fiscus und auf Betreiben des durch den Cultusminister hierzu Bevollmächtigten eingeleitet und durchgeführt werden müssen.

Wo das im Art. 33 vorbehaltene Regalrecht nicht gilt, wo also nicht ein vom Cultusminister ernannter Commissar während der Dauer der Erledigung das Tafelgut verwaltet, wo dieser daher auch Niemanden zu beauftragen hat, die Rechnung über die geführte Verwaltung abzunehmen, sondern das Domcapitel selbst oder ein von ihm ernannter Verwalter diese Verwaltung führt, ist die Rechnung demjenigen zu legen, welcher die auf die Zeit der Erledigung fallenden Einkünfte des Tafelgutes zu beziehen hat. Wer in den einzelnen hier in Rede stehenden deutschen Diöcesen dazu das Recht hat, ist in den Bemerkungen zu dem Art. 40 des gegenwärtigen Decretes näher angegeben worden, weßhalb hier auf dieselben hinverwiesen werden kann. Wenn in diesen Fällen der Rechnungspflichtige seinen Obliegenheiten nicht nachkommt, so steht dem Berechtigten die Befugniß zu, gegen denselben die Klage auf Rechnungslage bei dem zuständigen Gerichte zu erheben, und eventuell nur die Streitpuncte zum Gegenstande einer Klage zu machen, wie dies oben näher ausgeführt worden ist.

Art. 48.

Die Entschädigung des Commissars wird durch den Cultusminister festgesetzt; sie darf nicht fünf Centimes von jedem Franc der Einkünfte, und nicht drei Centimes von jedem Franc des Preises des Mobilarnachlasses im Falle des Verkaufes übersteigen, ohne daß er für Vacationen und Reisen, welche seine Geschäftsführung etwa nothwendig machen sollte, etwas fordern kann.

Zu Art. 48.

Es war natürlich, daß der Cultusminister in dem Falle, wo er den Commissar zur Verwaltung des Tafelgutes ernennen soll, auch die Entschädigung für dessen Mühewaltung festzusetzen für befugt erklärt wurde; indessen war es auch zweckmäßig, hierbei diejenigen Gränzen zu ziehen, über welche er bei Gewährung der Entschädigung nicht hinausgehen soll. Bei Normirung dieser Entschädigung muß selbstredend der Umfang der Arbeiten des Commissars berücksichtigt werden, weßhalb denn auch im Art. 48 nur das Maximum dieser Entschädigung angegeben und es dem Cultusminister überlassen worden ist, dieselbe bis zu jenem Maximum nach Maßgabe der Thätigkeit und Mühewaltung des Commissars festzusetzen. Ueberhaupt aber kann eine solche Entschädigung auch nur mit Rücksicht auf dasjenige gewährt werden, was Gegenstand der Verwaltung war. Wenn daher hier von einem Procentsatze des Kaufpreises des Mobilarnachlasses des Erzbischofes oder Bischofes die Rede ist, so kann derselbe nur dann dem Commissar zuerkannt werden, wenn derselbe zum Tafelgute gehörte und er deßhalb die Verwaltung desselben geführt hat, nicht aber, wenn derselbe auf Ansehen der Erben und als diesen gehörend verkauft worden ist. Denn es wäre eine von dem Gesetzgeber gewiß nicht gewollte Unbilligkeit, wenn der Cultusminister die Erben verpflichten könnte, dem Verwalter eines ihnen nicht gehörenden Gutes für diese Verwaltung eine Entschädigung zu bezahlen. Die Bestimmungen des Art. 48 haben auch nur da Geltung, wo die Verwaltung in Ausübung des im Art. 33 erwähnten Regalrechtes geführt wird. Hat demnach das Domcapitel da, wo das Regalrecht nicht besteht, einen Verwalter des Tafelgutes ernannt, so muß es sich mit diesem über die zu leistende Entschädigung vor dem Antritte der Verwaltung einigen; ist dies nicht geschehen, so kann, wenn eine Einigung nicht erzielt wird, dieselbe nur nach Maßgabe der Arbeiten auf ein vorheriges Gutachten von Sachverständigen durch richterliches Ermessen festgesetzt werden.

Dritter Titel.
Von den Gütern der Kathedral- und Collegiat-Capitel.

Art. 49.

Das Collegium eines jeden Kathedral- und Collegiat-Capitels hat, was die Verwaltung seiner Güter anbelangt, dieselben Rechte und Pflichten, wie der Inhaber der Pfarrgüter, vorbehaltlich der nachfolgenden Erklärungen und Modificationen.

Zu Art. 49.

In dem Titel III des gegenwärtigen Decretes sind die Kathedral- und Collegiat-Capitel bezüglich der Verwaltung des Capitelvermögens einander vollständig gleichgestellt. Unter einem Kathedral=Capitel wird das Collegium der Domherren verstanden, welches sich an jedem Sitze eines Erzbisthumes oder Bisthumes befindet, und dem Erzbischofe oder Bischofe in der geistlichen Verwaltung der Diöcese zur Seite steht. Collegiat=Capitel sind dagegen die an einzelnen Stifts=kirchen bestehenden Collegien von Stiftsherren, die sich nicht bei dem Sitze eines Erzbischofes oder Bischofes befinden und mit der Theilnahme an der Diöcesanverwaltung im Allgemeinen nichts zu thun haben, auch mit dem Kathedral=Capitel der Diöcese in keinem Nexus stehen, deren Stiftskirche aber als eine ausgezeichnete Kirche nicht von einem Pfarrer, sondern durch ein Collegium von Geistlichen eines höheren kirchlichen Ranges verwaltet wird. Sowohl bei den Kathedral= als den Collegiatkirchen kommt, wie auch bei den Pfarr= und Hülfs=pfarrkirchen, ein eigentliches Fabrikvermögen und ein Dotationsvermögen vor, von welchen das Erstere für die Unterhaltung der Kirchen und zur Bestreitung der Kosten des Gottesdienstes bestimmt ist, während das Letztere zum Unterhalte der bei den Kirchen fungirenden Geistlichen dient. Das Vermögen, um dessen Verwaltung es sich im gegenwärtigen Titel III handelt, ist das eigentliche Dotationsvermögen der Capitel und nicht zu verwechseln mit dem Fabrikvermögen der Kathedral= und Collegiatkirchen, für dessen Verwaltung in den Art. 104—112 des Decretes vom 30. December 1809 besondere Vorschriften gegeben worden sind, hinsichtlich welcher auf die Bemerkungen bei de Syo a. a. O. zu jenen Artikeln hinverwiesen wird.

Die Güter der Kathedral= und Collegiat=Capitel wurden im alten Frankreich eben so wie die anderen kirchlichen Güter von der allgemeinen Confiscation betroffen, und kann hier in geschichtlicher Hinsicht auf die Bemerkungen im Art. 1 des gegenwärtigen Decretes Bezug genommen werden. Für die neun belgischen Departemente der Dyle, der Schelde, der Lys, von Jemappe, der Wälder, der Sambre und Maas, der Ourthe, der Niedermaas und der beiden Nethen trat durch die Gesetze vom 15. und 17. Fructidor Jahres IV und den Beschluß des Vollziehungs=Directoriums vom 17. Ventose Jahres VI dasselbe Verhältniß ein. In den vier rheinischen Departementen der Roer, der Saar, des Donnersberges und des von Rhein= und Mosel waren durch den Art. 4 des Beschlusses des Vollziehungs=Directoriums vom 28. Floreal Jahres IV alle Zehnten, Zinsen und Renten, welche die Bischöfe und Capitel bezogen, als Nationaleinkünfte erklärt worden, und wenn dieselben nun auch von jener Zeit an diese nicht mehr zu beziehen hatten, so erfolgte doch die eigentliche Confiscation des Stammvermögens hier erst durch den Consularbeschluß vom 20. Prairial Jahres X. Durch die zwischen der französischen Regierung und dem h. Stuhle abgeschlossene Convention vom 26. Messidor Jahres IX war indessen in Art. 11 bedungen worden, daß die Bischöfe ein Kathedral=Capitel haben könnten, zugleich war aber auch daselbst ausgesprochen worden, daß die Regierung sich nicht verpflichte, ein solches zu dotiren. Das Gesetz vom 18. Germinal Jahres X gestattet denn auch im Art. 11 den Erzbischöfen und Bischöfen, mit Genehmigung der Staatsregierung Kathedral=Capitel in ihren Diöcesen zu errichten, von einer

Besoldung der Mitglieder derselben ist indessen in diesem Gesetze keine Rede. War nun aber einmal durch die erwähnte Convention vom 26. Messidor Jahres IX der Friede zwischen Staat und Kirche wieder hergestellt, und eine kirchliche Verwaltung ermöglicht worden, so gestalteten sich auch die Verhältnisse des Staates zur Kirche allmählich für die letztere günstiger, was eine nothwendige Folge davon war, daß wenn man den Zweck wollte, auch zur Erreichung desselben die Mittel nicht vorenthalten konnte. So kam es denn, daß ein Regierungsbeschluß vom 14. Ventose Jahres XI, welcher bei Hermens a. a. O. Bd. I, S. 674 abgedruckt ist, das Gehalt eines der General=Vicarien eines Erzbischofes auf 2000 Francs, das der beiden anderen General=Vicarien eines Erzbischofes und das der eines Bischofes auf 1500 Francs und das der Mitglieder der Cathedral=Capitel auf 1000 Francs festsetzte. Freilich war auch hier nicht angegeben worden, wer diese Gehälter zu zahlen habe, und die Staatsregierung hatte auch hier die Verpflichtung nicht übernommen, jene Gehälter zu zahlen; allein der kurz darauf erfolgte Regierungsbeschluß vom 18. Germinal Jahres XI regelte das Verhältniß dahin, daß die Generalräthe der Departemente die Gehälter der General=Vicarien und Mitglieder der Kathedral=Capitel bestimmen sollten, und daß dieselben nicht geringer sein dürften, als wie sie in dem Beschlusse vom 14. Ventose Jahres XI angegeben seien. Es ist zwar hier ein Beschluß vom 14. Nivose Jahres X bezogen, dies aber irrthümlich, da nicht ein solcher von diesem Datum, sondern nur der vom 14. Ventose Jahres XI vorhanden ist. Daß die Staatsregierung zu einer für die Kirche günstigen Anschauung allmählich zurückkehrte, beweis't auch der Regierungsbeschluß vom 7. Thermidor Jahres XI, durch welchen alles noch nicht veräußerte Fabrikvermögen seiner früheren Bestimmung zurückgegeben wurde. Aus der ganzen Fassung dieses Beschlusses geht zwar hervor, daß man zunächst nur daran dachte, das Fabrikvermögen der Pfarrkirchen zu restituiren, da der Fabrikrath, welcher die zurückgegebenen Güter zu verwalten berufen war, durch den Präfecten auf den Vorschlag des Pfarrers und Bürgermeisters ernannt werden sollte, der Pfarrer aber gewiß für die Fabriken der Metropolitan= und Kathedralkirchen keine Vorschläge zu machen hat, auch zu einem solchen Fabrikrathe nicht gehört, wie dies bei den Pfarrfabriken der Fall sein sollte. Strenge genommen war daher in diesem Beschlusse weder das Fabrikvermögen der Kathedralkirchen, noch das der Capitel derselben einbegriffen. Hatte die Staatsregierung nun aber durch den Regierungsbeschluß vom 18. Germinal Jahres XI für die Existenz der Mitglieder der Kathedral=Capitel in so fern nothdürftig gesorgt, daß die Gehälter derselben fixirt und von den Departementen gezahlt werden sollten, so blieb sie selbst doch auch nicht in der Aufbesserung der Lage derselben zurück, indem sie sich durch das Decret vom 15. Ventose Jahres XIII eines Theiles der confiscirten kirchlichen Güter zu Gunsten jener Capitel entäußerte. In diesem Decrete heißt es nämlich, daß in Vollziehung des Beschlusses vom 7. Thermidor Jahres XI die noch nicht veräußerten Güter und Renten, welche von den Fabriken der Metropolitan= und Kathedralkirchen der alten Diöcesen herrührten, so wie diejenigen, welche von den Fabriken der früheren Metropolitan- und Kathedral-Capitel herstammten, den Fabriken der wirklich bestehenden Metropolitan- und Kathedralkirchen und den Fabriken der wirklich bestehenden Metropolitan- und Kathedral-Kapitel gehören sollten. Es wird hier also ausdrücklich zwischen den Fabriken der gedachten Kirchen und den Fabriken der Capitel derselben unterschieden, welche letztere daher wirklich in den Besitz von Gütern gelangten.

In der Bulle de saluto animarum vom 16. Juli 1821, welche die kirchlichen Verhältnisse für das Königreich Preußen regelte, ist schon darauf hingewiesen worden, daß für einzelne Diöcesen ein wirkliches Dotationsvermögen für Bisthum und Capitel ganz oder theilweise vorhanden sei, denn es heißt daselbst im Art. 42, daß der zum Zwecke der Dotation auf die öffentlichen Waldungen zu legende Zins entweder zur gänzlichen Dotation derselben, wenn sie wirklich keine haben, oder zur Ergänzung derselben dienen solle, wenn sie noch einen Theil ihrer Güter besitzen. Hieraus folgt denn auch, daß sie diejenigen Güter, welche sie damals besaßen, fernerhin auch besitzen sollten, und da nach jener Bulle der König die Verpflichtung übernommen hat, für die Dotation der einzelnen Diöcesen Grundgüter anzukaufen, welche den einzelnen Kirchen plono dominii iuro, also zum vollen Eigenthume übergeben werden sollten, so versteht es sich auch von selbst, daß sie diejenigen Güter, welche sie damals besaßen, plono dominii iuro besitzen sollten.

Die einzelnen kirchlichen Institute, der bischöfliche Stuhl und die bischöflichen Capitel, sind daher als juristische Personen die Eigenthümer dieser Güter, die Bischöfe und die Collegien dieser Capitel stehen aber zu diesen Gütern im Verhältnisse eines Nießbrauchers, welches auch durch die Bulle de saluto animarum nicht geändert worden ist. Hinsichtlich der Wohnungen der Capitularen waltet aber ein anderes Verhältniß ob; von ihnen heißt es in der Bulle eben so wenig, wie von den Wohnungen der Erzbischöfe und Bischöfe, daß sie für dieselben gekauft und ihnen plono dominii iuro übergeben werden sollen, sondern nur, daß sie von dem Könige gewährt werden sollen, concedendas esse. Art. 53 der gedachten Bulle. Da nun die Collegien der Metropolitan- und Kathedral-Capitel nach dem vorstehenden Art. 49 bezüglich ihrer Güter die nämlichen Rechte und Pflichten haben, wie die Inhaber der Pfarrgüter, so kann hier wegen des Umfanges derselben auf die Bemerkungen zu Art. 6 und folgenden des gegenwärtigen Decretes hinverwiesen werden.

Anlangend die Collegiat-Capitel in Preußen, in so fern auf dieselben die Vorschriften des gegenwärtigen Decretes Anwendung finden, so besteht ein solches nur in Aachen. Hier war während der französischen Herrschaft bei der neuen Circumscription der Diöcesen im Jahre 1802 ein neues Bisthum gegründet worden, dessen Capitel in Gemäßheit des Beschlusses vom 15. Ventose Jahres XIII die im Bezirke gelegenen und noch nicht veräußerten ehemaligen bischöflichen Capitelsgüter anerfallen waren. Durch die nach Beseitigung der Fremdherrschaft für Preußen erlassene Bulle vom 16. Juli 1821 wurde nun zwar das Bisthum Aachen aufgehoben, dagegen aber das frühere Kathedralstift in ein Collegiatstift verwandelt, Art. 40 jener Bulle, und in Art. 51 derselben festgesetzt, daß dieses Collegiat-Capitel dasjenige Einkommen behalten solle, welches es bisher gehabt habe. Es verblieben ihm daher diejenigen Güter, in deren Besitz das ehemalige bischöfliche Capitel zu Aachen sich befunden hatte.

Im Art. 14 der für die oberrheinische Kirchenprovinz, zu welcher das Bisthum Mainz gehört, erlassenen Bulle provida solersque vom 16. August 1821 wird constatirt, daß die bischöfliche Kirche zu Mainz zwar feste Einkünfte besitze, die aber von der großherzoglich hessischen Staatsregierung um jährlich 20,000 Gulden vermehrt werden und aus den Einkünften der mainzer Regierung genommen werden sollen. Das gesammte Einkommen soll dann nach den in dem gedachten Artikel bestimmten Sätzen unter den Bischof, die Mitglieder des Capitels und die sonstigen Pfründner desselben vertheilt werden. Auch hier ist aber auch festgesetzt worden, daß zur Dotation Grundgüter angekauft werden sollen, welche ein jährliches Einkommen von 20,000 Gulden abwerfen. Zu diesen Gütern, welche nach der Bulle a. a. O. von der bischöflichen Kirche zu Mainz in vollem Eigenthume besessen werden sollen, stehen der Bischof und das Kathedral-Capitel nach Verhältniß ihres festgesetzten Einkommens in der Stellung eines Nießbrauchers, da des rechtlichen Charakters ihres Benutzungsrechtes in jener Bulle nicht gedacht wird, derselbe also auch nicht verändert worden ist. Die Wohnungen der Capitularen sind auch hier nicht als Theile des Dotationsvermögens erwähnt, sondern hinsichtlich ihrer wird nur gesagt, daß zu denselben die zehn vorhandenen Häuser, von welchen vier mit Gärten versehen seien, dienen sollen. Nach den Bemerkungen zu Art. 29 in fine ist ihr Verhältniß zu diesen das eines Miethers. Nach Art. 4 der Bulle sanctitas sua vom 5. Juni 1817 konnte das im Königreiche Baiern bestehende Bisthum Speyer wegen besonderer Umstände damals nicht in Grundgütern dotirt werden, mit der Zeit sollte aber die Dotation in Grundgütern erfolgen, und bis dahin, daß dies geschehen, das Einkommen des Bischofes und der Mitglieder des Kathedral-Capitels in Staatsgehältern bestehen. Auch verpflichtete sich der König, denselben passende Wohnungen anzuweisen. Die rechtliche Stellung derselben zu den Dotationsgütern und den Wohnungen ist auch in Folge der Bulle keine andere geworden, sondern es sind in dieser Hinsicht die Bestimmungen des gegenwärtigen Decretes in den Art. 6 und folgenden maßgebend, in so fern sie nicht mit der im erwähnten Art. 4 ihnen gewährten freien Verwaltung im Widerspruche stehen. Es heißt dort nämlich: „Reditus mensarum archiepiscopalium et episcopalium in bonis fundisque stabilibus liberae Archiepiscoporum et Episcoporum administrationi tradendis constituentur. Simili bonorum genere et administrationis iure gaudebunt capitula Metropolitanarum et cathedralium ecclesiarum et vicarii seu praebendati praedictarum ecclesiarum servitio addicti." Was daher in Preußen für die Verwaltung dieser Güter durch den Art. 15 der preußischen Verfassungsurkunde geschaffen worden, bestand in Baiern schon auf Grund dieser Bulle.

Art. 50.

Das Capitel kann bezüglich der Verwaltung der Güter oder der Vertheilung der Einkünfte keinen Beschluß fassen, wenn die anwesenden Mitglieder nicht wenigstens vier Fünftel der Gesammtzahl der vorhandenen Capitularen ausmachen.

Zu Art. 50.

Dem Art. 49 gemäß haben die Collegien der Kathedral- und Collegiat-Capitel die Verwaltung der Dotationsgüter der Capitel zu führen, und deßhalb haben auch alle Mitglieder jener Capitel das Recht, an den Beschlüssen über die Verwaltung und die Vertheilung der Einkünfte derselben Theil zu nehmen. Hierbei entsteht nun zunächst die Frage, welche Personen gehören zu den Mitgliedern dieser Capitel? Was zunächst die Collegien der Kathedral-Capitel anbelangt, so kann es wohl nicht bezweifelt werden, daß zu den Mitgliedern derselben nicht bloß die eigentlichen Capitularen, sondern auch die höheren Würdenträger im Capitel, nämlich der Dompropst und der Domdechant, gehören. Es ist dies in der Einrichtung dieses kirchlichen Institutes begründet, außerdem aber auch in den betreffenden, oben erwähnten Bullen de salute animarum, provida solersque und sanctitas sua ausdrücklich anerkannt. Ob indessen auch die Ehrendomherren das Recht haben, bei den Beschlüssen über die Verwaltung der Güter des Capitels und über die Vertheilung der Einkünfte derselben zugezogen zu werden, ist eine hier näher zu erörternde Frage. Die französische Kirchengesetzgebung zur Zeit des Erlasses des gegenwärtigen Decretes kannte das Institut der Ehrendomherren nicht. Was die deutschen Diöcesen, auf welche das gegenwärtige Decret Anwendung findet, betrifft, so kommen Ehrendomherren nur in Preußen in Gemäßheit der Bulle de salute animarum vor, in den Diöcesen Mainz und Speyer aber nicht, wie dies aus den Bullen provida solersque und sanctitas sua hervorgeht. Die ihnen in der Bulle de salute animarum verliehene Stellung läßt sie als Mitglieder des Kathedral-Capitels erscheinen, indem es im Art. 9 dieser Bulle heißt:

„Quod spectat capitulum Metropolitanae ecclesiae Coloniensis, in eo duas erigimus dignitates, praeposituram videlicet, quae maior erit post pontificalem, ac decanatum secundum, decem canonicatus numerarios et quatuor canonicatus honorarios."

Aehnlich lauten die Bestimmungen jener Bulle in den Art. 11 und 12 bezüglich der Kathedral-Capitel in Trier und Münster. Die Ehrendomherren beziehen wegen ihrer Stellung ein, wenn auch geringeres Gehalt, als das der Numerar-Domherren; sie haben nach Art. 17 jener Bulle mit den Numerar-Domherren Zutritt zum Chore und müssen zu den anderen kirchlichen Functionen der Numerar-Domherren zugelassen werden; sie wählen außerdem mit diesen nach Art. 22 der Bulle den Nachfolger des Erzbischofes oder Bischofes. Auch kann es wohl keinem gegründeten Zweifel unterliegen, daß im Falle einer

Dotation der Kathedral-Capitel in Grundgütern, wie sie in der Bulle versprochen wird, auch auf ihr durch dieselbe festgesetztes Einkommen wird Rücksicht genommen werden müssen, und daß in diesem Falle vom Capitel, dessen Mitglieder sie sind, auch das für ihr Einkommen bestimmte Grundvermögen zu verwalten sein wird, da die Ehrendomherren unter sich ein eigenes Capitel nicht bilden, ihre Dotation, weil sie Mitglieder des Capitels sind, sich in der Dotation desselben befinden wird. Alle diese Momente möchten wohl geeignet sein, zu der Annahme hinzuführen, daß die Ehrendomherren berechtigt seien, zu den Beschlüssen der Kathedral-Capitel über die Verwaltung der Capitelgüter und die Vertheilung der Einkünfte derselben mitzuwirken, und daß sie deßhalb auch zu den desfallsigen Berathungen eingeladen werden müßten. Allein dieser Annahme stehen doch auch sehr erhebliche Bedenken entgegen. Der Umstand allein, daß sie nach den Art. 9, 11 und 12 der Bulle de salute animarum zum Kathedral-Capitel gehören, kann hierbei nicht entscheidend sein, da zu demselben nach jenen Artikeln auch die Domvicarien oder andere Dompfründner gehören, welche doch unter keinen Umständen vermöge ihrer Stellung an der Verwaltung des Capitelvermögens Theil zu nehmen berechtigt sind; denn der Art. 50 beruft hierzu ausdrücklich nur die Domherren. Auch läßt schon die Thatsache, daß die zur Zeit des Erlasses des gegenwärtigen Decretes bestehende französische Kirchenverwaltungs-Gesetzgebung das kirchliche Institut der Ehrendomherren nicht kannte, und daß daher zu den damaligen Kathedral-Capiteln nur Numerar-Domherren gehörten, es bedenklich erscheinen, andere Personen, welche zwar nach späteren Bestimmungen als Mitglieder des Capitels zu betrachten sind, aber im Besonderen mit den Numerar-Domherren nicht gleiche Rechte und Pflichten haben, mit diesen bei der Verwaltung des Capitelvermögens gleichberechtigt zu erklären. Es bestehen nun aber in dieser Hinsicht gerade zwischen den Numerar-Domherren und den Ehrendomherren wesentliche Verschiedenheiten. Zunächst kann das ihnen ausgeworfene Gehalt von 100 Thlrn. unmöglich als ein solches angesehen werden, welches ihnen mit Rücksicht auf eine thätige Theilnahme an den Geschäften des Capitels gegeben wird, sondern mehr nur als eine Anerkennung der ihnen verliehenen Auszeichnung vor der anderen Pfarrgeistlichkeit, zu welcher sie auch ungeachtet dieser Auszeichnung noch fortwährend gehören. Gerade mit Rücksicht auf die Theilnahme an der Verwaltung der Güter des Capitels ist indessen die Bestimmung des Art. 17 der Bulle de saluto animarum von entscheidendem Einflusse auf die hier in Rede stehende Frage. In diesem Artikel heißt es nämlich: „Singulis profecto ex primo dictorum capitulorum canonicis honorariis, quos ad personalem residentiam et ad servitium chori minime obligatos esse declaramus, idem cum residentibus canonicis aditus ad chorum et ad caeteras ecclesiasticas functiones patebit." Die Ehrendomherren sind hiernach von der Pflicht, am Orte des Sitzes des Erzbischofes oder Bischofes zu wohnen, und vom Chordienste entbunden. Eine ordentliche tägliche Vermögensverwaltung ist aber bedingt durch die Anwesenheit der Theilnehmer an derselben am Orte der Verwaltung, und schon dieser Umstand allein in Verbindung damit, daß die Ehrendomherren die mit ihrer anderweitigen Stellung verbundene Verwaltung zu führen haben, und durch dieselbe principaliter stets in Anspruch genommen werden, dürfte die Ansicht erheblich unterstützen, daß die Ehrendomherren nicht zur Theilnahme an derselben berechtigt seien. Nimmt man aber die oben angeführten Gründe dazu und zieht dabei in Erwägung, daß in dem vorerwähnten Art. 17 der Bulle speciell hervorgehoben wird, daß sie zur Vornahme der übrigen kirchlichen Functionen berechtigt sein sollen, so dürfte mit Sicherheit angenommen werden, daß ihnen andere Functionen, als rein kirchliche, nicht zustehen, und daß sie daher an der Verwaltung des Zeitlichen der Capitel keinen Antheil zu nehmen haben. Hätte das Gegentheil in der Absicht der Bulle gelegen, so war es nicht nothwendig, in derselben ausdrücklich anzuführen, daß sie zu den andern kirchlichen Functionen berechtigt seien; man würde dann jedenfalls durch eine andere Fassung des Artikels oder auch nur durch das bloße Weglassen des Ausdruckes „kirchlichen" ihre Rechte auch in dieser Hinsicht definitiv klar gestellt haben.

Wegen der Wichtigkeit der im Art. 50 erwähnten Beschlüsse hat nun der Gesetzgeber dafür Sorge tragen wollen, daß die Majorität nicht wegen einer zufälligen Abwesenheit einzelner Mitglieder durch die Beschlüsse einer Minorität gebunden würde. Zu dem Ende hat er zu jeder Beschlußfassung in den im Art. 50 erwähnten Angelegenheiten die Anwesenheit einer bestimmten Anzahl stimmberechtigter Capitularen verlangt. Da jedoch die Anzahl der Capitularen in den einzelnen Diöcesen eine verschiedene ist, so konnte die zur Beschlußfassung erforderliche Zahl von Mitgliedern nur nach Bruchsätzen bestimmt werden, was zudem um so nothwendiger war, da nach dem Art. 50 bei der Berechnung der beschlußfähigen Zahl nicht die Anzahl der Domherrnstellen, sondern die der vorhandenen Domherren, chanoines existants, maßgebend sein soll, welche natürlich durch die zeitweise eintretenden Erledigungen oft wechselt. Es kommen daher hierbei die erledigten Stellen eben so wenig in Anschlag, wie nach der obigen Ausführung die vorhandenen Ehrendomherren. Zu einer solchen Beschlußfassung wird nun im Art. 50 die Anwesenheit von wenigstens vier Fünfteln der Gesammtzahl der vorhandenen Domherren verlangt, welche dann nach Mehrheit der Stimmen ihre Beschlüsse fassen. Die in jedem einzelnen Falle wirklich erforderliche Anzahl richtet sich nun zunächst nach der Zahl der bei jedem Capitel bestehenden Domherrnstellen, welche in den einzelnen Diöcesen verschieden ist, und außerdem nach der Zahl der besetzten Domherrnstellen. Wenn nun alle Stellen besetzt sind, so besteht in Köln das Domcapitel aus dem Dompropste, dem Domdechanten und zehn Capitularen, also aus zwölf Personen, weßhalb bei den erwähnten Beschlüssen zehn derselben anwesend sein müssen; in Trier, Münster und Speyer wird das Capitel aus dem Dompropste, dem Domdechanten und acht Domherren, also aus zehn Personen gebildet, so daß deren acht zu den gedachten Beschlüssen mitzuwirken haben. Das Domcapitel zu Mainz hat nur einen Domdechanten und sechs Domherren; hier sind also sechs Mitglieder zu den gedachten Beschlüssen erforderlich. In dieser Hinsicht dürften indessen die Territorialverhältnisse der Erzdiöcese Köln, so wie die der Diöcesen Trier und Münster erwähnt, und deren Einfluß auf die hier in Rede stehende Frage, wie viele Capitelsmitglieder zur Fassung eines der im Art. 50 erwähnten Beschlüsse anwesend sein müssen, näher erörtert werden. Zu diesen drei Diöcesen gehören nämlich nicht bloß Territorien des linken, sondern auch des rechten Rheinufers, in welchen letzteren das gegenwärtige Decret keine Anwendung findet. Dabei wird nicht unberücksichtigt bleiben können, daß die Domcapitel in Köln und Trier ihren Sitz auf der linken Rheinseite haben, der Sitz des Domcapitels zu Münster sich aber auf der rechten Rheinseite befindet. Die mit Rücksicht auf diese factischen Verhältnisse sich aufwerfenden Fragen sind nun folgende:

1) Wie viele Mitglieder der Domcapitel zu Köln und Trier müssen zur Fassung eines Beschlusses mitwirken, wenn es sich um die Verwaltung derjenigen Güter derselben, welche auf der rechten Rheinseite liegen, und um die Vertheilung der Einkünfte derselben handelt?

2) Wie viele Mitglieder des Domcapitels zu Münster müssen zugegen sein, wenn die Verwaltung der auf der linken Rheinseite gelegenen Güter desselben und die Vertheilung ihrer Einkünfte Gegenstand seiner Beschlüsse sein sollen?

Bei der Beantwortung dieser Fragen wird man im Allgemeinen in Erwägung ziehen müssen, daß das Recht einer Person, ein Vermögen verwalten zu können, durch ihre active Rechtsfähigkeit, d. h. durch ihre Befugniß, Rechtshandlungen gültig vorzunehmen, bedingt ist, die Person mag nun eine physische oder eine moralische sein. Der Umfang dieser activen Rechtsfähigkeit ist zu bemessen nach den Gesetzen des Wohnortes der handelnden Person, so daß also z. B. Jemand, der unter der Herrschaft des rheinischen Civilgesetzbuches mit 21 Jahren großjährig geworden ist, in den der Herrschaft des allgemeinen preußischen Landrechtes unterworfenen Ländern, in welchen die Großjährigkeit erst mit dem vollendeten 24. Lebensjahre eintritt, selbstständig gültige Rechtsgeschäfte vornehmen kann und nicht an die Beobachtung der für die Rechtsgeschäfte der Minderjährigen daselbst bestehenden gesetzlichen Vorschriften gebunden ist. Was für die physischen Personen in dieser Hinsicht Rechtens ist, gilt auch für die moralischen Personen, so daß deren active Rechtsfähigkeit überhaupt, so wie der Umfang derselben nach den Gesetzen des Ortes ihres Sitzes beurtheilt werden muß.

Für die Domcapitel zu Köln und Trier kommen also in dieser Beziehung die auf der linken Rheinseite geltenden Gesetze und bezüglich der hier in Rede stehenden Frage die Vorschriften des Art. 50 des gegenwärtigen Decretes zur Anwendung, auch wenn sie Beschlüsse über die Verwaltung ihrer auf der rechten Rheinseite gelegenen Güter und die Vertheilung der Einkünfte derselben fassen. Es müssen daher bei diesen Beschlüssen vier Fünftel der vorhandenen Domherren mitwirken, wenn sie rechtliche Gültigkeit haben sollen.

Für das Domcapitel zu Münster sind dagegen, da in Münster das allgemeine preußische Landrecht gilt, die Bestimmungen dieses Landrechtes maßgebend.

Nach §. 1025, Th. II, Tit. 11 desselben werden nun alle gemeinschaftlichen Rechte des Stiftes mit Ausschluß des Bischofes durch das Capitel allein ausgeübt; dem §. 1026 daselbst gemäß gebührt dem Capitel die alleinige Verwaltung des Stiftsvermögens, und werden die Beschlüsse desselben in Gemäßheit des §. 1038 daselbst nach Mehrheit der Stimmen gefaßt; nirgendwo wird aber gesagt, daß bei diesen Beschlüssen eine bestimmte Anzahl der vorhandenen Domherren mitwirken müsse, wie dies für die linke Rheinseite durch den vorstehenden Art. 50 vorgeschrieben ist. Der §. 1038 spricht nur von einer Mehrheit der Stimmen, bei einer divergirenden Meinung kann aber von einer solchen nur dann die Rede sein, wenn wenigstens drei Mitglieder bei der Fassung des Beschlusses mitgewirkt haben. Nach den obigen Ausführungen genügen diese denn auch, wenn es sich hier von der Verwaltung der auf der linken Rheinseite gelegenen Güter des Capitels oder von der Vertheilung der Einkünfte derselben handelt.

Der dritte Titel des gegenwärtigen Decretes stellt die Collegiat-Capitel bezüglich der Verwaltung ihrer Güter den Kathedral-Capiteln gleich; dasselbe ist durch den §. 1055 Th. II, Tit. 11 des allgemeinen preußischen Landrechtes geschehen. Was daher hier von den Beschlüssen über die Verwaltung der Güter der Kathedral-Capitel gesagt worden ist, gilt auch von den Beschlüssen der Collegiat-Capitel über die Verwaltung ihrer Güter. Da das Collegiat-Capitel zu Aachen nach der Bulle de salute animarum aus einem Propste und sechs Stiftsherren bestehen soll, so müssen hier, wenn alle Stellen besetzt sind, sechs Mitglieder anwesend sein, um die im Art. 50 erwähnten Beschlüsse gültig fassen zu können.

Art. 51.

Durch Zettelwahl und nach Mehrheit der Stimmen werden durch das Capitel in seiner Versammlung zwei Candidaten gewählt, aus welchen der Bischof den Schatzmeister ernennt.

Der Schatzmeister hat die Befugniß, von den Pächtern und Schuldnern zu empfangen, die Rechnungen festzustellen, Quittung und Entlastung zu ertheilen, die Schuldner vor den Gerichten zu verfolgen, im Namen des Capitels die Vorladungen anzunehmen, und vor Gericht aufzutreten, wenn er dazu gehörig ermächtigt worden ist.

Zu Art. 51.

Ob auch bei der Wahl der beiden Candidaten zum Schatzmeisteramte, welche das Capitel nach dem vorstehenden Artikel vorzunehmen hat, wenigstens vier Fünftel der vorhandenen Domherren mitwirken müssen, geht aus den Bestim=

mungen des Art. 51 nicht ausdrücklich hervor, indem hier nur verordnet worden ist, daß die Wahl eine Zettelwahl sein und bei derselben die Stimmenmehrheit entscheiden solle. Wenn man indessen in Erwägung zieht, zu welchen Beschlüssen der Gesetzgeber die Mitwirkung von wenigstens vier Fünfteln der vorhandenen Domherren verlangt, wenn der Art. 50 diese zu jeder déliberation relative à la gestion des biens erfordert, und man nicht wird bestreiten können, daß die Wahl eines geeigneten Schatzmeisters ein sehr wichtiger, auf die Verwaltung des Vermögens Bezug habender Act des Capitels ist, so ist die Annahme eine wohl begründete, daß an dieser Wahl wenigstens vier Fünftel der vorhandenen Domherren Theil nehmen müssen.

Der Art. 51 verfügt nun weiter, daß das Capitel diese Wahl „dans son sein" vornehmen müsse. Es könnte diese Ausdrucksweise den Anschein haben, als ob das Capitel die beiden Candidaten für das Schatzmeisteramt aus seiner Mitte wählen müsse, daß dieselben also Mitglieder des Capitels sein müßten. Das französische Wort „sein" bedeutet zwar im Allgemeinen „Mitte, Schooß", allein es faßt auch in sich den Begriff der „Gemeinschaft", wie denn nach dem Dictionnaire de l'académie française der Ausdruck „le sein de l'église catholique" die Gemeinschaft der katholischen Kirche bezeichnet. Wenn nun im Art. 51 gesagt wird, daß das Capitel die beiden Candidaten nicht de son sein aus seiner Mitte, sondern dans son sein, in seiner Gemeinschaft wählen solle, so kann damit nur gemeint sein, daß die Wahl in einer Versammlung des Capitels erfolgen solle, daß also das Capitel sich zur Vornahme derselben versammeln solle, und sie nicht etwa durch Einsendung der Wahlzettel an den Vorsteher des Capitels bewirkt werden könne. Außerdem ist aber auch die Thätigkeit, welche dem Schatzmeister zugewiesen ist, eine solche, daß sie wohl nicht füglich von einem Geistlichen gefordert werden kann, wie dies z. B. bei den vom Schatzmeister einzuleitenden und durchzuführenden Executionen, dem Auftreten vor den Gerichten der Fall ist. Es widerspricht aber auch der Ansicht, daß einer der Capitularen Schatzmeister des Capitels sein müsse, die Thatsache, daß bei den Capiteln stets ein weltlicher Rendant die Functionen des Schatzmeisters wahrnimmt.

Die Stellung des Schatzmeisters der Capitel ist eine wesentlich verschiedene von der des Schatzmeisters der Kirchen=Fabriken. Diese Verschiedenheit ist begründet eines Theils in der persönlichen Stellung beider, andern Theils in dem Umfange der Verwaltung des Kirchen=Fabrikvermögens und der der Capitelsgüter. Deßhalb kann auch der Umfang der Rechte und Pflichten des Schatzmeisters der Capitel nicht nach dem des Schatzmeisters der Kirchen=Fabriken bemessen werden, sondern es ist derselbe lediglich nach den Bestimmungen des dritten Titels des gegenwärtigen Decretes zu beurtheilen. Was nämlich die persönliche Stellung beider anbelangt, so ist der Schatzmeister der Kirchen=Fabriken nicht bloß als ein berathendes, sondern auch als ein stimmberechtigtes Mitglied des Kirchenrathes und der Kirchmeisterstube bei allen die Verwaltung des Fabrikvermögens betreffenden Beschlüssen thätig; er ist sogar in einzelnen

Fällen, wie in den des Art. 35 des Decretes vom 30. December 1809, selbstständig zu Ausgaben berechtigt. Man vergleiche die Bemerkungen bei de Syo a. a. O. zu Art. 35. Dagegen steht dem Schatzmeister der Capitel ein directer Antheil an der Verwaltung der Capitelsgüter nicht zu; er ist eben so wenig berechtigt, in einzelnen Fällen selbstständig Ausgaben zu machen, als er bei den über diese Verwaltung zu fassenden Beschlüssen ein Stimmrecht auszuüben hat. Anlangend den Umfang der Verwaltung des Kirchen-Fabrikvermögens, so kommen bei derselben Einnahmen und Ausgaben der verschiedensten Art vor, welche sämmtlich durch den Schatzmeister der Kirchen-Fabrik bewirkt werden, und zwar theils nur auf Anweisung des Präsidenten der Kirchmeisterstube, als der eigentlichen Verwalterin, wie dies der Art. 28 des Decretes vom 30. December 1809 vorschreibt, theils aber auch, wie vorbemerkt, selbstständig, weil er mitverwaltendes Mitglied der Kirchmeisterstube ist. Seine Geschäftsführung ist daher in Bezug auf Einnahme und Ausgabe eine ziemlich ausgedehnte. Dagegen ist die des Schatzmeisters eines Capitels eine weit einfachere; der Gesetzgeber erwähnt nämlich im Art. 51 nur zweierlei Arten von Einnahmen, welche durchschnittlich nur in gewissen Terminen erfolgen, nämlich die Zahlungen der Pächter und Schuldner, wie dies auch bei dem Gegenstande der Verwaltung nur der Fall sein kann; gerade mit Rücksicht auf den Gegenstand kommen denn auch im Art. 58 die Reparaturen nur als Ausgaben vor. Mitverwalter ist dieser Schatzmeister nicht, sondern nur der Rechnungsführer des Capitels, welches die zu machenden Zahlungen durch Anweisungen auf ihn bewirkt. Wenn daher im Art. 51 die einzelnen Befugnisse des Schatzmeisters eines Capitels speciell aufgeführt werden, so sind sie auch hierauf zu beschränken und können nicht nach Analogie der Befugnisse des Schatzmeisters der Kirchen-Fabriken ausdehnend erklärt werden. Diese Befugnisse des Schatzmeisters eines Capitels bestehen nun nach dem Art. 51 in Folgendem:

1) Von den Pächtern und Schuldnern die erfallenen Pachtsummen und Forderungen zu empfangen. Ausstand kann er ohne Bewilligung des Capitels nicht ertheilen, wie er denn auch Vergleiche über diese Forderungen selbstständig nicht abschließen kann, wenn sie streitig gemacht werden.

2) Die Rechnungen festzustellen. Der französische Text bezeichnet diese Befugniß durch die Worte „arrêter les comptes". Unter diesen Rechnungen können nur diejenigen gemeint sein, welche dritte Personen wegen Lieferungen bei den Reparaturen oder für sonstige Bedürfnisse des Capitels eingereicht haben. Rücksichtlich dieser hat nun der Schatzmeister das Recht und die Pflicht, die Richtigkeit dieser Rechnungen zu prüfen und sie durch die Bescheinigung der Richtigkeit festzustellen. Daß er nun aber nach der Feststellung das Recht habe, sie ohne Weiteres zu bezahlen, ist hier nicht gesagt; auch hat er dazu keine Befugniß, vielmehr muß er seiner Stellung gemäß dieselben dem Capitel zur Ausstellung einer Zahlungsanweisung vorlegen; denn das Capitel verwaltet und zahlt durch eine auf ihn ausgestellte Anweisung.

3) Quittung und Entlastung zu ertheilen. Die Befugniß des Schatzmeisters

besteht nach dieser Bestimmung nur darin, daß er für die erhobenen Beträge Quittung und Entlastung ertheilen kann. Weiter geht aber seine selbstständige Befugniß nicht; er kann daher bei der Zahlung einer Hypothecarschuld nicht ohne Weiteres in die Löschung der Hypothecar=Einschreibung einwilligen, sondern er bedarf hierzu der Ermächtigung des Capitels. Der desfallsige Beschluß des Capitels unterliegt nach Art. 61 des gegenwärtigen Decretes der Genehmigung des Bischofes.

4) Die Schuldner vor den Gerichten zu verfolgen. Hiedurch ist nur gesagt, daß der Schatzmeister die desfalls anzustellenden Processe betreiben solle, aber nicht, daß er zur Anstellung einer Klage gegen den Schuldner ohne Ermächtigung schreiten könne. Man vergleiche in dieser Hinsicht die Bestimmungen des Art. 53 des gegenwärtigen Decretes.

5) Im Namen des Capitels die Vorladungen anzunehmen. Durch die Ertheilung dieser Befugniß hat der Gesetzgeber ihn als diejenige Person qualificirt, welcher nach Art. 69 Nr. 3 der Civilproceß=Ordnung die Vorladungen zugestellt werden müssen.

6) Vor Gericht aufzutreten, wenn er dazu gehörig ermächtigt worden ist. Man vergleiche in dieser Hinsicht den Art. 53 des gegenwärtigen Decretes und die Bemerkungen zu demselben.

Das gegenwärtige Decret enthält keine Bestimmungen darüber, ob der Schatzmeister des Capitels unter allen Umständen eine Caution zu bestellen habe. Eine analoge Behandlung desselben bei dieser Frage, wie die des Schatzmeisters der Kirchen=Fabriken, ist unzulässig, weil dieser das Schatzmeisteramt als ein Ehrenamt verwaltet und stimmberechtigtes Mitglied der Fabrikverwaltung ist, beides aber bei dem Schatzmeister des Capitels nicht zutrifft. Zweifelhaft ist es, ob hierbei der Beschluß vom 16. Germinal Jahres XII, nach welchem die besoldeten Rendanten der Wohlthätigkeits=Anstalten und Hospitäler eine durch den Präfecten festzusetzende Caution zu bestellen haben, maßgebend ist; denn wenn auch der Schatzmeister des Capitels eine Besoldung bezieht, so ist seine Stellung doch nicht eine gleiche, wie die jener Rendanten, indem er nach dem folgenden Art. 52 zu jeder Zeit durch das Capitel gewechselt werden und überhaupt nur für fünf Jahre gewählt werden kann, während jene in der Regel auf Lebenszeit ernannt werden. Nach dem Erlasse der preußischen Verfassungs=Urkunde kann es jedoch nicht zweifelhaft sein, daß das Capitel die Modalitäten für die Verwaltung seiner Güter festzusetzen hat, und daß es hiebei von der Bestellung einer Caution eben so gut abstrahiren kann, als es eine solche zu verlangen berechtigt ist. Will das Capitel von seinem Schatzmeister eine Caution bestellt haben, so ist es klar, daß es die beiden Candidaten für das Schatzmeisteramt nur unter der Bedingung wählen wird, daß der vom Bischofe ernannte Schatzmeister auch diese Caution bestellt. Zu dem Ende hat denn das Capitel in dem Beschlusse über die Wahl nicht bloß zu constatiren, daß es überhaupt von seinem Schatzmeister die Bestellung einer Caution verlangt, sondern es **muß** auch die Höhe der zu bestellenden Caution festsetzen. Spricht es sich dabei überhaupt nicht über das Verlangen einer Cautionsbestellung aus, so ist anzunehmen, daß es von einer solchen absehen will, da das Vorhandensein einer Bedingung nicht vermuthet wird.

Nach Art. 53 des gegenwärtigen Decretes ist der Schatzmeister verpflichtet, alle conservatorischen Maßregeln vorzunehmen und allen Fleiß auf die Einziehung der Einkünfte zu verwenden; er haftet daher nicht bloß für die wirklichen Einnahmen, sondern auch für das, was von ihm hätte eingenommen werden sollen, aber durch seine Nachlässigkeit uneinforderbar geworden ist. Da in dem gegenwärtigen Decrete nirgendwo davon die Rede ist, daß die eingehenden Gelder in eine mit drei Schlüsseln versehene Kiste des Capitels hinterlegt werden sollen, so verbleiben dieselben in den Händen des Schatzmeisters, wenn nicht durch Beschluß des Capitels ein Anderes verfügt worden ist. Ist dies nicht geschehen, so haftet der Schatzmeister auch nicht für den bei ihm verübten Diebstahl an Geldern des Capitels, wenn er nur zur Aufbewahrung derselben gehörige Vorsorge getroffen hat; denn er war zum Besitze derselben berechtigt. Hat das Capitel aber die Aufbewahrung derselben in jener Kiste verordnet, so haftet er unbedingt, weil er durch die Aufbewahrung bei sich widerrechtlich gehandelt hat.

Als rechnungspflichtiger Empfänger der Gelder einer öffentlichen Anstalt ist der Schatzmeister den Bestimmungen des Art. 2121 des B. G.-B. unterworfen; das Capitel hat daher gegen ihn eine gesetzliche Hypothek, welche indessen Dritten gegenüber nach Art. 2134 des B. G.-B. erst von dem Tage an Wirkung hat, an welchem sie in die Hypothekenregister eingetragen worden ist. Auch finden die Bestimmungen des Art. 126 Nr. 2 der Civilproceß-Ordnung auf ihn Anwendung, nach welchen er zur Zahlung des Rechnungsüberschusses, wenn derselbe die Summe von 300 Francs übersteigt, unter Körperhaft verurtheilt werden kann. Art. 2065 des B. G.-B.

Art. 52.

Der Schatzmeister kann zu jeder Zeit durch das Capitel gewechselt werden.

Wenn der Schatzmeister fünf Jahre nach einander sein Amt ausgeübt hat, so findet eine neue Wahl Statt; derselbe Schatzmeister kann als einer der beiden Candidaten in Vorschlag gebracht werden.

Zu Art. 52.

Man könnte in der Bestimmung des Art. 52, daß das Capitel, obgleich es zur Besetzung der Schatzmeisterstelle nur ein Präsentationsrecht und kein Ernennungsrecht hat, für befugt erklärt wird, den Schatzmeister zu jeder Zeit zu entlassen und so die durch den Bischof vollzogene Ernennung desselben aufzuheben, einen schroffen Gegensatz zwischen den Rechten des Bischofes und des Capitels

Decret vom 6. November 1813. Art. 52.

erblicken. Allein wenn man diese Bestimmung des gegenwärtigen Artikels mit der des Art. 61 in Verbindung bringt, so ergibt sich, daß ein so schroffer Gegensatz in der Wirklichkeit nicht vorhanden ist, daß vielmehr sowohl den Interessen des Capitels als den Rechten des Bischofes vollkommen Rechnung getragen worden ist. Der Schatzmeister des Capitels ist nämlich bezüglich der ihm zugewiesenen Geschäfte der Mandatar desselben, dessen Mandat, wie überhaupt bei dem Vollmachtsvertrage, nach Art. 2004 des B. G.-B. von dem Vollmachtgeber zu jeder Zeit gekündigt werden kann. Es war daher die Bestimmung des Art. 52, daß das Capitel seinen Schatzmeister zu jeder Zeit wechseln könne, eine in der Natur des Verhältnisses begründete. Andern Theils steht aber dem Bischofe die Oberaufsicht über das gesammte kirchliche Vermögen seiner Diöcese zu, es muß ihm daher auch ein Einfluß auf die Verwaltung dieses Vermögens durch die unteren kirchlichen Behörden in der Art gewährt sein, daß er den einzelnen Verwaltungshandlungen derselben zu ihrer gültigen Wirksamkeit seine Genehmigung zu ertheilen berechtigt ist und daß er denselben auch seine Genehmigung versagen kann. Dieses Recht des Bischofes ist im Art. 61 des gegenwärtigen Decretes anerkannt, indem nach demselben in allen im gegenwärtigen Titel bezeichneten Fällen die Beschlüsse des Capitels der Genehmigung des Bischofes unterliegen sollen. Wenn daher das Capitel seinen bisherigen Schatzmeister entlassen will, so ist hierzu ein Beschluß desselben erforderlich, der, da er zu den im gegenwärtigen Titel erwähnten Beschlüssen gehört, auch der Genehmigung des Bischofes unterliegt. Damit derselbe aber in der Lage ist, sich für oder gegen die Genehmigung entscheiden zu können, hat das Capitel in seinem besfallsigen Beschlusse die Gründe der Entlassung anzugeben, so wie auch eine etwaige Meinungsverschiedenheit der stimmenden Mitglieder zu documentiren. Erst dann, wenn der Bischof seine Genehmigung ausspricht, hat der Beschluß Wirksamkeit, und mit dieser Modification ist der erste Satz des Art. 52 zu verstehen. Da der Beschluß des Capitels, durch welchen der Schatzmeister entlassen wird, auch ein auf die Verwaltung des Capitelsvermögens Bezug habender Beschluß ist, so müssen bei demselben eben so wie bei der Wahl der beiden Candidaten zum Schatzmeisteramte wenigstens vier Fünftel der vorhandenen Domherren mitwirken.

Dem Art. 61 gemäß hat das Capitel, wenn der Bischof seinem Beschlusse die Genehmigung versagt, das Recht, gegen die Verfügung des Bischofes Recurs an den Cultusminister zu ergreifen, welcher über diesen Conflict endgültig entscheiden soll. Durch den Art. 15 der preußischen Verfassungs-Urkunde ist dieses Recht des Cultusministers aufgehoben; der Bischof ist jetzt bezüglich des kirchlichen Verwaltungsrechtes die letzte Instanz, und damit ist denn auch das dem Capitel im Art. 61 gegebene Recursrecht weggefallen.

Nach dem Schlußsatze des Art. 52 soll eine Neuwahl für das Schatzmeisteramt Statt finden, wenn der Schatzmeister sein Amt fünf Jahre nach einander ausgeübt hat. Hiedurch ist nur gesagt, daß, nachdem ein Schatzmeister fünf Jahre nach einander sein Amt verwaltet hat, unbedingt eine Neuwahl vorgenommen werden müsse, das Capitel und der Schatzmeister mögen nun damit einverstanden sein, daß er sein Amt zu verwalten fortfahre, oder nicht. Es ist aber in dieser Bestimmung nicht enthalten, daß der ernannte Schatzmeister nun auch gezwungen sei, sein Amt fünf Jahre hindurch zu verwalten; vielmehr steht ihm als Mandatar des Capitels nach Art. 2007 des B. G.-B. das Recht der Kündigung zu jeder Zeit zu; nur muß er das Capitel entschädigen, wenn er durch die Kündigung ihm Nachtheil zufügt. Diese Entschädigungspflicht fällt indessen nach dem erwähnten Art. 2007 fort, wenn er das Mandat ohne einen erheblichen Nachtheil für sich nicht weiter fortführen kann.

Um dem Capitel die Gelegenheit zu geben, die Wiederernennung seines bisherigen Schatzmeisters, wenn es mit dessen Amtsführung zufrieden ist, zu befürworten und zu ermöglichen, hat der Gesetzgeber gestattet, daß er als einer der beiden dem Bischofe in Vorschlag zu bringenden Candidaten gewählt werden könne.

Art. 53.

Ohne vorherigen Beschluß des Capitels und ohne Ermächtigung durch den Präfecturrath kann der Schatzmeister weder als Kläger noch als Beklagter vor Gericht auftreten, noch in eine Abstandnahme einwilligen. Er nimmt alle conservatorischen Acte vor und ergreift alle Maßregeln zur Beitreibung der Forderungen.

Zu Art. 53.

Nachdem bereits im Art. 51 die verschiedenen Befugnisse des Schatzmeisters eines Capitels näher aufgeführt worden sind, werden nun im Art. 53 die Bedingungen angegeben, unter welchen derselbe diese Befugnisse ausüben kann. Der Gesetzgeber theilt hier jene Befugnisse in solche ein, zu deren Ausübung der Schatzmeister jedes Mal eine besondere Ermächtigung haben muß, und in solche, bei denen es dieser Ermächtigung nicht bedarf. Im Anschlusse an den Art. 51, in welchem nur von dem Erfordernisse einer Ermächtigung des Schatzmeisters die Rede ist, wo es sich um das „plaider" handelt, wird dann auch im ersten Satze des Art. 53 nur von einer Ermächtigung desselben bei dem „plaider" gehandelt; rücksichtlich der anderen im Art. 51 erwähnten Befugnisse des Schatzmeisters wird im Art. 53 des Erfordernisses einer Ermächtigung zur Ausübung derselben keine Erwähnung gethan. Der Natur derselben gemäß konnte auch hierbei von einer jedesmaligen vorherigen Ermächtigung, wie sie der Art. 53 für das „plaider" erfordert, nicht die Rede sein, wenn nicht die ganze Thätigkeit des Schatzmeisters gelähmt werden sollte. Dies wäre namentlich der Fall bei der Erhebung der Pacht- und einfachen Schuldforderungen, den desfallsigen Quittungen und Entlastungen, bei der Feststellung der Rechnungen und der Annahme der Vorladungen im Namen des Capitels. Unter dem französischen Ausdrucke „plaider" versteht man nun nach dem Dictionnaire de l'académie française nicht bloß das Auftreten vor Gericht, also das Verhandeln einer

Sache vor demselben, sondern auch das Anstellen einer Klage. Wenn es daher im Art. 53 heißt: „Le trésorier ne pourra plaider en demandant ni en défendant," so ist darunter zu verstehen, daß der Schatzmeister eines Capitels ohne Beobachtung der im Art. 53 erwähnten Formalitäten weder eine Klage anstellen, noch als Kläger oder Beklagter eine Sache vor Gericht verhandeln kann. Der Art. 77 des Decretes vom 30. December 1809 untersagt den Kirchmeistern, die doch als eigentliche Verwalter eine umfangreichere Stellung haben, ohne vorherige Ermächtigung einen Proceß zu erheben, entreprendre un procès, weßhalb man dies um so mehr bei dem Schatzmeister eines Capitels, welcher geringere Befugnisse hat, annehmen muß. Hiermit scheint nun aber die Bestimmung des Art. 51, daß der Schatzmeister des Capitels befugt sei, die Schuldner vor den Gerichten zu verfolgen, de poursuivre les débiteurs devant les tribunaux, ohne daß hierbei des Erfordernisses einer Ermächtigung gedacht wird, im Widerspruche zu stehen; denn unter dem poursuivre devant les tribunaux ist eben so gut die Anstellung einer Klage, als das Verhandeln einer Sache vor Gericht zu verstehen. Dieser Widerspruch löst sich aber einfach dadurch, daß man den Art. 51 in dieser Hinsicht dahin interpretirt, daß, nachdem dem Schatzmeister die Befugniß ertheilt worden, von den Pächtern und Schuldnern zu empfangen und denselben Quittung zu ertheilen, er auch für berechtigt erklärt werden mußte, die aus den Pacht- und Schuldverhältnissen resultirenden Summen von den Schuldnern durch Anstellung einer Klage einzuziehen, daß daher diese Bestimmung nur als eine Ausnahme-Bestimmung zu betrachten ist, und auf andere Processe des Capitels, von welchen im Art. 51 nicht gesprochen wird, nicht ausgedehnt werden darf. Eine ähnliche Ausnahme ließ man auch für die Kirchen-Fabriken, gestützt auf die Bestimmungen des Art. 78 des Decretes vom 30. December 1809, in der Weise gelten, daß man annahm, es bedürfe einer Ermächtigung zur Proceßführung nicht, wenn es sich um die Einziehung von Zinsen und Gefällen im Wege der Klage handle. Man vergl. de Syo a. a. O. zu Art. 77. Man wird allerdings für diese Ansicht nicht auch die Allerhöchste Cabinets-Ordre vom 10. Januar 1830 anrufen können, nach welcher es in allen den Fällen, wo wegen rückständiger Gefälle, Zinsen und dergleichen die Schuldner in Anspruch genommen werden, einer besondern Ermächtigung der Vorstände und Rendanten der Gemeinden, Kirchen-Fabriken und Armenanstalten nicht bedarf, weil die Capitel zu keiner dieser moralischen Personen gehören. Hermens a. a. O., Bd. II, S. 566, ist zwar der Ansicht, daß die Allerhöchste Cabinets-Ordre vom 10. Januar 1830 auch hier maßgebend sei, Gründe gibt er aber für seine Ansicht nicht an.

Ohne die im Art. 53 erwähnte Ermächtigung soll der Schatzmeister des Capitels auch nicht in eine Abstandsnahme einwilligen können. Unter Abstandsnahme, désistement, versteht man die der Gegenpartei gemachte Erklärung, daß man von einem angestellten Processe zurücktreten wolle. Ihrer Natur nach kann sie nur vom Kläger, der einen Proceß erhoben hat, ausgehen; nach dem processualischen Grundsatze „reus excipiendo fit actor" kann aber auch der

Beklagte in die Stellung eines Klägers kommen, und ist derselbe dann auch zu einer Abstandsnahme in solchen Fällen berechtigt. Dies ist namentlich der Fall bei wirklichen Einreden und Incidentanträgen, so wie auch bei Oppositionen und Berufungen gegen Urtheile, welche zum Nachtheile des Beklagten ergangen sind. Dem Art. 403 der Civilproceß-Ordnung gemäß hat nun die Abstands= nahme, wenn sie von der Gegenpartei angenommen worden ist, die Wirkung, daß die Rechtsverhältnisse der Parteien in denjenigen Zustand zurückversetzt werden, in welchem sie sich vor Anstellung der Klage befunden haben. Die Er= klärung, daß man von einer angestellten Klage zurücktreten wolle, schließt daher nicht eine vollständige Verzichtleistung auf das durch die Klage in Anspruch ge= nommene Recht in sich; dieses kann vielmehr, wenn die Abstandsnahme ange= nommen worden ist, durch eine neue Klage wieder gefordert werden. Da in= dessen durch die Anstellung einer Klage auch dem Beklagten mannigfache Rechte erwachsen, welche möglicher Weise ihm bei einer neuen Klage nicht mehr zur Seite stehen, z. B. die Nichtigkeit eines Zeugenverhörs, welches bei einer neuen Klage wieder erneuert werden könnte, bei der angestellten Klage aber deren Ab= weisung zur Folge haben würde, so liegt in der Annahme des Abstandes von einer Klage eine Verzichtleistung des Beklagten auf die ihm durch die Klage erworbenen Rechte. Ein solches Aufgeben von Rechten kann aber nicht in den Befugnissen eines bloßen-Rendanten liegen, und deßhalb hat denn auch der Art. 53 ausdrücklich zur Einwilligung des Schatzmeisters in eine Abstands= nahme eine Ermächtigung desselben verlangt.

In der französischen Gesetzgebung zur Zeit des Erlasses des gegenwärtigen Decretes wird durchgängig für den Staat auf Grund des durch ihn in Anspruch genommenen Obervormundschaftsrechtes über die Kirche seine Mitwirkung stets bei Handlungen gefordert, welche die Substanz des kirchlichen Vermögens be= treffen, wie dies denn namentlich bei den Processen der kirchlichen Institute der Fall ist. Deßhalb hat der Gesetzgeber denn auch bei der Entscheidung über die Fragen, ob ein Capitel einen Proceß anstellen, ob es sich auf eine von einem Dritten erhobene Klage einlassen und in eine Abstandnahme desselben einwil= ligen solle, die Mitwirkung der Staatsbehörden verlangt, und zwar die des Präfecturrathes, welcher nach Art. 53 die Ermächtigung dazu zu ertheilen be= rufen ist. In dieser Hinsicht bedürfen nun der Schlußpassus des Art. 51 und der erste Satz des Art. 53 einer näheren Erläuterung. Muß man nämlich den Schatzmeister des Capitels nach den Bemerkungen zum Art. 52 überhaupt nur als dessen Bevollmächtigten betrachten, und ist das Capitel bei den das Capitels= vermögen betreffenden Processen die allein betheiligte Person, so versteht es sich nach dem Grundsatze „nul no plaide pas par procureur" von selbst, daß jene Processe nur auf den Namen des Capitels geführt werden können, und daß der Schatzmeister sie nicht als Bevollmächtigter lediglich auf sein Anstehen erheben kann. Daß von dieser Ansicht auch der Gesetzgeber ausgegangen ist, geht aus der Bestimmung des Art. 51 hervor, daß der Schatzmeister befugt sein solle, die Vorladungen im Namen des Capitels anzunehmen, daß also das

Capitel, und nicht bloß der Schatzmeister als dessen Bevollmächtigter vorgeladen werden muß. Hiermit scheinen nun allerdings die Schlußworte des Art. 51 nicht zu vereinbaren zu sein, da in denselben bezüglich der Führung der Processe nicht von einer dem Capitel, sondern von einer dem Schatzmeister zu ertheilenden Ermächtigung die Rede ist. Die Fassung des Art. 53, in welchem die Bedingungen angegeben sind, unter welchen der Schatzmeister des Capitels vor Gericht soll auftreten können, ist nun eine wesentlich andere, wie die des Schlußpassus des Art. 51; in dem letzteren heißt es zwar, daß der Schatzmeister ermächtigt werden müsse, aber nicht, daß diese Ermächtigung vom Präfecturrathe ausgehen müsse. Diese Bestimmungen werden nun im Art. 53 nicht in derselben Weise wiederholt, aus ihm geht vielmehr nur hervor, daß der Schatzmeister vor Gericht nicht solle auftreten können, wenn nicht das Capitel vorher wegen des zu erhebenden Processes einen Beschluß gefaßt habe und die Ermächtigung zur Anstellung der Klage oder zur Einlassung auf dieselbe erfolgt sei. Daß diese Ermächtigung durch den Präfecturrath auf den Schatzmeister lauten solle, wird im Art. 53 nicht gesagt. Die Bestimmung des Art. 53 steht daher auch nicht im Widerspruche mit dem oben erwähnten processualischen Grundsatze. Will man nun diesen letzteren mit dem Schlußpassus des Art. 51 in Einklang bringen, so kann dies nur in der Weise geschehen, daß man den Gang der hier zu beobachtenden Formalitäten in der Weise auffaßt, daß das Capitel zunächst wegen des Processes einen Beschluß faßt, welcher nach Art. 61 vom Bischofe zu genehmigen ist, daß dann der Präfecturrath das Capitel zur Anstellung der Klage, oder zur Einlassung auf dieselbe, oder zur Einwilligung in eine Abstandnahme ermächtigt, und hierauf das Capitel den Schatzmeister als seinen Bevollmächtigten mit der Führung des Processes beauftragt. Der Proceß wird dann gerade so, wie die Processe der Kirchen-Fabriken, auf Anstehen des Capitels und auf Betreiben seines Schatzmeisters geführt. In Preußen ist nun in Gemäßheit des Art. 15 der preußischen Verfassungs-Urkunde das Erforderniß der Ermächtigung durch den Präfecturrath, später durch die Regierung, weggefallen, so daß jetzt nur noch die des Bischofes erforderlich ist. Da aber die Beschlüsse des Capitels nach Art. 61 der Genehmigung des Bischofes unterliegen, so ist in der Genehmigung des Capitelsbeschlusses durch den Bischof auch die Ermächtigung zur Proceßführung oder zur Einwilligung in die Abstandsnahme enthalten.

Diejenigen Handlungen, zu deren Vornahme der Schatzmeister des Capitels einer besondern Ermächtigung nicht bedarf, weil er dazu durch das Gesetz selbst ermächtigt wird, sind nach Art. 53 die conservatorischen Maßregeln, wozu gehören die Hypothecar-Einschreibungen und Erneuerungen derselben, die Veranlassung der Aufnahme neuer Titel, wenn die vorhandenen 28 Jahre alt sind, die Pfändungen und Arrestanlagen, so wie die Beantragung der Siegelanlage auf den Nachlaß verstorbener Schuldner des Capitels.

Was die Frage wegen der Stempelpflichtigkeit oder Stempelfreiheit der zur Einziehung der Einkünfte des Capitels erforderlichen Acte anbelangt, so kann, da die Capitel bezüglich der Benutzung des Capitelsvermögens dieselben Rechte wie die Pfarrer am Pfarr=Dotationsvermögen haben, auf die Bemerkungen zum Art. 14 des gegenwärtigen Decretes hinverwiesen werden.

Art. 54.

Alle das Eigenthum betreffenden Titel und Nachweisen werden in eine Kiste oder einen Schrank mit drei Schlüsseln gelegt.

Bei den Kathedral=Capiteln verbleibt ein Schlüssel in den Händen des ersten Würdenträgers, der zweite in denen des ersten Beamten, und der dritte in den Händen des Schatzmeisters.

Bei den Collegiat=Capiteln verbleibt ein Schlüssel in den Händen des Dechanten, der zweite in den Händen des ersten Beamten, und der dritte in denen des Schatzmeisters.

Zu Art. 54.

Aehnlich wie bei den das Pfarrgut betreffenden Titeln und Papieren, wird auch hier die Hinterlegung der das Eigenthum des Capitels betreffenden Titel, Papiere und Nachweisungen in eine mit drei Schlüsseln versehene Kiste oder in einen eben so zu verschließenden Schrank verordnet. Wo diese Kiste oder dieser Schrank aufzubewahren sei, wird hier nicht gesagt. Nach Analogie der Bestimmungen des Art. 2, welche auf die Aufbewahrung der das Pfarr=Dotations= vermögen betreffenden Titel und Papiere Bezug haben, könnte man annehmen, daß diese Kiste die der Fabrik der Kathedral= und Collegiatkirchen sein solle. Dies scheint indessen nicht der Fall zu sein, da in dem Decrete vom 30. December 1809 für die Verwaltung des Fabrikvermögens derselben ein eigener Fabrikrath bestehen soll, und dieser mit dem Capitel, welches die Verwaltung des Capitelsvermögens zu führen hat, nicht identisch ist, auch die Erledigung eines Capitels im Ganzen, wie dies bei der Erledigung einer Pfarrei der Fall ist, von dem Gesetzgeber schwerlich gedacht worden ist, so daß dann etwa der Schatzmeister der Kathedral= oder Collegiat=Fabrik interimistisch die Verwaltung zu führen hätte. Man vergl. de Syo a. a. O. zu Art. 104. Auch gestattet der Umfang der das Fabrikvermögen der Kathedral= und Collegiatkirchen und dessen Verwaltung betreffenden Papiere und Urkunden nicht eine gemeinsame Aufbewahrung derselben mit denjenigen, welche auf das Vermögen des Capitels Bezug haben. Wenn das Capitel daher zu deren Aufbewahrung einen eigenen Schrank haben soll, so wird derselbe in der Regel da aufzustellen sein, wo das Capitel seine Versammlungen hält, also im Capitelssaale. Wo ein solcher aber nicht existirt, hat das Capitel durch Beschluß festzusetzen, an welchem Orte die Kiste oder der Schrank aufbewahrt werden solle.

Die Bestimmung des Art. 54, daß die Kiste oder der Schrank durch drei Schlüssel verschlossen werden solle, machte selbstredend die weitere Bestimmung nothwendig, daß die drei verschiedenen Schlüssel von drei verschiedenen Personen aufzubewahren seien, weil sonst der Zweck derselben, daß nicht eine Person allein in der Lage sein solle, über die Papiere verfügen zu können, nicht erreicht würde. Diese ist denn nun auch, wie bei den Kirchen=Fabriken, so auch für die Capitel getroffen worden. Rücksichtlich der Personen, welche im Besitze dieser Schlüssel sein sollen, wird nun im Art. 54 zwischen den Kathedral=Capiteln und den Collegiat=Capiteln, jedoch nur in Bezug auf eine der zum Besitze dieser Schlüssel berechtigten Personen unterschieden, indem bei den ersteren der erste Würdenträger des Capitels, also der Propst, einen Schlüssel erhalten soll, während bei den letzteren als erste zum Besitze eines Schlüssels berechtigte Person der Dechant aufgeführt wird. Es hat diese Unterscheidung darin ihren Grund, daß in der Regel bei den Kathedral=Capiteln zwei geistliche Würdenträger, nämlich der Probst und der Dombechant, angestellt sind, während bei den Collegiat=Capiteln nur der Vorsteher des Capitels ein geistlicher Würdenträger ist, welcher bald den Titel eines Propstes, bald den eines Dechanten führt. Den zweiten Schlüssel soll nach Art. 54 sowohl bei den Kathedral= als bei den Collegiat=Capiteln der premier officier, der erste Beamte, in Verwahr nehmen. Man könnte bei dieser Bezeichnung in Zweifel ziehen, ob unter dem ersten Beamten des Capitels überhaupt eines seiner Mitglieder verstanden werden könne, und dann zu der Annahme gelangen, daß der Gesetzgeber darunter nur einen weltlichen Beamten verstanden habe. Allein Vieles spricht gegen eine solche Annahme. Schon der Umstand, daß das Capitel selbst sein Vermögen eben so zu verwalten berechtigt ist, wie die Kirchmeisterstube das Vermögen der Kirchen=Fabrik, und hier nur Mitglieder derselben jene drei Schlüssel besitzen sollen, deutet darauf hin, daß vorzugsweise nur Mitglieder der verwaltenden Corporation im Besitze der Schlüssel der Kiste sich befinden sollen, in welcher die das Eigenthum betreffenden Papiere aufbewahrt werden. Wenn nun auch gerade wegen der Stellung und der besonderen Thätigkeit des Schatzmeisters bezüglich seiner Person hiervon eine Ausnahme gemacht wird, so ist doch keine Veranlassung vorhanden, nun auch eine weitere Ausnahme zu machen und die Mehrheit der Schlüsselinhaber aus Nichtmitgliedern des Capitels zu bilden. Es würde dadurch auch das eigenthümliche Mißverhältniß hervorgerufen, daß bei den zwischen den Schlüsselinhabern zu entscheidenden Fragen das Capitel unter der Majorität seiner Beamten stände. Zudem wird sich aber auch unter den weltlichen Beamten des Capitels neben dem Schatzmeister nur eine dazu geeignete Persönlichkeit, nämlich der Syndicus, finden, da nach Art. 55 nur auf ein motivirtes Gutachten der drei Schlüsselbesitzer Actenstücke aus jener Kiste herausgenommen werden dürfen, die Anfertigung eines solchen Gutachtens aber immerhin eine nähere Kenntniß der betreffenden Verwaltung voraussetzt, die in der Regel nur bei den Verwaltern selbst zu suchen ist. Aber abgesehen hiervon würde auch der Gesetzgeber, wenn er unter dem premier officier den Syndicus hätte verstehen wollen, denselben eben so speciell bezeichnet haben, wie den Schatzmeister. Uebrigens ist auch die Annahme, daß unter einem officier des Capitels nur ein Nichtmitglied desselben verstanden werden müsse, in keiner Weise geboten, da officier im Allgemeinen den Inhaber und Verwalter eines Amtes bezeichnet, und es bei den Capiteln auch besondere geistliche Aemter gibt, zu deren Verwaltung gerade nur Capitularen berufen werden. Diese stehen auch zu einander in einem bestimmten Rangverhältnisse, so daß eben auch bei ihnen von einem premier officier, einem ersten Beamten, gesprochen werden kann. Ist daher unter Berücksichtigung aller dieser Verhältnisse die Schlußfolgerung gerechtfertigt, daß unter dem als premier officier bezeichneten Schlüsselinhaber ein Mitglied des Capitels, welches ein solches besonderes geistliches Capitelsamt bekleidet, zu verstehen sei, so wird bei den Capiteln, bei welchen ein Propst und ein Dechant vorhanden ist, der Dechant, da aber, wo nur ein Propst oder ein Dechant bei demselben angestellt ist, dasjenige Mitglied des Capitels zum Besitze des zweiten Schlüssels berechtigt sein, welches das dem Range nach erste Amt im Capitel bekleidet, also der Scholaster oder der Custos.

Art. 55.

In diese Kiste werden hinterlegt die Papiere, Titel und Urkunden, die Rechnungen, Register, Hauptbücher und Inventarien, wie dies Alles durch den Art. 54 der Verordnung über die Fabriken bestimmt ist; sie können nur auf ein motivirtes, von den drei Besitzern der Schlüssel unterzeichnetes Gutachten und im Uebrigen nach Anleitung des Art. 57 derselben Verordnung herausgenommen werden.

Zu Art. 55.

In vorstehendem Art. 55 wird eines Theils speciell angegeben, was in der im Art. 54 erwähnten Kiste aufzubewahren sei, anderen Theils werden daselbst die Bedingungen festgestellt, unter welchen die daselbst aufbewahrten Gegenstände aus derselben genommen werden dürfen. Es könnte nun auffallend erscheinen, daß, nachdem im Art. 54 des gegenwärtigen Decretes die Vorschrift gegeben worden ist, daß alle das Eigenthum betreffenden Titel, Papiere und Nachweisen in die dort erwähnte Kiste hinterlegt werden sollen, nun noch einmal im Anfange des Art. 55 die Hinterlegung der Titel, Papiere und Urkunden in jener Kiste verfügt wird. Allein schon der Umstand, daß im Art. 54 der Zusatz „die das Eigenthum betreffenden" gemacht wird, ein solcher Zusatz aber im Art. 55 nicht vorhanden ist, läßt darauf schließen, daß dem Gesetzgeber hier eine Unterscheidung vorgeschwebt hat. Eine solche ist denn auch wirklich vorhanden und wird durch die im Art. 55 geschehene Bezugnahme auf den Art. 54 des De-

Decret vom 6. November 1813. Art. 55.

cretes vom 30. December 1809 constatirt. Während nämlich im Art. 54 des gegenwärtigen Decretes nur von der Hinterlegung der Titel, Papiere und Nachweisen, welche das Eigenthum betreffen, die Rede ist, wird im Art. 54 des Decretes vom 30. December 1809 die Hinterlegung der die Einkünfte und Angelegenheiten der Fabrik betreffenden Titel, Papiere und Urkunden verordnet. Wenn es daher im Art. 55 des gegenwärtigen Decretes heißt, daß die Titel, Papiere und Urkunden in jene Kiste hinterlegt werden sollen, so hat der Gesetzgeber durch die Bezugnahme auf den Art. 54 des Decretes vom 30. December 1809 unter denselben diejenigen verstanden, welche die Einkünfte und Angelegenheiten des Capitels betreffen, weil man nicht wird annehmen können, daß der Gesetzgeber in zwei auf einander folgenden Artikeln gerade dasselbe habe sagen wollen.

Außer den Rechnungen, Registern, Hauptbüchern und Inventarien, deren auch im vorstehenden Art. 55 Erwähnung geschieht, werden im Art. 54 des Decretes vom 30. December 1809 ferner noch die Protocollbücher aufgeführt, rücksichtlich welcher ebenfalls die Hinterlegung und Aufbewahrung in jener Kiste verordnet wird. In dieselben werden bei den Kirchen-Fabriken die Protocolle über die Berathungen und Beschlüsse des Kirchenrathes und der Kirchmeisterstube eingetragen; sie sind daher wichtige Urkundenbücher sowohl über den Bestand als die Verwaltung des Fabrikvermögens. Wenn dieselben nun im Art. 55 des gegenwärtigen Decretes auch nicht speciell erwähnt werden, so ist doch die Hinterlegung der die Capitelsbeschlüsse enthaltenden Protocollbücher erforderlich. Man könnte sich dieserhalb schon auf die Bestimmungen des Art. 54 des gegenwärtigen Decretes stützen, weil in dieselben auch die das Eigenthum betreffenden Beschlüsse des Capitels eingetragen werden müssen, und diese gerade Nachweisen über das Eigenthum sind. Die Nothwendigkeit ihrer Hinterlegung wird aber auch durch die Bezugnahme auf den Art. 54 des Decretes vom 30. December 1809 nachgewiesen.

Dem Art. 49 des gegenwärtigen Decretes gemäß haben die Capitel rücksichtlich der Verwaltung ihrer Güter im Allgemeinen dieselben Rechte und Pflichten, wie die Inhaber der Pfarreien und Hülfspfarreien, und werden daher in den Fällen, wo im gegenwärtigen Decrete nicht abweichende Vorschriften in dieser Beziehung gegeben sind, die für die Inhaber der Pfarreien und Hülfspfarreien geltenden Grundsätze auch hier als Grundlage dienen müssen; es deutet dies auch der Art. 49 durch den Zusatz „vorbehaltlich der hier folgenden Erläuterungen und Modificationen" an. In den Art. 4 und 55 ist nun für die Herausnahme von Actenstücken aus dem gesetzlichen Aufbewahrungsorte die gleichlautende Bestimmung getroffen worden, daß dieselbe sowohl bei den das Pfarr-Dotationsvermögen, als bei den das Capitelsvermögen betreffenden Actenstücken auf ein motivirtes Gutachten gestützt werden solle. Dagegen unterscheidet sich in dieser Hinsicht der Art. 55 von dem Art. 4 eines Theiles dadurch, daß bei den Vorschriften über die Herausnahme der das Capitelsvermögen betreffenden Actenstücke ausdrücklich auch die Vorschriften des Art. 57 des Decretes vom 30. December 1809 als maßgebend erklärt werden, während dies im Art. 4, wo von der Herausnahme der das Pfarr-Dotationsvermögen betreffenden Actenstücke gehandelt wird, nicht geschehen ist, anderen Theiles dadurch, daß die Personen, welche dieses Gutachten erstatten sollen, für beide Fälle verschiedene sind. Was den ersten Punct anbelangt, so besteht nach den Bemerkungen zum Art. 4 ein wirklicher Unterschied zwischen den Vorschriften der Art. 4 und 55 in dieser Hinsicht nicht, so daß, wenn auch in dem ersteren der Art. 57 des Decretes vom 30. December 1809 nicht ausdrücklich bezogen worden ist, die Vorschriften desselben dennoch auch in dem dort erwähnten Falle beobachtet werden müssen. Wegen der Begründung dieser Ansicht kann hier auf jene Bemerkungen hinverwiesen werden. Es liegt nun in der Natur der Sache, daß bei der Anfertigung des Gutachtens, durch welches die Herausnahme der gedachten Actenstücke aus der zu ihrer Aufbewahrung dienenden Kiste motivirt werden soll, die hierbei wesentlich interessirten Personen betheiligt sein müssen, und diese sind denn zunächst die Nießbraucher. Deßhalb heißt es denn auch im Art. 4 des gegenwärtigen Decretes, daß da, wo es sich um die Herausnahme der das Pfarr-Dotationsvermögen betreffenden Actenstücke handelt, der Inhaber der Pfarre oder Hülfspfarre dasselbe anfertigen solle. Er hat indessen nicht die Herausnahme zu verfügen; dazu ist nach Art. 57 des Decretes vom 30. December 1809 nur die Kirchmeisterstube berechtigt, und dies aus dem guten Grunde, weil nach Art. 1 des gegenwärtigen Decretes die Kirchen-Fabrik auf die Erhaltung des Dotationsvermögens und daher auch der darauf bezüglichen Actenstücke zu wachen hat. Consequent hätte nun auch der Gesetzgeber im Art. 55 verordnen müssen, daß, wo von einer Herausnahme der auf das Capitelsvermögen Bezug habenden Actenstücke die Rede ist, das betreffende Gutachten von dem Capitel als dem Nießbraucher ausgehen solle. Es ist dies aber nicht der Fall, indem der Gesetzgeber im Art. 55 vorgeschrieben hat, daß dasselbe von den Besitzern der drei Schlüssel angefertigt werden solle. Diese Abweichung hat in der Verschiedenheit der Verhältnisse ihren Grund; zunächst ist hier nämlich keine Kirchen-Fabrik, welcher die Pflicht obliegt, auf die Erhaltung des Capitelsvermögens zu wachen, es ist dies vielmehr die Pflicht des Capitels selbst, welches denn auch nach Vorlegung dieses Gutachtens über die Herausnahme zu entscheiden hat. Weil es aber dieserhalb Beschluß zu fassen hat, so mußten andere Personen gefunden werden, welche ihm dieses Gutachten zur Prüfung und Beschlußfassung vorzulegen haben; dazu geeignetere Personen, als die Bewahrer der gedachten Actenstücke, waren aber nicht vorhanden, und deßhalb konnte der Gesetzgeber hier diese um so mehr zu der Anfertigung dieses Gutachtens berufen, als zwei derselben auch Mitglieder des Capitels und daher Theilnehmer am Nießbrauche des Capitelsvermögens sind.

Im Art. 55 verlangt nun der Gesetzgeber bei der Herausnahme der gedachten Actenstücke ausdrücklich die Beobachtung der im Art. 57 des Decretes vom 30. December 1809 vorgeschriebenen Formalitäten. Es muß daher von dem Empfänger derselben eine Empfangsbescheinigung ausgestellt werden, in welcher von dem herausgenommenen Actenstücke, von dem zur Herausnahme ermächtigenden Capitelsbeschlusse, von der Eigenschaft des Empfängers und von dem Grunde der Herausnahme Meldung geschieht. Ist das Actenstück zum Gebrauche in einem Processe herausgenommen worden, so muß nach der Vorschrift des erwähnten Art. 57 in der Empfangsbescheinigung auch das Gericht bezeichnet werden, bei welchem die Sache verhandelt werden soll, und der Name des betreibenden Anwaltes angegeben werden. Dies letztere braucht aber nur in dem Falle eines wirklichen Processes zu geschehen, nicht aber dann, wenn vor Anstellung eines Processes das Actenstück zur Anfertigung eines juristischen Gutachtens gebraucht werden soll, da in diesem Falle nur die oben erwähnten allgemeinen Bestimmungen des Art. 57 Platz greifen. Man vergl. auch de Syo a. a. O. zu Art. 57.

Dem Schlußsatze des Art. 57 gemäß muß diese Empfangsbescheinigung, so wie die Quittung bei der Rückgabe in das Hauptbuch oder in das Register der Titel eingetragen werden. In welcher Art und Weise diese Eintragung zu bewirken ist, welche Actenstücke in das Register der Titel allein, und welche in das Hauptbuch und in das Register der Titel einzutragen sind, darüber sehe man die Bemerkungen bei de Syo a. a. O. zu Art. 57. Diese Empfangsbescheinigung muß bis zu ihrer Rückgabe ebenfalls in der im Art. 55 des gegenwärtigen Decretes erwähnten Kiste aufbewahrt werden.

Art. 56.

Nach Anleitung der Art. 55 und 56 derselben Verordnung soll zur Anfertigung der Inventarien der Titel und Papiere und zur Anlage eines Hauptbuches geschritten werden.

Zu Art. 56.

Der hier bezogene Art. 55 des Decretes vom 30. December 1809 handelt von der Anfertigung der Inventarien, und der Art. 56 desselben von der Anlage eines Hauptbuches. Dem bezogenen Art. 55 gemäß sollen nun zwei Inventarien angefertigt werden, das eine über die Ornamente, Leinwand, die heiligen Gefäße, das Silberwerk, die Geräthe und im Allgemeinen über das gesammte Mobiliar der Kirche; solche Gegenstände kommen aber als Theile des Vermögens eines Capitels in der Regel nicht vor, weßhalb der Gesetzgeber im Art. 56 des gegenwärtigen Decretes denn auch nur von der Anfertigung der Inventarien der Titel und Papiere spricht, eines zweiten Inventars über die Mobilien aber nicht erwähnt. Möglich ist es indessen doch, daß die Capitel auch einzelne Mobilien, Bilder und Gemälde und eine Bibliothek besitzen, und dann ist es auch erforderlich, daß hierüber ein Verzeichniß angefertigt wird. Hier legt indessen der Gesetzgeber nur Gewicht auf die Inventarien der Titel und Papiere, und in diese sollen dann nach Art. 55 des Decretes vom 30.

December 1809 eingetragen werden die Titel, Papiere und Nachweisungen mit Erwähnung der in jedem Titel enthaltenen Güter, der Einkünfte, welche sie abwerfen, und der Stiftung, für deren Lasten die Güter gegeben worden sind. Diese Titel, Papiere und Nachweisungen brauchen aber nicht vollständig in das Inventar abgeschrieben zu werden, indem der Gesetzgeber ausdrücklich gesagt hat, was aus denselben in das Inventar eingetragen werden soll.

Im vorstehenden Art. 56 wird auch die Vornahme der Vergleichungen der Inventarien unter Bezugnahme auf den Art. 55 des Decretes vom 30. December 1809 verordnet. Hier heißt es nun, daß jedes Jahr eine Vergleichung der Inventarien mit den Beständen zum Zwecke der Beifügung der Zugänge, Verbesserungen und Veränderungen vorgenommen werden solle. Bei de Syo a. a. O. zu Art. 55 ist darauf hingewiesen worden, daß diese Revision der Inventarien jedes Jahr nach Constituirung der Kirchmeisterstube erfolgen müsse, damit das neu eintretende Mitglied beim Antritte seines Amtes Kenntniß von dem Inhalte der Inventarien erhalte. Bei den Capiteln findet nun aber eine solche jährliche Constituirung nicht Statt, und es wird daher bei diesen eine andere Zeit gefunden werden müssen, zu welcher jene Revisionen vorzunehmen sind. Eine solche Zeit ist denn auch im gegenwärtigen Decrete angedeutet. Da nämlich nach Art. 59 desselben der Schatzmeister jedes Jahr im Monate Januar Rechnung ablegen muß, nach dem Abschlusse der Rechnung manche Actenstücke, deren der Schatzmeister zur Anfertigung der Rechnung bedurfte, wieder an Ort und Stelle gebracht werden müssen, so wird für die Capitel der Abschluß der Rechnung im Monate Januar jeden Jahres der zur Revision der Inventarien geeignetste Zeitpunct sein.

Den weiteren Bestimmungen des Art. 55 des Decretes vom 30. December 1809 zufolge sollen jene Inventarien und Verhandlungen über die Statt gehabte Vergleichung von dem Pfarrer oder Hülfspfarrer und dem Präsidenten der Kirchmeisterstube unterzeichnet werden. Eine Kirchmeisterstube besteht nun bei den Capiteln nicht, und wird daher festzustellen sein, wer bei denselben jene Actenstücke zu unterzeichnen habe. Bezeichnend ist es in dieser Hinsicht, daß der Gesetzgeber im Art. 55 dem Schatzmeister die Befugniß zur Unterzeichnung derselben nicht beilegt, wohl aber die beiden anderen Inhaber der Schlüssel des Archivs hierzu beruft. Hierauf gestützt, wird man denn auch annehmen müssen, daß bei den Capiteln nur von den beiden anderen im Art. 54 des gegenwärtigen Decretes näher bezeichneten Schlüsselinhabern die Unterzeichnung jener Actenstücke erfolgen muß.

Rücksichtlich der Anlage des Hauptbuches hat der Gesetzgeber auf den Art. 56 des Decretes vom 30. December 1809 Bezug genommen. Demselben gemäß soll der Secretair der Kirchmeisterstube nach fortlaufenden Nummern und der Reihenfolge des Datums die Stiftungsurkunden und überhaupt alle Eigenthumstitel, sowie die Pacht- und Miethverträge in das Hauptbuch in der Weise eintragen, daß die Actenstücke selbst zwischen zwei Colonnen darin abgeschrieben werden; in der einen Colonne sollen dann die Einkünfte des in jenem Actenstücke bezeichneten Vermögensobjectes und in die andere die der Urkunde gemäß zu tragenden Lasten aufgeführt werden. Auch hier wird die Frage entstehen, wer diese Actenstücke einzutragen habe, da eine Kirchmeisterstube bei den Capiteln nicht besteht. Hat das Capitel einen ständigen Secretair, so liegt natürlich diesem die Pflicht ob, die Eintragungen vorzunehmen; wo dies aber nicht der Fall ist, muß das Capitel dafür Vorsorge treffen. Der Zweck jener vollständigen Eintragung ist offenbar Schutz vor Verlust der betreffenden Actenstücke, und gerade deßhalb hat denn auch der Gesetzgeber im gedachten Art. 56 zwei Personen, nämlich den Pfarrer oder Hülfspfarrer und den Präsidenten der Kirchmeisterstube ermächtigt und angewiesen, die Eintragung als mit dem Originale übereinstimmend zu beglaubigen, und denselben den Charakter einer beglaubigten Abschrift mit den Folgen der Art. 1334 und 1335 des B.-G.-B. zu ertheilen. So wie nach den obigen Bemerkungen bei den Capiteln nicht der Schatzmeister, sondern die beiden anderen Schlüsselinhaber die Inventarien und Verhandlungen über die Vergleichung derselben zu unterzeichnen haben, so müssen auch diese die hier vorgeschriebene Beglaubigung im Hauptbuche vornehmen.

Art. 57.

Die Häuser und ländlichen Güter der Capitel können nur durch öffentliche Versteigerung auf Grund eines durch Beschluß des Capitels genehmigten Bedingungenheftes vermiethet oder verpachtet werden, es sei denn, daß das Capitel in seiner Mehrheit von vier Fünfteln der vorhandenen Canonici den Schatzmeister ermächtigt hat, unter den in seinem Beschlusse ausgedrückten Bedingungen unter der Hand zu verhandeln. Eine gleiche Ermächtigung ist nothwendig für die Pachtverträge über mehr als neun Jahre, welche stets unter den im obigen Art. 9 vorgeschriebenen Formalitäten abgeschlossen werden müssen.

Zu Art. 57.

Die Capitel haben zwar im Allgemeinen nach Art. 49 des gegenwärtigen Decretes bezüglich der Verwaltung ihrer Güter dieselben Rechte und Pflichten, wie die Pfarrer rücksichtlich der Verwaltung der Pfarr-Dotationsgüter; es kommen daher auf sie die gesetzlichen Bestimmungen über den Nießbrauch zur Anwendung. Der Gesetzgeber hat indessen schon im Art. 49 angedeutet, daß er in einzelnen Fällen Modificationen eintreten lassen wolle, und so findet sich denn schon eine wesentliche Abweichung von dieser Gleichstellung mit den Pfarrern im ersten Satze des vorstehenden Art. 57 vor. Der Nießbraucher kann nämlich nach Art. 595 des B.-G.-B. sein Nießbrauchsrecht einem Anderen verpachten, und kann die bezfallsigen Verträge gültig abschließen, wenn er die für die Pacht- und Miethverträge gegebenen gesetzlichen Vorschriften beobachtet und sich dabei nach denjenigen Regeln richtet, welche im Civilgesetzbuche unter dem Titel „von dem Ehevertrage und den gegenseitigen Rechten der Ehegatten" aufgeführt sind. Nach denselben kann nun der Mann allein die Immobilien seiner Ehefrau bis zu neun Jahren vermiethen oder verpachten, ohne an andere Formalitäten, als an die für den Abschluß der Pacht- und Miethverträge vorgeschriebenen gebunden zu sein. Er kann daher nach dem Art. 1714 des B. G.-B. sowohl schriftlich als mündlich verpachten und vermiethen und ist nicht verpflichtet, diese Verträge im Wege der öffentlichen Versteigerung abzuschließen. Dieses Recht haben auch die Pfarrer, indem der Art. 9 des gegenwärtigen Decretes nur Abweichungen von den allgemeinen gesetzlichen Vorschriften über den Nießbrauch bei Pacht- und Miethverträgen über neun Jahre hinaus vorschreibt. Der vorstehende Art. 57 beschränkt aber auch in dieser Hinsicht die Befugniß der Capitel, indem er verordnet, daß in der Regel alle Pacht- und Miethverträge über Häuser und ländliche Güter der Capitel nur im Wege der öffentlichen Versteigerung abgeschlossen werden sollen. Der Grund dieser Abweichung ist wohl schwerlich festzustellen; denn, wenn es auch wahr ist, daß die einzelnen Mitglieder des Capitels sämmtlich gleichberechtigte Nießbraucher sind, und bei einer öffentlichen Versteigerung von einer Beeinträchtigung der Minorität durch die Majorität nicht die Rede sein kann, so kann dies doch nicht der Grund jener Bestimmung gewesen sein, weil eines Theiles das Capitel durch Capitelsbeschluß das Bedingungenheft festsetzen soll, hierbei also durch Majorität beschließt, und anderen Theiles dasselbe auch die Vermiethung und Verpachtung unter der Hand durch Majorität beschließen kann, wenn wenigstens vier Fünftel der vorhandenen Canonici bei diesem Beschlusse mitgewirkt haben. Beschließt es die Vermiethung oder Verpachtung unter der Hand nicht, so muß dieselbe nach Art. 57 im Wege der öffentlichen Versteigerung Statt finden. Der Fassung des Art. 57 gemäß könnte es noch zweifelhaft erscheinen, ob bei dem Beschlusse des Capitels über die Genehmigung des Bedingungenheftes auch wenigstens vier Fünftel der vorhandenen Canonici anwesend sein müssen, da deren Anwesenheit im Art. 57 nur gefordert wird, wenn ein Beschluß darüber gefaßt werden soll, ob die Güter unter der Hand vermiethet oder verpachtet werden sollen. Dieser Zweifel wird indessen vollständig durch die klaren Bestimmungen des Art. 50 des gegenwärtigen Decretes beseitigt, nach welchen bei allen Beschlüssen des Capitels über die Verwaltung seiner Güter wenigstens vier Fünftel der vorhandenen Canonici mitwirken müssen.

Es wird im Art. 57 nicht angegeben, ob bei dem Abschlusse von Pacht- und Miethverträgen im Wege der öffentlichen Versteigerung jedesmal der Vertreter des Capitels zu demselben bevollmächtigt werden muß, oder ob der Schatzmeister ein- für allemal dazu berufen sei. Unter den Befugnissen, welche im Art. 51 dem Schatzmeister beigelegt werden, ist die Befugniß, das Capitel bei solchen Abschlüssen ohne specielle Vollmacht zu vertreten, nicht enthalten, und wäre hiernach anzunehmen, daß er jedesmal einer solchen Vollmacht bedürfe. Der Gesetzgeber ist indessen augenscheinlich von der Ansicht ausgegangen, daß der Schatzmeister einer solchen nicht bedürfe; denn sonst wäre im Art. 57 die Bezeichnung des Schatzmeisters als desjenigen, der zum Abschlusse eines solchen Vertrages unter der Hand besonders zu ermächtigen wäre, nicht gewählt worden; es hätte dann die Bestimmung hingereicht, daß ein derartiger Vertrag nur auf ausdrücklichen Beschluß des Capitels und unter den in diesem Beschlusse ausgedrückten Bedingungen abgeschlossen werden könne. Die in diesem Falle erforderliche specielle Ermächtigung des Schatzmeisters darf nach den Bestimmungen des vorstehenden Artikels nicht in einer allgemeinen Form ertheilt werden, da in dem die Ermächtigung ertheilenden Capitelsbeschlusse zugleich die Bedingungen angegeben sein müssen, unter welchen der Vertrag abgeschlossen werden soll.

Bezüglich der Pacht= und Miethverträge über mehr als neun Jahre ist außer der hier vorgeschriebenen Ermächtigung des Schatzmeisters zum Abschlusse derselben durch einen Capitelsbeschluß auch noch die Beobachtung der im Art. 9 vorgeschriebenen Formalitäten erforderlich, wie dies der Schlußsatz des Art. 57 ausdrücklich verordnet. Sie dürfen daher nur im Wege der öffentlichen Versteigerung und nachdem sich zwei durch den Präfecten ernannte Sachverständige nach vorheriger Untersuchung an Ort und Stelle über die Nützlichkeit derselben geäußert haben, abgeschlossen werden. Rücksichtlich der Frage, ob jetzt noch nach dem Erlasse der preußischen Verfassungsurkunde in der preußischen Rheinprovinz die Capitel verpflichtet sind, ihre Häuser und ländlichen Güter im Wege der öffentlichen Versteigerung zu vermiethen oder zu verpachten, und ob jetzt noch die etwa hierbei gutachtlich zu vernehmenden Sachverständigen von dem Präfecten oder dem Regierungs=Präsidenten ernannt werden müssen, kann hier auf die Bemerkungen zum Art. 9 unter Nr. 4 a und b hinverwiesen werden. Jedenfalls ist zu den im Art. 57 erwähnten Capitelsbeschlüssen nach der ausdrücklichen Bestimmung des Art. 61 die Genehmigung des Bischofes erforderlich. In den Bemerkungen zum Art. 9 des gegenwärtigen Decretes ist unter Nr. 2 die Frage erörtert worden, welche Wirkung die Vermiethung oder Verpachtung der Pfarr=Dotationsgüter auf mehr als neun Jahre durch den Pfarrer für den Nachfolger desselben habe, wenn sie unter Beobachtung der daselbst vorgeschriebenen Formalitäten Statt gefunden haben, und wenn dieselben nicht beobachtet worden sind.

Diese Frage kann bei den Capiteln nicht zur Sprache kommen, weil bei ihnen von einem eigentlichen Nachfolger derselben nicht die Rede sein kann, indem durch das successive Ausscheiden der einzelnen Capitelsmitglieder das Capitel selbst zu existiren nicht aufhört. Dagegen wird hier zu erörtern sein, welche Wirkung solche Verträge für die einzelnen Mitglieder das Capitels haben. Dem Art. 61 gemäß bedarf der Capitelsbeschluß, auf Grund dessen sie abgeschlossen werden, der Genehmigung des Bischofes; wo diese also fehlt, weil sie nicht nachgesucht oder nicht ertheilt worden ist, haben sie keine Gültigkeit. Sie können daher von den Contrahenten nach Art. 1304 des B.-G.-B. mit der Nichtigkeitsklage innerhalb 10 Jahren nach ihrem Abschlusse angefochten werden. Die einzelnen Mitglieder des Capitels sind aber als solche nicht die Contrahenten; ihnen steht daher ein solches Klagerecht nicht zu, wenn sie auch berechtigt sind, auf dem administrativen Wege das Aufhören des Pachtverhältnisses zu bewirken, indem sie mittels einer Beschwerde das Capitel durch den Bischof anhalten lassen, die Nichtigkeitsklage zu erheben. In so fern sie aber dadurch einen Nachtheil erlitten und nicht selbst dabei mitgewirkt haben, steht ihnen gegen das Capitel, welches durch seine gesetzwidrige Handlung ihnen Nachtheil zugefügt hat, eine Klage auf Entschädigung zu.

Art. 58.

Die Ausgaben für Reparaturen müssen stets aus den Einkünften des Capitelvermögens bestritten werden; wenn aber außerordentliche Fälle eintreten, welche auf einmal mehr als die Hälfte der gemeinschaftlichen Einnahme eines Jahres erfordern, so können die Capitel durch Uns in der gebräuchlichen Form ermächtigt werden, ein aus den Revenüen in bestimmten Terminen rückzahlbares Anlehen aufzunehmen, oder die erforderliche Masse von Gütern zu verkaufen, jedoch unter der Verpflichtung, aus den Einkünften der folgenden Jahre einen Reservefond zu bilden, um zum Ersatze für das veräußerte Einkommen ein genügendes Capital zu beschaffen, sei es in Grundgütern oder in anderer Weise.

Zu Art. 58.

Die Bestimmung des Art. 605 des B.-G.-B., daß der Nießbraucher nur zu denjenigen Reparaturen, welche zur Unterhaltung der Sache dienen, nicht aber zu den Hauptreparaturen verbunden sei, ist im vorstehenden Art. 58 für die Capitel nicht festgehalten worden; es heißt nämlich in demselben, daß die Reparaturen immer aus den Einkünften des Capitelsvermögens bestritten werden sollen. Wenn nun auch hier der Ausdruck „alle Reparaturen" nicht gebraucht wird, so geht doch daraus, daß die Reparaturkosten immer aus jenen Einkünften zu bestreiten sind, hervor, daß der Gesetzgeber den Capiteln als Nießbrauchern alle Reparaturen zur Last legen wollte. Eine ähnliche Bestimmung wie diese des Art. 58 für die Capitel ist weder für die Pfarrer als Nießbraucher des Pfarr-Dotationsgutes, noch für die Erzbischöfe und Bischöfe als Nießbraucher der Tafelgüter getroffen worden. Wenn daher der Gesetzgeber im Art. 29 die für den Nießbrauch der Pfarrer geltenden Grundsätze einfach auf den der

Erzbischöfe und Bischöfe anwendbar erklärt, im Art. 49 dagegen dieselben zwar auch im Allgemeinen auf die Capitel angewendet wissen will, hierbei sich aber einzelne Modificationen vorbehalten hat, so gibt sich in dieser Bestimmung des Art. 58 gerade eine jener Modificationen als Abweichung von den Bestimmungen über den Nießbrauch der Erzbischöfe, Bischöfe und Pfarrer kund. Für die Erzbischöfe, Bischöfe und Pfarrer war aber auch eine solche Bestimmung, wie diese des Art. 58 nicht nothwendig, weil der Nießbrauch der einzelnen Träger desselben zeitweise erlischt, und nach Art. 24 des gegenwärtigen Decretes die Vacanzrevenüen eben zu den Hauptreparaturen verwendet werden sollen, daher die Mittel zu denselben, ohne den Nießbraucher in seinem Einkommen erheblich zu schmälern, beschafft werden können. Für die Capitel war aber eine solche Bestimmung erforderlich, weil hier der Nießbrauch nie erlischt, und daher nie, wie in jenen Fällen, aus den Vacanzrevenüen ein Fond zur Bestreitung der Hauptreparaturen angesammelt werden kann.

Wie der Gesetzgeber bezüglich der Verpflichtung der Pfarrer zur Tragung der Reparaturkosten im Art. 13 des gegenwärtigen Decretes hierbei stets die congrua der Pfarrer frei gehalten wissen will, so hat er auch hier bei den Capiteln auf die congrua der Mitglieder desselben Rücksicht genommen. Er hat daher verordnet, daß, wenn in außerordentlichen Fällen die Reparaturkosten auf einmal mehr als die Hälfte der gemeinschaftlichen Einnahmen eines Jahres wegnehmen würden, in anderer Weise, als durch die Verwendung der Einkünfte für die Deckung jener Kosten gesorgt werden solle. Er constatirte dadurch, daß er die Hälfte der gemeinschaftlichen Einnahme eines Jahres als die congrua des Capitels betrachtet, welche nicht geschmälert werden darf. Es werden nun im Art. 58 als Bedingungen dafür, daß die auf einmal zu verwendenden Reparaturkosten nicht sofort aus den Einkünften, sondern in anderer Weise gedeckt werden sollen, aufgestellt, daß der Fall ein außerordentlicher sei, und daß die Kosten mehr als die Hälfte einer Jahreseinnahme betragen. Beide Bedingungen müssen zugleich vorhanden sein; wenn also der Fall auch ein außerordentlicher ist, z. B. wenn durch Stürme erhebliche Beschädigungen Statt gefunden, die Kosten der Reparaturen derselben aber nicht die Hälfte der Jahreseinnahme übersteigen, so müssen diese aus den Einkünften bestritten werden und dürfen nicht in anderer Weise beschafft werden. Unter der Jahreseinnahme ist indessen nicht die Brutto-Einnahme, sondern nur die Netto-Einnahme, d. h. diejenige zu verstehen, welche nach Abzug der gewöhnlichen, jedes Jahr vorkommenden Kosten übrig bleibt, da diese nur als das eigentliche Einkommen, welches das Capitel regelmäßig bezieht, zu betrachten ist. Als ein außerordentlicher Fall kann jedoch derjenige nicht angesehen werden, wenn das Capitel mehrere Jahre hindurch die gewöhnlichen Reparaturen unterlassen hat, und dadurch die Kosten der nun vorzunehmenden Reparaturen die vorerwähnte Höhe übersteigen, weil in diesem Falle das Capitel durch die Unterlassung dieser Reparaturen in jenen Jahren seine Einnahme unberechtigter Weise erhöht hat, und in dieser Erhöhung der Ersatz für die nun auf einmal zu verwendenden Kosten enthalten ist. In einem solchen Falle muß das Capitel diese Kosten aus den Einkünften bestreiten, und ist nicht berechtigt, die Deckung derselben in einer anderen Weise zu bewirken.

In den Fällen nun, wo die Deckung der Reparaturkosten in einer anderen Weise, als aus den Einkünften des Capitels bewirkt werden soll, können nach Art. 58 die Capitel ermächtigt werden, ein in bestimmten Terminen rückzahlbares Anlehen aufzunehmen, oder den zur Bestreitung jener Kosten erforderlichen Theil von Grundgütern zu verkaufen. Bei der Aufnahme eines Darlehens müssen dann die Rückzahlungs-Termine so bedingen werden, daß sie auch aus den Einkünften des Capitels getilgt werden können; es ist daher bei der Festsetzung derselben darauf Rücksicht zu nehmen, daß die jährliche congrua des Capitels nicht geschmälert wird, so daß also, wenn die einzelnen Terminzahlungen die Hälfte einer Jahreseinnahme übersteigen sollten, die Termine auf mehrere Jahre zu bedingen sind, um die erforderliche Summe unter Freibelassung der congrua in den einzelnen Jahren ansammeln zu können. Der Verkauf eines Theiles der Güter kann nach Art. 58 nur unter der Bedingung gestattet werden, daß aus den Einkünften des Capitels allmählich ein Reservefond gebildet wird, welcher als Ersatz der veräußerten Güter dient, und dessen Ertrag den Ertrag der veräußerten Güter vertreten soll. Bei der Bildung dieses Reservefonds muß ebenfalls auf die jährliche congrua des Capitels in der Weise Rücksicht genommen werden, daß dem Capitel jedes Jahr die Hälfte seines Einkommens frei bleibt. Die Höhe des Einkommens ist natürlich nach der Zeit zu bemessen, wo das Anlehen gemacht wurde oder der Verkauf Statt hatte, wo das Einkommen also noch vollständig ungeschmälert war. Es folgt dies daraus, daß jenes ungeschmälerte Einkommen ja allmählich wieder beschafft werden soll. Die Wiederbeschaffung des früheren Einkommens durch Ansammlung einer entsprechenden Summe soll nun von dem Capitel nach Art. 58 in der Weise bewirkt werden, daß jene Summe entweder in Grundgütern oder in anderer Weise rentbar angelegt werde. Das Staatsraths-Gutachten vom 21. December 1808 hatte in Nr. 3 in dieser Beziehung festgesetzt, daß die unter der Oberaufsicht des Staates verwalteten Anstalten die abgelegten Capitalien in Staatsrenten anlegen sollten, daß aber deren Verwendung zum Ankaufe von Grundstücken oder in einer anderen Weise von einem auf ein Gutachten des Ministers des Innern oder des Cultus zu erlassenden Beschlusse des Staatsraths abhängig sein solle. Die Bestimmung des Art. 58 bildet nun hiervon eine Ausnahme, da in demselben die Ermächtigung der Capitel zur Anlage der gedachten Summe in Grundgütern ausdrücklich ausgesprochen wird. Diese Ausnahme hatte auch ihre Berechtigung, weil das allmählich angesammelte Capital an die Stelle der verkauften Grundgüter treten sollte, und der mit demselben bewirkte Ankauf von Grundgütern nur den früheren Zustand wieder herstellte. Diese Bestimmung des Staatsraths-Gutachtens vom 21. December 1808, welche auch im Decrete vom 16. Juli 1810 in Bezug auf den Erwerb von Grundgütern festgehalten wird, steht in engster Verbindung mit dem vom Staate in Anspruch genommenen Obervormundschaftsrechte, welches unstreitig eine Frage des inneren Staatsrechtes ist. Gerade die Grundsätze des inneren Staatsrechtes bezüglich der Stellung des Staates zu der Vermögensverwaltung der Kirche sind aber durch den Art. 15 der preußischen Verfassungsurkunde wesentlich andere geworden, indem der Kirche die selbstständige und freie Verwaltung ihres Vermögens und das Ordnen der Angelegenheiten durch denselben gewährleistet worden sind. Sofern es sich daher um die Verwaltung des kirchlichen Vermögens und das Ordnen der Angelegenheiten der Kirche handelt, wird man sich vergebens und mit Unrecht auf diejenigen Grundsätze des inneren Staatsrechtes berufen, welche vor dem Erlasse der preußischen Verfassungsurkunde hiefür maßgebend waren. Nun ist aber eine Geldanlage ein reiner Act der Verwaltung und deßhalb ist es auch dem eigenen Ermessen der Kirche anheimgestellt, wie sie ihre Gelder anlegen will; auf Grund der Verfassungsurkunde hat die Staatsregierung nicht mehr das Recht, ihr in dieser Hinsicht Vorschriften zu machen, und sie zu beschränken oder zu behindern. Deßhalb wird denn auch von ihr nicht mehr das Recht in Anspruch genommen, zu Anlagen von Geldern gegen hypothecarische Sicherheit die früher erforderliche Genehmigung zu ertheilen. Wollte man jetzt noch daran festhalten, daß zum Erwerbe von Grundgütern überhaupt durch kirchliche Anstalten die Genehmigung der Staatsregierung erforderlich sei, so übersieht man, daß in dieser Hinsicht ein wesentlicher Unterschied obwaltet. Sofern nämlich der Erwerb derselben nicht durch einen Verwaltungsact der Kirche zu Stande kommt, wenn er also durch Schenkungen und letztwillige Dispositionen erfolgt, kann der Art. 15 der Verfassungsurkunde für die Kirche nicht angerufen werden, da die Verfassungsurkunde in dieser Hinsicht eine Aenderung in den bestehenden gesetzlichen Bestimmungen nicht hervorgerufen hat; dagegen aber hieße es das Recht der freien Verwaltung beschränken und daher nicht im Geiste der Verfassungsurkunde handeln, wenn man es der Kirche verwehren wollte, für ihr Geld Grundgüter anzukaufen. Man würde auch in einem solchen Falle zu ganz eigenthümlichen Inconsequenzen gelangen. Wie schon oben bemerkt worden, nimmt die Staatsregierung auf Grund der Verfassungsurkunde nicht mehr das Recht in Anspruch, zu Geldanlagen gegen Hypothekenbestellung die Genehmigung zu ertheilen, und eben so wenig bei der Ablage solcher Capitalien zur Löschung der Hypothecar-Inscription zu ermächtigen, wie dies aus §. 116 der Dienstanweisung für die rheinischen Hypothekenbewahrer vom 4. Mai 1851, bestätigt durch das Justiz- und Finanzministerium am 21. August 1851 hervorgeht, indem hiernach nur das Genehmigungs-Decret der bischöflichen Behörde erforderlich ist. (Anhang III.) Die Kirche kann daher ohne Genehmigung der Staatsregierung ihre Capitalien einziehen, und kann dies auch im Wege der Klage, zu welcher ebenfalls die Ermächtigung der Regierung nicht mehr erforderlich ist. Man vergleiche in dieser Hinsicht die Schlußbemerkung zum Art. 14 des gegenwärtigen Decretes und die Bemerkungen bei de Syo a. a. O. zu Art. 77. Sieht sich daher die Kirche genöthigt, im Wege der Subhastationsklage ihr Capital einzuziehen, so bedarf sie hierzu der Ermächtigung der Regierung nicht; um dieselbe aber anzustellen und durchführen zu können, muß sie nach §. 4 der Subhastations-Ordnung vom 1. August 1822 ein Erstgebot auf die zu veräußernden Immobilien des Schuldners machen; sie ist daher auch berechtigt, dieselben anzukaufen; denn wäre sie das nicht, so hieße die Abgabe eines Erstgebotes nichts. Die Kirche könnte unter diesen Umständen trotz ihres guten Rechtes dem Schuldner gegenüber schutzlos dastehen, und das ihr gesetzlich zustehende Recht der Klage und der Durchführung derselben nicht verfolgen, wenn nämlich eine Regierung der Ansicht wäre, daß die betreffende Kirche keine Grundgüter mehr ankaufen dürfte. Das kann aber der Gesetzgeber nicht gewollt haben. Man vergl. auch de Syo a. a. O. zu Art. 63. Sowohl zu den etwa erforderlichen Anleihen mit Hypothekenbestellung und den Verkäufen, als den Beschlüssen des Capitels über die Anlage des angesammelten Capitals in Grundgütern oder in anderer Weise ist nach Art.. 61 die Genehmigung des Bischofes erforderlich. Man vergleiche auch die Bemerkungen zum Art. 8 des gegenwärtigen Decretes unter Nr. 7.

Art. 59.

Jedes Jahr im Monate Januar muß der Schatzmeister vor den zu diesem Zwecke durch das Capitel ernannten Commissarien über Einnahme und Ausgabe Rechnung legen.

Diese Rechnung wird nach Anleitung der Art. 82, 83 und 84 der Verordnung über die Fabriken angefertigt. Eine Abschrift derselben wird dem Cultusminister eingesendet.

Zu Art. 59.

Durch den ersten Satz des vorstehenden Artikels wird zunächst constatirt, daß der Schatzmeister die Rechnung nach dem Kalenderjahre zu führen hat, indem er sie im Monate Januar eines jeden Jahres legen soll. Schon bei den Bestimmungen über die Rechnungslage des Schatzmeisters der Kirchen-Fabriken ist der Gesetzgeber von der Ansicht ausgegangen, daß es unzweckmäßig sei, in einem größern Collegium die Debattirung einer Rechnung vorzunehmen, ehe sie von einem engeren Ausschusse geprüft worden; deßhalb hat er denn im Art. 85 des Decretes vom 30. December 1809 verordnet, daß der Schatzmeister sie zunächst der Kirchmeisterstube vorlegen solle, welche dann dem Kirchenrathe, also dem größern Collegium in einer bestimmten Sitzung Bericht zu erstatten hat; in dieser Sitzung wird dann von dem Kirchenrathe nach Erstattung jenes Berichtes die Rechnung geprüft, abgeschlossen und festgestellt. Von derselben Ansicht ausgehend, hat er denn auch bezüglich der Rechnungen des Schatzmeisters eines Capitels nicht gewollt, daß dieser sie dem Capitel vorlegen und mit demselben über die Rechnung debattiren soll, sondern verordnet, daß das Capitel

Commiſſarien ernenne, welchen der Schatzmeiſter die Rechnung zu legen habe. Ob nun jene Commiſſarien aus dem gremium des Capitels zu wählen ſind, oder ob dazu auch Perſonen ernannt werden können, welche nicht Mitglieder deſſelben ſind, darüber ſpricht ſich der Art. 59 nicht aus. So wie aber den Kirchen-Fabriken die Mitglieder der Kirchmeiſterſtube, welchen der Schatzmeiſter die Rechnung vorlegen ſoll, zugleich Mitglieder des Kirchenrathes ſein müſſen, eben ſo müſſen auch die vom Capitel zu ernennenden Commiſſarien Mitglieder deſſelben ſein. Daß überhaupt die Vorſchriften über die Behandlung des Rechnungsweſens der Kirchen-Fabriken hier zutreffend iſt, geht daraus hervor, daß der Geſetzgeber ſelbſt ſich im Art. 59 gerade auf jene Vorſchriften wegen der Anfertigung der Rechnungen bezieht. Eben ſo wenig iſt die Zahl der zu ernennenden Commiſſarien von ihm nicht näher angegeben worden; da aber von Commiſſarien in der Mehrzahl geſprochen wird, ſo müſſen deren wenigſtens zwei ernannt werden; es genügt aber auch, daß nur zwei dazu ernannt werden. In gleicher Weiſe enthält das gegenwärtige Decret keine näheren Beſtimmungen darüber, welche Befugniſſe und Pflichten dieſe Commiſſarien in Bezug auf die zu legende Rechnung haben, namentlich iſt im Art. 59 nicht ausgeſprochen, daß ſie das Recht hätten, dieſelbe definitiv feſtzuſtellen, abzuſchließen und dem Schatzmeiſter Decharge zu ertheilen. Aus dem Umſtande, daß der Schatzmeiſter ihnen die Rechnung legen ſoll, kann man noch nicht ſchließen, daß ſie ihn auch ohne weitere Mittheilung an das Capitel dechargiren können; beſtreiten muß man ihnen aber dieſes Recht, wenn man ſich auf die Analogie der Vorſchriften über die Behandlung des Rechnungsweſens der Kirchen-Fabriken bezieht, wo die Kirchmeiſterſtube ein ſolches Recht auch nicht hat. Auch kann es nicht in der Abſicht des Geſetzgebers gelegen haben, ihnen dieſes Recht zuzugeſtehen, wenn man annimmt, daß auch nach ſeiner Anſicht die Ernennung von nur zwei Commiſſarien genügt, wie dies doch bei der Faſſung des Art. 59 angenommen werden muß; denn die beiden Commiſſarien können bei den Fragen, ob Decharge zu ertheilen ſei, oder nicht, ob einzelne Poſitionen der Rechnung anzuerkennen oder zu beſtreiten ſeien, eine verſchiedene Anſicht haben, und da iſt denn nichts natürlicher, als daß ſie ihrem Committenten, dem Capitel, hierüber Bericht erſtatten, und dieſes dann die Entſcheidung trifft. Es wird daher anzunehmen ſein, daß die Commiſſarien mit dem Schatzmeiſter die ihnen gelegte Rechnung durchgehen und dann dem Capitel in einer hierzu anzuberaumenden Sitzung deſſelben Bericht erſtatten müſſen, in welcher dieſes entweder die zu machenden Ausſtellungen feſtſetzt oder Decharge ertheilt.

Unter dem gegenwärtigen Titel iſt nirgendwo die Rede davon, daß der Schatzmeiſter der Capitel ſeine Rechnung nach einem vom Capitel berathenen und feſtgeſetzten Budget führen ſolle. Es iſt indeſſen klar, daß derſelbe bei der Einnahme und Ausgabe nicht willkürlich verfahren darf, ſondern ſich hierbei nach einem beſtimmten Etat richten muß, wenn nicht Verwirrungen und Unordnungen der erheblichſten Art entſtehen ſollen, und es liegt daher ſchon in der Natur der Sache ſelbſt, daß ein Budget angefertigt werden muß, welches ſeiner

Rechnung zur Grundlage dient. Dem Schatzmeister kann es indessen nicht überlassen werden, allein das Budget anzufertigen, da er nur als Mandatar des Capitels die Verwaltung führt, in dem Budget aber die bestimmten Weisungen für die Einnahme und Ausgabe ertheilt werden, welche natürlich nur von dem Mandanten ausgehen.können. Das Capitel hat daher für jedes Jahr das Budget zu berathen und durch Beschluß festzustellen, und da nach Art. 61 des gegenwärtigen Decretes alle Capitelsbeschlüsse von dem Bischofe genehmigt werden müssen, auch das Budget dem Bischofe zur Genehmigung vorzulegen. Die Einrichtung des Budgets muß nun mit der der Rechnung übereinstimmen, und wenn es dann im Art. 59 heißt, daß die Anfertigung der Rechnung des Schatzmeisters der Capitel nach Anleitung der Art. 82, 83 und 84 der Verordnung über die Kirchen=Fabriken erfolgen soll, daß also die Rechnung desselben eben so, wie die Rechnung des Schatzmeisters der Kirchen=Fabriken einzurichten ist, so muß auch angenommen werden, daß das Budget des Capitels in derselben Weise, wie das Budget der Kirchen=Fabriken eingerichtet werden soll. Dabei versteht es sich von selbst, daß dies nur von der allgemeinen Einrichtung gelten und auf die einzelnen Positionen, wie sie im Budget der Kirchen=Fabriken vorkommen, nicht Bezug haben kann, weil viele derselben bei der Verwaltung des Vermögens der Capitel nicht vorkommen, wie dies z. B. bei den Positionen zur Bestreitung der Kosten des Gottesdienstes der Fall ist. Die Vorschriften über die Einrichtung des Budgets der Kirchen=Fabriken sind nun in den Art. 36, 37 und 46 des Decretes vom 30. December 1809 enthalten; hier kann auf dieselben und auf die Bemerkungen bei de Syo a. a. O. zu diesen Artikeln um so mehr hingewiesen werden, als die Einrichtung des Budgets eine gleiche wie die der Rechnung sein muß, und in dieser Hinsicht die Art. 82, 83 und 84 jenes Decretes im vorstehenden Art. 59 ausdrücklich und besonders bezogen werden.

Dem bezogenen Art. 82 gemäß soll die Rechnung in zwei Capitel zerfallen, von welchen das eine die Einnahme, das andere die Ausgabe umfaßt; jedes dieser Capitel soll drei Unterabtheilungen enthalten, die eine für die gewöhnliche, die andere für die außergewöhnliche Einnahme beziehungsweise Ausgabe, und die dritte für diejenige Einnahme oder Ausgabe, welche zwar hätte erfolgen sollen, aber nicht erfolgt ist. Was nun unter gewöhnlicher und außergewöhnlicher Einnahme und Ausgabe zu verstehen ist, wird in dem Decrete vom 30. December 1809 nirgendwo näher gesagt. Carré in seinem Traité du gouvernement des paroisses S. 348, und mit ihm Hermens, Handbuch der gesammten Staatsgesetzgebung für den christlichen Cultus, Band II, S. 457, sind der Ansicht, daß unter gewöhnlichen Ausgaben diejenigen zu verstehen seien, deren Betrag und Gegenstand ein für alle Mal feststehen. Diese Ansicht ist aber eine irrige, da sie dem Sprachgebrauche widerspricht, der doch hier, da jeder Anhaltspunct im Gesetze selbst für eine Erklärung mangelt, entscheidend sein muß. Unter den gewöhnlichen Einnahmen und Ausgaben können nach demselben nur solche verstanden werden, welche ihrer Natur nach jedes Jahr wie=

derkehren, und daher in jeder Jahresrechnung vorkommen müssen. In diesem Sinne hat auch die erzbischöfliche Behörde zu Köln durch ihre Verordnung vom 1. September 1828 über die Form des Budgets dieselben betrachtet. Einen besondern Artikel der Rechnung sollen der Ueberschuß und der Vorschuß bilden, weil sie unter keine der drei Unterabtheilungen gehören. Man vergleiche auch de Syo a. a. O. zu Art. 82. Nach dem ebenfalls bezogenen Art. 83 sollen bei jedem Artikel der Einnahme, sie möge in Renten, Pacht= oder Miethbeträgen oder in andern Einkünften bestehen, der Schuldner, Pächter oder Miether, die Namen und die Lage des Hauses und der Güter, die Eigenschaft der Grund= rente oder bestellten Rente, das Datum des letzten Titels oder des letzten Pacht= vertrages und die Notarien, welche sie aufgenommen haben, erwähnt werden. Hinsichtlich der Renten ist sodann im Art. 84 die Bestimmung getroffen, daß jede Rente nur in einem einzigen Einnahme=Artikel aufgeführt werden soll, wenn sie auch in Folge des Todes des Schuldners oder der Theilung des mit der Rente belasteten Hauses oder Gutes nun von mehreren Schuldnern verschuldet wird; es sollen aber die sämmtlichen Schuldner hierbei erwähnt werden. Ueber die Wichtigkeit dieser Vorschrift, das Wesen der Renten und ihre Conservirung vergleiche man de Syo a. a. O. zu Art. 84.

In der Schlußbestimmung des Art. 59 wird die Vorschrift gegeben, daß eine Abschrift der Rechnung an den Cultusminister eingesendet werden solle. Da nun unmittelbar vorher die Art und Weise angegeben wird, wie die Rech= nung angefertigt werden soll, so könnte man daraus den Schluß ziehen, daß die Einsendung der Rechnung an den Cultusminister erfolgen müsse, noch ehe der Schatzmeister sie den Commissarien gelegt habe. Dies würde aber keinen irgend denkbaren Zweck haben können; dagegen liegt es in dem ganzen Geiste der damaligen französischen Kirchengesetzgebung, daß der Staat eine genaue Kenntniß davon haben wollte, daß das Kirchenvermögen gewissenhaft und gut verwaltet werde. Eine solche Kenntniß konnte er aber erst aus einer revidirten und definitiv abgeschlossenen Rechnung erlangen, und deßhalb wird denn auch unter der einzusendenden Abschrift nur die einer endgültig abgeschlossenen zu verstehen sein. Eine Analogie für diese Einsendung findet sich im Art. 89 des Decretes vom 30. December 1809, nach welchem eine Abschrift der Kirchen= Fabrikrechnung auf dem Bürgermeisteramte hinterlegt werden soll, und zwar nach den Bemerkungen bei de Syo a. a. O. zu Art. 89 auch nur die Abschrift einer revidirten und abgeschlossenen Rechnung. Gegenwärtig braucht aber in Preußen eine solche Abschrift an den Cultusminister nicht mehr eingesendet zu werden, da nach Art. 15 der Verfassungsurkunde der Grund jener Einsendung weggefallen ist. Von der Einsendung der Rechnung an den Bischof ist hier zwar ausdrücklich keine Rede; da die Rechnung aber durch das Capitel geprüft und durch seinen Beschluß festgesetzt werden muß, so muß die Rechnung beim Bischofe zur Genehmigung eingesendet werden, weil nach Art. 61 in allen im gegenwärtigen Titel bezeichneten Fällen die Beschlüsse des Capitels der Geneh= migung des Bischofes unterliegen.

Art. 60.

Die Capitel können den Umfang und die Zeitpuncte der vorzunehmenden Vertheilungen des Einkommens des Tafelgutes festsetzen, und durch ihre Beschlüsse in den durch das gegenwärtige Decret nicht vorgesehenen Fällen ergänzend Vorsorge treffen, vorausgesetzt, daß sie die an die Eigenschaft des Inhabers einer Pfründe geknüpften Rechte nicht überschreiten.

Zu Art. 60.

Den Capiteln sind im Art. 60 verschiedene Befugnisse ausdrücklich zugewiesen, deren Ausübung von der Genehmigung der Staatsbehörden nicht abhängig ist, die aber auch schon aus ihrer Eigenschaft als Nutznießern folgen. Man wird aber aus denselben auch den Schluß ziehen müssen, daß die Capitel Budgets anzufertigen haben, weil dieselben gerade von wesentlichem Einflusse auf die Wirksamkeit des Schatzmeisters sind.

Die Capitel sollen nämlich den Umfang der vorzunehmenden Vertheilung der Einkünfte festsetzen; der Gesetzgeber bezeichnet dies durch den Ausdruck „le nombre", welcher nicht bloß „die Zahl", sondern auch nach dem Dictionnaire de l'académie française die „quantité, die Größe, den Umfang" bedeutet. Hier kann darunter nicht die Zahl der vorzunehmenden Vertheilungen verstanden werden, weil diese schon durch die Festsetzung der Zeitpunkte, in welchen sie Statt finden sollen, gegeben ist. Die Capitel können also festsetzen, wie viel von dem Einkommen eines Jahres unter die Mitglieder derselben vertheilt werden soll; sie können dies dadurch, daß sie entweder bestimmte Quoten des Einkommens, als $1/3$, $2/3$ oder $3/4$ desselben, oder daß sie eine bestimmte Summe zu diesem Zwecke festsetzen. Der Umfang einer solchen Vertheilung kann indessen nur mit Rücksicht auf die zu machenden nothwendigen Ausgaben bemessen werden, da von einer Vertheilung keine Rede sein kann, wenn kein Ueberschuß vorhanden ist, sei es nun ein Ueberschuß über das fixirte ganze Einkommen hinaus, oder in dem Falle des Art. 58 über die Hälfte desselben. Da nun das Budget im Allgemeinen die gesammte Einnahme und Ausgabe und den sich ergebenden Ueberschuß constatirt, so muß ein solches angefertigt werden, nach welchem der Schatzmeister die zu vertheilende Summe auszuzahlen hat. Es ist daher auch, da die Zahlungen an die einzelnen Mitglieder des Capitels gemacht werden, in dem desfallsigen Beschlusse festzusetzen, und im Budget anzugeben, welche Summe jedes Mitglied erhalten soll. Man wird hierbei daran festhalten müssen, daß der jedem Mitgliede zukommende Betrag aus der zu vertheilenden Summe sich nach dem Verhältnisse seines durch die Berufungsurkunde fixirten Einkommens zu dem der andern Mitglieder richten muß, da die einzelnen Mitglieder zwar durch die Gesammtheit des Capitels, für ihre Person aber nur nach ideellen Theilen in der Gesammtheit den Nießbrauch ausüben. Es können jedoch

Umstände eintreten, welche einen andern Vertheilungsmodus billig erscheinen lassen, z. B. wenn einzelne Mitglieder wegen erheblicher Sonderarbeiten im Interesse des Capitels eine größere Berücksichtigung verdienen. Solche Verhältnisse müssen aber in dem betreffenden Capitelsbeschlusse erwogen und festgestellt werden, damit der Bischof wegen der zu ertheilenden Genehmigung des Beschlusses in die Lage versetzt wird, beurtheilen zu können, ob demselben beizutreten ist, oder nicht. Hierbei muß aber stets darauf Rücksicht genommen werden, daß eine Verminderung des firirten Einkommens nach Art. 58 nur wegen der nothwendigen Reparaturen Statt finden kann, daß aber eine solche nicht gerechtfertigt ist, wenn dadurch einzelne Mitglieder des Capitels wegen ihrer Arbeiten besonders bedacht werden sollen; denn jedes Mitglied des Capitels ist verbunden, nach seinen Kräften und Fähigkeiten sich an den Arbeiten des Capitels zu betheiligen, und kann sich nicht aus dem firirten Einkommen der Andern dafür honoriren lassen. Dagegen wird es aber keinem Bedenken unterliegen können, daß das Capitel berechtigt ist, bei der Vertheilung des über das firirte Einkommen hinaus sich ergebenden Ueberschusses einzelne Mitglieder wegen ihrer geleisteten besondern Arbeiten besser zu bedenken, als die Andern. Ist nun bei einem solchen Ueberschusse ein bestimmter Vertheilungsmodus in dem Beschlusse nicht angeordnet worden, so kann die Vertheilung desselben auf die Einzelnen nur nach dem Verhältnisse ihres firirten Einkommens erfolgen, und wenn ein Beschluß über eine Vertheilung desselben nicht gefaßt worden ist, so ist derselbe als Revenüen-Ueberschuß in der nächsten Jahresrechnung in Einnahme zu bringen.

Da der Schatzmeister zur Bestreitung der nothwendigen Ausgaben stets Mittel in Händen haben muß, die Einkünfte aber meistentheils zu verschiedenen Zeiten eingehen, so ist es nothwendig, daß Termine angesetzt werden, in welchen der Schatzmeister den nach dem Capitelsbeschlusse zu vertheilenden Ueberschuß an die einzelnen Mitglieder ganz oder theilweise auszuzahlen verpflichtet ist. Diese Termine müssen selbstredend so angesetzt werden, daß der Schatzmeister auch voraussichtlich, ohne in seiner Geschäftsführung behindert zu werden, in der Lage ist, die festgesetzten Beträge in denselben auszahlen zu können. Dem Schatzmeister kann es nicht überlassen werden, diese Termine selbst zu bestimmen, weil dadurch leicht Mißhelligkeiten und Reibungen entstehen dürften, und deßhalb wollte denn auch der Gesetzgeber, daß diese Terminbestimmung von dem Capitel ausgehen solle. Eine solche Terminbestimmung von Seiten des Capitels ist auch um deswillen zweckmäßig, weil dadurch der Schatzmeister darauf hingewiesen wird, die Einkünfte zur gehörigen Zeit einzutreiben und zu erheben.

Die dritte und letzte im vorstehenden Artikel den Capiteln zugewiesene Befugniß, in den durch das gegenwärtige Decret nicht vorgesehenen Fällen durch ihre Beschlüsse ergänzend Vorsorge zu treffen, dabei jedoch nicht über die Gränzen des Nießbrauchsrechtes eines Pfründners hinauszugehen, ist zwar eine sich von selbst verstehende; allein es ist doch durch diese specielle Anführung festgestellt, daß sie diese Befugniß nur durch in gesetzlicher Form gefaßte Capitelsbeschlüsse ausüben können, die denn auch nach Art. 61 der Genehmigung des Bischofes unterliegen. Ueber die Rechte und Pflichten des Nießbrauchers sehe man die Bemerkungen zum Art. 6 des gegenwärtigen Decretes.

Art. 61.

In allen im gegenwärtigen Titel bezeichneten Fällen müssen die Beschlüsse des Capitels von dem Bischofe genehmigt werden; hält der Bischof es nicht für angemessen, sie zu genehmigen, das Capitel beharrt aber bei seinem Beschlusse, so soll darüber an Unsern Cultusminister berichtet werden, welcher zu entscheiden hat.

Zu Art. 61.

Die Fassung des Art. 61 könnte zu der Ansicht Veranlassung geben, daß zu allen denjenigen Capitelbeschlüssen, welche in dem Tit. III des gegenwärtigen Decretes nicht besonders erwähnt werden, die Genehmigung des Bischofes nicht erforderlich sei, weil der Art. 61 nur der im Tit. III bezeichneten Fälle gedenkt. Allein diese Ansicht wäre eine unrichtige, sie widerspricht schon der hierarchischen Ordnung im kirchlichen Verwaltungswesen im Allgemeinen und der dem Bischofe zustehenden Oberaufsicht; sie würde aber auch den Bestimmungen des Art. 60 widersprechen, nach welchen die Capitel in den im gegenwärtigen Decrete nicht besonders vorgesehenen Fällen durch Beschlüsse ergänzend Vorsorge treffen sollen, denn dadurch ist auch der nicht besonders im Decrete erwähnten Fälle in dem dritten Titel gedacht, und deswegen fallen auch die desfallsigen Beschlüsse des Capitels unter die allgemeine Bestimmung des Art. 61. In dem Schlußsatze des Art. 61 werden Anordnungen darüber getroffen, wie es zu halten sei, wenn der Bischof den Beschlüssen des Capitels seine Genehmigung versagt, das Capitel aber von seinem Beschlusse nicht abgehen will; der Cultusminister soll dann zur Entscheidung berufen sein. In Preußen hat diese Bestimmung seit dem Erlasse der Verfassungsurkunde keine Anwendung mehr, da die Kirche ihre Angelegenheiten selbstständig verwalten und ordnen soll, in ihr also der Bischof als die oberste kirchliche Behörde derjenige ist, welcher zuletzt zu entscheiden hat. Die Capitel müssen sich daher der Entscheidung des Bischofes fügen; der Bischof kann aber die von ihm getroffene Entscheidung ändern, wenn neue Thatsachen und Umstände vorgebracht werden, welche die Lage der Sache ändern, und welche den Bischof veranlaßt haben würden, eine andere Entscheidung zu treffen, wenn sie vor seiner Entscheidung zu seiner Kenntniß gekommen wären. Man vergl. cap. 5 X de rescriptis im corp. iur. can.

Vierter Titel.
Von den Gütern der Seminarien.

Art. 62.

Für die Verwaltung der Güter des Seminars einer jeden Diöcese soll eine Stube gebildet werden, welche aus einem der General-Vicarien, der in Abwesenheit des Bischofes den Vorsitz führt, aus dem Director und dem Oekonomen des Seminars und einem vierten Mitgliede gebildet wird, welches die Functionen des Schatzmeisters zu erfüllen hat. Dieser wird auf das Gutachten des Bischofes und des Präfecten vom Cultusminister ernannt.

Der Schatzmeister erhält für seine Verrichtungen keine Entschädigung.

Zu Art. 62.

In Frankreich wurde durch den Art. 1, Tit. I des Decretes vom 28. October — 5. November 1790 die Confiscation auch der Güter der Diöcesan-Seminarien ausgesprochen, in den eroberten neun belgischen Departementen erfolgte sie durch die am 16. Ventose Jahres VI erfolgte Publication des gedachten Art. 1, und in den vier rheinischen Departementen, nachdem vorher das gesammte Vermögen des Clerus mit Beschlag belegt worden, durch den Consular-Beschluß vom 20. Prairial Jahres X, welcher indessen ausdrücklich die Seminargebäude in denjenigen Gemeinden, in welchen nach dem Gesetze vom 18. Germinal Jahres X Bisthümer errichtet worden waren, den Bischöfen zur Disposition beließ. Hatte man auch zu jener Zeit, nachdem durch die Stürme der Revolution alle kirchlichen Institute in ihrer äußeren Existenz vernichtet worden, endlich wieder das Bedürfniß eines kirchlichen Lebens erkannt, und durch die zwischen dem heiligen Stuhle und der französischen Regierung abgeschlossene Convention vom 26. Messidor Jahres IX die Hand zum Friedensschlusse zwischen Staat und Kirche gereicht, so konnte man sich doch nicht dazu bestimmen, sich von der Herrschaft über die Kirche loszusagen und ihr eine freie Bewegung zu gestatten; es erscheint daher auch selbst da, wo von Seiten des Staates für die Kirche auch nicht das geringste Opfer gebracht wurde, stets eine Einmischung des Staates in die Angelegenheiten der Kirche durch die Gesetze vorgeschrieben. So war denn zwar im Art. 11 der Convention vom 26. Messidor Jahres IX bestimmt worden, daß die Bischöfe für ihre Diöcesen ein Seminar haben könnten, der Staat sich aber nicht zu ihrer Dotirung verpflichtete; aber ungeachtet er nun zu ihrer Existenz nichts hergab, wurde doch im

Art. 23 des Gesetzes vom 18. Germinal Jahres X verordnet, daß die Bischöfe zwar mit der Einrichtung ihrer Seminarien belastet sein, die Reglements für diese Einrichtung aber der Genehmigung des ersten Consuls unterliegen sollten. Der Abschluß der erwähnten Messidor=Convention war indessen immerhin der Anfang zum Bessern; in Folge derselben griff allmählich eine der Kirche günstigere Gesinnung Platz, und so gab sich denn auch eine solche zunächst schon im Gesetze vom 23. Ventose Jahres XII kund, durch welches die Einrichtung von Seminarien, allerdings nur in den Metropolitan=Bezirken verordnet wurde, während man die Einrichtung der bischöflichen Seminarien der Sorge und Last der Bischöfe überließ. Da man Seitens der Staatsregierung unterstellte, daß durch die Einrichtung von Metropolitan=Seminarien von Seiten des Staates auch dem Bedürfnisse der Suffragan=Bisthümer genügt werde, so gab man durch den Art. 6 dieses Gesetzes dem Erzbischofe und seinen Suffraganbischöfen für die Besetzung der Stellen der Directoren und Professoren dieser Seminarien ein Vorschlagsrecht, behielt aber dem ersten Consul das Ernennungsrecht vor. Der Art. 7 desselben bestimmte sodann, daß für jedes dieser Seminarien ein dem Staate zugehöriges Haus, eine Bibliothek und eine angemessene Summe zur Unterhaltung und zur Bestreitung der Kosten derselben angewiesen werden solle. Diesem Gesetze folgte dann das Decret vom 30. September 1807, durch welches auch die Diöcesan=Seminarien bedacht wurden; im Eingange desselben heißt es ausdrücklich, daß der Kaiser die Einrichtung von Diöcesan=Seminarien begünstigen wolle, und daß in Folge dieses Entschlusses in denselben auf seine Kosten eine Anzahl von Boursen und halben Boursen zu schaffen seien, zu welchem Ende aus dem öffentlichen kaiserlichen Schatze jährlich 400 Francs für jede Bourse und 200 Francs für jede halbe Bourse ausgezahlt werden sollten. Hierdurch war nun allerdings für den Eintritt der Zöglinge in diese Seminarien eine wesentliche Erleichterung geschaffen worden, dagegen hatte man aber für die Stellung der Directoren und Professoren derselben keine Sorge getragen. Aber auch diesem Uebelstande sollte bald abgeholfen werden, indem der Cultusminister Bigot de Préameneu in seinem Rundschreiben an die Präfecten vom 21. October 1808 es den Generalräthen der Departemente zur Pflicht machte, für die Existenz der Directoren und Professoren der Diöcesan=Seminarien Sorge zu tragen, indem er hervorhob, daß dieselben nicht kirchliche Beamte einer einzelnen Pfarrei, sondern der ganzen Diöcese seien. In einzelnen Fällen wurden sogar durch specielle kaiserliche Decrete die von den früheren Seminarien herkommenden Güter und Capitalien, so weit sie noch nicht veräußert waren, den jetzt bestehenden Seminarien zurückgegeben, wie dies insbesondere für das Seminar zu Trier durch das Decret vom 9. Ventose Jahres XIII geschah. Man vergl. die Annalen für Rechtspflege und Gesetzgebung in den preußischen Rheinprovinzen, Band IX, S. 154—158. In ähnlicher Weise waren im Jahre 1806 dem Seminar zu Mainz Güter des früheren Seminars zurückgegeben worden, wie dies aus Art. 14 der Bulle provida solersque vom 16. August 1821 hervorgeht. Eine weitere Begünstigung der Seminarien lag

Decret vom 6. November 1813. Art. 62. 247

in dem Anerkenntnisse des Staates, daß sie berechtigt seien, Vermögen zu er=
werben, und so wird denn auch im Art. 113 des Decretes vom 30. December
1809 der zu Gunsten der Seminarien zu machenden Schenkungen, Stiftungen
und Legate gedacht, und in dieser Hinsicht gesetzliche Anordnung getroffen. Für
die Verwaltung des Vermögens der Seminarien wurden indessen erst durch das
gegenwärtige Decret besondere Vorschriften gegeben, die denn im 4. Titel des=
selben enthalten sind.

Nach dem Aufhören der französischen Herrschaft in den jetzt wieder zu Deutsch=
land gehörigen Ländern schlossen die einzelnen deutschen Regierungen zum Zwecke
einer neuen Organisation der kirchlichen Verwaltung in ihren Ländern mit dem
h. Stuhle Concordate ab, welche in den betreffenden päpstlichen Bullen ihren
Ausdruck fanden, und durch welche auch die Existenz der Seminarien in einer
besseren Weise gesichert werden sollte, als dies unter der französischen Herrschaft
der Fall war. Im Art. 5 der für das Königreich Baiern erlassenen Bulle
sanctitas sua vom 5. Juni 1817, wodurch das Bisthum Speyer betroffen wird,
heißt es, daß die bischöflichen Seminarien erhalten und mit einer angemessenen
und zureichenden Dotation in Grundgütern versehen sein sollen, und daß, wo
dies in einzelnen Diöcesen bis dahin nicht der Fall sei, ohne Zögern die Doti=
rung in Grundgütern erfolgen solle. Für Preußen war durch den Art. 52 der
Bulle de salute animarum vom 16. Juli 1821, der mit der Vollziehung der=
selben beauftragte päpstliche Commissar angewiesen, den Seminarien einer jeden
Diöcese die etwa noch vorhandenen Güter zuzutheilen, und hatte der König ver=
sprochen, das zum Unterhalte derselben noch Fehlende zuzusetzen. Dem Art. 14
der Bulle provida solersque vom 16. August 1821 gemäß war das Seminar
zu Mainz im Besitze eines hinlänglichen Vermögens, welches demselben auch
verbleiben sollte, unbeschadet der später etwa zu seinen Gunsten erfolgenden Zu=
wendungen.

Für die Verwaltung der Güter der Seminarien ist durch den Art. 62 ein
eigenes Institut, die Seminarstube geschaffen worden, welche aus vier Personen
bestehen soll, nämlich einem der General=Vicarien, dem Director des Seminars,
dem Dekonomen desselben und dem Schatzmeister. Man könnte zwar aus der
Bestimmung des Art. 62, daß der zur Stube gehörige General=Vicar in Ab=
wesenheit des Bischofes den Vorsitz führen solle, folgern wollen, daß auch der
Bischof Mitglied dieser Stube sei, und diese daher aus fünf Mitgliedern be=
stehe. Eine solche Folgerung wäre aber irrig; sie würde eines Theiles nicht
den hier obwaltenden Verhältnissen entsprechen, anderen Theiles aber auch in
den sonstigen Bestimmungen des gegenwärtigen Titels keine Unterstützung fin=
den. Das Seminar steht nämlich unmittelbar unter dem Bischofe, und so auch
die Verwaltung desselben; es läßt sich daher nicht wohl denken, daß der Bischof
Mitglied der Seminarstube, als einer ihm untergeordneten Verwaltungsbehörde
sein solle, weil er dann gewisser Maßen unter sich selbst stehen würde. Daß
er hier, wenn er anwesend ist, den Vorsitz führen soll, liegt in der Natur der
Sache, da er als oberste kirchliche Behörde berechtigt ist, an den Sitzungen einer

jeden kirchlichen, unter ihm stehenden Körperschaft Theil zu nehmen, und ihm dann auch der Vorsitz gebührt, ohne daß er deßhalb stetes Mitglied derselben zu sein braucht. Dann hat aber auch der Gesetzgeber dadurch, daß er im Art. 62 das zuletzt genannte Mitglied der Stube als viertes Mitglied bezeichnet, kund gethan, daß die Stube nur aus vier Personen bestehen solle. Dies wird auch dadurch bestätigt, daß im Art. 69 der Bischof und die Stube, jeder besonders, neben einander aufgeführt werden, und daß nach Art. 80, obgleich die Rechnungen der Stube gelegt werden, diese doch von ihm allein definitiv abgeschlossen werden, und er allein die Decharge zu ertheilen hat.

Was nun die Personen anbelangt, aus welchen die Seminarstube gebildet werden soll, so soll zunächst einer der General=Vicarien Mitglied derselben sein. Wo also nur ein General=Vicar existirt, ist dieser es Kraft des Gesetzes; einer Ernennung zum Mitgliede der Stube bedarf es in diesem Falle nicht; wo aber mehrere General=Vicarien vorhanden sind, muß einer derselben ernannt werden. Der Gesetzgeber hat sich darüber nicht ausgesprochen, von wem diese Ernennung ausgehen müsse; man wird aber nicht wohl in Zweifel ziehen können, daß das Recht dieser Ernennung nur dem Bischofe zusteht und zustehen kann; denn der Bischof hat seinen General=Vicarien die von ihnen zu verrichtenden Functionen anzuweisen, und so kann auch nur er das Recht haben, von den mehreren General=Vicarien denjenigen zu bezeichnen, welcher die Functionen eines Mitgliedes der Seminarstube ausüben soll. Als zweites und drittes Mitglied der Stube sind im Art. 62 der Director des Seminars und der Oekonom bezeichnet; vermöge ihrer Stellung müssen diese Mitglieder der Stube sein. Das vierte und letzte Mitglied derselben ist dann der Schatzmeister, welcher auf das Gutachten des Bischofes und des Präfecten nach Art. 62 von dem Cultusminister ernannt werden soll. In Preußen hat weder der Präfect oder Regierungs=Präsident mehr ein Gutachten über die zum Schatzmeister zu ernennende Person abzugeben, noch der Cultusminister denselben zu ernennen; das Recht der Ernennung steht lediglich dem Bischofe zu auf Grund des Art. 15 der Verfassungsurkunde.

Von einem Rechte einzelner Mitglieder dieser Stube, sich vertreten zu lassen, wie dies in dem Kirchenrathe dem Pfarrer und Bürgermeister zusteht, wird im gegenwärtigen Decrete nirgendwo gesprochen; es darf daher eine solche auch nie eintreten. Da indessen der Fall vorkommen wird, daß die Stellen, welche die Mitglieder dieser Stube sonst noch bekleiden, und wegen welcher sie eben Mitglieder der Stube sind, zeitweise erledigt werden, so werden die commissarischen Verwalter dieser Stellen die Functionen eines Mitgliedes der Stube so lange auszuüben haben, als ihr Commissorium dauert, weil eben die von ihnen versehene Stelle in jener Stube vertreten sein soll.

Die Stelle eines Vorsitzenden in der Seminarstube ist durch den Art. 62 einer bestimmten Person, nämlich dem General=Vicar, zugewiesen, und dies offenbar aus dem Grunde, weil er in der Stube das seiner Stellung wegen hervorragendste Mitglied ist. Jede Wahl eines Vorsitzenden ist daher ausgeschlossen.

Ist er jedoch momentan verhindert, der Sitzung der Stube beizuwohnen, so wird, wenn nur der Director, der Oekonom und der Schatzmeister anwesend sind, dem Director der Vorsitz gebühren, weil er von diesen drei Mitgliedern sonst die hervorragendste Stelle einnimmt, er auch nicht, wie die beiden anderen Mitglieder der Stube rechnungspflichtig ist, die Stellung eines Rechnungspflichtigen auch jedenfalls für die Führung des Vorsitzes eine ungeeignete ist.

Wie viele Mitglieder der Stube in einer Sitzung derselben anwesend sein müssen, ist im gegenwärtigen Decrete nicht gesagt; es werden aber immer so viele anwesend sein müssen, um bei verschiedener Ansicht eine Majorität bilden zu können; eine Sitzung der Stube kann daher nur dann abgehalten werden, wenn wenigstens drei Mitglieder zugegen sind. Da auch darüber, wie oft und wann die Stube zu Berathungen zusammentreten soll, keine Bestimmungen getroffen worden sind, so muß in dieser Hinsicht das Bedürfniß entscheiden. In der Stellung des Vorsitzenden liegt das Recht, die Mitglieder der Stube zu Berathungen zusammen zu berufen.

Nach dem Schlußsatze des Art. 62 soll der Schatzmeister des Seminars für seine Verrichtungen eine Entschädigung nicht erhalten; es soll also die Stelle des Schatzmeisters ein Ehrenamt sein, wie dies auch bei dem Schatzmeister der Kirchen-Fabriken der Fall ist. Seine Thätigkeit ist indessen häufig keine geringe, und der Umfang der von ihm übernommenen Verpflichtungen kein unbedeutender, so daß es wohl vorkommen könnte, daß sich eine geeignete Persönlichkeit, welche das Amt unentgeltlich übernehmen will, nicht so leicht finden ließe, besonders wenn man bedenkt, daß durch die Uebernahme des Schatzmeister-Amtes eine gesetzliche Generalhypothek gegen den Schatzmeister nach Art. 2121 des B. G.-B. begründet wird. Diese Verfügung ist nun jedenfalls eine, die freie und selbstständige Verwaltung beschränkende, und deßhalb hat denn auch bei der durch die preußische Verfassungsurkunde der Kirche verliehenen freien und selbstständigen Verwaltung das betreffende kirchliche Institut das Recht, von dieser Vorschrift abzugehen, und somit auch in Betreff des vorliegenden Falles die Seminarstube das Recht, eine Entschädigung für den Schatzmeister zu beschließen und zu normiren, selbstredend unter dem Vorbehalte der Genehmigung des Bischofes.

Art. 63.

Der Secretair des Erzbischofes oder Bischofes ist zugleich der Secretair dieser Stube.

Zu Art. 63.

Die Bestimmung des Art. 63, daß der Secretair des Erzbischofes oder Bischofes zugleich der Secretair der Seminarstube sein solle, hat wohl vorzugsweise darin ihren Grund, daß der Erzbischof oder Bischof in der Regel in den Sitzungen der Seminarstube anwesend ist und dort den Vorsitz führt, so wie daß er bei der Erledigung seiner Geschäfte stets von seinem Secretair begleitet ist. Aber auch für den Fall, daß er den Sitzungen der Seminarstube nicht beiwohnt, hat sein Secretair in derselben die Function des Secretairs zu verrichten; denn der Art. 63 sagt nicht, daß er nur bei der Anwesenheit des Erzbischofes oder Bischofes dieselbe zu übernehmen habe, sondern daß er überhaupt der Secretair der Stube sei. Aus diesem Grunde hat er denn auch die außerhalb der Sitzungen vorkommenden Secretariatsgeschäfte der Stube zu erledigen. Er ist indessen nicht stimmberechtigtes Mitglied derselben, da im Art. 62 ausdrücklich nur einer der General-Vicarien, der Director des Seminars, dessen Oekonom und der Schatzmeister als deren Mitglieder bezeichnet werden.

Art. 64.

Die Verwaltungsstube des Haupt-Seminars führt zu gleicher Zeit die Verwaltung der anderen geistlichen Schulen der Diöcese.

Zu Art. 64.

Unter den hier gedachten anderen geistlichen Schulen sind diejenigen zu verstehen, durch welche vorzugsweise die Vorbildung zu den Seminarien unter der speciellen Leitung und Verwaltung der geistlichen Behörde bezweckt wird, und welche gewisser Maßen einen Theil der Seminarien bilden, weßhalb der Verwaltung dieser letzteren auch ihre Verwaltung zugewiesen ist. Zu denselben gehören unstreitig die seminaria puerorum, welche nach sess. 23, cap. 18 de reformatione des concilii Tridentini in jeder Diöcese eingerichtet werden sollen. Die Kosten ihrer Unterhaltung werden entweder aus den Einkünften der für sie speciell hergegebenen festen Fonds, oder aus Geschenken, oder durch Zuschüsse aus den Ueberschüssen der Einkünfte des Haupt-Seminars, wenn deren vorhanden sind, bestritten. Daß eine Art von Gemeinsamkeit zwischen dem Haupt-Seminar und ihnen besteht, geht nicht bloß daraus hervor, daß die Verwaltungsstube des Haupt-Seminars nach dem vorstehenden Art. 64 auch ihre Verwaltung zu führen hat, und daß ihr Zweck mit dem des Haupt-Seminars in der engsten Verbindung steht, sondern auch aus den Bestimmungen des Art. 72 des gegenwärtigen Decretes. Nach diesen können nämlich die Einkünfte der für diese Nebenschulen speciell hergegebenen festen Fonds, so wie die nur für sie gemachten Geschenke und Vermächtnisse nur für sie verwendet werden; es ist dabei aber auch die fernere Bestimmung getroffen worden, daß die Verwaltungsstube des Haupt-Seminars auch für die Bedürfnisse dieser Nebenschulen, jedoch erst nach der Befriedigung der Bedürfnisse des Haupt-Seminars, also doch auch aus den Einkünften desselben sorgen solle. Hiernach sind nun alle Einnahmen und Ausgaben für diese geistlichen Nebenschulen durch den Schatzmeister des Haupt-Seminars zu bewirken. Haben dieselben, wie dies in der Regel der Fall sein wird, einen besonderen Oekonomen, so muß dieser über die Verwendung der ihm durch den Schatzmeister des Haupt-Seminars ausgezahlten Gelder Rechnung legen und sie der Verwaltungsstube des Haupt-Seminars einsenden, damit dieselbe in die Generalrechnung jedoch als besonderer Theil aufgenommen werde, und deßhalb ist auch der Schatzmeister des Haupt-Seminars verpflichtet, in seiner Rechnung im Anschlusse an die des Oekonomen der Nebenschule ein eigenes Conto für jede Nebenschule anzufertigen, indem nur so mit Leichtigkeit festgestellt werden kann, ob die für die Nebenschulen speciell bestimmten Fonds auch für sie verwendet worden sind.

Art. 65.

Für die Aufbewahrung der Titel, Papiere und Nachweisen, der Rechnungen, Register, Hauptbücher und Inventarien soll ebenfalls nach Anleitung des Art. 54 der Verordnung über die Fabriken eine Kiste oder ein Schrank mit drei Schlüsseln dienen, welche sich in den Händen dreier Mitglieder der Stube befinden.

Zu Art. 65.

Die ausdrückliche Bezugnahme auf den Art. 54 des Decretes vom 30. December 1809 rechtfertigt die Unterstellung, daß der Gesetzgeber bei der Verwaltung der Güter der Seminarien überall die Vorschriften jenes Decretes zur Anwendung gebracht wissen will, wo nicht die besonderen und eigenthümlichen factischen Verhältnisse der Seminarien eine Abweichung von denselben erfordern. Wie die im Art. 65 erwähnten Register, Hauptbücher und Inventarien angefertigt werden sollen, und wer dieselben zu führen hat, wird im gegenwärtigen Decrete nicht gesagt, und man wird daher diese Fragen nach den Bestimmungen des Decretes vom 30. December 1809 beantworten müssen.

Der Art. 56 jenes Decretes verfügt nun, wie das Hauptbuch anzulegen ist, was in dasselbe eingetragen werden muß und wer die Eintragung bewirken soll. Nach demselben muß der Secretair der Kirchmeisterstube, hier also der Secretair des Erzbischofes oder Bischofes als Secretair der Seminarstube nach fortlaufenden Nummern und der Reihenfolge des Datums die Stiftungsurkunden und überhaupt alle Eigenthumstitel, so wie die Pacht- und Miethverträge in jenes Hauptbuch eintragen; die Eintragung muß zwischen zwei Colonnen erfolgen, von welchen die eine die Einkünfte, die andere die Lasten enthält, welche auf die Eintragung Bezug haben. Die Beglaubigung der richtigen Eintragung wird hier nach den Bemerkungen zum Art. 56 des gegenwärtigen Decretes von den beiden Schlüsselinhabern, welche nicht Schatzmeister sind, vorgenommen werden müssen.

Durch den Art. 55 des Decretes vom 30. December 1809 wird die Anfertigung und Fortführung zweier Inventarien vorgeschrieben, von welchen das eine die Mobilien, das andere die Titel, Papiere und Nachweisungen enthalten soll. Diese Vorschrift paßt ganz besonders auf die Seminarien, in welchen ein nicht unbedeutendes Mobilar vorhanden sein muß, welches durch Ab= und Zu= gang oft wesentlich verändert wird. So wie der Secretair die Eintragungen in das Hauptbuch zu machen hat, muß er auch die Fortführung der Inventarien bewirken, dies jedoch unter Zuziehung derjenigen Personen, welche nach dem Art. 55 dieselben unterzeichnen müssen, hier also nach dem Vorbemerkten, der= jenigen Schlüsselinhaber, welche nicht Schatzmeister sind. Dem bezogenen Art. 55 gemäß soll auch jedes Jahr eine Vergleichung der Inventarien mit den Be= ständen vorgenommen werden, und da die Zugänge, so wie der Ersatz der Ab= gänge durch die Jahresrechnung constatirt wird, so wird eine solche Vergleichung nach Abschluß der Jahresrechnung vorzunehmen sein, wodurch sich dann die Aenderungen leicht ergeben.

Ein Duplicat des Inventars über das Mobilar soll nach dem gedachten Art. 55 dem Pfarrer oder Hülfspfarrer übergeben werden, damit er weiß, welche Gegenstände er bei seinem Ausscheiden zu überliefern hat. In den Seminarien ist es nun der Oekonom, welchem die Sorge für die Einrichtung des Hauses und die Verpflegung der Zöglinge obliegt; er, und nicht der Director des Se= minars, hat nach Art. 79 des gegenwärtigen Decretes Rechnung zu legen, und daher wird auch ihm, und nicht dem Director, das erwähnte Duplicat zuzu= stellen sein.

Durch den im vorstehenden Art. 65 bezogenen Art. 54 des Decretes vom 30. December 1809 wird auch die Hinterlegung der Protocollbücher in eine mit drei Schlüsseln verschließbare Kiste verordnet; im Art. 65 werden sie zwar nicht speciell erwähnt; sie sind indessen wichtige Urkundenbücher über den Bestand des Vermögens der Seminarien, und müssen daher schon als solche, aber auch we= gen der Bezugnahme auf den gedachten Art. 54 in jener Kiste aufbewahrt werden.

Im Art. 65 wird nur gesagt, daß die drei Schlüssel der daselbst erwähnten Kiste sich in den Händen dreier Mitglieder der Seminarstube befinden sollen; diese Mitglieder werden aber nicht näher bezeichnet. Es können aber nur die= selben sein, welchen nach Art. 73 des gegenwärtigen Decretes die drei Schlüssel derjenigen Kiste anvertraut sind, in welche die Gelder hinterlegt werden sollen, da viele der zu hinterlegenden Papiere Geldeswerth haben.

Man vergl. übrigens über den Inhalt des Art. 65 das Nähere in den Be= merkungen bei de Syo, a. a. O. zu den Art. 54, 55 und 56.

Art. 66.

Das, was so hinterlegt worden ist, darf nur auf ein moti= virtes Gutachten der drei Besitzer der Schlüssel, welches vom

Erzbischofe oder Bischofe genehmigt ist, herausgenommen werden; das so genehmigte Gutachten verbleibt an demselben Aufbewahrungsorte.

Zu Art. 66.

Es könnte nach der Fassung des Art. 66 den Anschein haben, als ob zur Herausnahme von Actenstücken aus der zu ihrer Aufbewahrung dienenden Kiste nur das Gutachten der drei Schlüsselinhaber mit der Genehmigung des Erzbischofes oder Bischofes genüge, und so diese drei allein berechtigt seien, jene Herausnahme zu bewirken, ohne daß derselben ein Beschluß der Seminarstube vorherzugehen brauche. Hierbei ist indessen in Betracht zu ziehen, daß im Art. 66 nur allgemein von der Herausnahme der Actenstücke gesprochen wird, diejenigen Personen aber nicht näher bezeichnet werden, welche dieselbe zu beschließen haben. Die drei Schlüsselbewahrer können als solche die Herausnahme nicht beschließen, da ihnen nicht das Recht zusteht, als solche allein Beschlüsse zu fassen, sondern sie nur berufen sind, zu den Beschlüssen der Seminarstube mitzuwirken. Ein solches Recht ist ihnen auch nicht durch den Art. 66 gegeben, vielmehr sollen sie nur über die Nothwendigkeit der Herausnahme ein Gutachten erstatten. Dasselbe wird auch nur als Gutachten von dem Erzbischofe oder Bischofe genehmigt; seine Genehmigung ist daher nichts anderes, als die Erklärung, daß er den Gründen, aus welchen die Nothwendigkeit der Herausnahme gefolgert wird, beitritt. Hiermit ist aber noch keine Verfügung, daß das Actenstück nun auch wirklich herausgenommen werden soll, da, eine solche kann aber nach Lage der Verhältnisse dann nur von der Seminarstube getroffen werden. Nimmt man aber auch den Art. 66 in der oben zu Anfang angegebenen Deutung, so ergibt sich sofort, daß die Vorschrift desselben überhaupt für die Sicherheit der Urkunden eine höchst ungenügende ist, da von einer Bescheinigung über den Empfang der Urkunden darin keine Rede ist, eine solche aber nur den Verbleib der Urkunde constatirt. Man wird jedoch schwerlich annehmen können, daß der Gesetzgeber hier eine solche nicht verlangt habe, da er sie sonst im gegenwärtigen Decrete wohl verlangt, und da ist denn hier der Umstand von Wichtigkeit, daß der Gesetzgeber mehrfach im gegenwärtigen Decrete seinen Willen dahin kund gibt, daß bei der Verwaltung der in demselben in Rede stehenden Güter im Allgemeinen nach den Vorschriften des Decretes vom 30. December 1809 verfahren werden soll. Mit Rücksicht hierauf, so wie auf die dürftige Fassung des Art. 66 wird man daher auf die desfallsigen Bestimmungen des Art. 57 des Decretes vom 30. December 1809 zurückgreifen müssen. Nach denselben muß nun der Herausnahme eines Actenstückes ein Beschluß der Kirchmeisterstube, welcher zu derselben ermächtigt, vorhergehen; hier muß also die Seminarstube dieselbe beschließen; außerdem muß eine Empfangsbescheinigung ausgestellt werden, welche die Eigenschaft des Empfängers, den Grund, weßhalb das Actenstück herausgenommen worden ist, enthält, und in welcher, wenn dasselbe zu einem Processe dienen soll, das Gericht, vor welchem die Sache verhandelt wird, und der Anwalt, welcher sie betreibt, angegeben ist. Diese Empfangsbescheinigung muß in das Hauptbuch eingetragen werden. Mit derselben ist das Gutachten, welches die drei Schlüsselinhaber nach dem Art. 66 zu erstatten haben, nicht zu verwechseln; dasselbe wird nicht in das Hauptbuch, sondern nur in das Inventar der Titel, Papiere und Nachweisungen eingetragen, und muß daher auch, wie dies der Art. 66 vorschreibt, in der zur Aufbewahrung derselben dienenden Kiste hinterlegt werden. Das Nähere hierüber sehe man in den Bemerkungen bei de Syo a. a. O. zu Art. 57.

Art. 67.

Jeder Notar, vor welchem ein Act gethätigt worden ist, welcher eine Schenkung unter Lebenden oder eine testamentarische Verfügung zu Gunsten eines Seminars oder einer geistlichen Nebenschule enthält, ist verpflichtet, den Bischof davon in Kenntniß zu setzen, welcher die Actenstücke nebst seinem Gutachten an Unseren Cultusminister einsenden muß, damit im geeigneten Falle die Ermächtigung zur Annahme in der gebräuchlichen Form ertheilt werde.

Diese Geschenke und Vermächtnisse sind nur einer festen Gebühr von einem Franc unterworfen.

Zu Art. 67.

Eine ähnliche Verfügung, wie die des vorstehenden Art. 67 ist auch durch den Art. 58 des Decretes vom 30. December 1809 im Interesse der Kirchen-Fabriken getroffen worden. Dagegen ist es auffallend, daß der Gesetzgeber in dem gegenwärtigen Decrete weder für das Pfarr-Dotationsvermögen, noch für die bischöflichen Tafelgüter, noch für das Vermögen der Kathedral- und Collegiat-Capitel eine gleiche Vorsorge getroffen hat. Diese Erscheinung kann wohl nicht eine zufällige und in einer nicht beabsichtigten Unterlassung begründete sein; denn sonst würde sich doch wohl bei den Vorschriften über die Verwaltung einer dieser drei Vermögensmassen eine gleiche Bestimmung gefunden haben; sie muß vielmehr einen positiven Grund haben. Es waltet nun allerdings zwischen den Verwaltungen des Vermögens der Kirchen-Fabriken und der Seminarien einerseits und den Verwaltungen des Pfarr-Dotationsvermögens, der bischöflichen Tafelgüter und des Vermögens der Kathedral- und Collegiat-Capitel andererseits der wesentliche Unterschied ob, daß die Verwalter der ersteren nicht zugleich in ihrem eigenen Interesse die Verwaltung führen, während die Verwalter der letzteren vorzugsweise in ihrem eigenen Interesse verwalten, da sie Nießbraucher jener Vermögen sind. Dem Nießbraucher muß aber daran gelegen sein, Kenntniß davon zu nehmen, ob der Gegenstand seines Nießbrauches vermehrt wird. In den Vorschriften des Art. 58 des Decretes vom 30. December 1809 und des Art. 67 des gegenwärtigen Decretes hat indessen der Gesetzgeber durch diese Ausnahmegesetze den Notarien nicht eine außerordentliche Verpflichtung im Interesse der Privatbetheiligten, sondern lediglich im Interesse der eines besonderen Schutzes bedürftigen Anstalten, deren Verwalter hierbei ihr persönliches Interesse nicht zu wahren haben, auferlegen wollen, und da Ausnahmegesetze überhaupt strenge zu interpretiren sind, so kann eine Anwendung dieser hier getroffenen Ausnahmebestimmungen auf zwar ähnliche, aber dennoch verschiedene Verhältnisse nicht gestattet sein.

Diejenigen Urkunden, von deren Existenz der Notar, welcher sie aufgenommen hat, nach Art. 67 dem Bischofe Kenntniß geben soll, sind entweder solche, durch welche im Wege einer Schenkung unter Lebenden oder einer letztwilligen Disposition den Seminarien oder den geistlichen Nebenschulen Zuwendungen gemacht worden sind. Da die Schenkungen unter Lebenden einen Vertrag bilden, zu dessen Perfection die Annahme des Beschenkten erforderlich ist, und es der Wille des Schenkgebers ist, daß der Vertrag noch bei seinen Lebzeiten perfect wird, so muß der Notar sofort nach der Aufnahme der desfallsigen Urkunde davon den Bischof in Kenntniß setzen, damit wegen der Annahme das Geeignete sobald wie möglich veranlaßt werden kann. Von den letztwilligen Verfügungen kann aber dem Bischofe nur nach dem Tode des Testators Kenntniß gegeben werden, da erst mit diesem die bedachte kirchliche Anstalt einen Anspruch auf die Zuwendung erhält.

Nach dem Art. 64 des gegenwärtigen Decretes soll die Verwaltungsstube des Haupt-Seminars auch die Verwaltung der geistlichen Nebenschulen, also des Vermögens einer neben den Seminarien bestehenden besonderen Anstalt führen, und man könnte daher hieraus schon folgern, daß auch die geistlichen Nebenschulen ein eigenes und von dem Vermögen der Seminarien getrenntes Vermögen besitzen können, dessen Verwaltung aber einer anderen bestimmten Anstalt zustehe. Indessen könnte dies doch zweifelhaft sein, da auch die Annahme ihre Berechtigung hätte, daß die Seminarien das Recht haben sollten, solche geistliche Nebenschulen zur besseren Erreichung des Zweckes der Seminarien und gewisser Maßen als Theile derselben einzurichten und die Leitung und Verwaltung derselben zu übernehmen. Allein nach dem Art. 67 können sowohl den Seminarien als den geistlichen Nebenschulen Zuwendungen durch Schenkungen unter Lebenden und durch Testament gemacht werden, sie sind also hier bezüglich ihrer Rechtsfähigkeit einander gleichgestellt, und können beide ein gesondertes Vermögen für sich erwerben und besitzen, woraus hervorgeht, daß auch diese geistlichen Nebenschulen den Charakter einer moralischen Person haben. Solche Zuwendungen können daher den geistlichen Nebenschulen auch direct und unmittelbar gemacht werden, und es ist nicht erforderlich, daß sie den Seminarien mit der Auflage gemacht werden, die Einkünfte derselben nur für die geistlichen

Nebenschulen zu verwenden, was aber auch zulässig sein würde, da die Verwaltung der Seminarien zugleich die Verwaltungsbehörde dieser Nebenschulen ist, ein Fall, den wohl auch der Art. 72 des gegenwärtigen Decretes betreffen mag.

Aus der Vorschrift des Art. 67, daß der Bischof, nachdem der Notar ihn von der dem Seminar oder den geistlichen Nebenschulen gemachten Zuwendung in Kenntniß gesetzt hat, die Actenstücke an den Cultusminister einsenden soll, damit die Ermächtigung zur Annahme derselben ertheilt werde, und hierbei einer Thätigkeit der Seminarstube nicht gedacht wird, könnte man schließen, daß auch nur der Bischof die Geschenke und Vermächtnisse für die Seminarien und geistlichen Nebenschulen anzunehmen habe. Den gewöhnlichen Verhältnissen, nach welchen bei öffentlichen Anstalten die Verwaltungsbehörde derselben dies zu thun hat, würde eine solche Annahme nicht entsprechen, aber auch der Umstand, daß es im Art. 67 heißt, der Bischof solle die Actenstücke mit seinem Gutachten an den Cultusminister einsenden, spricht dagegen. Würde nämlich der Bischof selbst die Geschenke und Vermächtnisse anzunehmen haben, so hätte er nicht bloß ein Gutachten abzugeben, sondern einen Antrag auf Ermächtigung zur Annahme derselben zu stellen; daraus aber, daß er sich nur gutachtlich zu äußern hat, geht hervor, daß ein Anderer den Antrag zu stellen und ihm einzureichen hat. Wenn daher nach dem Art. 67 der Bischof und nicht die Seminarstube die Actenstücke an den Cultusminister einsenden soll, so kann das nur zur Vereinfachung des Geschäftsganges verordnet worden sein, aber daraus nicht gefolgert werden, daß nicht die Seminarstube, sondern der Bischof die Geschenke und Vermächtnisse annehmen solle. Was die Annahme selbst betrifft, so sind in dieser Hinsicht für Preußen die Bestimmungen der A. C.=O. vom 13. Mai 1833 maßgebend, nach welcher nur Zuwendungen von mehr als 1000 Thlrn. der landesherrlichen Genehmigung bedürfen. Das Nähere hierüber sehe man bei de Syo a. a. O. zu Art. 59.

In Preußen wird von den Vermächtnissen und Schenkungen an Kirchen, Armenanstalten, Waisenhäuser, milde Stiftungen, Schulen und Universitäten in Gemäßheit der Declaration des Stempelgesetzes vom 27. Juni 1811 kein Stempel erhoben; der letzte Satz des Art. 67 gilt daher für die preußische Rheinprovinz nicht mehr.

Art. 68.

Die Rückzahlungen und Anlagen derjenigen Gelder, welche von den den Seminarien und Nebenschulen zugewendeten Geschenken und Vermächtnissen herrühren, erfolgen nach Anleitung der oben bezogenen Decrete und Entscheidungen.

Zu Art. 68.

Die hier erwähnten Decrete und Entscheidungen sind ausweise des Art. 11 des gegenwärtigen Decretes das Staatsraths-Gutachten vom 21. December 1808 und das Decret vom 16. Juli 1810. Ueber den näheren Inhalt derselben, so wie über dasjenige, was jetzt bezüglich der Rückzahlungen und Anlagen der Gelder der Kirchen und geistlichen Institute in der preußischen Rheinprovinz Rechtens ist, sehe man die Bemerkungen zum Art. 11 des gegenwärtigen Decretes.

Art. 69.

Die Häuser und ländlichen Güter der Seminarien und geistlichen Nebenschulen können nur im Wege der öffentlichen Versteigerung vermiethet oder verpachtet werden, es sei denn, daß der Erzbischof oder Bischof und die Mitglieder der Stube der Ansicht sind, daß unter der Hand auf Grund derjenigen Bedingungen, deren Entwurf von ihnen unterzeichnet, dem Schatzmeister übergeben und dann in die Kiste mit drei Schlüsseln hinterlegt wird, zu verhandeln sei. Hiervon soll in dem Acte Erwähnung geschehen.

Für die neun Jahre übersteigenden Pacht- und Miethverträge müssen die im obigen Art. 9 vorgeschriebenen Formalitäten erfüllt werden.

Zu Art. 69.

Nach den Bestimmungen des Art. 69 gilt für die Verpachtungen und Vermiethungen der Güter der Seminarien als Regel, daß sie im Wege der öffentlichen Versteigerung abgeschlossen werden sollen; es kann indessen unter Umständen von dieser Regel abgegangen und die Verpachtung oder Vermiethung unter der Hand vorgenommen werden. In diesem Falle müssen aber dem Art. 69 gemäß der Erzbischof oder Bischof und die Seminarstube darüber einig sein. Will daher der Erzbischof oder Bischof allein, oder die Seminarstube allein den Abschluß dieser Verträge unter der Hand, so kann dies nicht geschehen, vielmehr muß dann die Verpachtung oder Vermiethung im Wege der öffentlichen Versteigerung erfolgen. Durch den Art. 69 wird sodann auch nicht gesagt, daß nur bei Verpachtungen und Vermiethungen unter der Hand die Bedingungen derselben von der Seminarstube berathen und festgestellt werden sollen, und daß dies bei solchen im Wege der öffentlichen Versteigerung nicht erforderlich sei. Die verwaltende Behörde, auf deren Ansehen die öffentliche Versteigerung abgehalten wird, muß selbstredend die Bedingungen feststellen, unter welchen sie

diese Verträge abschließen will. Der Art. 69 schreibt nur bezüglich der diesen
Verträgen zum Grunde zu legenden Bedingungen die Beobachtung größerer
Formalitäten vor, wenn ihr Abschluß unter der Hand geschehen soll, und diese
bestehen darin, daß der Entwurf der Bedingungen sowohl von dem Erzbischofe
oder Bischofe als den Mitgliedern der Seminarstube unterzeichnet werden muß,
um die Uebereinstimmung zwischen Erzbischof oder Bischof und der Seminar=
stube zu constatiren. Dieser Entwurf soll dann dem Schatzmeister übergeben
werden, welcher dadurch den Auftrag erhält, auf Grund derselben im Namen
der Seminarstube den Vertrag abzuschließen. Er bildet ein besonderes Acten=
stück, und wird nach gemachtem Gebrauche in die zur Aufbewahrung der Pa=
piere dienende Kiste mit drei Schlüsseln hinterlegt. In dem Vertrage selbst muß
davon Erwähnung geschehen, daß sowohl der Erzbischof oder Bischof als die
Seminarstube den Vertrag unter der Hand abgeschlossen haben wollen, und daß
der Entwurf der im Vertrage aufgeführten Bedingungen sowohl von dem Erz=
bischofe oder Bischofe, als den Mitgliedern der Seminarstube unterzeichnet wor=
den und in der oben erwähnten Kiste aufbewahrt werde. Da der Entwurf der
Bedingungen in einer Sitzung der Seminarstube, in welcher die erforderliche
Anzahl von Mitgliedern zugegen sein müssen, festgestellt wird, so kann durch
die Vorschrift des Art. 69, daß derselbe von den Mitgliedern der Seminarstube
unterzeichnet werden solle, nur verordnet worden sein, daß die anwesenden Mit=
glieder denselben als besonderes Actenstück und neben dem Sitzungsprotocolle
unterzeichnen sollen.

Bei dem Abschlusse derjenigen Pacht= und Miethverträge, welche länger als
neun Jahre dauern sollen, müssen dem Art. 69 gemäß die im Art. 9 des ge=
genwärtigen Decretes vorgeschriebenen Formalitäten beobachtet werden. Diese be=
stehen denn darin, daß sie nur im Wege der öffentlichen Versteigerung abge=
schlossen werden können, nachdem zwei von dem Präfecten oder Regierungs=
Präsidenten ernannte Sachverständige an Ort und Stelle eine Untersuchung
vorgenommen und in einem Berichte über die Nützlichkeit des Vertrages sich
gutachtlich geäußert haben. Das Nähere hierüber, so wie darüber, ob dieselben
auch jetzt noch in der preußischen Rheinprovinz beobachtet werden müssen, sehe
man in den Bemerkungen zum Art. 9 des gegenwärtigen Decretes unter Nr. 4,
a und b.

Art. 70.

Kein Proceß darf angestellt werden, weder im Wege der
Klage, noch der Einlassung auf dieselbe, als nach Ermächtigung
durch den Präfecturrath, welche auf den Antrag des Erzbischofes
oder Bischofes und nach Vernehmung des Gutachtens der Ver=
waltungsstube ertheilt wird.

Zu Art. 70.

In dem vorstehenden Art. 70 sind nur im Allgemeinen die Bedingungen angegeben worden, unter welchen Processe im Interesse der Seminarien geführt werden können; dagegen spricht sich der Gesetzgeber darüber nicht aus, auf wessen Namen sie geführt werden sollen und wer sie zu betreiben hat. Aus dem Umstande, daß der Erzbischof oder Bischof den Antrag zu stellen hat, die Ermächtigung zur Führung derselben zu ertheilen, könnte gefolgert werden, daß sie auf Anstehen des Erzbischofes oder Bischofes geführt werden müßten. Diese Folgerung wäre aber eine unrichtige; sie würde zunächst dem widersprechen, daß stets bei öffentlichen Anstalten die Verwaltungsbehörden derselben die ihre Anstalt betreffenden Processe zu führen haben, ihnen auch nach Art. 69 Nr. 3 der Civ.-P.-O. die Vorladungen zugestellt werden müssen, und daß der Erzbischof oder Bischof und die Seminarien zwei bestimmte und verschiedene Personen sind. Aus der Bestimmung des Art. 70, daß nur der Erzbischof oder Bischof den Antrag auf Ertheilung der Ermächtigung zur Proceßführung zu stellen hat, kann vielmehr nur gefolgert werden, daß die Seminarstube auch nach dem früheren französischen Rechte gegen den Willen des Erzbischofes oder Bischofes überhaupt keinen Proceß führen kann, da, wenn er die Stellung des Antrages auf Ermächtigung verweigert, die Seminarstube selbst einen desfallsigen Antrag an den Präfecturrath zu stellen nicht berechtigt ist. Es ist dadurch ausgesprochen, daß er seine Zustimmung zur Proceßführung zu geben hat. Hiernach werden also die Processe der Seminarien auf ihren Namen, und da der Schatzmeister sowohl im gegenwärtigen Decrete als in dem vom 30. December 1809 mit dem Betreiben der Processe im Allgemeinen beauftragt ist, auf Betreiben des Schatzmeisters derselben zu führen sein.

In Preußen ist die Ermächtigung der kirchlichen Anstalten zur Proceßführung durch die Regierung seit dem Bestehen der Verfassungsurkunde nicht mehr erforderlich, sie wird dort jetzt nur durch die bischöfliche Behörde ertheilt. Im Uebrigen kann hier wegen der verschiedenen Processe und der Befugniß des Schatzmeisters zum Betreiben derselben auf die Bemerkungen bei de Syo a. a. O. zu Art. 77 hinverwiesen werden.

Art. 71.

Der Oekonom hat alle Ausgaben zu bestreiten; zu den außerordentlichen oder unvorhergesehenen muß er durch den Erzbischof oder Bischof ermächtigt werden, nachdem das Gutachten der Stube vernommen worden. Diese Ermächtigung muß der Rechnung beigefügt werden.

Zu Art. 71.

Von den Mitgliedern der Seminarstube sind nach Art. 79 des gegenwärtigen

Decretes zwei rechnungspflichtig, nämlich der Oekonom und der Schatzmeister. Beide haben Einnahmen und Ausgaben, wie dies aus dem Art. 79 hervorgeht, da sie nach demselben über Einnahme und Ausgabe Rechnung ablegen sollen. Wenn es nun im Art. 71 heißt, daß der Oekonom alle Ausgaben zu bestreiten habe, so bedarf dies wegen des Gegensatzes in den Bestimmungen des Art. 79, nach welchen auch der Schatzmeister Ausgaben zu machen hat, einer näheren Erläuterung. Sowohl der Schatzmeister als der Oekonom haben jeder einen besonderen Wirkungskreis; ihre beiderseitige Thätigkeit ist eine wesentlich verschiedene. Der Schatzmeister hat für das Eingehen und die Erhebung der Einkünfte des Seminars zu sorgen und diejenigen auf das Cassenwesen Bezug habenden Geschäfte, welche nicht die häusliche Verwaltung des Seminars betreffen, zu erledigen, in dieser Hinsicht auch die nothwendigen Ausgaben zu berichtigen. Er ist aber auch nach Art. 77 verpflichtet, monatlich dem Oekonomen die zur Bestreitung der häuslichen Bedürfnisse des Seminars erforderlichen Gelder auszuzahlen, und macht daher auch in dieser Beziehung Ausgaben, die er zu verrechnen hat; er ist daher der eigentliche Zahlmeister des Seminars. Dem Oekonomen liegt dagegen die Pflicht ob, für die täglichen Bedürfnisse des Seminars und den Unterhalt der Zöglinge desselben zu sorgen und die hierzu erforderlichen Anschaffungen zu machen; er hat daher detaillirtere Ausgaben in seiner Rechnung aufzuführen, als der Schatzmeister, muß aber hiefür auch eine Einnahme haben, welche in den ihm vom Schatzmeister für diesen Zweck monatlich zu zahlenden Geldern besteht. Die Bestimmung des Art. 71, daß der Oekonom alle Ausgaben zu bestreiten habe, bezieht sich daher lediglich auf diesen seinen Wirkungskreis. Stellen sich außerordentliche und unvorhergesehene Bedürfnisse für die häusliche Verwaltung des Seminars als nothwendig heraus, so muß die Seminarstube darüber vernommen und von dem Erzbischofe oder Bischofe die Ermächtigung zu den deßfalls nothwendigen Ausgaben ertheilt werden; der Oekonom hat aber auch diese Ausgaben zu bestreiten; denn im Art. 71 wird nur von der Thätigkeit des Oekonomen, und nicht von der des Schatzmeisters gehandelt, und deßhalb muß auch die vom Erzbischofe oder Bischofe ertheilte Ermächtigung der Rechnung des Oekonomen als Beleg beigefügt werden. Natürlich wird der Oekonom in einem solchen Falle die erforderlichen Gelder bei dem Schatzmeister erheben müssen, und zu dem Ende müssen dann die Vorschriften des Art. 77 des gegenwärtigen Decretes beobachtet werden.

Art. 72.

Für die Bedürfnisse des Haupt-Seminars muß stets vor denen der anderen geistlichen Schulen gesorgt werden, es sei denn, daß die Einkünfte entweder durch die Errichtung dieser Nebenschulen oder durch spätere Geschenke oder Vermächtnisse für dieselben speciell bestimmt sind.

Zu Art. 72.

Es ist schon oben in den Bemerkungen zum Art. 64 darauf hingewiesen worden, daß zwischen dem Haupt=Seminar und den geistlichen Nebenschulen eine gewisse Gemeinsamkeit bestehe. Diese äußert sich nun nicht bloß in der Verfolgung eines gemeinsamen Zweckes und darin, daß nach dem gedachten Art. 64 die Verwaltungsstube des Haupt=Seminars zugleich die Verwaltung der geistlichen Nebenschulen zu führen hat, sondern auch darin, daß diese Nebenschulen Zuschüsse und Unterstützungen aus den Einkünften des Haupt=Seminars erhalten sollen, wenn ihre speciellen Mittel zur Deckung ihrer Bedürfnisse nicht ausreichen und das Haupt=Seminar einen Revenüen=Ueberschuß hat. Durch den Art. 72 steht es nämlich eines Theiles fest, daß die Einkünfte derjenigen Fonds, welche entweder als Dotationsfonds oder durch spätere Geschenke und Vermächtnisse speciell für die Erhaltung und Unterhaltung der erwähnten Nebenschulen bestimmt sind, nur für diese verwendet werden können, und für die Bedürfnisse des Haupt=Seminars nicht in Anspruch genommen werden dürfen, wenn sie nach Bestreitung der Bedürfnisse der Nebenschulen einen Ueberschuß nicht gewähren; anderen Theiles wird man aus der Verfügung, daß für die Bedürfnisse des Haupt=Seminars stets v or denen der geistlichen Nebenschulen gesorgt werden solle, folgern müssen, daß, wenn das Haupt=Seminar keinen Ueberschuß an Revenüen hat, die geistlichen Nebenschulen auf die Einkünfte desselben keinen Anspruch haben, daß ihnen dieser Anspruch aber wohl zusteht, wenn ein solcher vorhanden ist, indem dem Art. 72 gemäß nach Bestreitung der Bedürfnisse des Haupt=Seminars für die der Nebenschulen gesorgt werden soll. Aus der Verfolgung des gemeinsamen Zweckes beider Anstalten, ihrer gemeinsamen Verwaltung, der vorzugsweisen Befriedigung der Bedürfnisse des Haupt=Seminars und dem eventuellen Ansprüche der Nebenschulen auf die Einkünfte desselben wird man aber auch schließen müssen, daß, wenn die Einkünfte der Nebenschulen einen Ueberschuß gewähren und die Bedürfnisse des Haupt=Seminars aus dessen Einkünften nicht gedeckt werden, dieser Ueberschuß zu denselben zu verwenden ist. Wenn aber beide Anstalten einen Revenüen=Ueberschuß haben, so müssen diese Ueberschüsse streng auseinander gehalten werden, weil die für die Nebenschulen speciell bestimmten Fonds nur für sie verwendet werden sollen, und der Fall eintreten kann, daß der aus ihnen gebildete Ueberschuß für sie angegriffen werden muß, ohne daß auf die dann etwa vorhandenen Bedürfnisse des Haupt=Seminars Rücksicht genommen werden soll.

Art. 73.

Alle für die Ausgaben der Seminarien bestimmten Gelder, sie mögen aus den Einkünften der Grundgüter oder Renten, von Rückzahlungen, Zuschüssen der Regierung oder Freigebigkeiten der

Gläubigen herrühren, und im Allgemeinen, wessen Ursprunges sie auch sein mögen, sollen mit Rücksicht auf ihre Bestimmung zu einem öffentlichen Zwecke in eine Kiste mit drei Schlüsseln gelegt werden, welche an einem sicheren Orte des Seminars aufbewahrt wird; einer dieser Schlüssel soll in den Händen des Bischofes oder seines General-Vicars, der andere in den Händen des Directors des Seminars und der dritte in denen des Schatzmeisters beruhen.

Zu Art. 73.

Hinsichtlich der etwaigen Zuschüsse der Regierung vergleiche man die Bemerkungen zum Art. 62 und wegen der Freigebigkeit der Gläubigen die zum Art. 67 des gegenwärtigen Decretes; zu den letzteren gehören auch die Handgeschenke, wegen deren man die Bemerkungen bei de Syo a. a. O. zu Art. 59 vergleichen wolle.

Daß die hier erwähnte Kiste dieselbe sein soll, welche durch den Art. 65 vorgeschrieben wird, sagt der Gesetzgeber nicht, vielmehr scheint die Bezeichnung „eine Kiste" darauf hinzudeuten, daß es nicht dieselbe sein soll. Zweckmäßig ist jedenfalls bei einer Verwaltung von solchem Umfange, wie die des Vermögens der Seminarien ist, die Trennung des eigentlichen Archivs von der Casse. Sie soll in dem Seminar an einem sicheren Orte aufbewahrt werden; wer denselben näher zu bezeichnen hat, wird nicht gesagt; da die Aufbewahrung der Urkunden aber Pflicht der Verwaltung ist, so wird die Bezeichnung jenes Ortes Sache der Seminarstube sein.

Durch die Bestimmung, daß einer der Schlüssel jener Kiste sich in den Händen des Bischofes oder seines General-Vicars befinden soll, hat der Gesetzgeber darauf hingedeutet, daß der Bischof, wenn er selbst den Schlüssel verwahrt, ihn auch einem seiner General-Vicarien anvertrauen kann, daß er selbst also nicht jedes Mal bei der Eröffnung der Kiste persönlich anwesend sein muß. Die andern beiden Schlüsselinhaber haben dieses Recht der Vertretung nicht, weil ihnen der Besitz des Schlüssels nur vermöge ihrer Stellung in der Seminarstube zusteht, sie aber in ihrem Amte sich nicht vertreten lassen können. Daß der Bischof aber dieses Recht hat und haben muß, ist in den Verhältnissen begründet, indem sowohl bei Amtsreisen desselben, als bei seiner anderweitigen Verhinderung Jemand am Orte des Seminars anwesend sein muß, der zur Aufbewahrung und zum Gebrauche des Schlüssels befugt ist, damit nicht Störungen in den Geschäften der Verwaltung des Seminars entstehen können. Da der Bischof vorzugsweise und vor seinem General-Vicar das Recht auf den Besitz jenes Schlüssels hat, so folgt daraus, daß er, wenn er auch einem seiner General-Vicarien die Aufbewahrung desselben dauernd übertragen hat, denselben zu jeder Zeit wieder verlangen kann. Daß gerade der General-Vicar von dem

Gesetzgeber als diejenige Person bezeichnet wird, welche eventuell zum Besitze dieses Schlüssels berechtigt ist, hat eines Theils seinen Grund in der Stellung des General=Vicars als Vertreters des Bischofes; andern Theils darin, daß er in Abwesenheit des Bischofes der Vorsitzende der Seminarstube ist.

Art. 74.

Diese Hinterlegung muß am ersten Tage eines jeden Monates durch den Schatzmeister erfolgen, und zwar nach einem Etat oder Bordereau, in welchem die Einnahme des vorhergehenden Monates nebst der Anzeige, woher jede Summe herrührt, enthalten ist, ohne daß jedoch hinsichtlich derjenigen, welche geschenkt worden sind, es der Angabe der Namen der Schenker bedarf.

Zu Art. 74.

Durch die Bestimmungen des Art. 74 wird festgestellt, wie lange der Schatz=meister die im Art. 73 näher bezeichneten und ihm eingezahlten Gelder in Händen behalten darf. Was er nämlich im Laufe eines Kalendermonates ein=genommen hat, muß er am ersten Tage des darauf folgenden Monates in die im Art. 73 erwähnte Kiste deponiren; er ist daher berechtigt, jene Gelder bis zu diesem Tage bei sich zu behalten, aber er ist nicht dazu verpflichtet und kann die Hinterlegung namentlich bedeutender Beträge auch früher verlangen, wenn er glaubt, daß sie in jener Kiste sicherer aufbewahrt seien. Es würde auch ge=wiß nicht im Interesse des Seminars gelegen sein, wenn dem Antrage des Schatzmeisters in dieser Hinsicht nicht willfahrt würde. Eine solche außerge=wöhnliche Hinterlegung muß indessen durch Aufnahme eines Protocolles der Seminarstube documentirt werden. Ueber alles dasjenige, was der Schatz=meister innerhalb eines Kalendermonates erhoben hat, muß er neben den Ein=tragungen in sein Empfangsregister ein specielles Verzeichniß monatlich anfertigen, aus welchem ersichtlich ist, woher jede Summe kommt; in dieses Verzeichniß muß auch die außergewöhnlich hinterlegte Summe, und natürlich um jede Ver=wirrung zu vermeiden, mit Angabe des Datums der Hinterlegung aufgenommen werden, weil nach Art. 74 alle während des Kalendermonates von ihm erho=benen Beträge in demselben enthalten sein müssen. Die Protocolle über die ge=wöhnliche und außergewöhnliche Hinterlegung, so wie das erwähnte monatlich anzufertigende Verzeichniß sind in der durch den Art. 65 vorgeschriebenen Kiste aufzubewahren und dienen bei der schließlichen Jahresrechnung des Schatzmeisters zur Controlle. Eigenthümlich erscheint die Verfügung des Art. 74, daß der Schatzmeister, wenn ihm für das Seminar Geschenke übergeben werden, in je=nem Verzeichnisse die Namen der Schenkgeber nicht anzugeben braucht. Es hat hierbei aber der Gesetzgeber wohl nur an die kleineren Handgeschenke gedacht, bei welchen häufig der Schenkgeber nicht genannt sein will; denn für die Er=

hebung der durch Urkunden geschenkten oder vermachten Summen muß eine Controlle vorhanden sein, welche offenbar dadurch herbeigeführt und gesichert wird, daß der Schatzmeister monatlich das erwähnte Verzeichniß einreichen soll, indem dadurch constatirt wird, ob er in der Erhebung jener Summen säumig gewesen ist. Diese Ansicht wird auch dadurch unterstützt, daß der Gesetzgeber hierbei nur von geschenkten, nicht aber von vermachten Summen spricht.

Art. 75.

Der Schatzmeister darf keine Ablieferung, selbst nicht unter dem Vorwande einer dringenden Ausgabe anders, als in jene Kiste mit drei Schlüsseln, vornehmen.

Zu Art. 75.

Unter den Ablieferungen, von welchen im Art. 75 gehandelt wird, sind nicht die directen Zahlungen an Gläubiger des Seminars zu verstehen, welche der Schatzmeister innerhalb seines Wirkungskreises zu machen hat, sondern nur Ablieferungen von Geldern an Personen, damit durch diese etwaige Forderungen an das Seminar berichtigt werden. Er darf daher nicht direct dem Oekonomen Gelder abliefern, diese müssen vielmehr aus der Kiste genommen werden, wie dies durch den Art. 77 bestätigt wird. Sämmtliche von ihm eingenommenen Gelder, welche daher nicht zur directen Tilgung von Forderungen durch ihn verwendet worden sind, müssen von ihm in die erwähnte Kiste mit drei Schlüsseln abgeliefert werden. Selbst bei einer dringenden Ausgabe darf er die Ablieferung der hierzu erforderlichen Summe nicht anders, als in jene Kiste vornehmen; zur Bestreitung derselben sind erst die Vorschriften des Art. 70 zu beobachten, und dann die dazu nöthigen Gelder aus der Kiste zu nehmen. Unter den dringenden Ausgaben können hier nämlich offenbar nur die im Art. 71 erwähnten außerordentlichen und unvorhergesehenen verstanden werden, da für die regelmäßigen und vorhergesehenen, welche auch dringende sein können, nach den Vorschriften des Art. 77 die Deckung zu beschaffen ist.

Art. 76.

Wer immer für das Seminar eine Summe erhalten und sie nicht innerhalb drei Monaten an den Schatzmeister abgeliefert hat, und der Schatzmeister selbst, welcher nicht in dem Monate die Ablieferungen in die Kiste mit drei Schlüsseln bewirkt hat, soll nach den die Einziehung von öffentlichen Geldern betreffenden Gesetzen verfolgt werden.

Decret vom 6. November 1813. Art. 76.

Zu Art. 76.

Die hier bezogenen Gesetze, welche gegen den säumigen Schatzmeister angewendet werden sollen, und die Einziehung öffentlicher Gelder betreffen, gehören dem französischen administrativen Rechte an, nach welchem nicht bloß die Entscheidung über die gegen den Empfänger zu ergreifenden Zwangsmaßregeln, sondern auch die Feststellung der demselben zur Last zu stellenden Rechnungsbeträge den Gerichten entzogen und lediglich den Verwaltungsbehörden übertragen ist. Man vergleiche insbesondere hierüber das Gesetz vom 11. Frimaire Jahres VII. Diese Entscheidungen der Verwaltungsbehörden haben dem Staatsraths-Gutachten vom 25. Thermidor Jahres XII gemäß eine gleiche Wirkung, wie die Urtheile der Gerichte, und begründen, wie diese, eine gerichtliche Hypothek. Diese Grundsätze des französischen Rechtes haben in dieser Allgemeinheit in der preußischen Rheinprovinz ihre Geltung verloren, indem dort die administrative Gerichtsbarkeit im Allgemeinen abgeschafft worden ist und durch das Ressortreglement vom 20. Juli 1818 eine Aussonderung der früher den Verwaltungsbehörden zugewiesenen gerichtlichen Functionen Statt gefunden hat. Die Gerichte haben jetzt dort zwar nicht über die formelle und materielle Gesetzmäßigkeit der Beschlüsse der Verwaltungsbehörden zu erkennen, wohl aber über die Ersatzverbindlichkeit des durch jene Beschlüsse Betroffenen und über die Höhe des ihm zur Last gestellten Betrages. Man vergl. Rhein. Arch., Bd. 36, Abth. 2 A, S. 70 und Bd. 39, Abth. 1, S. 65. Hiernach ist also in dem vorliegenden Falle zwar die dem Schatzmeister vorgesetzte Behörde, nämlich der Erzbischof oder Bischof, befugt, die Schuld des Schatzmeisters zu firiren, um dieselbe aber gegen ihn einzutreiben, muß die Vermittelung der Gerichte durch Anstellung einer Klage angerufen werden. Dagegen ist jedoch eine solche Festsetzung wohl geeignet, conservatorische Maßregeln, z. B. eine Arrestanlage gegen den Schatzmeister, zu begründen. Man vergleiche in dieser Hinsicht die Bemerkungen bei de Syo a. a. O. zu Art. 90.

Eine exorbitante Bestimmung ist es, daß nach Art. 76 auch jeder Dritte, welcher für ein Seminar eine Summe erhalten und sie nicht innerhalb drei Monaten abgeliefert hat, in derselben Weise, wie der Schatzmeister, verfolgt werden soll, daß also mit Ausschluß der Gerichte die oben erwähnten Bestimmungen des administrativen französischen Rechtes gegen ihn zur Anwendung kommen sollen. Diese Gleichstellung einer Privatperson mit dem Schatzmeister kann wohl nur darin ihren Grund haben, daß man sie hinsichtlich der von ihr für das Seminar erhobenen Summe gewisser Maßen als den Schatzmeister desselben betrachtete und man überhaupt den Staat bei der Beaufsichtigung des kirchlichen Vermögens als Mitberechtigten ansah. In der preußischen Rheinprovinz hat diese Bestimmung jetzt keine Geltung mehr, eines Theils, weil nach dem oben Gesagten die administrative Gerichtsbarkeit in derselben aufgehoben ist, andern Theils, weil auf Grund der preußischen Verfassungsurkunde das Obervormundschaftsrecht des Staates über die Angelegenheiten der Kirche und ihrer Institute weggefallen ist.

Im Art. 76 heißt es, daß der Schatzmeister, welcher in dem Monate die Ablieferung in die Kiste nicht vornimmt, nach den daselbst erwähnten Gesetzen verfolgt werden soll. Es kann diese Vorschrift nicht so gedeutet werden, daß der Schatzmeister berechtigt sei, diese Beträge überhaupt einen ganzen Monat lang in Händen zu halten, bevor er verpflichtet sei, sie abzuliefern; dies würde geradezu der Vorschrift des Art. 74 widersprechen, nach welcher er dasjenige, was er erhoben, am ersten Tage des darauf folgenden Monates abzuliefern hat; im Art. 76 heißt es aber auch nicht „dans un mois", in einem Monate, sondern „dans le mois", in dem Monate, also in dem bestimmten Monate, welcher derjenige ist, der auf den Monat folgt, in welchem er den Betrag erhoben hat, und in diesem bestimmten Monate muß er die Ablieferung an dem ersten Tage desselben bewirken. Dagegen ist für denjenigen, welcher sonst eine Summe für das Seminar erhoben hat, ein solcher bestimmter Ablieferungstag nicht festgesetzt; die im Art. 76 vorgeschriebenen Schritte sollen gegen denselben erst dann erfolgen, wenn er die gedachte Summe bereits seit drei Monaten erhoben hat. Man wird aber hieraus auch nicht folgern dürfen, daß nun jetzt überhaupt eine gerichtliche Klage gegen denselben während dieser drei Monate auf Ueberantwortung der erhobenen Summe nicht angestellt werden könne, denn der Art. 76 schreibt in diesem Falle nur das administrative Verfahren gegen ihn vor, und ist daher auch wegen seiner Sonderstellung in der Gesetzgebung nur auf dieses, nicht aber auf andere Maßregeln zu beziehen.

Art. 77.

Die Casse berichtigt am ersten Tage eines jeden Monates die Anweisungen für die im Laufe des Monates zu machende Ausgabe; diese Anweisungen werden von dem Oekonomen unterzeichnet und von dem Bischofe visirt; an der Spitze dieser Anweisungen sollen sich Verzeichnisse befinden, welche summarisch die Gegenstände der Ausgabe bezeichnen.

Zu Art. 77.

In dem gegenwärtigen Titel ist nirgendwo von der Anfertigung eines Budgets der Seminarien die Rede, und man könnte dadurch zu der Ansicht verleitet werden, daß der Gesetzgeber überhaupt die Anfertigung eines solchen nicht für nöthig erachtet habe, und daß die monatlich von dem Oekonomen einzureichenden Anweisungen, weil auf denselben, wie auch im Budget, die Gegenstände der Ausgabe summarisch anzugeben sind, die Stelle eines Budgets vertreten sollten. Allein abgesehen davon, daß überhaupt für eine jede geordnete Verwaltung die Anfertigung eines Budgets schon um deßwillen erforderlich ist, um ermessen zu können, ob die nothwendigen Ausgaben auch durch die Einnahmen gedeckt werden, und um, wenn dies nicht der Fall ist, zeitig die geeigneten

Schritte zur Beschaffung der dazu erforderlichen Mittel thun zu können, wird man auch darauf Rücksicht nehmen müssen, daß die Zahlungsanweisungen des Oekonomen nicht die einzigen Ausgaben, die von ihm aus der Casse zur Bestreitung derselben zu erhebenden Beträge zwar für ihn, aber nicht für das Seminar eigentliche Einnahmen sind, und daß der Schatzmeister nicht bloß einzunehmen, sondern auch Ausgaben zu machen hat, welche nicht durch die Hände des Oekonomen gehen, so wie daß nur durch die Anfertigung eines Budgets die financielle Lage des Seminars sich übersehen läßt. Zudem deutet aber auch der Art. 71 des gegenwärtigen Decretes auf die Nothwendigkeit der Anfertigung eines Budgets hin; denn in demselben werden, wie auch bei den Vorschriften über die Verwaltung des Vermögens der Kirchen=Fabriken, die regelmäßigen Ausgaben von den außerordentlichen und unvorhergesehenen unterschieden, und es wird dort verordnet, daß nur hinsichtlich der letzteren jedes Mal die Vernehmung der Verwaltungsstube des Seminars erforderlich sei. Bei dem Mangel eines Budgets wird es aber oft fast unmöglich sein, zu ermessen, ob die Anweisungen des Oekonomen die regelmäßigen oder unvorhergesehenen Ausgaben zum Gegenstande haben, da es ja keinen festen Anhaltspunkt dafür gäbe, welche Ausgaben man vorhergesehen hat, oder nicht. Man wird daher nicht bloß annehmen müssen, daß auch hier die Anfertigung eines Budgets nothwendig ist, sondern daß sich auch die Bestimmungen des Art. 77 lediglich auf die regelmäßigen und im Budget annähernd angegebenen und auf die von dem Oekonomen zu bestreitenden, im Budget vorhergesehenen außergewöhnlichen Ausgaben beziehen. Da in dieser Hinsicht bei Anfertigung des Budgets die Seminarstube bereits vernommen ist, so wird auch in Art. 77 der Nothwendigkeit einer speciellen vorherigen Vernehmung derselben nicht gedacht; diese muß nur bei den im Art. 71 angegebenen Statt finden. Was die Form des Budgets anbelangt, so muß nach der im Art. 71 enthaltenen Andeutung die Einnahme und Ausgabe sowohl in eine gewöhnliche als außergewöhnliche getheilt werden. Man vergleiche in dieser Beziehung die Bemerkungen zum Art. 59 des gegenwärtigen Decretes.

Die Bestimmung des Art. 77, daß die Casse am ersten Tage eines jeden Monates die Anweisungen für die im Laufe des Monates zu machenden Ausgaben berichtigen soll, steht mit der des Art. 74, nach welcher der Schatzmeister an demselben Tage die erhobenen Gelder in die Casse deponiren muß, in der engsten Verbindung, da auf diese Weise die Casse in den Stand gesetzt wird, den Anweisungen gerecht zu werden. Diese Anweisungen werden im Voraus an den Oekonomen berichtigt, damit dieser die wirkliche Verwendung zur geeigneten Zeit in dem betreffenden Monate bewerkstellige. Ueber die wirklich Statt gehabte Verwendung muß derselbe Rechnung legen, und dienen dann die von ihm jeder Anweisung beigefügten Verzeichnisse über die Gegenstände der Ausgabe zur Controlle der von ihm zu legenden Rechnung, weßhalb dieselben eigentlich in der im Art. 56 erwähnten Kiste aufbewahrt werden müßten. Da diese Verzeichnisse aber mit den Anweisungen des Oekonomen ein Ganzes bilden und von diesen nicht getrennt werden können, so sind sie auch als Theil der Beläge der Rechnung des Schatzmeisters bis zu dessen Rechnungslage von diesem aufzubewahren. Aehnlich, wie nach Art. 28 des Decretes vom 30. December 1809 alle Zahlungs-Anweisungen von dem Präsidenten der Kirchmeisterstube unterzeichnet werden müssen, ist auch hier für die Zahlungs-Anweisungen des Oekonomen das Visa des Erzbischofes oder Bischofes erforderlich, und zwar zur Controlle des rechnungspflichtigen Oekonomen; denn durch das Visa constatirt der Erzbischof oder Bischof eben so wie der Präsident der Kirchmeisterstube, daß die in den Anweisungen enthaltenen Beträge wirklich die im Budget verzeichneten Ausgabe-Positionen betreffen.

Art. 78.

Die Verwaltungs-Commission des Seminars übersendet beim Beginne eines jeden halben Jahres die Verzeichnisse der Verwendung durch den Oekonomen und die Anweisungen der gezahlten Summen an den Präfecten. Der Präfect ertheilt darüber Decharge und übersendet die Duplicate mit seinen Bemerkungen an den Cultusminister.

Zu Art. 78.

Dem vorstehenden Art. 78 gemäß soll die Seminarstube am Anfange eines jeden halben Jahres, also in den ersten Tagen des Monates Januar und in denen des Monates Juli, zweierlei Arten von Documenten an den Präfecten oder Regierungs-Präsidenten einsenden, nämlich:

1) die Verzeichnisse der wirklich durch die Oekonomen Statt gefundenen Verwendungen, und

2) die Anweisungen der gezahlten Summen.

Daß die Oekonomen solche specielle Verzeichnisse, wie die ad 1 genannten, anfertigen sollen, wird erst hier verordnet, dabei aber nicht festgesetzt, wie sie eingerichtet werden müssen und über welche Zeit sie sich zu erstrecken haben, namentlich nicht, ob sie für jeden Monat, oder für jedes Quartal, oder für jedes halbe Jahr zusammen anzufertigen sind. Der Zweck derselben ist offenbar der, daß schon für kürzere Zwischenräume, als ein ganzes Jahr, constatirt und der Rechnung nehmenden Behörde nachgewiesen werden soll, wie viel der Oekonom von den auf Grund der Anweisungen erhobenen Geldern verbraucht und welche Verwendungen er damit bewirkt hat. Sie sollen zu einer speciellen Controlle des Oekonomen auch während des Jahres dienen; damit eine solche aber auch mit Leichtigkeit ausgeführt werden kann, ist es nothwendig, daß diese Verzeichnisse sich an die von ihm monatlich einzureichenden einzelnen Anweisungen anschließen, so daß das Verzeichniß diejenigen Gegenstände enthalten muß, welche von den in der Anweisung als zu beschaffen bezeichneten, wirklich mit der angewiesenen Summe angeschafft worden sind. Sollen sich aber diese Verzeichnisse an die gedachten Anweisungen anschließen, so kann es nur für die Uebersicht und auch für die Geschäftsführung des Oekonomen zweckmäßig sein, daß dieser sie jeden Monat anfertigt. Berücksichtigt man aber auch die Thatsache, daß kürzere Zeiträume als die eines Jahres im gegenwärtigen Titel nur in den Monaten und in halben Jahren firirt sind, so wird man um so mehr annehmen müssen, daß diese Verzeichnisse monatlich anzufertigen sind, da für ein halbes Jahr, nach dessen Ablauf dieselben eingesendet werden sollen, nur ein Verzeichniß angefertigt zu werden brauchte, im Art. 78 aber nicht von einem Verzeichnisse, sondern von Verzeichnissen in der Mehrzahl gesprochen wird. Aus der Vorschrift, daß die Verwaltungs=Commission des Seminars dieselben dem Präfecten einsenden soll, folgt, daß sie nach ihrer Anfertigung der Seminarstube übergeben, und daher in der im Art. 65 erwähnten Kiste aufbewahrt werden müssen.

Wie schon oben in den Bemerkungen zum Art. 77 ausgeführt worden ist und wie dies auch den Rechten und Pflichten eines rechnungspflichtigen Beamten entspricht, müssen die von dem Oekonomen monatlich bei der Casse zu präsentirenden Anweisungen von dem Schatzmeister bis zu seiner Rechnungslage aufbewahrt werden, weil sie mit der Quittung des Oekonomen versehen als Beläge seiner Rechnung dienen müssen. Wenn nun im Art. 78 gesagt wird, daß dieselben am Anfange eines halben Jahres von der Seminarstube dem Präfecten eingesendet werden sollen, daß also die Seminarstube im Besitze derselben sein muß, so können hierunter nur Duplicate jener Anweisungen verstanden werden, welche auch in Gemäßheit des Art. 78 angefertigt werden müssen. Es geht dies auch daraus hervor, daß der Präfect gerade die Duplicate an den Cultusminister einsenden soll und er nur durch die Einsendung derselben Seitens der Seminarstube in ihren Besitz gelangt sein kann. Aus demselben Grunde können auch nur Duplicate der Verzeichnisse der Verwendungen dem Präfecten von der Seminarstube eingesendet werden, indem das Haupt=Exemplar im Besitze der Seminarstube zur Prüfung der Rechnung des Oekonomen verbleiben muß. Der Oekonom muß demnach sowohl die Verzeichnisse der Verwendungen als die Anweisungen in duplo anfertigen.

Der Präfect soll nach dem Art. 78 über die erfolgte Einsendung Decharge ertheilen; diese Decharge ist indessen nur eine der Seminarstube ertheilte Empfangsbescheinigung über die erfolgte Einsendung der gedachten Verzeichnisse und Anweisungen, nicht aber eine Decharge für die rechnungspflichtigen Beamten, welche zu ertheilen nicht in den Befugnissen des Präfecten liegt; denn er soll die gedachten Actenstücke ja mit seinen Bemerkungen an den Cultusminister senden, welcher sie nach Art. 80 bei der Vorlegung der Jahresrechnung noch einer nähern Prüfung zu unterwerfen hat. Seit dem Erlasse der preußischen Verfassungsurkunde ist in der preußischen Rheinprovinz weder ein Regierungs=Präsident, noch der Cultusminister berechtigt, die im Art. 78 vorgeschriebenen Einsendungen zu verlangen, weil sie sich überhaupt um die kirchliche Vermögens=

270 Decret vom 6. November 1813. Art. 78 und 79.

verwaltung nicht mehr zu kümmern haben. Zweifelhaft könnte es sein, ob die hier erwähnten Duplicate jetzt an den Erzbischof oder Bischof einzusenden seien, und ob nicht wenigstens die Einsendung der Duplicate der Anweisungen an denselben jetzt wegfalle, da er dieselben ja vor ihrer Präsentation bei der Casse visiren muß und er daher von jeder Anweisung genaue Kenntniß hat. Wenn man aber in Betracht zieht, daß nach Art. 80 der Erzbischof oder Bischof definitiv die Rechnung abschließen und Decharge ertheilen soll, so kann es nicht bezweifelt werden, daß die Einsendung jener Duplicate auch für ihn von der größten Wichtigkeit ist; denn er kann dadurch nicht bloß bei der Prüfung der Rechnung constatiren, daß die Verzeichnisse der Verwendungen und die Anweisungen mit den in seinen Händen befindlichen Duplicaten übereinstimmen, Unterschleife oder Nachlässigkeiten daher nicht vorgekommen sind, sondern er übt auch dadurch schon während des Jahres eine ersprießliche specielle Aufsicht über die ganze Verwaltung aus, indem er dadurch schon während dieser Zeit eine Uebersicht über die Geschäftsführung des Schatzmeisters und Oekonomen gewinnt und in die Lage versetzt wird, eintretenden Falles sofort auf die Beseitigung von Mißständen hinwirken zu können.

Art. 79.

Der Schatzmeister und der Oekonom eines jeden Seminars legen im Monate Januar ihre Rechnungen über Einnahme und Ausgabe, ohne verpflichtet zu sein, die Zöglinge zu nennen, welche an den zu Almosen bestimmten Geldern Theil genommen haben; die durch den Bischof für diese Arten von Ausgaben ertheilte Ermächtigung gilt für sie als Belag.

Zu Art. 79.

Welcher Behörde zunächst von dem Schatzmeister und Oekonomen die Jahresrechnungen gelegt werden müssen, ist zwar hier nicht ausdrücklich gesagt, aber es versteht sich von selbst, daß sie dieselben der eigentlichen Verwaltungsbehörde des Seminars, also der Seminarstube zu legen haben, welche sie prüfen und begutachten, und dann dem Bischofe nach Anleitung des Art. 80 zur Visirung übersenden muß.

Eine anerkennungswerthe Rücksichtsnahme und eine gerechtfertigte Schonung liegt in der Bestimmung, daß die Rechnungsleger die Namen derjenigen Zöglinge des Seminars nicht zu nennen brauchen, welche aus den zu Almosen bestimmten Geldern Beträge beziehen; eine Controlle muß aber auch in dieser Hinsicht ausgeübt werden können. In der Regel wird die Vertheilung von Almosen an einzelne Zöglinge des Seminars auf den an den Bischof gerichteten Vorschlag des Seminar-Directors erfolgen, da dieser die Würdigkeit der einzelnen Zöglinge am besten zu beurtheilen im Stande ist; sollten sich einzelne Zög=

linge dieserhalb direct an den Bischof verwenden, so wird dieser jedenfalls vorher den Seminar-Director darüber vernehmen, ob der Bittsteller der Unterstützung würdig sei. Bewilligt der Bischof dann solche Unterstützungen, so werden die Rechnungsleger davon in Kenntniß gesetzt und ihnen zugleich angegeben, welche Beträge die einzelnen bedachten Zöglinge zu erheben haben, und damit sie einen Beleg für ihre Rechnung haben, ohne daß darin die Namen der Empfänger enthalten sind, werden ihnen specielle Ermächtigungen zur Zahlung der bestimmten Summen ertheilt werden müssen, in welchen auf dasjenige Schreiben Bezug genommen wird, in welchem ihnen die Namen der zur Erhebung berechtigten Personen angegeben worden sind. Nur in dieser Weise kann die Bestimmung des Art. 79 der Absicht des Gesetzgebers gemäß ausgeführt werden. Es hat durch denselben nicht verordnet werden können, daß der Bischof die Rechnungsleger ermächtigen solle, an den Seminar-Director eine bestimmte Summe auszuzahlen, damit dieser die Vertheilung derselben vornehme; denn da die Rechnungsleger nicht verpflichtet, aber wohl berechtigt sind, die Namen der Zöglinge zu nennen, welche die Almosen empfangen haben, so müssen sie diese doch kennen, sonst hätte diese Bestimmung keinen Sinn. Natürlich wird auch jeder Zögling, welchem eine Unterstützung bewilligt worden ist, hiervon durch den Bischof zu benachrichtigen sein, damit er sich durch Vorzeigung des desfallsigen Schreibens als den berechtigten Empfänger legitimirt.

Art. 80.

Die Rechnungen werden vom Bischofe visirt und an den Cultusminister abgesendet; und wenn kein Grund ihrer Genehmigung entgegensteht, so sendet sie der Minister an den Bischof zurück, welcher sie definitiv abschließt und Decharge ertheilt.

Zu Art. 80.

Nachdem die preußische Verfassungsurkunde der Kirche die freie Verwaltung ihres Vermögens zurückgegeben, brauchen die Rechnungen nicht mehr an den Cultusminister eingesendet zu werden; es bleibt dann von dem Art. 80 für die preußische Rheinprovinz nur noch die Bestimmung übrig, daß der Bischof die Rechnungen definitiv abzuschließen und Decharge zu ertheilen hat.

Uebergangs-Bestimmungen.

Art. 81.

Die Stuben der Oekonomate zu Turin werden vom 1. Januar 1814 aufgehoben.

Art. 82.

Alle daselbst vereinigt aufbewahrten Titel, Papiere und Urkunden werden nach einem Inventar an dasjenige Etablissement abgegeben, welchem die Güter gehören.

Art. 83.

Die Titel, Register oder Hauptbücher, welche mehrere Pfarreien einer Diöcese betreffen, werden auf dem Secretariate des Erzbischofes oder Bischofes dieser Diöcese hinterlegt, um sie hier zu benutzen und Auszüge oder Ausfertigungen abzuliefern, welche die Pfarrer etwa nöthig haben.

Zu Art. 83.

Der Art. 83 bezieht sich nur auf diejenigen Titel, Register oder Hauptbücher, welche mehreren Pfarreien gemeinschaftlich gehören und daher nicht einer derselben ausschließlich übergeben werden können.

Art. 84.

Die Register, Titel und Documente, welche die allgemeine Verwaltung der Oekonomate betreffen, werden in Unserm kaiserlichen Archive hinterlegt, unter dem Vorbehalte, Abschriften denjenigen Etablissements zu ertheilen, welche dabei interessirt sind.

Art. 85.

Unser Großrichter Justizminister und Unsere Minister des Cultus, des Innern, der Finanzen und des kaiserlichen Schatzes sind jeder, so weit es ihn betrifft, mit der Vollziehung des gegenwärtigen Decretes, welches in das Gesetz-Bulletin einzutragen ist, beauftragt.

Anhang.

Nr. I.

Gesetz vom 3. Juni 1843.

Wir Friedrich Wilhelm, von Gottes Gnaden, König von Preußen ꝛc.

verordnen zur Herstellung eines gleichförmigen Verfahrens in Beziehung auf die Vertheilung der Einkünfte erledigter katholischer Curatstellen im bischöflichen Sprengel von Paderborn, und in den auf der rechten Rheinseite gelegenen Theilen des Erzbisthums Köln und der Bisthümer Münster und Trier, auf den Antrag Unseres Staatsministeriums und nach Vernehmung des Gutachtens der betreffenden erzbischöflichen und bischöflichen Ordinariate, was folgt:

§. 1.

Wird eine katholische Curatstelle durch den Tod des Inhabers erledigt, so verbleibt dessen Erben das mit der Stelle verbundene Einkommen noch während dreier Monate vom ersten desjenigen Monates an gerechnet, der auf den Sterbemonat folgt, gegen die Verpflichtung zur Tragung aller mit der Verwaltung der Stelle verbundenen Kosten und Lasten.

Die bischöfliche Behörde bestellt während dieser Zeit den Administrator und bestimmt auch dessen Remuneration. Demselben muß das zu seinem Bedarf erforderliche Gelaß in der Amtswohnung sofort eingeräumt werden.

§. 2.

Zur Bestimmung des Antheils der Erben an dem Einkommen

(§. 1) wird dessen Jahresbetrag vom 1. Januar bis zum 31. December berechnet, und dieser nach Verhältniß der Zeit getheilt.

§. 3.

Die Bestimmung des §. 2 findet auch auf die Pacht= und Miethgelder der zu der Stelle gehörigen Gärten, Aecker, Wiesen und anderen Grundstücke Anwendung. — Sind die Grundstücke durch Selbstbewirthschaftung genutzt worden, so werden die Früchte nach deren Einsammlung, so wie die Kosten der Einsaat und Bestellung durch zwei Sachverständige abgeschätzt.

Der Ueberschuß, welcher sich nach dem aus den Abschätzungen beider Taxatoren gezogenen Mittelsatze ergibt, wird in gleicher Art, wie das Pachtgeld getheilt. Von den beiden Sachverständigen wird der Eine durch die Erben und der Andere durch den Nachfolger im Beneficium, oder falls dieser noch nicht ernannt ist, durch den Vertreter des erledigten Beneficii gewählt. Findet die Wahl Widerspruch, so geht solche auf den competenten Landdechanten über.

§. 4.

Stolgebühren und Oblationen für geistliche Handlungen bleiben von den zur Theilung kommenden Einkünften (§. 1—3) ausgeschlossen, und werden ganz von denjenigen bezogen, welcher die Handlung verrichtet hat. Dasselbe gilt von Memorien= und Anniversarien=Stipendien, selbst wenn solche bei der Dotation der Stelle dem Curat=Geistlichen auf sein Amts=Einkommen besonders angerechnet sein sollten.

§. 5.

Die Auseinandersetzung wird durch die bischöfliche Behörde geleitet und festgestellt. — Den Betheiligten ist gegen deren Entscheidung die Berufung auf rechtliches Gehör gestattet; es muß aber solche binnen vier Wochen von dem Tage an gerechnet, an welchem ihnen die Entscheidung bekannt gemacht worden ist, eingelegt werden. Auch kann die bischöfliche Behörde, wenn sie es für zweckmäßig erachtet, selbst die Sache auf den Rechtsweg verweisen.

§. 6.

Ergeben sich bei der Auseinandersetzung streitige Fragen, worüber die gegenwärtige Verordnung keine Bestimmung enthält, so finden bei der Entscheidung die Vorschriften des Civilrechtes, insbesondere die vom Nießbrauche Anwendung.

§. 7.

Diejenigen Inhaber von Curatstellen, welche zu deren definitivem titulirten Besitze vor Publication der gegenwärtigen Verordnung gelangt sind, und ihren Vorgängern oder deren Erben das Amts= oder Nachjahr, oder beides haben zugestehen müssen, dafür aber ein Gleiches bei ihrem bereinstigen Abgange oder zu Gunsten ihrer Erben zu erwarten hatten, behalten den Anspruch hierauf unverkürzt; ihre Nachfolger müssen diesen Anspruch gegen sich gelten lassen, erhalten aber dennoch nur Anspruch auf die im §. 1 bestimmten Rechte.

§. 8.

Sollte die Wiederbesetzung der erledigten Stelle sich über die Zeit hinaus verzögern, in welcher die Erben des Beneficiaten das Einkommen der Stelle zu genießen haben, so ist das hieraus entstehende Ersparniß nach näherer Bestimmung der bischöflichen Behörde zum Besten des Beneficii zu verwenden.

§. 9.

Die vorstehenden Bestimmungen (§§. 1—8) finden keine Anwendung, wenn eine Stelle durch Versetzung oder durch Amtsentsetzung erledigt wird. In dem Falle einer Versetzung tritt der Versetzte mit demjenigen Tage aus dem Genusse des Einkommens seiner bisherigen Stelle, an welchem er zum Genusse des Einkommens der neuen Stelle gelangt; in dem Falle einer Amtsentsetzung verliert der Entsetzte das Einkommen seiner bisherigen Stelle mit dem Tage der Rechtskraft der Entscheidung.

§. 10.

Die Rechte der Administratoren einer erledigten Curatstelle auf das mit der Stelle verbundene Einkommen sind lediglich nach den Bedingungen zu beurtheilen, unter denen ihnen die Verwaltung aufgetragen worden ist.

§. 11.

Alle den Gegenstand der gegenwärtigen Verordnung betreffenden älteren Gesetze, Verordnungen, Statute, Capitelsbeschlüsse, bischöfliche Ordinationen und Observanzen werden hiermit aufgehoben.

Nr. II.
Decret vom 17. November 1811,
die Vertretung der Pfarrer im Falle der Abwesenheit oder Krankheit betreffend.

Publicirt im Bulletin des lois, serie 4, Nro. 7456.

§. I.
Von der Vertretung der Pfarrer im Falle ihrer Abwesenheit.

Art. 1.

In dem Falle, wo sich ein Pfarrer zeitweise von seiner Pfarrei entfernt befindet, wird durch den Bischof ein Geistlicher ernannt, um ihn provisorisch zu ersetzen; dieser Geistliche erhält außer dem Zufälligen, auf welches der Pfarrer oder Hülfspfarrer ein Recht hatte, eine Entschädigung.

§. II.
Von dem Gehalte des Vertreters, wenn der Pfarrer wegen seiner schlechten Aufführung entfernt ist.

Art. 2.

Wenn der Pfarrer wegen seiner schlechten Aufführung entfernt ist, so soll die Entschädigung seines provisorischen Vertreters aus dem Einkommen des Pfarrers genommen werden, es mag dasselbe von Geldern oder von Grundgütern herkommen.

Art. 3.

Wenn das Einkommen in Geld besteht, so beträgt die Entschädigung des Vertreters, und zwar: In einer Hülfspfarre 250 Francs für's Jahr, nach Verhältniß der Zeit der Vertretung; in einer Pfarre zweiter Classe 600 Francs und in einer Pfarre erster Classe 1000 Francs.

Diese Entschädigung wird nöthigenfalls zum Theile oder ganz von der geistlichen Pension des Pfarrers vorweggenommen.

Art. 4.

Wenn der Pfarrer dotirt ist, theilweise in Grundgütern, als Ausnahme vom Germinal=Gesetze des Jahres X, theilweise durch einen Geldzuschuß, um das Einkommen von 500 Francs zu ergänzen, so soll die Entschädigung des Vertreters in 250 Francs bestehen, welche zunächst aus dem Geldzuschusse, und im Falle der Unzulänglichkeit aus den Einkünften der Grundgüter genommen werden.

Art. 5.

Wenn der Pfarrer, welcher weniger als 500 Francs Einkommen aus Grundgütern hat, eine geistliche Pension bezieht, und deßwegen keinen Zuschuß erhält, so soll die Entschädigung des Vertreters im Betrage von 250 Francs zunächst aus der Pension, und nöthigenfalls aus dem Ertrage der Grundgüter entnommen werden.

Art. 6.

Wenn der Pfarrer ein Einkommen von 500 Francs nur aus Grundgütern bezieht, so soll die Entschädigung des Vertreters ebenfalls in 250 Francs bestehen, welche nur aus diesem Einkommen zu entnehmen sind.

Art. 7.

Wenn das Einkommen des Pfarrers aus Grundgütern die

Summe von 500 Francs übersteigt, so soll die Entschädigung des Vertreters 300 Francs betragen, wenn sein Einkommen sich auf 500 bis 700 Francs beläuft, und in zwei Dritteln des Einkommens bestehen, wenn es 700 Francs übersteigt.

§. III.
Von der Besoldung des Vertreters im Falle der Abwesenheit des Pfarrers wegen Krankheit.

Art. 8.

Im Falle der Abwesenheit wegen Krankheit soll den Hülfspfarrern und den Pfarrern zweiter Classe, und in den mit Grundgütern dotirten Pfarreien allen Pfarrern, deren Dotation 1200 Francs nicht übersteigt, ein Einkommen bis zu 700 Francs erhalten bleiben.

Art. 9.

Das Mehr der Entschädigung des Stellvertreters oder die ganze Entschädigung, wenn das Einkommen nur 700 Francs beträgt, ist wie die Bezahlung der Vicarien eine Last der Fabrik der Pfarrei, und im Falle der Unzulänglichkeit der Fabrikeinkünfte eine Last der Civilgemeinde nach Anleitung der die Fabriken betreffenden Verordnung vom 30. December 1809.

Art. 10.

Diese zur Last der Civilgemeinde oder der Fabrik stehende Entschädigung ist in den Hülfspfarreien auf 250 Francs festgesetzt, in den Pfarreien zweiter Classe auf 400 Francs; in denjenigen Pfarreien, in welchen das Einkommen entweder ganz oder theilweise aus einem Geldzuschusse herrührt, und 500 Francs beträgt, auf 250 Francs; wenn das Einkommen aus Grundgütern sich auf 500 bis 700 Francs beläuft, so wird diese Entschädigung auf 300 Francs normirt; beträgt es 700 bis 1000 Francs, so ist sie 350 Francs, und beträgt es 1000 bis 1200 Francs, so ist sie 400 Francs.

Art. 11.

Wenn der wegen Krankheit abwesende Pfarrer ein Pfarrer erster Classe ist, oder wenn das Einkommen seiner Pfarre aus den Grundgütern 1200 Francs übersteigt, so ist die Entschädigung des Stellvertreters zu seinen Lasten.

Diese Entschädigung wird festgesetzt, und zwar: in einer Pfarre erster Classe auf 700 Francs. In denjenigen Pfarreien, in welchen die Dotation in Grundgütern sich weit höher als auf 1500 bis 2000 Francs beläuft, beträgt die Entschädigung 800 Francs, und bei einem Einkommen über 2000 Francs beträgt sie 1000 Francs.

§. IV.
Allgemeine Bestimmungen.

Art. 12.

Die Abwesenheit eines Pfarrers wegen Krankheit soll vermittels eines Kundbarkeitsactes constatirt werden, welchen der Bürgermeister derjenigen Gemeinde, in welcher die Pfarre gelegen ist, aufzunehmen hat.

Art. 13.

Welcher Art auch immer der Grund der Entfernung des Pfarrers sein mag, es wird, wenn die Entschädigung des Vertreters in den nur in Grundgütern dotirten Pfarreien nach dem Ertrage der Einkünfte der Grundgüter festgesetzt werden soll, die Höhe dieses Ertrages durch einen ähnlichen Kundbarkeitsact ermittelt.

Art. 14.

In allen Fällen, in welchen in den durch eine von Uns ermächtigte Abweichung von dem Gesetze vom Germinal Jahres X in Grundgütern dotirten Pfarreien die Entschädigung des Stellvertreters zu Lasten des Pfarrers ist, und zum Theile oder ganz aus den Einkünften der Pfarre und den Einkünften der Summe, welche er erhält, genommen werden muß, ist der Stellvertreter privilegirter Gläubiger des Pfarrers.

§. V.
Von dem Falle der Gebrechlichkeit der Pfarrer oder Hülfspfarrer.
Art. 15.

Wenn ein Pfarrer oder Hülfspfarrer durch sein Alter oder seine Kränklichkeit in die Unmöglichkeit versetzt ist, seine Functionen allein zu verrichten, so kann er einen Vicar verlangen, der mit dem Gehalte, wie es durch den Art. 40 des Decretes vom 30. December 1809 geregelt ist, zu Lasten der Fabrik, und im Falle der Unzulänglichkeit ihrer Einkünfte zu Lasten der Bewohner ist.

Art. 16.

Unsere Minister des Cultus und des kaiserlichen Schatzes sind mit der Ausführung des gegenwärtigen in das Gesetz-Bulletin einzutragenden Decretes beauftragt.

Nr. III.
Auszug aus der Dienst-Anweisung
für die rheinischen Hypothekenbewahrer vom 4. Mai 1851, bestätigt durch das Justiz- und Finanzministerium am 12. August 1851.

§. 116. Soll eine Inscription, welche zum Vortheil einer Kirche besteht, gelöscht werden, so ist es erforderlich, daß dem Hypothekenbewahrer ein desfallsiger Beschluß des Kirchenrathes, bei evangelischen Gemeinden des Presbyteriums vorgelegt werde, welcher bei katholischen Kirchen jedenfalls dann mit einem Genehmigungs-Decrete der bischöflichen Behörde versehen sein muß, wenn ohne Nachweis der Zahlung der Schuld auf das Hypothekenrecht verzichtet wird.

Chronologisches Verzeichniß
der im gegenwärtigen Werke behandelten und bezogenen Gesetze, Verordnungen, Staatsraths-Gutachten und Rescripte.

I. Canonische Gesetze.

Corp. iur. can. cap. 5. X, de rescriptis, S. 244.
„   „   „   „ 1. X, de cleric. aegrot. Lib. III, Tit. 6. S. 159.
„   „   „   „ 4, ibid. S. 159.
Conc. Trident. sessio 23, cap. 18, de reform. S. 250.
„   „   „ 24, cap. 14, de reform. S. 29.
„   „   „ 24, cap. 16, de reform. S. 176, 187.
Jahr 1801. Concordat vom 15. Juli. S. 9, 12, 13, 163.
„ 1817. Bulle Sanctitas sua vom 5. Juni. S. 167, 174, 175, 199, 209, 210, 247.
„ 1821. Bulle De salute animarum vom 16. Juli. S. 159, 160, 165, 166, 172, 173, 175, 199, 208, 209, 210, 211, 212, 214, 247.
„   „ Breve Dilecti filii vom 16. Juli. S. 199.
„   „ Bulle Provida solersque vom 16. August. S. 159, 167, 173, 209, 210, 246, 247.
„ 1827. Bulle Ad Dominici gregis vom 11. April. S. 199.

II. Französische Gesetze und Verordnungen.

Jahr 1669. Edict vom Monate August. S. 71, 72.
„ 1789. Decret vom 2.—4. November. S. 7.
„   „ Königliches Patent vom 27. November. S. 71.
„ 1790. Decret vom 17.—24. März. S. 7, 8.
„   „ Königliches Patent vom 26. März. S. 71, 72.
„   „ Decret vom 20.—22. April. S. 7.
„   „   „   „ 12.—24. Juli. S. 7, 8.
„   „   „   „ 8. October — 5. November. S. 8, 9, 49, 245.

Jahr 1791. Decret vom 5.—11. Februar. S. 47.
„   „   „   „   10.—18. Februar. S. 8.
„   „   Gesetz vom 15.—29. September. S. 72.
Republikjahr II. Decret vom 13. Brumaire. S. 8.
„   III. Gesetz vom 3. Ventose. S. 8.
„   IV.   „   „   9. Vendemiaire. S. 9.
„   „   „   „ 12. Vendemiaire. S. 2.
„   „   Beschluß der Volksrepräsentanten vom 22. Vendemiaire. S. 9.
„   „   Beschluß des Vollziehungs-Directoriums vom 28. Floreal. S.. 10, 11, 206.
„   „   Proclamation des Regierungs-Commissars vom 20. Prairial. S. 11.
„   „   Regierungsbeschluß vom 14. Fructidor. S. 11.
„   „   Gesetz vom 15. Fructidor. S. 9, 206.
„   „   Beschluß des Vollziehungs-Directoriums vom 17. Fructidor. S. 9, 206.
„   V. Beschluß des Generals Hoche vom 28. Ventose. S. 11.
„   „   „ der Intermediair-Commission vom 30. Floreal. S. 11.
„   „   „ des Generals Hoche vom 16. Prairial. S. 11.
„   „   „   „   „   „   „   „ 20. Germinal. S. 11.
„   VI.   „ des Vollziehungs-Directoriums vom 5. Brumaire. S. 9.
„   „   „ des Vollziehungs-Directoriums vom 17. Ventose. S. 9, 14, 72, 206.
„   „   „ des Regierungs-Commissars vom 26. Ventose. S. 11, 12.
„   „   „ des Regierungs-Commissars vom 7. Germinal. S. 11.
„   VII. Gesetz vom 11. Frimaire. S. 265.
„   „   Beschluß des Regierungs-Commissars vom 19. Ventose. S. 12.
„   VIII. Consularbeschluß vom 22. Fructidor. S. 10.
„   IX.   „   „   15. Brumaire. S. 64.
„   „   Ministerial-Rescript vom 16. Pluviose. S. 10.
„   „   Gesetz vom 18. Ventose. S. 10.
„   „   Beschluß des Regierungs-Commissars vom 23. Germinal. S. 12.
„   „   Convention vom 26. Messidor. S. 198, 206, 207, 245.
„   „   Ministerial Rescript vom 6. Ergänzungstage. S. 10.
„   X. Gesetz vom 18. Germinal. S. 13, 62, 64, 124, 154, 163, 164, 198, 206, 245, 246.

Chronologisches Verzeichniß.

Republikjahr X.   Consularbeschluß v. 20. Prairial. S. 12, 13, 72, 163, 206.
  „   „   Regierungsbeschluß vom 27. Messidor. S. 72.
  „   XI.   „   „   18. Nivose. S. 13, 31, 38,
                                     39, 88, 154.
  „   „   „   „   14. Ventose. S. 207.
  „   „   „   „   18. Germinal. S. 13, 23,
                                     163, 164, 207.
  „   „   Gesetz vom 9. Floreal. S. 72, 73.
  „   „   Regierungsbeschluß vom 23. Floreal. S. 73.
  „   „   „   „   24. Messidor. S. 73.
  „   „   „   „   7. Thermidor. S. 14, 207.
  „   XII.   Ministerialbeschluß vom 25. Frimaire. S. 14.
  „   „   Gesetz vom 23. Ventose. S. 246.
  „   „   Regierungsbeschluß vom 16. Germinal. S. 217.
  „   „   Staatsraths-Gutachten vom 25. Thermidor. S. 265.
  „   XIII. Decret vom 5. Nivose. S. 14, 18, 72, 89.
  „   „   „   „   9. Ventose. S. 246.
  „   „   „   „ 15. Ventose. S. 5, 207, 208.
  „   „   Staatsrathsgutachten vom 25. Prairial. S. 2.
Jahr 1806.   Decret vom 7. März. S. 14, 18, 72, 89.
  „   „   Staatsraths-Gutachten vom 23. December. S. 9.
  „   1807.   Decret vom 16. Februar. S. 36, 182, 185.
  „   „   „   „ 30. September. S. 22, 246.
  „   1808.   Staatsraths-Gutachten vom 26. Juli. S. 10, 18, 72.
  „   „   Ministerial-Rundschreiben vom 21. October. S. 246.
  „   „   Staatsraths-Gutachten vom 21. December. S. 61, 62, 63,
                64, 65, 236, 257.
  „   1809.   Ministerial-Rundschreiben vom 11. März. S. 22.
  „   „   Decret vom 30. December. S. 14—25, 39, 42, 43, 46—
                50, 80, 92, 93, 99, 107, 108, 109, 116, 119—123, 130,
                131, 134, 136, 147, 150, 158, 161, 162, 168, 169, 171,
                177, 195, 201, 206, 216, 221, 224, 226—230, 238, 240,
                241, 247, 251—255, 259, 268.
  „   1810.   Decret vom 16. Juli. S. 61, 62, 63, 65, 66, 236, 257.
  „   1811.   „   „ 15. April. S. 73.
  „   „   „   „ 17. November. S. 151—162.
  „   1812.   Ministerial-Rescript vom 10. März. S. 150.
  „   1813.   Ministerial-Rundschreiben vom 4. December. S. 3, 6.

III. Civil-Gesetzbuch.

Art. 1. S. 2.
 „ 522—525. S. 23.
 „ 578. S. 26, 37, 94.

Art. 580. S. 29.
„ 582. S. 67, 68.
„ 584. S. 29, 67, 68, 138.
„ 585. S. 27, 28.
„ 586. S. 29, 138, 148.
„ 587. S. 27, 67.
„ 590. S. 69, 70, 73, 74, 78, 189.
„ 591. S. 73, 76, 77, 82, 84.
„ 594. S. 71, 78, 84.
„ 595. S. 38, 44, 45, 47, 52, 231.
„ 597. S. 31.
„ 598. S. 30, 31.
„ 599. S. 30, 31, 73.
„ 600. S. 32, 36, 111, 113, 120, 121, 126, 127, 200.
„ 601. S. 26, 34, 113, 116.
„ 605. S. 81, 82, 83, 114, 115, 234.
„ 606. S. 81, 82, 83.
„ 607. S. 83, 89.
„ 608. S. 32.
„ 609. S. 90, 92, 96, 97.
„ 613. S. 97.
„ 614. S. 35.
„ 618. S. 31, 35.
„ 639. S. 94.
„ 716. S. 31, 84.
„ 795. S. 196.
„ 797. S. 196.
„ 870. S. 57.
„ 873. S. 57.
„ 910. S. 63.
„ 1009. S. 192.
„ 1012. S. 192.
„ 1166. S. 126.
„ 1200. S. 57.
„ 1202. S. 56.
„ 1203. S. 57.
„ 1204. S. 57.
„ 1304. S. 43, 234.
„ 1334. S. 231.
„ 1335. S. 231.
„ 1341. S. 119.
„ 1346. S. 128, 129.
„ 1358. S. 119.

Chronologisches Verzeichniß.

Art. 1382. S. 58.
„ 1429. S. 44, 45, 47, 52.
„ 1430. S. 44, 46, 52.
„ 1714. S. 232.
„ 1715 1751. S. 44.
„ 1718. S. 48.
„ 1720. S. 117.
„ 1728. S. 116.
„ 1730. S. 118, 119.
„ 1731. S. 118, 119, 127.
„ 1754. S. 81, 116, 117, 118.
„ 1755. S. 118.
„ 2003. S. 178.
„ 2004. S. 219.
„ 2007. S. 220.
„ 2065. S. 218.
„ 2118. S. 39.
„ 2121. S. 218, 249.
„ 2124. S. 42.
„ 2134. S. 218.
„ 2227. S. 43.
„ 2249. S. 57.
„ 2279. S. 24, 98.

IV. Civil-Proceß-Ordnung

Art. 59. S. 132.
„ 69. S. 217, 259.
„ 126. S. 218.
„ 303. S. 193.
„ 403. S. 95, 222.
„ 527—542. S. 203.
„ 909. S. 99.
„ 911. S. 99, 102, 104, 178, 180, 181.
„ 912. S. 179.
„ 926. S. 181.
„ 927. S. 181, 182.
„ 928. S. 102.
„ 930. S. 103, 104, 184.
„ 931. S. 103, 184, 185.

V. Preußische Gesetze.

Allg. Landrecht, Th. I, Tit. 21. §. 23. S. 78.
„ „ „ „ „ 30—36. S. 78.

Allg. Landrecht, Th. I, Tit. 21, §. 82—85. S. 97.
„   „   „   „   „ 101. S. 69.
„   „   „   „   „ 106. S. 69.
„   „   „   „   „ 112—120. S. 111, 112, 113.
„   „   Th. II, Tit. 11, §. 510. S. 159.
„   „   „   „   „ 529. S. 160.
„   „   „   „   „ 625. S. 16.
„   „   „   „   „ 778. S. 69.
„   „   „   „   „ 779. S. 53.
„   „   „   „   „ 782. S. 53.
„   „   „   „   „ 784—791. S. 91.
„   „   „   „   „ 800—803. S. 53.
„   „   „   „   „ 804. S. 78.
„   „   „   „   „ 808—809. S. 69.
„   „   „   „   „ 814. S. 78.
„   „   „   „   „ 822—823. S. 111.
„   „   „   „   „ 974—978. S. 173, 175, 187.
„   „   „   „   „ 1025. S. 214.
„   „   „   „   „ 1026. S. 214.
„   „   „   „   „ 1038. S. 214.
„   „   „   „   „ 1041. S. 173, 175.
„   „   „   „   „ 1042. S. 173.
„   „   „   „   „ 1048. S. 173.
„   „   „   „   „ 1055. S. 214.
Allg. Ger.-Ordn., Th. II, Tit. 5, §. 4. S. 102.
„   „   „   „   „ 6. S. 102.
Jahr 1811. Declaration des Stempelgesetzes vom 27. Juni. S. 256.
„   1816. Königl. Verordnung vom 24. December. S. 74, 75, 76.
„   1817. Instruction für die Regierungen vom 23. October. S. 52, 65.
„   1818. Ressort-Reglement vom 20. Juli. S. 95, 265.
„   1821. A. C.=O. vom 3. Mai. S. 65.
„   1822. Stempelgesetz vom 7. März. S. 53, 100.
„   „   Subhastations-Ordnung vom 1. August. S. 66, 238.
„   1826. A. C.=O. vom 23. Mai. S. 31, 34.
„   1827.   „   vom 16. Januar. S. 99.
„   1828. Ministerial-Rescript vom 7. Februar. S. 4.
„   1830. A. C.=O. vom 10. Januar. S. 221.
„   1832. Ministerial-Rescript vom 31. Januar. S. 53, 93.
„   1833. A. C.=O. vom 13. Mai. S. 256.
„   1834.   „   vom 19. Juni. S. 100.
„   „   „   vom 8. November. S. 89.
„   1839. Grundsteuergesetz vom 21. Januar. S. 32, 33, 34.
„   1843. A. C.=O. vom 3. Juli. S. 34, 52, 68, 77, 78, 142—146, 151.

Chronologisches Verzeichniß. 287

Jahr 1845. A. C.-O. vom 14. März. S. 156—158, 161.
„ 1850. Verfassungsurkunde vom 31. Januar. S. 36, 42, 49, 51, 52, 66, 67, 76, 77, 88, 95, 99, 106, 150, 151, 175, 185, 202, 209, 219, 223, 237, 241, 244, 248, 265, 269, 271.
„ 1851. Gesetz vom 29. März. S. 182, 185.
„ „ „ vom 14. April. S. 56.
„ „ Dienstanweisung für die rheinischen Hypothekenbewahrer vom 4. Mai. S. 237.
„ 1856. Gemeindeordnung für die Rheinprovinz vom 15. Mai. S. 34.
„ „ Städteordnung für die Rheinprovinz vom 15. Mai. S. 34.
„ 1858. Ministerial-Rescript vom 16. August. S. 4.
„ 1859. „ vom 26. April. S. 4.
„ „ Gebühren-Taxe für die Friedensgerichte vom 23. Mai. S. 36.
„ 1861. Grundsteuergesetz vom 21. Mai. S. 32, 33, 34.
„ „ Gesetz über die Einführung einer allgemeinen Gebäudesteuer vom 21. Mai. S. 33, 34.

VI. Oberhirtliche Verordnungen.

Decreta synodalia Maximiliani Henrici. S. 16.
Jahr 1827. Rundschreiben des General-Vicariates zu Köln vom 16. Mai. S. 16, 17, 21, 68.
„ 1828. Verordnung des General-Vicariates zu Köln vom 1. September. S. 241.
„ 1832. Rundschreiben des General-Vicariates zu Köln vom 1. August. S. 25.
„ 1839. Rundschreiben des General-Vicariates zu Köln vom 6. December. S. 17.
„ 1849. Oberhirtliche Verfügung vom 31. Januar. S. 17, 69.
„ „ „ „ vom 1. September. S. 68, 69.
„ 1850. Verordnung des Bischofes zu Trier vom 4. October. S. 95.
„ 1854. Uebereinkunft zwischen der großherzoglich hessischen Regierung und dem Bischofe zu Mainz vom 23. August. S. 167.
„ 1862. Erzbischöfliche Verfügung vom 7. April. S. 93, 95.

VII. Bergische Verordnungen.

Jahr 1722. Verordnung vom 27. October. S. 90.
„ 1743. „ vom 17. Juni. S. 60.
„ 1744. Edict vom 10. September. S. 16.
„ 1752. Verordnung vom 18. Februar. S. 90.
„ 1807. Taxordnung vom 20. Juni. S. 60.
„ 1813. Decrets-Entwurf vom 6. November. S. 90.

Sach-Register.

Abschriften, Beglaubigung derselben. S. 17, 18, 231. — Beglaubigte des vom Friedensrichter aufgenommenen Vergleichungs=Actes. S. 106, 107.
Ackerland, nießbräuchlich benutztes, dessen Umwandlung. S. 40.
Acte, conservatorische. S. 107, 108, 220, 223.
Amts=Nachfolger, Rechte beßselben. S. 52—60, 187, 188. — Pflichten. S. 124—126.
Annexkirchen, deren Vermögen. S. 22.
Anstrich, Verpflichtung dazu. S. 118.
Anweisungen des Oekonomen der Seminarstube. S. 266, 269.
Archiv. S. 15—20, 167, 168. — Wegnahme der Urkunden aus demselben. S. 20, 270, 271.
Ausgaben, während der Erledigung der Pfarre. S. 147. — Bemessung ihrer Höhe, wenn das Capitel sie zum Zwecke von Reparaturen machen muß. S. 234—238.
Balken, Beschaffung und Reparaturen an denselben. S. 82, 83.
Bäume, hochstämmige, Benutzung derselben. S. 71—74, 84, 189.
Baumschule, Nießbrauch an derselben. S. 70.
Beamter, erster des Capitels. S. 224—226.
Bergwerke, Nießbrauch an denselben. S. 84.
Beschlüsse der Capitel, Bedingung ihrer Gültigkeit. S. 210—214, 233.
Besitzergreifung der Erzbischöfe und Bischöfe vom Tafelgute. S. 199—202.
Besitzergreifung der Pfarrer vom Pfarrgute. S. 36, 37. — Pflicht des Bürgermeisters hierbei. S. 121. — Pflicht des Kirchenrathes bei derselben. S. 120, 121.
Bischöfe, deren Nießbrauch. S. 162—167. — Deren Rechte bezüglich der Verwaltung des Vermögens der Pfarreien, Capitel und Seminarien. S. 50, 51, 95, 134—137, 145, 146, 150, 151, 153, 159, 160, 214, 219, 223, 233, 234, 237, 238, 240, 241, 244, 245, 248, 253, 254, 256, 257—260, 266, 268, 270, 271.
Bouvereaux, Begriff und Rechte an denselben. S. 14, 24.
Budget der Capitel. S. 239, 240. — Der Seminarien. S. 266, 267.

Bulle Ad Dominici gregis, ihr Einfluß auf das Decret. S. 199.
Bulle De salute animarum, ihr Einfluß auf das Decret. S. 160, 165, 166, 172, 173, 175, 199, 208, 210, 211, 214, 247.
Bulle Provida solersque, ihr Einfluß auf das Decret. S. 167, 173, 209, 247.
Bulle Sanctitas sua, ihr Einfluß auf das Decret. S. 167, 174, 175, 199, 209, 247.
Capellen, Vermögen derselben. S. 22.
Capitalien, deren Anlage. S. 65—69, 256, 257. — Deren Rückzahlung. S. 60—65, 68, 256, 257. — Nießbrauch an denselben. S. 67, 68.
Capitelskiste, Einrichtung und Aufbewahrungsort. S. 224. — Deren Inhalt. S. 226—229. — Bedingungen der Wegnahme von Papieren und Urkunden aus derselben. S. 226, 228.
Commissar zur Verwaltung des Tafelgutes, dessen Ernennung. S. 174. — Anfang und Ende seiner Functionen. S. 197, 198. — Seine Rechte und Pflichten. S. 174—177, 184—199. — Geschäftsbücher desselben S. 176, 177. — Rechnungslage desselben. S. 186—188. — Erledigung der streitigen Rechnungsposten. S. 202—204. — Entschädigung für seine Mühewaltung. S. 204, 205.
Communallasten, Befreiung. S. 34.
Confessionsgenossen, Lasten derselben. S. 156—158.
Congrua, der Pfarrer. S. 79, 88, 89, 90, 115. — Der Dom= und Stifts=herren. S. 235, 236.
Cultusminister, dessen Rechte bezüglich der Verwaltung der Dotationsgüter. S. 174, 202—205, 238, 241, 244, 245, 248, 254, 256, 268, 271.
Dächer, Herstellung derselben. S. 82, 83.
Dämme, deren Unterhaltung. S. 83.
Darlehn, Aufnahme. S. 86, 88, 236, 237. — Rückzahlung. S. 86, 87, 236.
Decret vom 6. November 1813, dessen Anwendbarkeit. S. 1—6.
Decrete, Publication derselben. S. 2.
Dienstwohnungen der Erzbischöfe und Bischöfe, deren Beschaffung. S. 164, 166. — Ihre Unterhaltung. S. 165.
Dienstwohnungen der Domherren, deren Beschaffung. S. 208, 209.
Dienstwohnungen der Pfarrer, deren Beschaffung. S. 123. — Ihre Unterhaltung. S. 116.
Directoren der Seminarien, ihre Stellung in der Seminarstube. S. 245. — Ihre Rechte und Pflichten. S. 249, 262.
Documente, deren Inventarisation. S. 21—25. — Aufbewahrung. S. 15 bis 17, 19, 21, 167, 168, 189, 190, 199, 224—229, 251, 252, 272. — Bedingungen ihrer Wegnahme aus ihrem Aufbewahrungsorte. S. 20, 21, 170, 171, 188, 189, 190, 228, 229. — Rechte der Pfarrer bezüglich derselben. S. 20, 21, 23.
Domcapitel, Rechte desselben bezüglich des Tafelgutes bei Erledigung des erz=bischöflichen oder bischöflichen Stuhles. S. 175, 176.
Dotationsvermögen der Pfarrer. S. 8—13.

Droit de suite, Begriff. S. 179.

Ehrendomherren, deren Rechte. S. 210—212.

Einkünfte, deren Einziehung. S. 91—93, 186, 216. — Vertheilung derselben während des Jahres der Erledigung der Pfarre. S. 137—146. — Vertheilung der Einkünfte des Capitelgutes. S. 242—244.

Einnahmen, während der Erledigung der Pfarre. S. 147. — Berücksichtigung der des Capitels bei Deckung der Reparaturkosten. S. 234—238.

Emeritenfond. S. 159—160.

Erben eines Erzbischofes, Bischofes und Pfarrers, deren Rechte und Pflichten. S. 15, 102—106, 113—116, 120, 121, 180, 184, 185, 193—196.

Erbpachtsverträge, Abschluß. S. 39.

Ertragsverminderung der Dotationsgüter. S. 37, 39—41.

Erzbischöfe, s. Bischöfe.

Fabrikkiste, Einrichtung. S. 15. — Inhalt derselben. S. 18—20. — Bedingungen der Wegnahme ihres Inhaltes. S. 20, 21.

Fenster, Reparaturen an denselben. S. 118.

Friedensrichter, deren Functionen, bei der Besitzergreifung eines Erzbischofes oder Bischofes. S. 199—202. — Eines Pfarrers. S. 34—36. — Bei dem Tode eines Erzbischofes oder Bischofes. S. 177—180. — Eines Pfarrers. S. 98—108. — Gebühren derselben. S. 36, 98—104, 180.

Früchte, Genuß. S. 26—29.

Gebäude, Aufbau der verfallenen. S. 89, 90.

Gehalt des Vertreters eines Pfarrers und Beschaffung desselben. S. 151—160.

Gehälter der Pfarrer. S. 8. — Können nicht mit Beschlag belegt werden. S. 13.

Gelder der Seminarien, deren Hinterlegung. S. 261—264.

General=Vicarien, deren Rechte bei ihren Rundreisen. S. 136—137. — Ihre Stellung in der Seminarstube. S. 245, 247, 248.

Gerichtsvollzieher, deren Qualification zur Zustellung von Einsprüchen gegen Ver= und Entsiegelungen. S. 182, 185.

Gesetze, Publication. S. 2. — Anwendbarkeit der Gesetze der französischen Republik in den später eroberten Provinzen. S. 10.

Gewölbe, deren Unterhaltung und Reparatur. S. 82.

Ginster, Benutzung derselben. S. 77, 79.

Gnaden=Quartal, Recht auf dasselbe. S. 143, 144.

Gras, Benutzung. S. 77, 79, 85.

Grundsteuer=Befreiung. S. 33, 34.

Güter, geistliche, vom Staate verkaufte. S. 12, 13. — Zurückgegebene. S. 14.

Haidestreu, Benutzung. S. 77, 79, 85.

Häusersteuer=Befreiung. S. 33, 34.

Hauptbücher, deren Anlage. S. 21, 22, 164, 229. — Deren Hinterlegung und Aufbewahrung. S. 18, 167, 168, 226. — Inhalt derselben. S. 19—23.

Hauptreparaturen, Begriff und Bestreitung. S. 81—84, 91, 114.
Holzungen, Nießbrauch an denselben. S. 29, 69—79, 84, 85.
Hypothekenbestellung der Dotationsgüter. S. 37, 39, 42, 87, 88.
Immobilien, Veräußerung, Vermiethung und Verpachtung. S. 37—53, 231 bis 234, 257, 258.
Inventarien, Anlage. S. 19—25, 169, 229, 230. — Deren Hinterlegung S. 18, 19.
Journal, Anlage. S. 19, 176, 177.
Kanzleien der Erzbisthümer und Bisthümer, Aufbewahrungsorte der Urkunden, Titel und Papiere. S. 15, 17, 88, 167, 168, 172,
Kathedral=Capitel, deren Rechte am Capitelsgute. S. 205—209. — Verwaltung desselben. S. 205, 214, 231—238. — Vertheilung seiner Einkünfte. S. 242—244.
Kaufverträge, Abschluß. S. 42.
Kirchen=Fabriken, deren Rechte und Pflichten bezüglich der Dotationsgüter. S. 7, 15, 21.
Kirchenrath, Rechte desselben bezüglich des Pfarrgutes. S. 25, 89.
Kirchenschrank, s. Fabrikkiste.
Kirchmeisterstube, ihre Rechte bezüglich des Pfarrgutes. S. 19.
Klagen, Ermächtigung zu denselben. S. 91—95, 202—204, 220—224.
Landdechanten, deren Befugniß bei Pfarrerledigungen. S. 144.
Laubstreu, Benutzung. S. 77, 79, 85.
Legate, Ermächtigung zu deren Annahme. S. 254—256. — Stempelfreiheit. S. 256.
Löschungen von Hypothekar=Inscriptionen. S. 237.
Locativ=Reparaturen, Begriff und Bestreitung derselben. S. 81, 91, 116—119.
Manualgeschenke. S. 262, 263.
Mauern, Herstellung und Unterhaltung. S. 82, 83.
Miethverträge, Abschluß. S. 43, 44, 46—49, 231—234.
Mobilien, deren Inventarisation. S. 23, 24, 229.
Nichtigkeit, der Verträge. S. 42, 43. — Der Capitelsbeschlüsse. S. 233, 234.
Nießbrauch, Anfang. S. 26, 137. — Bedingungen des Antrittes desselben. S. 36, 37, 120. — Ende des Nießbrauches. S. 31, 137, 139. — Pflichten des Nießbrauchers bei Beendigung desselben. S. 120, 121. — Nießbrauch der Erzbischöfe und Bischöfe. S. 162. — Des Pfarrers. S. 26—34, 37, 38. — Der Capitel. S. 205—209.
Notarien, Recht zur Aufnahme der Inventarien beim Tode eines Erzbischofes oder Bischofes. S. 186. — Beim Tode eines Pfarrers auf der rechten Rheinseite. S. 106. — Pflichten bei Aufnahme derselben. S. 105. — Deren Pflichten bezüglich der von ihnen zu Gunsten der Seminarien und geistlichen Schulen aufgenommenen Schenkungs=Acte und Testamente. S. 254, 255.
Obstbäume, deren Benutzung. S. 70, 71, 84, 85.

Oekonomen der Seminarien, sind Mitglieder der Seminarstube. S. 245. — Deren Rechte und Pflichten. S. 259, 260, 266, 268, 269. — Deren Rechnungslage. S. 270, 271.

Oppositionen gegen Siegelanlagen. S. 180—184. — Gegen Siegelabnahmen. S. 181, 183.

Pachtverträge, Abschluß. S. 43, 44, 46—49, 231—234.

Papiere, s. Documente.

Pfarrer, Rechte bezüglich des Pfarrgutes. S. 26—32, 45, 124—128. — Pflichten derselben. S. 32, 34, 35, 46, 79—82, 84, 86, 91, 124—126, 146—149. — Besitzergreifung durch dieselben. S. 34—37. — Selbstbewirthschaftung des Pfarrgutes. S. 41.

Pfarrgärten. S. 85, 124.

Pfarrgüter, Aenderung in der Natur derselben. S. 37, 39—41. — Beschreibung ihres Zustandes. S. 121. — Untersuchung desselben zu bestimmten Zeiten. S. 120. — Reparaturen an denselben. S. 90, 91, 113—121. — Deren Verwaltung. S. 7. — Während der Erledigung der Pfarre. S. 98, 112, 138, 139.

Pfarrhäuser, Reparaturen und Unterhaltung derselben. S. 90, 91, 113, 115 bis 120. — Beschaffung und Eigenthum an denselben. S. 119, 120. Beschreibung ihres Zustandes. S. 121. — Periodische Untersuchung desselben. S. 120.

Präfecten, Rechte derselben bezüglich der Verwaltung der Dotationsgüter. S. 44, 51, 245, 248, 258, 268, 269.

Präfecturen, Aufbewahrung der Papiere bei ihnen. S. 18.

Präfecturrath, Recht desselben, die Ermächtigung zu Processen zu ertheilen. S. 92, 220, 258, 259. — Zur Entscheidung von Rechnungsstreitigkeiten über die Verwaltung des Pfarrgutes während des Jahres der Erledigung. S. 150, 151.

Präsidenten der Gerichte erster Instanz, deren Functionen bei Oppositionen gegen Ver- und Entsiegelungen. S. 183. — Bei Ernennung von Sachverständigen zur Untersuchung des Zustandes der zum Tafelgute gehörigen Güter und der Paläste der Erzbischöfe oder Bischöfe. S. 190—193.

Präsidenten der Seminarstube. S. 245, 248, 249.

Protocollbücher. S. 19, 227, 252.

Protocolle des Friedensrichters über Vergleichungen. S. 106, 107.

Processe, Ermächtigung zu denselben und zur Abstandnahme. S. 92—95, 220, 258, 259.

Rechnungen, Aufbewahrung. S. 18—20, 251.

Regalrecht, Begriff. S. 171. — Umfang desselben. S. 172. — Dessen Anwendung in Deutschland. S. 172—174. — Sein Einfluß auf die Bestimmungen des Decretes vom 6. November 1813. S. 177, 187, 189, 190, 191, 193, 195, 201, 205.

Register, Anfertigung und Aufbewahrung. S. 18, 19, 176, 177. — Inventarisation. S. 21—25.

Sach=Register.

Reiserholz, Benutzung. S. 78.
Rectorate, Anwendung der Allerhöchsten Cabinets=Ordre vom 3. Juli 1843 auf dieselben. S. 146.
Reparaturen am Dotationsgute, Bestreitung derselben. S. 79—91, 113—116, 234—238. — Klagen wegen derselben. S. 122, 125—129.
Reserve=Fond, Bildung und Verwendung desselben. S. 114, 234.
Rückzahlung von Capitalien, s. Capitalien.
Sachverständige, deren nothwendige Vernehmung beim Abschlusse von Pacht= und Miethverträgen über mehr als neun Jahre. S. 44, 50, 257, 258.
Sandgruben, Nießbrauch an denselben. S. 30, 41, 84.
Schatz, Rechte des Nießbrauchers an demselben. S. 31, 84.
Schatzmeister der Capitel, deren Wahl und Ernennung. S. 214, 215. — Erneuerung der Wahl. S. 218—220. — Deren Rechte und Pflichten. S. 214—218, 220—223. — Deren Rechnungslage. S. 238—241.
Schatzmeister der Kirchen=Fabriken, Pflichten bei Beendigung des Nießbrauches des Pfarrers. S. 102—113, 115, 121—123, 129. — Bei einer provisorischen Ersetzung des Pfarrers. S. 160—162.
Schatzmeister der Seminarien, deren Ernennung. S. 245, 248. — Deren Remuneration. S. 249. — Pflichten derselben. S. 260, 263—266. — Ihre Rechnungslage. S. 270, 271. — Decharge. S. 270, 271.
Schenkungen, Ermächtigung zu deren Annahme. S. 254—256. — Stempelfreiheit. S. 256.
Schlagholz, Nießbrauch an demselben. S. 71, 73, 74, 189.
Schlüssel, der Capitelskiste, Besitzer derselben. S. 224—226. — Der Seminarkiste, Besitzer derselben. S. 252, 262, 263.
Schulen, geistliche, Verwaltung ihres Vermögens. S. 250, 251. — Unterstützung derselben. S. 261.
Schuldner der Seminarien, deren Verfolgung. S. 264, 265.
Secretär der Kirchmeisterstube, Pflichten. S. 23, 169.
Secretär der Seminarstube. S. 249, 250.
Seminarien, Verwaltung ihres Vermögens. S. 245—249.
Seminarkiste, deren Inhalt. S. 251, 252, 261, 262. — Bedingungen der Wegnahme ihres Inhaltes. S. 252—254.
Seminarstube, Bildung derselben. S. 245.
Servitutenbestellung am Dotationsgute. S. 37—39.
Siegelabnahme beim Tode eines Erzbischofes oder Bischofes. S. 184, 185. — Kosten derselben. S. 180. — Beim Tode eines Pfarrers. S. 102 bis 104. — Kosten derselben. S. 103, 104.
Siegelanlage beim Tode eines Erzbischofes oder Bischofes. S. 178—180. — Kosten derselben. S. 180. — Beim Tode eines Pfarrers und Kosten derselben. S. 98—102.
Sitzungen der Seminarstube. S. 249.

Staatsanwaltschaft, deren Pflichten bezüglich der säumigen Schatzmeister. S. 123, 124, 130—133.

Steinbrüche, Nießbrauch an denselben. S. 30, 41, 84.

Stempelsteuer, bei Verträgen. S. 53. — Bei Verhandlungen und Urtheilen. S. 93, 223, 224. — Bei Ver- und Entsiegelungen. S. 99—101, 104.

Stiftungs-Urkunden, Aufbewahrung. S. 22. — Eintragung. S. 22, 23.

Stolgebühren, Recht auf dieselben. S. 144, 153, 158, 159.

Tafelgüter, Begriff. S. 163. — Verwaltung derselben. S. 162—167. — Untersuchung derselben. S. 190—192. — Uebergabe der auf dieselben bezüglichen Urkunden und Papiere bei deren Besitzergreifung. S. 199 bis 201.

Titel, s. Documente.

Torfgruben, Nießbrauch an denselben. S. 30, 84.

Ueberschüsse, deren Verwendung. S. 242, 243, 261.

Unterhaltungs-Reparaturen. S. 81, 91.

Unterpräfecten, Rechte bei der Verwaltung der Dotationsgüter. S. 44, 51.

Unterstützungen an Seminaristen. S. 270, 271.

Urkunden, Aufbewahrung. S. 15, 16, 19, 170, 171, 226—229. — Eintragung. S. 22, 23.

Urtheile, Stempelfreiheit. S. 93.

Veräußerungen. S. 37, 38, 42, 86—88.

Verbesserungen. S. 31.

Verfassungsurkunde, preußische, deren Einfluß auf das Decret. S. 49—51, 76, 77, 88, 99, 133, 151, 175, 202, 217, 219, 223, 233, 237, 241, 244, 248, 265, 271.

Vergleichungen. S. 20, 24, 25, 104—112, 230, 252.

Verjährung der Nichtigkeitsklagen. S. 43.

Vermächtnisse, s. Legate.

Verzeichniß der Verwendungen, Anfertigung und Einsendung. S. 268—270.

Vicar, Besoldung des eines altersschwachen Pfarrers. S. 159.

Vicarieen, Anwendung der Allerhöchsten Cabinets-Ordre vom 3. Juli 1843 auf dieselben. S. 146.

Weinberge, Nießbrauch an denselben und deren Umwandlung. S. 40. — Unterhaltung derselben. S. 71.

Weinkauf, Begriff. S. 54. — Folgen desselben. S. 54—60.

Wiesen, Nießbrauch an denselben und deren Umwandlung. S. 40.

www.ingramcontent.com/pod-product-compliance
Lightning Source LLC
Chambersburg PA
CBHW031247250426
43672CB00029BA/1371